DELIUS KLASING

Rolf Dreyer

SPORTBOOT FÜHRERSCHEIN SEE

Mit amtlichem Fragenkatalog

Delius Klasing Verlag

Von Rolf Dreyer ist ebenfalls
im Delius Klasing Verlag erschienen:

PRAXISEINWEISUNG SPRECHFUNK:
UKW-Sprechfunkzeugnis, UKW-Betriebszeugnisse;
mit ausführlichem Prüfungsteil

Der Autor dankt für zahlreiche Ratschläge und Anregungen zu

Kapitel 1	Prof. Werner Huth Fachhochschule Hamburg Institut für Schiffsbetrieb, Seeverkehr und Simulation
Kapitel 2	Rechtsanwalt Dr. Wolfgang Paul, Hamburg
Kapitel 3	Dipl.-Met. Hilger Erdmann, Hamburg Deutscher Wetterdienst, Geschäftsfeld Seeschiffahrt
Kapitel 4	Kapitän Wilfried Wruck, Lübeck Seefahrtschullehrer a. D.

Die Deutsche Bibliothek - CIP-Einheitsaufnahme:

Dreyer, Rolf:
Sportbootführerschein See / Rolf Dreyer. -
Bielefeld: Delius Klasing, 1998
ISBN 3-7688-1066-6

1. Auflage
ISBN 3-7688-1066-6

Siekerwall 21, 33602 Bielefeld

Umschlaggestaltung: Ekkehard Schonart
Zeichnungen: Rolf Dreyer
Fotonachweis:
Titelfoto: Yacht Photo Service, Hamburg; Rückseite: „boote“-Archiv, Kiesel
Weitere Fotos: Andrews (S. 122 (8), 123, 124, 125 (2)), Bundesamt für Seeschiffahrt und Hydrographie (S. 43), Cassens & Plath (S. 11), Dantronik (S. 30), DPA (S. 141), Dreyer (S. 32, 48, 99, 110, 128), Erdmann (S. 83 (2), 89), Ferropilot (S. 11 (2), 12 (2), 13, 35), Greiser (S. 5, 100), Gunkel (S. 55), Hackmann (S. 41), Hallberg Rassy (S. 7), R. Holland (S. 6), Kiesel (S. 12, 28, 80, 82, 101, 106, 110, 113, 124, 132, 153), Matzek (S. 155), Plöhn (S. 149), Röthe (S. 14, 15, 17 (4), 47), Schubert (S. 58), Schwarzlose (S. 56), Schweizer Wetterdienst (S. 84), YPS (S. 8).
Druck: Kunst- und Werbedruck, Bad Oeynhausen
Printed in Germany 1998

Nachdruck aus Karte 1 (INT 1), der Broschüre Sicherheit im See- und Küstenbereich, dem Gezeitenkalender 1998 sowie aus den Nachrichten für Seefahrer mit freundlicher Genehmigung des Bundesamtes für Seeschiffahrt und Hydrographie

Vorwort

Kontrollen durch die Polizei, den Zoll oder die Küstenwache werden im Wassersport nur selten durchgeführt. Gleichwohl darf man nicht ohne Sportbootführerschein ein Boot führen. Im Schadensfall würde der Verlust des Versicherungsschutzes drohen.

Sportbootführerschein See

Im März 1967, also vor mehr als 30 Jahren, hat der Gesetzgeber den amtlichen Sportbootführerschein für Seegewässer eingeführt.

Seitdem erfreut sich dieser Führerschein bei zahlreichen Wassersportlern einer großen Beliebtheit. Allein in den vergangenen 5 Jahren wurden über 175 000 Sportbootführerscheine See ausgestellt.

Denn wer ein motorisiertes Sportboot mit einer Nutzleistung von mehr als 3,68 kW (5 PS) führen will, braucht einen Sportbootführerschein.

Als **Sportboot** wird jedes für Sport- oder Erholungszwecke vorgesehene Wasserfahrzeug angesehen (ausgenommen bestimmte Traditionsfahrzeuge von über 15 m Länge), sofern es nicht gewerbsmäßig eingesetzt wird. Der Sportbootführerschein See gilt gleichermaßen für Motor- wie Segelboote.

Der Sportbootführerschein See berechtigt zum Führen eines Sportbootes auf den deutschen **Seeschiffahrtsstraßen**. Dieses sind die 3 sm breiten, zum deutschen Hoheitsgebiet gehörenden Meeresstreifen (ab Strandsaum / Basislinie gemessen) sowie die inneren (landwärts der Basislinie gelegenen) Gewässer und Teilstrecken bestimmter Binnenwasserstraßen. Der Sportbootführerschein See wird auch in den meisten anderen Ländern als amtlicher Führerschein anerkannt.

Die **Prüfung** zum Erwerb eines Sportbootführerscheins setzt sich aus einem theoretischen und einem praktischen Teil zusammen.

Ausbildung

In der Ausbildung soll der angehende Bootsführer lernen, ein Sportboot unter Berücksichtigung der herrschenden Bedingungen sicher zu führen. Dazu gehören die Kenntnis der einschlägigen Verkehrs- und Sicherheitsvorschriften ebenso wie die grundlegenden Bootsmanöver und Knoten. Aber auch Navigation und praktische Seemannschaft müssen unterrichtet werden.

Das vorliegende Lehrbuch dient als Begleitung und Ergänzung zum Besuch eines Führerscheinkurses. Da es in vielen Punkten über den Prüfungsstoff hinausgeht, kann es auch noch nach der Prüfung wertvolle Hinweise geben.

Am unteren Seitenrand abgedruckte Fragen beziehen sich auf den amtlichen Fragenkatalog (s. Seite 156 ff., roter Teil). Umgekehrt ist dort auf den Text verwiesen.

SCARAB

Inhaltsverzeichnis

129

1

NAVIGATION

KLASSISCHE NAVIGATIONSINSTRUMENTE

ARBEITEN IN DER SEEKARTE

KURS- UND PEILUNGSVERWANDLUNG

TERRESTRISCHE SCHIFFSORTBESTIMMUNG

ELEKTRONISCHE NAVIGATION

GEZEITENKUNDE

SEEKARTEN UND SEEBÜCHER

Kompaß

Der **Steuerkompaß** - das wichtigste Navigationsinstrument überhaupt - wird zum Kurshalten, der **Peilkompaß** zur Schiffsortbestimmung verwendet. Auf Yachten werden zumeist Magnetkompasse eingesetzt, wohingegen in der Berufsschiffahrt Kreiselkompasse zum Steuern bevorzugt werden.

Ein **Magnetkompaß** nutzt die Richtwirkung des erdmagnetischen Feldes, welche eine **Magnetnadel** oder eine **Magnetspule** (gleichstromdurchflossene Spule mit Weicheisenkern) auf die Nord-Süd-Richtung einstellt.

Trockenkompasse, die bei geringem Gewicht eine hohe Empfindlichkeit besitzen, werden nicht in der Schiffahrt verwendet.

Hier kommen Schwimmkompasse - auch **Fluid-Kompasse** genannt - zum Einsatz. In dem mit einer Dämpfungsflüssigkeit (Wasser-Alkohol-Gemisch) gefüllten **Kompaßkessel** ruht unter geringem Auflagedruck eine als Schwimmkörper gebaute **Kompaßrose** auf einer **Pinne**. Unter der Kompaßrose ist ein Stabmagnet angebracht, welcher die Kompaßrose nach dem magnetischen Meridian ausrichtet.

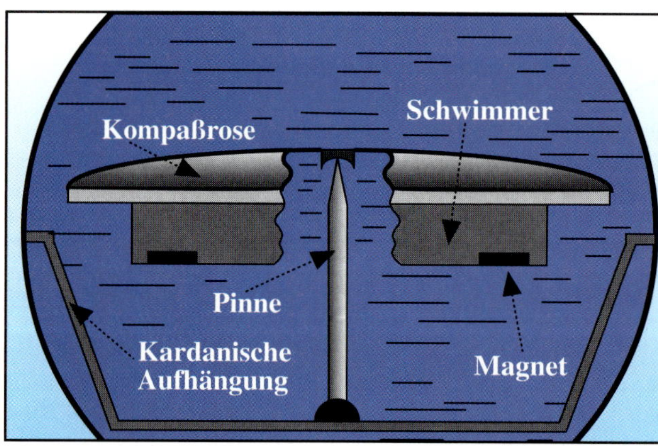

Konstruktionsprinzip eines Fluid-Kompasses.

Die Anzeige eines Magnetkompasses ist zwei Einflüssen unterworfen: der ortsabhängigen Mißweisung (Winkel zwischen dem geographischen und dem magnetischen Meridian) sowie der durch schiffsmagnetische Einflüsse hervorgerufenen Ablenkung (Deviation).

Der in einem Kompaßhaus kardanisch aufgehängte Schiffskompaß ist durch den kompakten **Kugelkompaß** abgelöst worden. In der kugelförmigen Glasglocke ist die Kompaßrose kardanisch aufgehängt. Diese Konstruktion bietet der Kompaßrose größtmögliche Bewegungsfreiheit und verbessert die Ablesbarkeit der Kompaßrose (Vergrößerungseffekt).

Steuerkompasse werden als **Pultkompasse** zum Einbau in ein Navigationspult, eine Steuersäule oder auf einer Flybridge angeboten. Pultkompasse minimieren die Vibrationseinflüsse von Rumpf und Motor. Auf pinnengesteuerten Yachten findet man häufig **Gegensichtkompasse,** die in die Schiebelukgarage oder ein Schott eingebaut sind.

Fluxgate-Kompasse sind Induktionskompasse, deren Magnetspule schnell um eine frei schwenkbare Achse rotiert und nach dem Induktionsgesetz keine Spannung abgibt, wenn die Rotationsachse mit dem magnetischen Meridian zusammenfällt. Die Meßwerte werden elektrisch auf ein Anzeigegerät übertragen. Fluxgate-Kompasse kommen dort zum Einsatz, wo wegen starker magnetischer Einflüsse am Anzeigeort eine Trennung von Anzeige und Magnetsonde erforderlich ist (Stahlschiffe) oder elektrische Meßwerte benötigt werden (Radargerät, Autopilot). Fluxgate-Kompasse werden auch als Peilkompasse angeboten.

Die wichtigsten Kriterien zur Auswahl eines Magnetkompasses sind Mechanik, Rosengröße und Montagemöglichkeit. Die Mechanik bestimmt Einschwingzeit, Genauigkeit, Größe und Lebensdauer. Je größer die Rose, um so besser ist der Kompaß abzulesen. Der Montageort sollte sorgfältig gewählt werden, so daß der Kompaß gut ablesbar, frei von schiffsmagnetischen Einflüssen und beleuchtbar ist. Der Kompaß muß so eingebaut werden, daß der Steuerstrich parallel zur Kiellinie liegt.

Während der Fahrt dürfen keine den Kompaß ablenkenden Gegenstände, wie z. B. Getränkedosen, Radiolautsprecher oder Werkzeug, in seiner Nähe abgelegt werden. Änderungen der Einbauten oder ein Austausch der Maschine können die schiffs-

Fragen 254, 261

Kompaß

magnetischen Verhältnisse und damit die Kompaßanzeige dauerhaft stören. In dem Fall muß der Kompaß reguliert werden.

Im Gegensatz zum Magnetkompaß nutzt ein **Kreiselkompaß** die Erdrotation zur Bestimmung der Nord-Süd-Richtung.

Nach den Kreiselgesetzen versucht ein in die Horizontalebene gezwungener Kreisel, sich parallel zur Erdachse zu stellen.
Der mit etwa 20 000 / min rotierende Kreiselkörper ist frei von jeglicher magnetischer Ablenkung. Bei einem bewegten Fahrzeug erfordert die Corioliskraft (s. Seite 85) eine „Fahrtfehlerberichtigung“ in der Größe von etwa +2° bis -2° (überwiegend auf Ost- und Westkursen; auf Nord- und auf Südkursen gibt es keinen Fahrtfehler).

In hohen Breiten versagen Magnet- und Kreiselkompasse. Die Bestimmung der Himmelsrichtung erfolgt dort durch Beobachtung der Sonne (**Sonnenkompaß**, **Skykompaß**) oder anderer Gestirne (**Astrokompaß**).

Fluxgate-Kompaß.

Kugelkompaß.

Gegensichtkompaß.

Echolot

Ein Lot wird an Bord zur Bestimmung der Wassertiefe verwendet. Einfache Geräte wie **Lotstock** (ca. 5 m lang) oder **Handlot** (Bleigewicht mit markierter Leine) werden gelegentlich noch auf Traditionsfahrzeugen eingesetzt.

Das **Echolot** ist ein elektroakustisches Sende- und Empfangsgerät zum Messen der Entfernung zu einem schallreflektierenden Objekt. Gemessen wird die Zeitdauer, die ein Schall- oder Ultraschallimpuls benötigt, um als Echo zum Empfangsgerät zurückzukehren. Das Sende- und Empfangsgerät, auch als **Echolotgeber** bezeichnet, wird mittschiffs vor den Kiel eingebaut.

Das zugehörige **Anzeigegerät** befindet sich im Cockpit, manchmal ist noch eine Tochteranzeige am Kartentisch vorhanden. Es zeigt die Wassertiefe (meistens) digital an. Flachwasseralarm, Ankerwache (Flachwasser- und Tiefenalarm) sowie Trendanzeige (tiefer/flacher) gehören zum technischen Standard.

Eine analoge Anzeige mit Lichtblitzen auf einer Leuchtdiode erlaubt Rückschlüsse auf die Beschaffenheit des Meeresgrundes. Dort erscheint harter Sand als schmaler Streifen, schlammiger Grund als breiter, nach unten auslaufender Lichtstrich, während Steingrund breit, nach oben ausgezackt dargestellt wird.

Grafik-Echolote, **Fischfinder** und **Fächersonargeräte** stellen die neueste Generation der Tiefenmeßgeräte auf Yachten dar. Je nach technischer Ausstattung bieten sie:

- Voraus- und Querschau,
- variable Suchkegel,
- 2- oder 3dimensionale Darstellung,
- Fischlupe,
- Zoom,
- Farbvideotechnik.

Multifunktionsanzeige für Wassertiefe, Geschwindigkeit sowie Kurs- und Windinformationen.

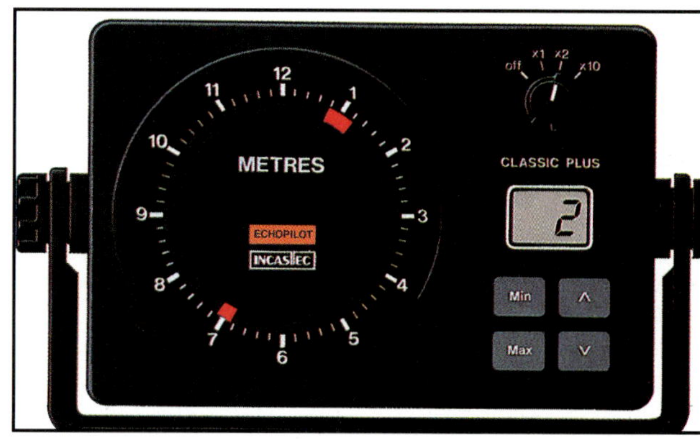

Echolot mit Analoganzeige.

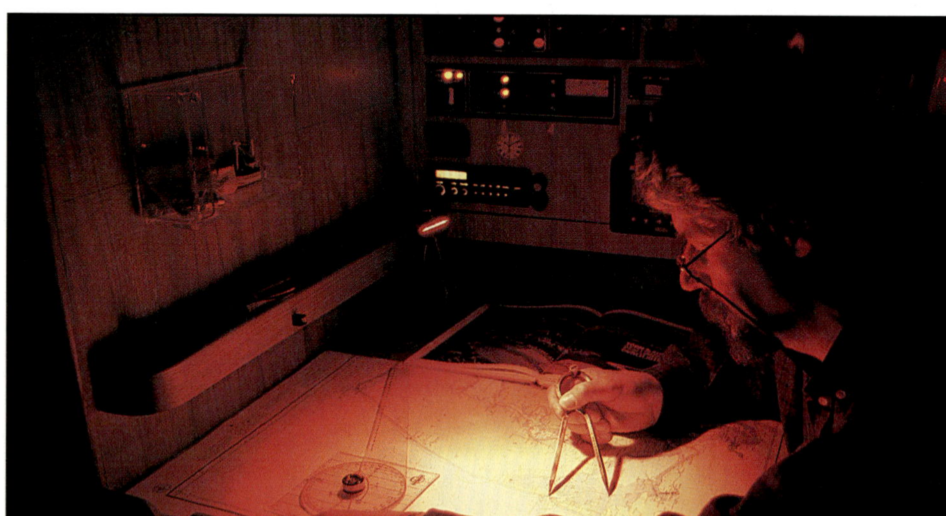

Am Kartentisch.

Frage 261

Log

Mit einem **Log** oder einer **Logge** wird die Geschwindigkeit gemessen, mit der sich ein Schiff durch das Wasser (nicht über Grund) bewegt, und in Knoten (kn, Seemeilen pro Stunde) angegeben.

In der einfachsten Form ist dies ein **Handlog**, welches die Fahrt mit einer Logleine mißt. Am Ende der Logleine ist ein kleines Brett („Logscheit") so angebracht, daß es senkrecht im Wasser stehenbleibt und die Logleine abspult. Die Logleine ist mit Knoten markiert, an denen die Geschwindigkeit abgelesen werden kann. Daraus ist die Bezeichnung „Knoten" für sm/h abgeleitet. (Aus der Anzahl der in einer bestimmten Zeit durchgelaufenen Knoten berechnet man die Geschwindigkeit. Die Laufzeit wurde früher mit einer Sanduhr, Logglas genannt, gemessen.)

Als **Relingslog** wird ein Verfahren bezeichnet, bei dem ein Holzstückchen außenbords geworfen und die Zeit gestoppt wird, in der es eine an der Reling markierte Strecke durchläuft. Das Relingslog eignet sich nur für langsame Geschwindigkeiten, etwa zum Messen des Stromes auf einem vor Anker liegenden Schiff.

Die markierte Strecke sollte in **Meridiantertien** ($^1/_{3600}$ sm = 0,514 m) gemessen werden. Eine Meridiantertie ist die Strecke, die ein mit 1 sm/h laufendes Schiff in einer Sekunde zurücklegt. Die Relation „Meridiantertien pro Sekunde = Seemeilen pro Stunde" ist ein einfaches Mittel zur Bestimmung der Geschwindigkeit. (Zum Beispiel: 6 Meridiantertien in 2 Sekunden = 3 sm/h.)

Ein **Patentlog** (auch **Schlepplog** genannt) besteht aus einem Schraubenkörper, welcher eine nachgeschleppte Leine dreht und auf einer Meßuhr Distanz und Geschwindigkeit (wie bei einem Tachometer) anzeigt. Die Geschwindigkeitsangabe ist bei langsamer Fahrt ungenau.

Digitallog mit Anzeige von VMG und Wassertemperatur.

Heute sind auf Sportbooten nahezu ausschließlich **Sumlogs** im Einsatz, bei denen ein Propeller oder Paddelrad unter dem Rumpf angebracht ist, dessen Umdrehungen auf ein Anzeigegerät übertragen werden.

Während der Propeller häufig durch Seegras oder Dreck außer Funktion gesetzt wird, ist das Paddelrad wegen seiner geringen Angriffsfläche weniger störanfällig. Unter Wartungsaspekten ist ein Paddelrad in einem Gehäuse mit selbstschließendem Seeboden als ideal anzusehen.

Paddelrad Loggeber mit selbstschließendem Seebodengehäuse.

Moderne Instrumente verfügen über einen eingebauten Timer, welcher Fahrtzeit und Durchschnittsgeschwindigkeit angibt. Im Loggeber befindet sich oft auch ein Temperatursensor zur Anzeige der Wassertemperatur.
Bei Vernetzung mit einem Windmesser kann auch die **Luvgeschwindigkeit** (**VMG**, velocity made good) angegeben werden. Dies ist die gedachte Geschwindigkeit, mit welcher sich das Fahrzeug genau gegen oder in die Windrichtung bewegt. Die VMG-Anzeige wird auf Segelyachten beim Kreuzen gegen den Wind eingesetzt.

Speedometer arbeiten zumeist nach dem Staudruckmeßprinzip. Hier wird der Druck gemessen, der in einem in Fahrtrichtung angebrachten Rohr auftritt. Auch das **Stevenlog** funktioniert durch Staudruckmessung.

Elektromagnetische Logs, die auf der elektromagnetischen Induktion beruhen, und **Dopplerlogs**, die Ultraschallwellen in das Wasser senden und infolge des Dopplereffektes die Geschwindigkeit über Grund berechnen können, werden in der Sportschifffahrt nicht eingesetzt.

Fragen 234, 261

Seekarten

Aktuelle Seekarten sind das wichtigste Hilfsmittel der Navigation. Stellvertretend für amtliche deutsche Seekarten soll hier die für die BR-Ausbildung erforderliche Übungskarte Nr. 30, 1990, 20.IV. beschrieben werden. Zum Einstieg in die Navigation und um die notwendige Vertrautheit mit der Karte zu erlangen, ist es empfehlenswert, die nachfolgend gegebenen Anmerkungen in der Karte nachzulesen.

Der **Kartentitel** „Kieler Bucht“ ist auf dem oberen Rand angegeben. Links daneben findet man Bemerkungen zu den Höhen und Tiefen, dem Kartennetz und den Vermessungsgrundlagen. Diese Angaben werden auch als **Legende** bezeichnet.

Auf dem oberen Rand sind noch Hinweise zur Minengefahr und auf weitere nautische Veröffentlichungen aufgeführt.
Am rechten Teil des oberen Randes ist eine Aufstellung der benutzten fremdländischen Wörter und Abkürzungen zu finden.

Der untere Rand enthält Vermerke zu Herausgeber, Urheberrechtsschutz, Ausgabe, Berichtigung und Hersteller.
Einer Übungskarte fehlt der Berichtigungsstempel, der die NfS-Ausgabe (s. Seite 46) angibt, bis zu der eine Karte berichtigt ist. Auf amtlichen Seekarten befindet er sich ebenfalls auf dem unteren Rand.

In der Nähe des unteren Randes sind ein Hinweis auf zusätzliche Warngebietstonnen und zwei Warnungen vor großen Steinen abgedruckt.

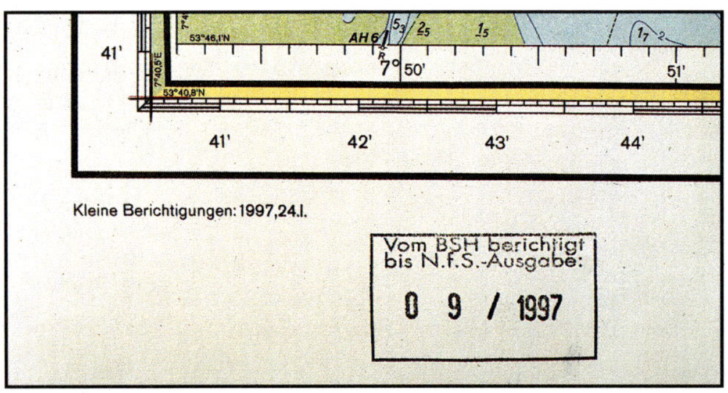

Berichtigungsstempel einer amtlichen Karte: Vom Bundesamt für Seeschiffahrt und Hydrographie (BSH) berichtigt bis zur Ausgabe 09 / 1997 (erscheint wöchentlich, freitags) der Nachrichten für Seefahrer (NfS).

Die Karte beinhaltet insgesamt 7 **Indexrahmen**, in denen Hafenpläne von Damp, Eckernförde, Schilksee und Strande, Wendtorf, Heiligenhafen, Lippe sowie Bagenkop wiedergegeben sind. An den betreffenden Orten wird auf die Indexrahmen hingewiesen.

Das **Warnsignal** „Außergewöhnliche Schiffahrtsbehinderung“, das z. B. am Leuchtturm Kiel gezeigt werden kann, sowie **Schießübungssignale** für Aschau und Eckernförde-Süd ergänzen die Hinweise. (Genauere Angaben zu den Orten, Daten und Zeiten der Schießübungen sind den **Bekanntmachungen für Seefahrer** (**BfS**) zu entnehmen. Diese hängen an zahlreichen Aushangstellen (z. B. Häfen) aus und enthalten alle Umstände, die die Sicherheit und Leichtigkeit des Seeverkehrs betreffen.)

Im Bereich von

$\varphi = 54° 38' N$
$\lambda = 010° 30' E$

ist eine **Kompaßrose** mit Mißweisungsangaben abgebildet. Weitere Angaben zur Mißweisung findet man u. a. auf

$\varphi = 54° 20' N$
$\lambda = 011° 14' E$

Hier sind die Mißweisung für das Jahr 1990 sowie die jährliche Änderung aufgeführt. Damit kann die Mißweisung auf das jeweilige Kalenderjahr hochgerechnet werden. Für die BR-Übungs- und Prüfungsaufgaben ist abweichend davon eine Mißweisung von -2° vorgegeben.

Die hauptsächlichen **Farben** der Karte sind:
- Gelb für Land,
- Hellblau für Wasser bis 6 m Kartentiefe,
- Weiß für Wasser über 6 m Kartentiefe.

Linien in **Magenta** (violett) verweisen auf Karten größeren Maßstabs (D. 12, D. 14, D. 26, D. 31, D. 32, D. 43). In derselben Farbe sind die Grenze des Geltungsbereichs der SeeSchStrO und Schiffahrtswege (Lübeck-Gedser-Weg, Kiel-Ostsee-Weg, Weg H, Weg T, Kiel-Flensburg-Weg, Kiel-Fehmarnsund-Weg) markiert.

Leuchtfeuer werden in **mehrfarbigem Feuerkolorit** (rot, grün, gelb) dargestellt. Man beachte, daß Gelb für weiße und gelbe Feuer (nur Sonderzeichen, s. Seite 23) verwendet wird.

Fragen 163, 225, 227, 228

Geographische Koordinaten

Als **Koordinaten** eines Ortes auf der Erde werden die **geographische Breite** φ und die **geographische Länge** λ bezeichnet.

Die geographische Breite 00° ist der Äquator. Von ihm aus werden 90 nördliche Breiten (auch als Breitenkreise bezeichnet) zum Nordpol und 90 südliche Breiten zum Südpol gezählt.

Geographische **Längen**, auch **Meridiane** genannt, sind Halbkreise, die in Nord-Süd-Richtung von Pol zu Pol verlaufen. Sie stehen senkrecht auf den Breiten. Als **Nullmeridian** ist die durch die alte Sternwarte von Greenwich verlaufende Länge festgesetzt. Die Zählung erfolgt hier mit 180 Längen ostwärts und 180 Längen westwärts. Dem Nullmeridian „gegenüber“ (180°) verläuft die **Datumsgrenze**.

Die geographischen Koordinaten werden als Winkel in Grad und Minuten angegeben. Dabei werden die Minuten stets zweistellig geschrieben, die Grade bei Breiten zweistellig und bei Längen dreistellig, z. B.:

φ = 54° 04,5' N
λ = 007° 31,6' E

Orte gleicher Länge haben gleiche **Ortszeit**, so daß man die Längenunterschiede auch in Zeit ausdrücken kann (15° entsprechen 1 Stunde). In Seekarten können die Breiten am seitlichen, die Längen am oberen und am unteren Kartenrand abgelesen werden.

Breiten seitlich ablesen
Längen oben/unten ablesen

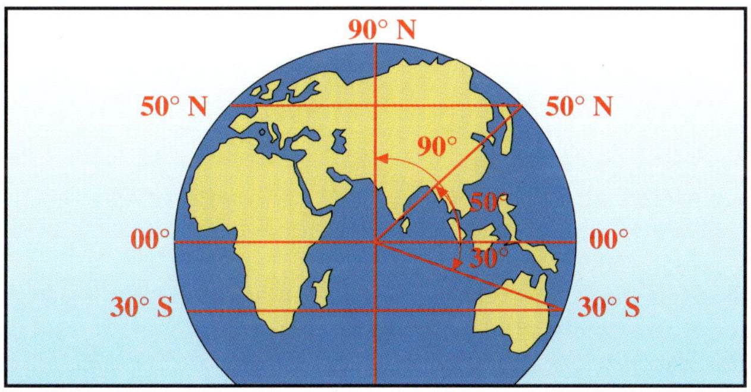

Die Breite eines Ortes ist der Winkel zwischen Äquatorebene und dem Radius durch den Ort.

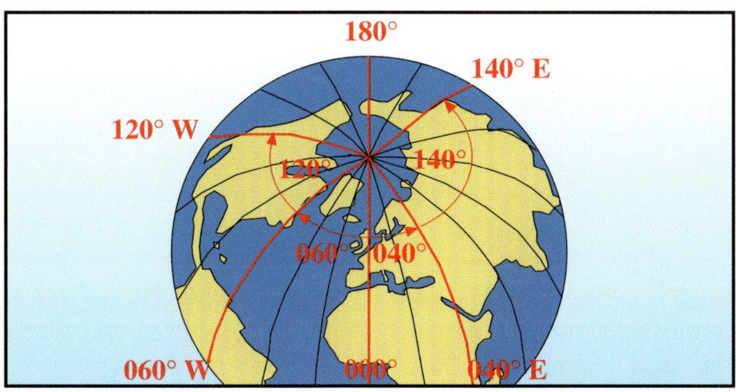

Die Länge eines Ortes ist der am Pol gemessene sphärische Winkel zwischen Nullmeridian und Ortsmeridian.

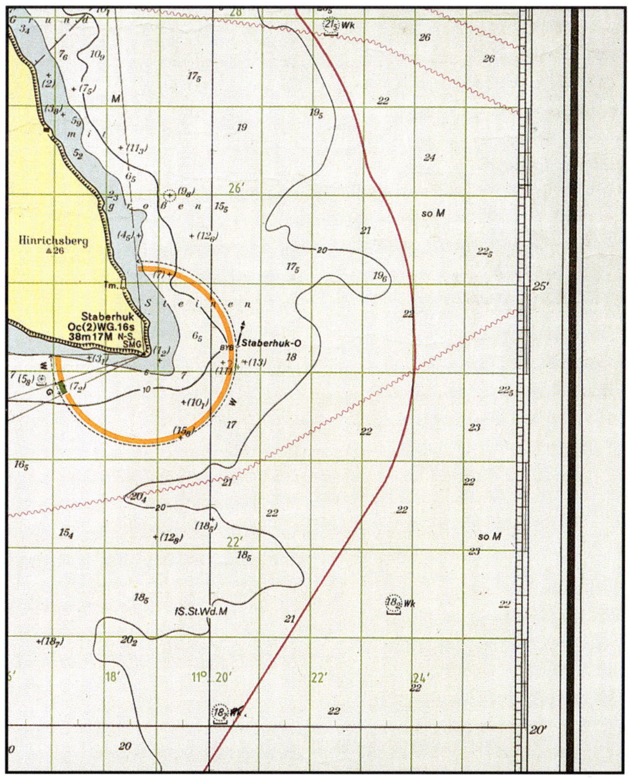

Ausschnitt aus der Breitenskala der Seekarte Ü D. 30. 1 Bogenminute (1') ist die Länge einer Seemeile (= 1852 m).

Fragen 233, 343 - 362

Koppelnavigation

Navigation

Die deutsche Norm DIN 13312 definiert Navigation als "Maßnahmen - Beobachtungen, Messungen und Auswertungsmethoden - zur Fahrzeugführung, mit deren Hilfe ermittelt wird,

- wo sich das Fahrzeug befindet,
- wohin das Fahrzeug gelangen würde, wenn keine seine Bewegung verändernden Maßnahmen ergriffen werden, und
- was zu tun ist, um ein gewünschtes Ziel sicher zu erreichen, gegebenenfalls auf einem vorgegebenen Weg“.

Navigationsverfahren

In der **terrestrischen Navigation** werden Landmarken und mit der Erde verbundene Seezeichen (terra = Erde) genutzt, um Standlinien und damit den Schiffsort zu gewinnen. Zur terrestrischen Navigation gehören Koppel- und Stromnavigation, Kreuzpeilungen, Doppelpeilungen, Versegelungspeilungen, Lotungen sowie (die heute nicht mehr üblichen) Horizontal- und Höhenwinkelmessungen.

Während in der terrestrischen Navigation mit optischen Mitteln gearbeitet wird, erfolgt die Standortbestimmung in der **Funk- oder technischen Navigation** mit Hilfe von elektromagnetischen oder Funkwellen, die von Funkmasten (Loran C, Decca) oder Satelliten (GPS) ausgestrahlt werden. Zur Funknavigation zählt auch die **Radarnavigation**.

In der **astronomischen Navigation** werden mit einem Sextanten die Höhenwinkel von Gestirnen gemessen. Jede Messung ergibt eine Standlinie. Mathematische Berechnungen oder die genaue Kenntnis des Sternenhimmels sind dabei nicht unbedingt erforderlich.

Die Sportbootführerschein-See- und die BR-Prüfung beschränken sich im wesentlichen auf die terrestrische Navigation, einige Grundzüge der elektronischen Navigation sind auch enthalten (BR). Für den BK- und den Sportseeschifferschein wird auch die technische Navigation benötigt; die astronomische Navigation wird von Sporthochseeschifferschein- und C-Schein-Anwärtern verlangt.

Koppelnavigation

In der Koppelnavigation wird der Schiffsort allein mit Hilfe von Kompaß und Log bestimmt. Dabei müssen Wind- und - sofern vorhanden - Stromversatz berücksichtigt werden. Die über Grund zurückgelegten Wege (Richtungen und Distanzen) werden in die Seekarte gezeichnet und so der jeweilige Schiffsort ermittelt (zeichnerisches Koppeln).

Ein Ort, den man von einem bekannten Ort ausgehend durch Koppelnavigation erhält, heißt **Koppelort O_k**, wenn der Strom berücksichtigt wurde. Dagegen spricht man von **Loggeort O_l**, wenn der Strom bei der Ortsermittlung unberücksichtigt geblieben ist. Wird der Schiffsort schließlich durch ein Ortsbestimmungsverfahren wie Peilung oder Winkelmessung ermittelt, so nennt man ihn **beobachteten Ort O_b** oder **Fix**. Der Vektor (Pfeil) vom Koppelort O_k zum beobachteten Ort O_b heißt **Besteckversetzung BV**. Sie wird als Richtung und Entfernung angegeben, z. B.: BV = (135°; 0,7 sm).

In der Seekarte wird gemäß DIN 13312 wie folgt gearbeitet: Kurs- und Standlinien werden als gerade Linien gezeichnet. Standlinien können eine Pfeilspitze erhalten, die zum gepeilten Objekt zeigt. Wird Kurs- und Standlinien die Gradzahl (KaK bzw. rwP) hinzugefügt - was nach DIN nicht erforderlich ist -, können das Ergebnis schneller überprüft und Flüchtigkeitsfehler reduziert werden. Koppelorte O_k werden durch einen kleinen senkrechten Querstrich auf der Kurslinie gekennzeichnet. Beobachtete Orte O_b werden als kleiner Kreis um den Schnittpunkt der Standlinien kenntlich gemacht. Neben Koppelorte und beobachtete Orte wird die Uhrzeit in vier gleich großen Ziffern (z. B. 1000) oder mit Doppelpunkt (z. B. 10:00) geschrieben.

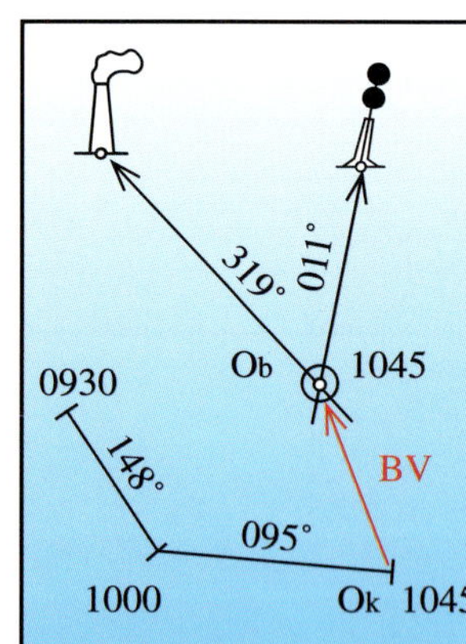

Schematische Darstellung des Koppelns gemäß DIN 13312 „Navigation“. Die Besteckversetzung BV ist für Übungen und in vielen Prüfungen wichtig.

Fragen 252, 253

Gebrauch von Dreieck und Zirkel

Der Nullpunkt der Zentimeterskala liegt auf einem Meridian; unten ist der angelegte Winkel ablesbar.

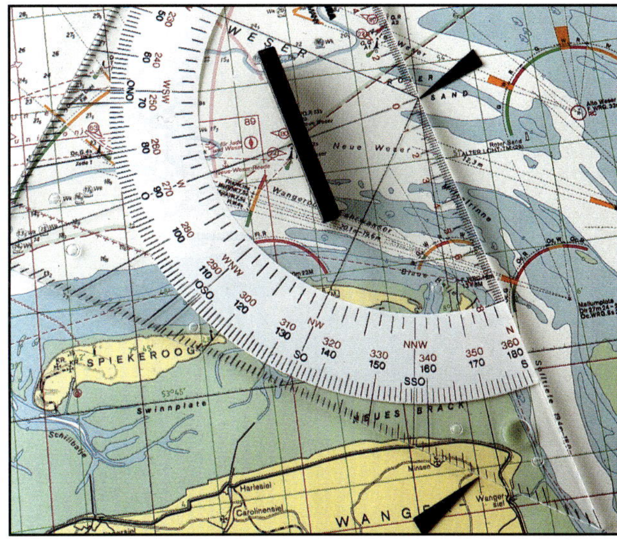

Die Richtung 167° geht nach rechts unten; 347° zeigen nach links oben (entlang der Zentimeterskala).

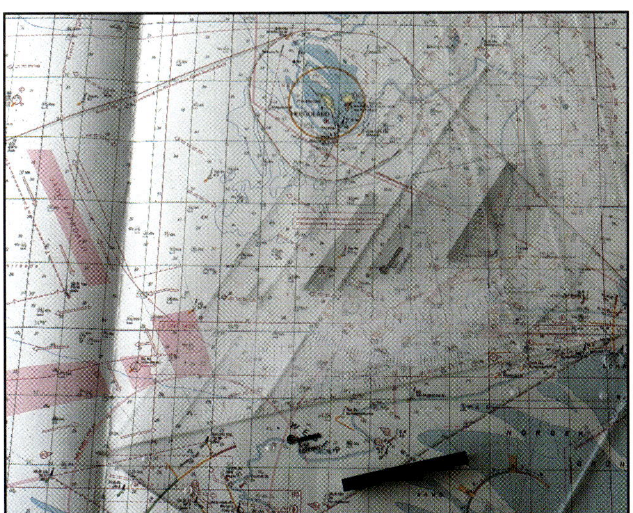

Parallelverschiebung des Kursdreiecks mit Hilfe eines Anlegedreiecks: Das Anlegedreieck wird dazu an eine der kurzen Seiten des Kursdreiecks gelegt.

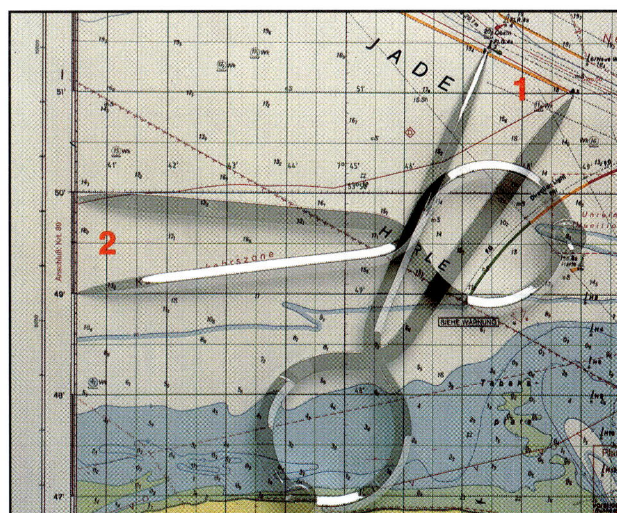

Entfernungen werden mit einem Zirkel auf den seitlichen Kartenrand übertragen. Hier ist eine Minute (1') gleich einer Seemeile (1 sm = 1 852 m).

Fragen 232, 238, 343 - 362

Aus Karte 1 (INT 1)

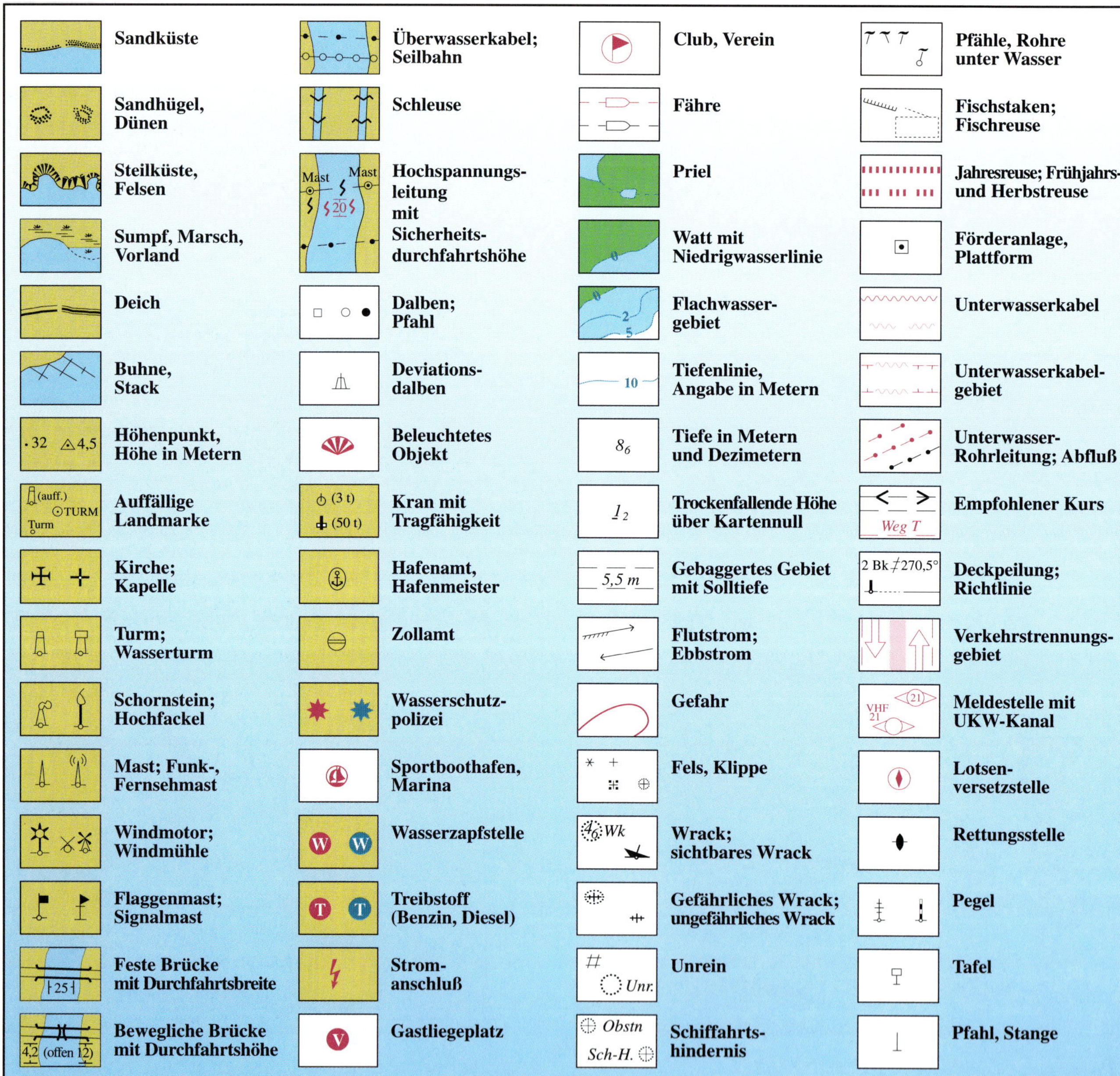

Karte 1 (INT 1) enthält sämtliche in deutschen und internationalen Seekarten verwendeten Zeichen und Abkürzungen.

Frage 230

Aus Karte 1 (INT 1)

- Bake
- Spitztonne
- Stumpftonne
- Kugeltonne
- Bakentonne
- Spierentonne, Treibbake
- Faßtonne
- Leuchttonne
- Feuerschiff
- Leuchtfloß
- Großtonne
- Festmachetonne
- Einzelgefahr-Zeichen
- Mitte-Fahrwasser-Zeichen
- Betonnungs-richtung
- Nebelschallsignal

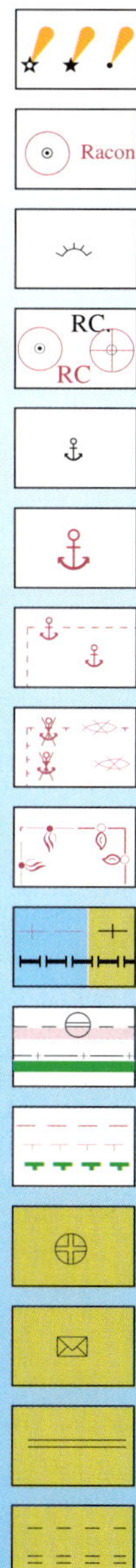

- Leuchtfeuer, Leuchtturm
- Radar-antwortbake
- Radar-reflektor
- Kreis-funkfeuer
- Empfohlener Ankerplatz
- Ankerplatz für Sportboote
- Ankergebiet
- Ankern und Fischen verboten
- Militärisches Übungsgebiet
- Staatsgrenze
- Zollgrenze
- Naturschutzgebiet
- Gesundheitsamt, Krankenhaus
- Postamt
- Straße (befestigt)
- Straße (unbefestigt)

Leuchtfeuer/*Lights*

Lcht-Tm.	LtHo	**Leuchtturm/***Lighthouse*
Rcht-F.	Ldg	**Richtfeuer/***Leading lights*
Lt-F.	Dir	**Leitfeuer/***Direction light*
Aero	Aero	**Luftfahrtfeuer/***Aero light*
Warn-F.	RLts	**Warnfeuer/** *Air obstruction light*
Ob-F.	RearLt	**Oberfeuer/***Rear light*
U-F.	FrontLt	**Unterfeuer/***Front light*
N-F.	in fog	**Nebelfeuer/***Fog light*
F.	F	**Festfeuer/***Fixed*
Ubr.	Oc	**Unterbrochen/***Occulting*
Glt.	Iso	**Gleichtakt/***Isophase*
Blz.	Fl	**Blitz/***Flashing*
Blk.	LFl	**Blink/***Long-flashing*
Fkl.	Q	**Funkel/***Quick*
Fkl. unt.	IQ	**Funkel unterbrochen/***Interrupted quick*
SFkl.	VQ	**Schnelles Funkel/***Very quick*
Mo.	Mo	**Morse/***Morse*
w.	W	**Weiß/**White
r.	R	**Rot/***Red*
gn.	G	**Grün/***Green*
s.	B	**Schwarz/***Black*
viol.	Vi	**Violett/***Violett*
g.	Y	**Gelb/***Yellow*
or.	Or	**Orange/***Orange*
sm	M	**Seemeile/***Sea mile*
wgr.	hor	**Waagerecht/***Horizontal*
skr.	vert	**Senkrecht/***Vertical*
ztws.	occas	**Zeitweise/***Occasional*
ztwl.	temp	**Zeitweilig/***Temporary*
vrst.	intens	**Verstärkt/***Intensified*
schw.	faint	**Schwach/***Faint*
vrd.	obscd	**Verdeckt/***Obscured*

Nebelschallsignale/*Fog Signals*

N-S.	Horn	**Membransender/***Horn*
Gl-Tn.	Bell	**Glocke/***Bell*
Hl-Tn.	Whis	**Heuler/***Whistle*
Gong	Gong	**Gong/***Gong*

Sonstiges/*Other*

auff.	**Auffällig/***Conspicuous*
Bk.	**Bake/***Beacon*
F-Sch.	**Feuerschiff/***Light vessel*
Meß-G.	**Meßgerät/***Oceanographic equipment*
Obstn	**Schiffahrtshindernis/***Obstruction*
Ra	**Radar/***Radar*
SS	**Signalstelle/***Signal station*
Unr.Gd.	**Unreiner Grund/***Foul*
V-S.	**Verkehrssignal/***Traffic signal*
Wk	**Wrack/***Wreck*

Aus Karte 1 (INT 1).

Frage 230

Befeuerung

Feuer unterscheiden sich voneinander durch die
- Art ihrer Verwendung,
- Kennung.

Leitfeuer sind Einzelfeuer, die durch Sektoren (Leitsektor, Warnsektoren) verschiedener Farbe oder Kennung im allgemeinen ein Fahrwasser, eine Hafeneinfahrt oder einen freien Seeraum zwischen Untiefen bezeichnen.

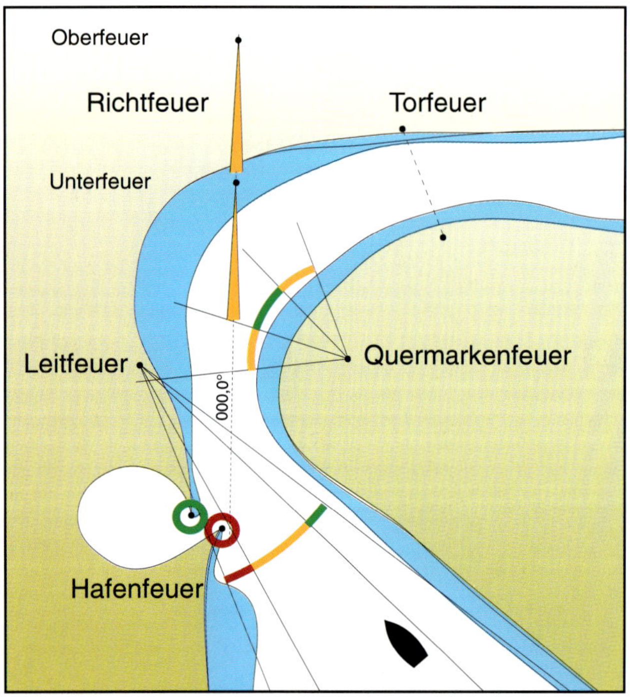

Ein von See kommendes Schiff läuft im weißen Leitsektor des voraus liegenden Leitfeuers. Käme es in den grünen (roten) Warnsektor, so müßte es seinen Kurs nach Backbord (Steuerbord) ändern. Am westlichen Ufer liegen die beiden Feuer einer Hafeneinfahrt. Bei Annäherung an den Hafen wird mit Hilfe des im Norden liegenden Richtfeuers navigiert. Bald wird an Steuerbord der weiße Ankündigungssektor des Quermarkenfeuers sichtbar. Beim Übergang vom weißen zum grünen Licht muß ein in Betonnungsrichtung laufendes Schiff den Kurs nach Steuerbord ändern. Eine erneute Kursänderung ist erforderlich, wenn das Torfeuer passiert wird.

Quermarkenfeuer liegen etwa querab zur Fahrtrichtung. Sie bestehen aus weißen Ankündigungs- und farbigen Kursänderungssektoren. Eine Kursänderung wird beim Übergang vom weißen in den farbigen Sektor erforderlich.

Ein **Richtfeuer** besteht aus einem Oberfeuer und einem Unterfeuer und bezeichnet eine in der Seekarte angegebene Richtung in einem Fahrwasser. Wenn Ober- und Unterfeuer in Deckung liegen, befindet sich das Schiff auf der **Richtfeuerlinie**.

Torfeuer sind zwei Feuer gleicher Feuerhöhe, gleicher Lichtstärke und gleicher Kennung, die zu beiden Seiten des Fahrwassers einander genau gegenüberliegen.

Leitmarken sind beleuchtete Schirme, auf denen man in der Leitlinie eine Marke (z. B. einen Streifen) sieht, beiderseits der Leitlinie aber Pfeile, die zur Leitlinie hin zeigen.

Uferfeuer machen den Verlauf einer Uferlinie kenntlich.

Luftfahrtfeuer werden in ein Leuchtfeuerverzeichnis nur aufgenommen, wenn sie von See aus sichtbar sind.

Kennung ist der Verlauf der Lichterscheinung des Feuers in einem bestimmten, wiederkehrenden Rhythmus, gekennzeichnet durch den Wechsel von weißem und/oder farbigem Lichtschein und Unterbrechung (Pause) des Lichts.

Wiederkehr ist die Dauer der Kennung in Sekunden.

Ein **Festfeuer** zeigt ein gleichbleibendes Licht von gleicher Farbe und Stärke.

Bei einem **unterbrochenen Feuer** sind die Lichterscheinungen stets länger als die Verdunkelungen.

Das **Gleichtaktfeuer** ist durch gleich lange Lichterscheinung und Verdunkelung gekennzeichnet. Seine Wiederkehr liegt zwischen 3 und 8 s.

Als **Blink** bezeichnet man das Aufleuchten von mindestens 2 s. Dabei muß die Dunkelphase mindestens 1 s länger als die Leuchtphase sein.

Blitz nennt man das Aufleuchten von weniger als 2 s Dauer (in Deutschland höchstens 1 s Dauer).

Blitze im Abstand von 1,2 oder 1 s heißen **Funkel**, im Abstand von 0,6 oder 0,5 s **schnelle Funkel**.

Befeuerung

Gruppe bedeutet, daß mehrere Blinke, Blitze, Funkel, schnelle Funkel oder Dunkelphasen (bei unterbrochenem Feuer) hintereinander auftreten.

Unter **Tragweite** versteht man denjenigen Abstand, in dem ein Feuer einen eben noch deutlichen Lichteindruck am Auge des Beobachters hervorruft.

Die Tragweite ist abhängig von der **Lichtstärke** des Feuers und dem **Sichtwert** der Atmosphäre.

International ist festgelegt worden, die Tragweite der Feuer für einen Sichtwert von 0,74 (was einer meteorologischen Sichtweite von 10 sm am Tage entspricht) anzugeben und diese Tragweite als **Nenntragweite** zu bezeichnen.

Die **geographische Sichtweite** hängt von der Feuerhöhe und der Augenhöhe des Beobachters ab.

Sie gibt den Abstand an, aus dem ein Ziel noch eben über die Kimm (= Horizont) hinweg sichtbar ist. Die geographische Sichtweite kann einer Tabelle entnommen werden.

Kennungen

Schematische Darstellung

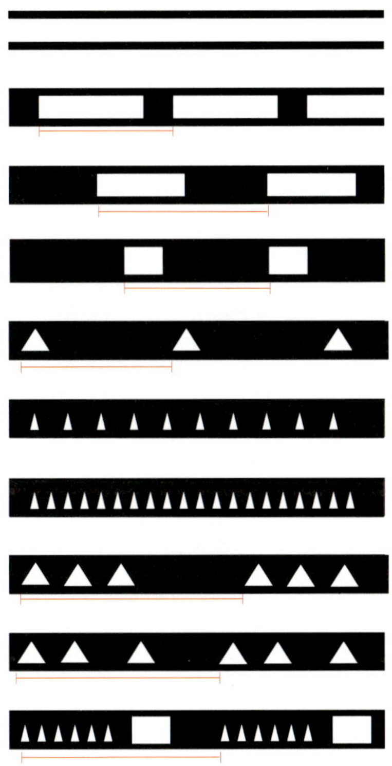

Art der Kennung	Abkürzung International	Abkürzung National
Festfeuer	F	F.
Unterbrochenes Feuer mit Einzelunterbrechungen	Oc	Ubr.
Gleichtaktfeuer	Iso	Glt.
Blinkfeuer	LFl	Blk.
Blitzfeuer mit Einzelblitzen	Fl	Blz.
Funkelfeuer mit dauerndem Funkeln	Q	Fkl.
Schnelles Funkelfeuer mit dauerndem schnellem Funkeln	VQ	SFkl.
Blitzfeuer mit Gruppen von 3 Blitzen	Fl(3)	Blz.(3)
Blitzfeuer mit Gruppen von 2 + 1 Blitzen	Fl(2+1)	Blz.(2+1)
Schnelles Funkelfeuer mit Gruppen von 6 schnellen Funkeln und 1 Blink	VQ(6) +LFl	SFkl.(6) +Blk.

Fl(3)WRG.15s21m15-11M

Fl(3)	Art der Kennung: Blitzfeuer mit Gruppen von drei Blitzen
WRG.	Farben: Weiß, Rot, Grün, die verschiedenen Sektoren darstellend
15s	Wiederkehr: 15 Sek.
21 m	Höhe der Lichtquelle über der jeweiligen Höhenbezugsfläche
15-11M	Nenntragweiten: Weiß 15 sm, Grün 11 sm, Rot zwischen 15 und 11 sm

Leuchtfeuerbeschreibung aus einer internationalen Seekarte.

F	F.	Fest
Oc	Ubr.	Unterbrochen
Iso	Glt.	Gleichtakt
LFl	Blk.	Blink
Fl	Blz.	Blitz
Q	Fkl.	Funkel
VQ	SFkl.	Schnelles Fkl.
B	s.	Schwarz
Y	g.	Gelb
W	w.	Weiß
R	r.	Rot
G	gn.	Grün
M	sm	Seemeile
s	s	Sekunde

Wichtige internationale und nationale Abkürzungen. Auch in vielen amtlichen deutschen Seekarten werden nur internationale Abkürzungen verwendet (Elbe und Nordsee nahezu vollständig). Die deutschen Ostseekarten werden z. Z. auf internationale Zeichen und Abkürzungen umgestellt.

Fragen 188, 231, 343 - 362

Kardinale Betonnung

Die Betonnung erfolgt in Deutschland nach dem IALA-System (International Association of Lighthouse Authorities). Innerhalb des IALA-Systems gibt es fünf Arten von Zeichen, die auch kombiniert angewendet werden können:

- Kardinale Zeichen,
- Einzelgefahrzeichen,
- Laterale Zeichen,
- Mittefahrwasserzeichen,
- Sonderzeichen.

Kardinale Zeichen bezeichnen allgemeine Gefahrenstellen. Sie werden in Verbindung mit Kompaßrichtungen verwendet und zeigen an, in welcher Richtung, von der Gefahrenstelle aus gesehen, die Passierseite liegt.
Das **Einzelgefahrzeichen** wird auf einer Gefahrenstelle von geringer Ausdehnung ausgelegt, die an allen Seiten passiert werden kann.

Eine **neue Gefahr**, die in den nautischen Veröffentlichungen (z. B. den Nachrichten für Seefahrer) noch nicht enthalten ist, kann dadurch gekennzeichnet werden, daß das normale Zeichen exakt gedoppelt wird, bis die Bekanntmachung erfolgt ist.

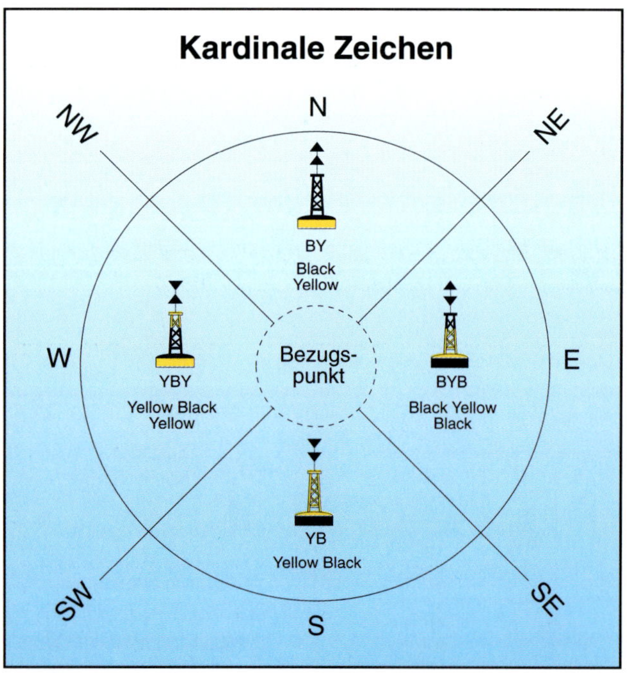

Gefahrenstellentonnen werden auch kardinale Zeichen genannt. Kardinale Zeichen (Richtungsbezeichnung) zeigen an, an welcher Seite der Bezugspunkt gefahrlos passiert werden kann. Die Zeichen werden weltweit eingesetzt.

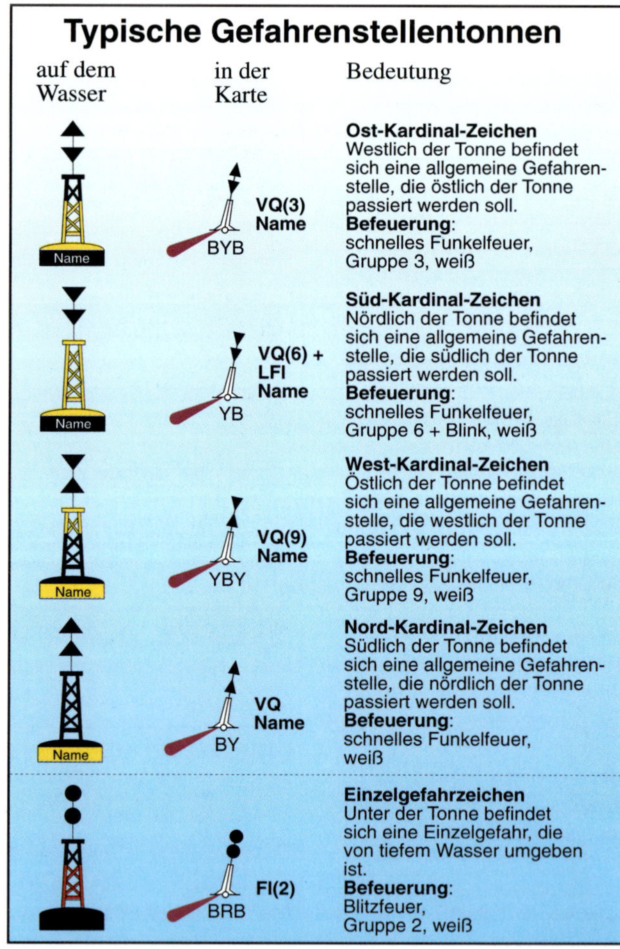

Der Blink beim Süd-Kardinal-Zeichen ist zur Sicherheit eingefügt, um eine Verwechselung mit 9 Funkeln zu verhindern. Die Befeuerung der Kardinaltonnen entspricht dem Zifferblatt einer Uhr. Die Kegeltoppzeichen zeigen zu den schwarzen Streifen.

Fragen 192 - 202, 343 - 362

Laterale Betonnung, Sonderzeichen

Laterale Zeichen dienen zur Kennzeichnung von Fahrwassern. Hierbei folgt man einer „festgelegten Betonnungsrichtung", die im allgemeinen die Hauptrichtung einer Hafenzufahrt, eines Flusses oder eines Wasserweges von See

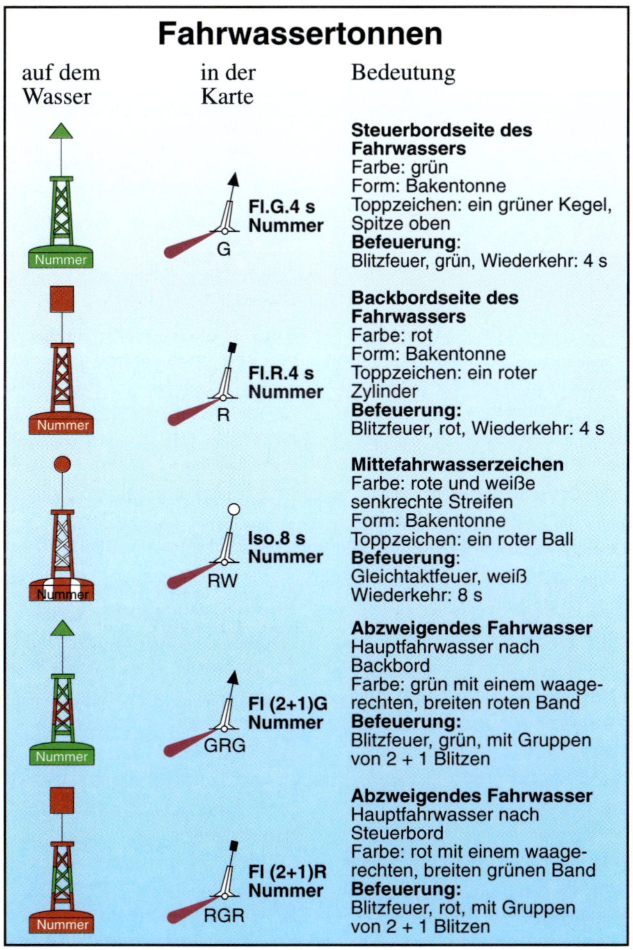

Fahrwassertonnen werden auch laterale Zeichen (Seitenbezeichnung) genannt. In der Region A (Europa u. a.) liegt Grün an Steuerbord und Rot an Backbord, in der Region B (amerikanischer Kontinent, Fernost u. a.) ist umgekehrt Rot an Steuerbord und Grün an Backbord.

kommend ist. Sie ist in allen Fällen aus der Seekarte zu ersehen. Ein modifiziertes laterales Zeichen kann an einer Fahrwassergabelung verwendet werden, um das durchgehende Fahrwasser zu bezeichnen.
Das **Mittefahrwasserzeichen** zeigt tiefes Wasser an, aber keine Gefahr. Mittefahrwasserzeichen können z. B. zur Bezeichnung der Fahrwassermitte oder einer Ansteuerung verwendet werden.

Sonderzeichen dienen in erster Linie nicht zur Navigation, sondern bezeichnen ein besonderes Gebiet oder einen besonderen Punkt. Die Bedeutung muß der Seekarte oder anderen nautischen Veröffentlichungen entnommen werden. Sonderzeichen haben einen gelben Anstrich. Sie können mit einem gelben X-Toppzeichen versehen sein. Wenn sie befeuert sind, wird gelbes Licht gezeigt.

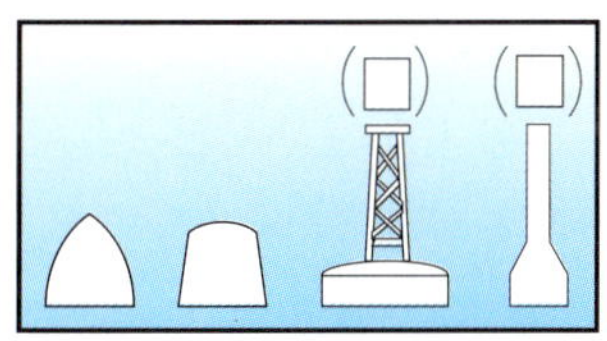

Unterschiedliche Tonnenformen (s. auch Seite 39).

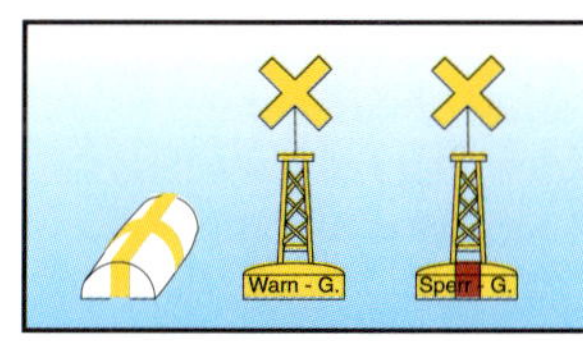

Bade-, Warn- und Sperrgebietstonnen.

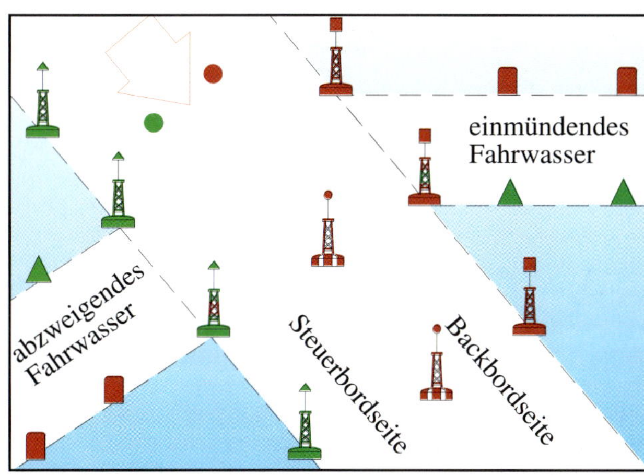

Fahrwasserbetonnung mit Angabe der Betonnungsrichtung.

Fragen 111, 152, 157, 164, 176 - 182, 186, 187, 189 - 191, 343 - 362

Kurse

Kurs

Unter Kurs versteht man üblicherweise die Richtung einer Bewegung, in der Navigation jedoch einen Winkel. Kurs bezeichnet

- in der Schiffahrt allgemein:
  die Bewegungsrichtung eines Schiffes in bezug auf die Nordrichtung ("Westkurs"),
- im Segelsport insbesondere:
  die Bewegungsrichtung eines Schiffes in bezug auf die Windrichtung ("Halbwindkurs"),
- in der Navigation:
  den Winkel zwischen der Nordrichtung und der Rechtvorausrichtung des Schiffes.

Der Winkel wird im Uhrzeigersinn von 000° bis 360° gezählt und in ganzen Graden dreistellig geschrieben. In der Navigation werden verschiedene Kursbegriffe verwendet. Sie nehmen auf unterschiedliche Nordrichtungen Bezug und werden durch magnetische und meteorologische Einflüsse hervorgerufen.
Die wichtigsten Kurse sind:

- rechtweisender Kurs (rwK),
- mißweisender Kurs (mwK),

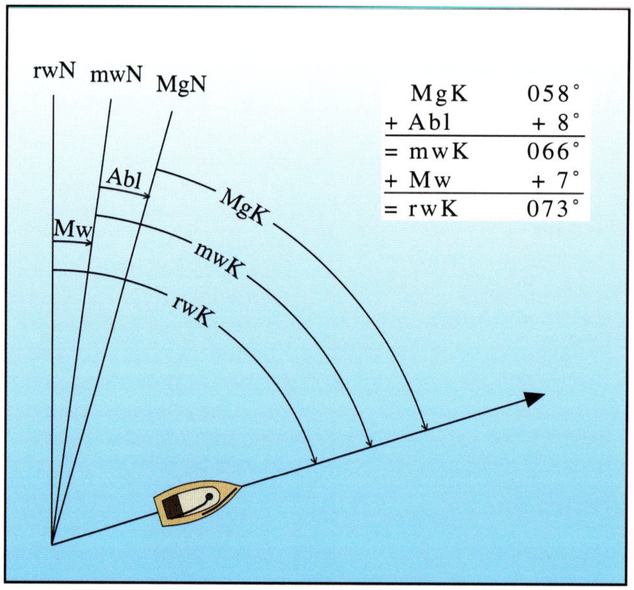

Der Zusammenhang zwischen dem rechtweisenden Kurs, dem mißweisenden Kurs und dem Magnetkompaßkurs läßt sich durch eine einfache Formel beschreiben. Ihre Anwendung kann von oben nach unten sowie von unten nach oben erfolgen und wird als Kursbeschickung oder Kursverwandlung bezeichnet. Beschickung für Wind und Strom sind hier noch nicht berücksichtigt.

- Magnetkompaßkurs (MgK),
- Kurs durchs Wasser (KdW),
- Kurs über Grund (KüG),
- Kartenkurs (KaK).

Rechtweisend Nord, rechtweisender Kurs

Die geographische Nordrichtung wird in der Navigation als **rechtweisend Nord (rwN)** bezeichnet. Dies ist die Richtung zum geographischen Nordpol (90° N), die in Seekarten durch Meridiane (Längen) ausgewiesen wird.

Als **rechtweisender Kurs (rwK)** wird der Winkel zwischen rechtweisend Nord und der Rechtvorausrichtung des Fahrzeugs definiert. Merke: Der rechtweisende Kurs gibt die **Vorausrichtung der Kiellinie** an.

Mißweisend Nord, mißweisender Kurs

Mit den geographischen Polen nicht zu verwechseln sind die Magnetpole der Erde. Der magnetische Nordpol lag 1980 bei 77,3° N und 101,8° W (Elisabeth-Islands, kanadische Arktis) und verändert derzeit seine Lage jährlich um etwa 7,5 km nordwärts. Unter **mißweisend Nord (mwN)** versteht man die Richtung der Horizontalkomponente des erdmagnetischen Feldes (vereinfacht gesprochen die Richtung zum magnetischen Nordpol). Eine Magnetkompaßnadel, welche nicht durch andere Einflüsse abgelenkt wird, richtet sich nach dem erdmagnetischen Feld aus und zeigt nach mißweisend Nord.

Der **mißweisende Kurs (mwK)** ist der Winkel zwischen mißweisend Nord und der Rechtvorausrichtung des Fahrzeugs. Er wird vom Magnetkompaß angezeigt, sofern kein Magnetismus an Bord die Anzeige verfälscht.

Magnetkompaß-Nord, Magnetkompaßkurs

Die vom Magnetkompaß angezeigte Nordrichtung wird **Magnetkompaß-**

Fragen 237, 239, 246, 247, 343 - 362

Beschickungen

Nord (MgN) genannt. Sie kann von mißweisend Nord abweichen, wenn schiffsmagnetische Einflüsse vorhanden sind. Den Winkel zwischen Magnetkompaß-Nord und der Rechtvorausrichtung des Schiffes nennt man **Magnetkompaßkurs (MgK)**. Der Magnetkompaßkurs am Steuerkompaß heißt auch **Steuerkompaßkurs (STK)**.

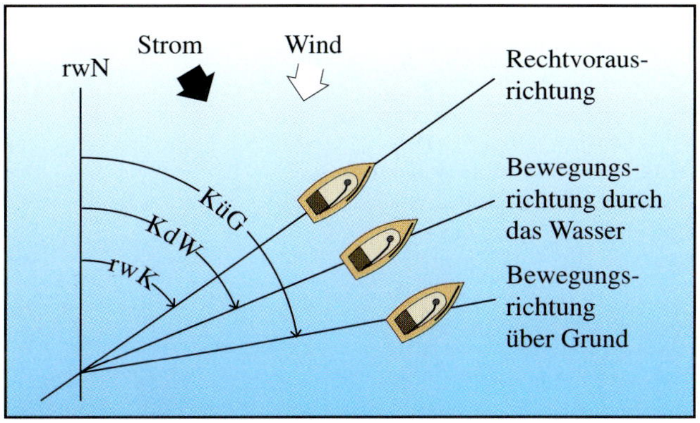

Auf Grund von Wind kann sich ein Schiff "schräg" durch das Wasser, auf Grund von Strom kann es sich "schräg" über Grund bewegen.

Kurs durchs Wasser

Unter Windeinfluß kann ein Schiff vertreiben. Dann bewegt es sich nicht recht voraus, sondern etwas seitlich durch das Wasser. Der Winkel zwischen rechtweisend Nord (rwN) und seiner Bewegungsrichtung durch das Wasser wird als **Kurs durchs Wasser (KdW)** bezeichnet.

Kurs über Grund

Auch Strom kann den Kurs eines Schiffes beeinflussen, so daß sich die Bewegungsrichtung durch das Wasser von der über Grund unterscheidet. Das Schiff kann sich dann auch über Grund etwas seitlich bewegen. Der Winkel zwischen rechtweisend Nord und der Richtung des Weges über Grund heißt **Kurs über Grund (KüG)**. Er wird in der Sportschifffahrt zeichnerisch ermittelt.

Der Kurs über Grund (KüG) gibt die Richtung an, in welche sich das Schiff *tatsächlich* bewegt. Als **Kartenkurs (KaK)** wird der Winkel zwischen rechtweisend Nord und der der Seekarte entnehmbaren, *beabsichtigten* Richtung des Weges über Grund bezeichnet.

> **Kurs über Grund**
> gibt die Richtung an, in die sich das Schiff tatsächlich bewegt.
>
> **Kartenkurs**
> gibt die Richtung an, in die sich das Schiff bewegen soll.

Beschickungen

Beschickungen sind Korrekturen, mit welchen die jeweiligen Kurse berichtigt werden müssen, um die erfaßbaren, systematischen Abweichungen auszuschalten. Diese sind:

- Mißweisung (erdmagnetisches Feld),
- Ablenkung (Magnetismus an Bord),
- Beschickung für Wind (Windversatz),
- Beschickung für Strom (Stromversatz).

Mißweisung (Mw) ist der Winkel zwischen rechtweisend Nord (rwN) und mißweisend Nord (mwN). Sie variiert von Gebiet zu Gebiet und ändert sich mit der Zeit. Die Mißweisung und ihre jährliche Änderung werden der Seekarte entnommen (Kompaßrose oder Mißweisungsvermerk).

Ablenkung (Abl) heißt der Winkel zwischen mißweisend Nord (mwN) und Magnetkompaß-Nord (MgN). Ablenkung - auch **Deviation** genannt - wird durch schiffsmagnetische Einflüsse hervorgerufen. Sie ist nicht nur schiffs-, sondern auch kursabhängig und kann in Form einer Ablenkungstafel und als Kurve dargestellt werden.

Ist die Ablenkung größer als 5°, so wird neben der Ablenkungstafel noch eine Steuertafel benötigt.

Auf Sportbooten, deren Rumpf nicht aus Eisen hergestellt ist, befindet sich der Steuerkompaß in der Regel außerhalb des schiffsmagnetischen Einflußbereiches. Eine Ablenkung ist dort nicht vorhanden, der Steuerkompaßkurs (STK) ist gleich dem mißweisenden Kurs (mwK).

Für Peilkompasse gibt es in der Regel keine eigene Ablenkungstabelle. Peilergebnisse sind daher mit Vorsicht zu betrachten.

Die Summe aus Mißweisung und Ablenkung (magnetische Beschickungen) heißt **Fehlweisung (Fw)**.

Peilungen

Peilung

Mit einer Peilung wird die Richtung zu einem Objekt festgestellt. Eine Peilung ist ein in der Horizontalebene gemessener Winkel, der von einer bestimmten Bezugsrichtung aus im Uhrzeigersinn von 000° bis 360° gezählt und dreistellig geschrieben wird.

Merke: Peilungen geben die Richtung vom Schiff zum Peilobjekt an und nicht umgekehrt. Sie können in optische Peilungen und Funkpeilungen unterteilt werden. Als Peilgeräte werden verwendet:

- Magnet(peil)kompaß,
- Peilscheibe,
- Radargerät.

Die entsprechenden Peilungen heißen:

- Magnetkompaßpeilung (MgP oder Mg↗)
- Seitenpeilung (SP, S↗)
- Radar-Seitenpeilung (RaSP oder RaS↗)

Magnetkompaßpeilung

Eine **Magnetkompaßpeilung (MgP)** kann mit einem Handpeilkompaß, einem Peilaufsatz über den Steuerkompaß und auch am Radargerät durchgeführt werden.

Während mit dem Handpeilkompaß in der Regel außerhalb des Bereiches der Ablenkung gearbeitet wird (Abl = 0°), ist bei Magnetkompaßpeilungen, die über den Steuerkompaß durchgeführt werden, die Ablenkung für den anliegenden Magnetkompaßkurs zu berücksichtigen.

Seitenpeilung

Mit einer **Seitenpeilung (SP)** wird der Winkel zu einem Objekt - bezogen auf die Kiellinie des Schiffes (= rwK) - festgestellt. Eine Seitenpeilung wird heute in der Regel mit einem Radargerät vorgenommen; Peilscheiben werden kaum noch verwendet.

Bei einem **Radargerät** wird einfach der Peilstrich auf das zu peilende Objekt gelegt und die Radar-Seitenpeilung direkt abgelesen.

Eine **Peilscheibe** besteht aus einem Metallfuß, der genau in Richtung der Kiellinie auf das Kajütdeck geschraubt ist, und einer Vollkreisscheibe mit Peileinrichtung, die zum Peilen auf den Fuß gesteckt werden muß. Die drehbare Peileinrichtung erlaubt, die Seitenpeilung unmittelbar abzulesen.

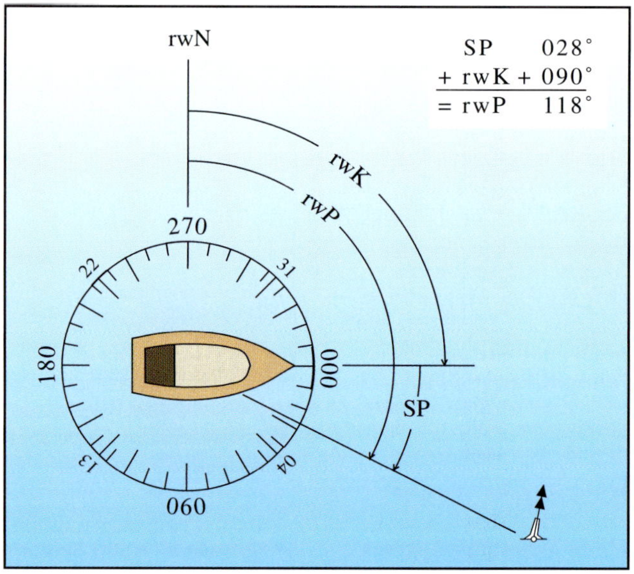

Um eine Seitenpeilung (SP) in eine rechtweisende Peilung (rwP) zu verwandeln, muß zunächst aus dem Magnetkompaßkurs (MgK) der rechtweisende Kurs (rwK) errechnet werden. Die rechtweisende Peilung (rwP) ergibt sich als Summe aus der Seitenpeilung (SP) und dem rechtweisenden Kurs (rwK).

Jede Seitenpeilung muß von zwei Personen durchgeführt werden. Während eine Person peilt, beobachtet die andere den Steuerkompaß und liest zum genauen Peilzeitpunkt den anliegenden Magnetkompaßkurs (MgK) ab.

Daraus wird der zunächst rechtweisende Kurs (rwK) und dann die rechtweisende Peilung (rwP) ermittelt.

Magnetkompaßpeilung
Winkel zu einem Objekt bezogen auf Magnetkompaß-Nord feststellen.

Seitenpeilung
Winkel zu einem Objekt bezogen auf den rechtweisenden Kurs (= Rechtvorausrichtung des Schiffes) feststellen.

Peilungsverwandlung

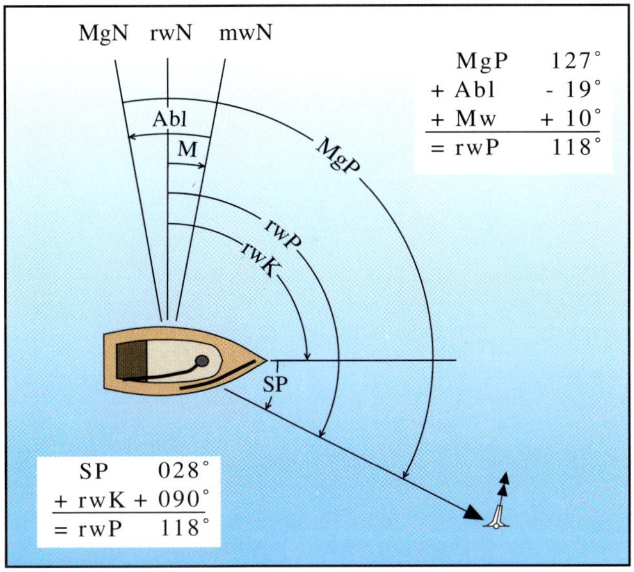

Eine Seitenpeilung bezieht sich auf die Rechtvorauslinie des Schiffes, eine Magnetkompaßpeilung auf Magnetkompaß-Nord. Beide Peilungen, die Magnetkompaßpeilung (MgP) und die Seitenpeilung (SP), ergeben dieselbe rechtweisende Peilung (rwP). Bei unbekannter Ablenkung des Peilkompasses ist die Seitenpeilung genauer.

Peilungsverwandlung

Bevor eine Peilung als Standlinie in die Seekarte eingezeichnet werden kann, muß sie in eine rechtweisende Peilung (rwP) verwandelt werden.

Die nebenstehenden Formeln für die Verwandlung einer Peilung ergeben sich unmittelbar aus der obigen Abbildung.

Magnetkompaßpeilung

MgP
+ Abl *(des MgK)*
+ Mw
= rwP

Seitenpeilung

SP
+ rwK
= rwP

Radar-Seitenpeilung

RaSP
+ rwK
= rwRaP

Übungsaufgabe 1

Bestimmen Sie den rwK (Mw = +4°):

a) MgK = 070°, Abl = +4° b) MgK = 255°, Abl = -5°
c) MgK = 005°, Abl = 0° d) MgK = 135°, Abl = +3°

Bestimmen Sie den MgK (Mw = -5°):

e) rwK = 010°, Abl = 0° f) rwK = 317°, Abl = -3°
g) rwK = 348°, Abl = -2° h) rwK = 250°, Abl = -5°

Übungsaufgabe 2

Bestimmen Sie die rwP (Mw = -2°):

a) MgK = 270°, Abl = -6°, SP = 135°
b) MgK = 045°, Abl = +3°, MgP = 078°
c) MgK = 310°, Abl = -4°, MgP = 045°
d) MgK = 015°, Abl = +1°, SP = -143° (nach Bb)
e) MgK = 335°, Abl = -2°, MgP = 132°
f) MgK = 057°, Abl = +3°, SP = 347°
g) MgK = 313°, Abl = -4°, MgP = 027°
h) MgK = 355°, Abl = -1°, SP = 312°

Hinweise
1. Bei den Magnetkompaßpeilungen (MgP) ist für die Ablenkung stets der jeweils anliegende Magnetkompaßkurs (MgK) zugrunde zu legen.
2. Bei Seitenpeilungen (SP) muß zuerst der rwK berechnet werden. Sie zählen nicht zum Prüfungsstoff.

Lösungen

Aufgabe 1

a) 078°	b) 254°	c) 009°	d) 142°
e) 015°	f) 319°	g) 355°	h) 260°

Aufgabe 2

a) 037°	b) 079°	c) 039°	d) 231°
e) 128°	f) 045°	g) 021°	h) 304°

Fragen 249, 345 b), 350 b), 357 b)

Kreuzpeilung

Kreuzpeilung

Man peile zwei Landmarken gleichzeitig oder kurz nacheinander und wandele die Peilungen (MgP, SP) in rechtweisende Peilungen um. Der Schiffsort ergibt sich als Schnittpunkt der in die Seekarte gezeichneten Standlinien.

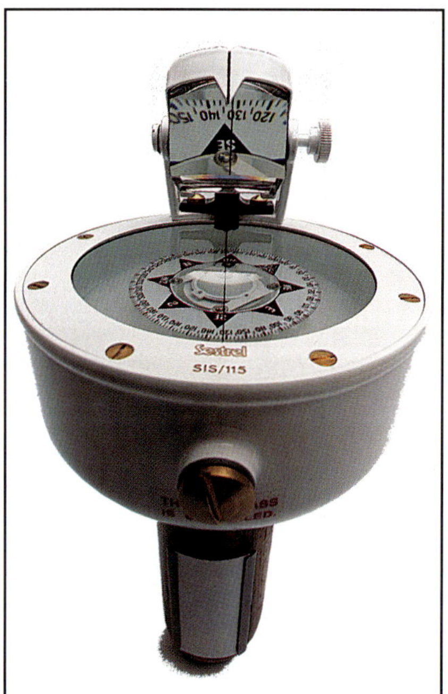

Peilkompaß

Die Standortbestimmung wird um so genauer, je näher die Peilobjekte liegen und je stumpfer der Winkel zwischen ihnen ist. Ideal sind zwei nahe gelegene Objekte, deren Peilungen sich um etwa 090° unterscheiden (rechtwinklig verlaufende Standlinien). Dann kann man durch Kreuzpeilungen sogar feststellen, ob der Anker eines Schiffes hält.

Dicht beieinander liegende Peilobjekte dagegen führen zu "schleifenden Peilungen" (s. Abbildung) und sind zur Ortsbestimmung wenig geeignet.

In Gebieten mit starker Mißweisung oder bei unbekannter Magnetkompaßablenkung sollte man, soweit möglich, immer drei Objekte peilen.

Wenn sich die Standlinien nicht in einem Punkt schneiden, sind Peilfehler oder eine unbekannte Fehlweisung die Ursache. Durch Horizontalwinkelmessungen mit Hilfe eines Sextanten ließen sich der genaue Schiffsort und sogar die Größe der Fehlweisung bestimmen.

Dieses Verfahren wird jedoch nicht mehr angewendet.

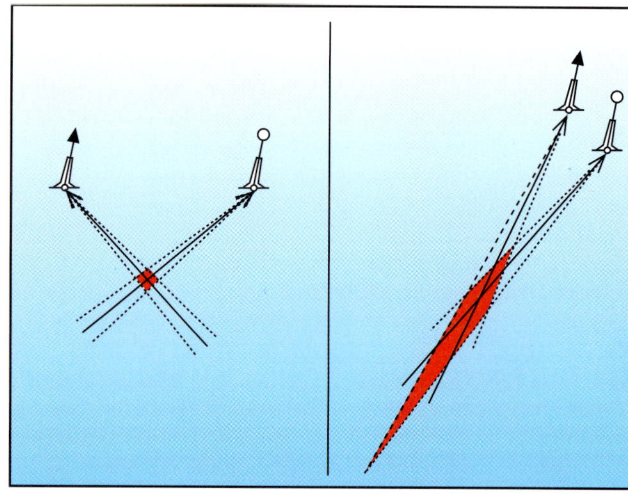

Peilobjekte sollten so gewählt werden, daß sich die Standlinien möglichst rechtwinklig schneiden. Bei einer ungenauen Peilung (gestrichelte Linien) ist dann die Standortbestimmung erheblich genauer (rote Flächen).

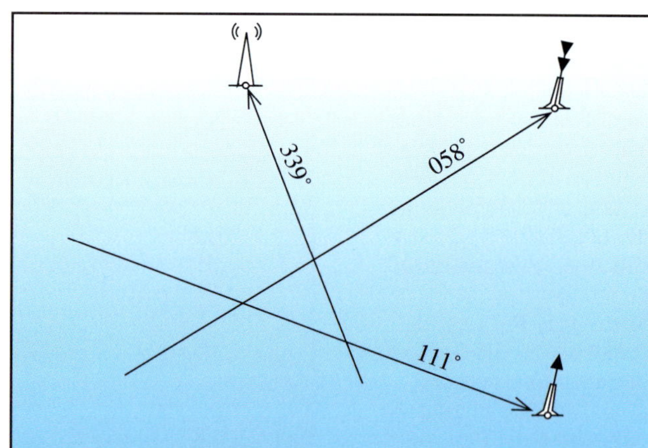

Schneiden sich die Standlinien nicht in einem Punkt, so sind Peilfehler oder eine unbekannte Fehlweisung die Ursache. Die Peilungen sollten dann wiederholt werden. Ergibt sich wiederum ein (großes) Fehlerdreieck, so sollte der für das Schiff ungünstigste Ort als Standort angenommen werden.

Fragen 250, 251

GPS

GPS (Global Positioning System, auch NAVSTAR genannt) ist ein Navigationssystem des amerikanischen Militärs.

GPS wurde am 23. März 1994 durch U. S. Coast Guard für die Schiffahrt zugelassen. Gleichzeitig wurden Betriebsgarantien abgegeben, wie z. B. eine Verfügbarkeit von 24 Stunden täglich und eine Fehlergenauigkeit von höchstens 100 m in 95 % aller Fälle. Diese Betriebsgarantien gelten jedoch nur so lange, wie die Sicherheitsbelange der USA nicht betroffen sind. In einem Spannungsfall bleibt eine Änderung der technischen Eigenschaften ohne Warnung vorbehalten.

Aus diesem Grund und um die Schiff- und Luftfahrt nicht von einem einzigen Navigationssystem abhängig zu machen, besteht ein staatliches Interesse an einem Alternativsystem. Dieses ist für Nordwest-Europa NELS Loran-C (s. Seite 34).

GPS besteht aus 24 Satelliten, die auf sechs festen Umlaufbahnen in 20 200 km Höhe die Erde umkreisen und Funksignale auf 1.575,42 MHz (UKW) senden. Ein GPS-Navigator muß mindestens drei dieser Signale empfangen und die zugehörigen Satelliten identifizieren, um aus der Laufzeit des Signals den Abstand zu den Satelliten und damit den Standort berechnen zu können.

Die Genauigkeit der Positionsangabe hängt von der Anzahl und Lage der Satelliten ab und kann am HDOP-Wert (Horizontal Dilution of Precision) abgelesen werden (kleiner Wert = hohe Genauigkeit). Darüber hinaus erfolgt bei manchen Geräten eine Statusanzeige - z. B. als grünes, gelbes oder rotes Licht.

Das Satellitennavigationssystem GPS ermöglicht Positionsangaben mit sehr viel größerer Genauigkeit, welche für die militärische Nutzung bestimmt ist (PPS-Code, Precise Positioning Service).
Der für zivile Zwecke verfügbare Dienst (SPS-Code, Standard Positioning Service) stellt eine absichtlich „unscharf gemachte“ Variante des PPS-Codes dar.

Die Standortangabe erfolgt bei GPS auf Basis des **World Geodetic System 1984** (**WGS 84**), das sich um bis zu 0,3 sm vom Bezugssystem einer Seekarte (z. B. European Datum) unterscheiden kann.

Die hydrographischen Dienste sind bemüht, durch entsprechende Vermerke in den Karten Abweichungen vom World Geodetic System bekanntzugeben. Nicht immer ist jedoch das Bezugssystem einer Seekarte eindeutig zu ermitteln, zumal wenn altes Grundlagenmaterial keine diesbezüglichen Hinweise enthält. In diesen Fällen, also bei vagen oder fehlenden Angaben hinsichtlich des Bezugssystems gehe man immer von der ungünstigsten Möglichkeit aus.

In einige Geräte kann das jeweilige Seekartenbezugssystem - gelegentlich auch als Kartendatum bezeichnet - eingegeben werden, so daß bestehende Netzdifferenzen bei der Positionsberechnung berücksichtigt werden.

GPS-Navigatoren werden in verschiedenen Ausführungen angeboten.

Mehrkanal-Geräte empfangen Satellitensignale auf 8 und mehr Kanälen parallel und bieten - bei höherem Preis und Stromverbrauch - eine größere Genauigkeit.

Multiplex-Empfänger (sehr schnelle Umschaltung auf verschiedene Satelliten) und sequentiell arbeitende Geräte (langsameres Umschalten) sind Ein-Kanal-Geräte.

POSITIONEN

Durch Satellitennavigation erhaltene Positionen im World Geodetic System 1984 (WGS 84) sind 0,07 Minuten NORDWÄRTS und 0,12 Minuten OSTWÄRTS zu verlegen, um mit dieser Karte übereinzustimmen.

Hinweis zum Gebrauch von GPS aus Seekarte 61.

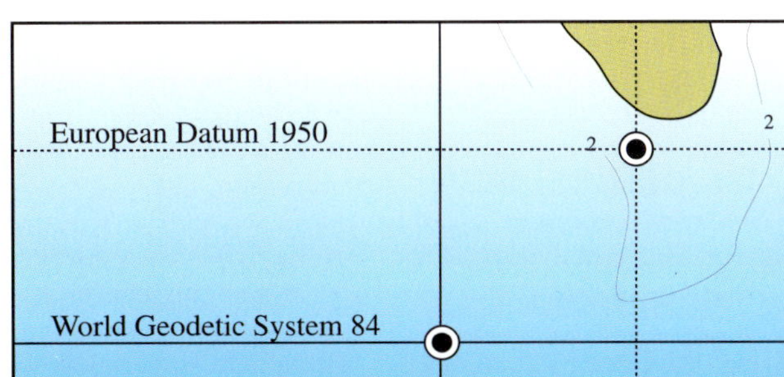

Mögliche Auswirkung unterschiedlicher Seekarten-Bezugssysteme.

GPS

GPS-Navigator zur Montage am Kartentisch. Eine gut erkennbare, ausreichend große Anzeige ist im praktischen Bordbetrieb genauso wichtig wie einfache Bedienbarkeit.

LAT	Latitude	Breite
LON	Longitude	Länge
COG	Course over ground	Kurs über Grund
SOG	Speed over ground	Fahrt über Grund
WPT	Waypoint	Wegpunkt
BRG	Bearing	Peilung
XTE	Cross track error	Seitliche Ablage
DIST	Distance	Entfernung zum nächsten Wegpunkt
TTG	Time to go	Zeitdauer bis zur Ankunft am nächsten Wegpunkt
ETA	Estimated Time of Arrival	Berechnete Ankunftszeit am Fahrtziel
HDOP	Horizontal Dilution of Precision	Unschärfegrad der Positionsangabe
NM	Nautical Miles	Seemeilen
MOB	Man overboard	Mann über Bord

Wichtige GPS-Anzeigen und ihre Bedeutung. Anstelle von XTE wird gelegentlich auch die DIN-gerechte Bezeichnung XTD (Cross track distance) verwendet.

GPS-Geräte verfügen über folgende Funktionen:
- Kurs über Grund COG,
- Fahrt über Grund SOG,
- Eingabe von Wegpunkten WPT,
- Abstand zum nächsten Wegpunkt DIST,
- Seitliche Ablage vom direkten Weg XTE,
- Fahrtzeitberechnung TTG,
- Zeit-, Datumsangabe,
- Schnellspeicherung einer Mann-über-Bord-Position MOB.

Alle GPS-Geräte haben eine **Mann-über-Bord-Taste** (**MOB**, Man Over Board), die gedrückt werden muß, um die aktuelle Position zu speichern und fortan Richtung (rechtweisende Peilung) und Entfernung zur Unglücksstelle anzuzeigen. Alle anderen Funktionen sind dann abgeschaltet.

Beim Einbau fester Geräte und beim Gebrauch portabler GPS-Navigatoren ist zu beachten, daß

- die GPS-Antenne nicht im Abdeckungsbereich von Aufbauten oder ähnlichem liegt (auch die Abdeckung eines menschlichen Körpers unterbricht den Empfang),
- der Empfang durch andere Antennen, insbesondere Radar und UKW-Sprechfunk, gestört werden kann,
- zwischen Bediengerät sowie GPS-Antenne ein ausreichender Abstand zum Magnetkompaß vorhanden sein muß.

Die Genauigkeit der zivilen GPS-Version kann mit **Differential GPS** (**DGPS**) deutlich erhöht werden. Hier wird ein GPS-Empfänger an einem vermessenen Ort betrieben und so der jeweilige Systemfehler ermittelt. Dieser wird fortlaufend ausgesendet und von DGPS-Geräten bei der Positionsbestimmung berücksichtigt. Die Reichweite der beiden in Deutschland installierten DGPS-Sender Wustrow und Helgoland wird mit etwa 200 km angegeben.

Neben dem amerikanischen GPS gibt es noch ein weniger verbreitetes russisches Satellitennavigationssystem: **GLONASS**. Ein europäisches System EGNOS befindet sich in der Planung; die Betriebsbereitschaft ist jedoch erst für das Jahr 2002 vorgesehen.

Wegpunktnavigation

Ein **Wegpunkt** ist im allgemeinen ein Zwischenziel oder der Endpunkt eines Seetörns. Er wird durch Breite und Länge bezeichnet. Vielfach werden Tonnen als Wegpunkte ausgewählt.

Wegpunkte müssen zunächst in den Wegpunktspeicher des GPS-Navigators eingegeben werden. Dazu werden die Wegpunkte der Seekarte oder einem Wegpunkteheft entnommen. Gegebenenfalls sind Korrekturen, die sich aus einem vom WGS 84 abweichenden Bezugssystem ergeben, zu berücksichtigen.

Bei der Erfassung von Wegpunkten können leicht Fehler passieren. Das Gerät berechnet die Navigationsdaten dann für einen falschen Wegpunkt. Dies kann zu schwersten Navigationsfehlern führen.

Bei der Eingabe von Wegpunkten passieren leicht Flüchtigkeitsfehler. Dies führt zu unzutreffenden Berechnungen des GPS-Navigators und kann schwerste Navigationsfehler zur Folge haben.

Daher empfiehlt es sich, die erfaßten Daten nicht nur sorgfältig zu kontrollieren, sondern grundsätzlich jede vom GPS-Navigator berechnete Fahrtstrecke (**Track**) mit dem Kartenkurs zu vergleichen. So werden Erfassungsfehler umgehend bemerkt.

In der Koppelnavigation wird der jeweilige Schiffsort aus dem letzten *(zurückliegenden)* beobachteten Ort abgeleitet, von dem ausgehend weitergekoppelt wird (s. Seite 16).

Dagegen wird in der **Wegpunktnavigation** der Schiffsort auf den nächsten, *vorausliegenden* Wegpunkt bezogen. Dadurch liefert der GPS-Navigator eine bestechende Steueranweisung (s. Abbildung unten rechts):

- rechtweisende Peilung und Entfernung zum nächsten Wegpunkt,
- anliegender Kurs über Grund sowie die derzeitige Fahrt über Grund,
- seitliche Ablage vom direkten Weg,
- Zeitdauer bis zur Ankunft am nächsten Wegpunkt,
- berechnete Ankunftszeit am Fahrtziel.

Trotzdem sind damit noch nicht alle Navigationsaufgaben erledigt. Zunächst ist es erforderlich, in der Karte die einzelnen Fahrtstrecken (Tracks) auf mögliche Gefahrenstellen zu untersuchen. Andernfalls besteht die Gefahr, daß - bei falscher Auswahl oder Erfassung von Wegpunkten - das GPS-Gerät Kurse über unpassierbare Gebiete, schlimmstenfalls sogar über Land, angibt. Hier sind die kleinformatigen Sportbootkarten gegenüber den größeren amtlichen Seekarten von Nachteil, da die Wegpunkte einer Fahrtstrecke oft auf zwei verschiedenen Karten liegen.

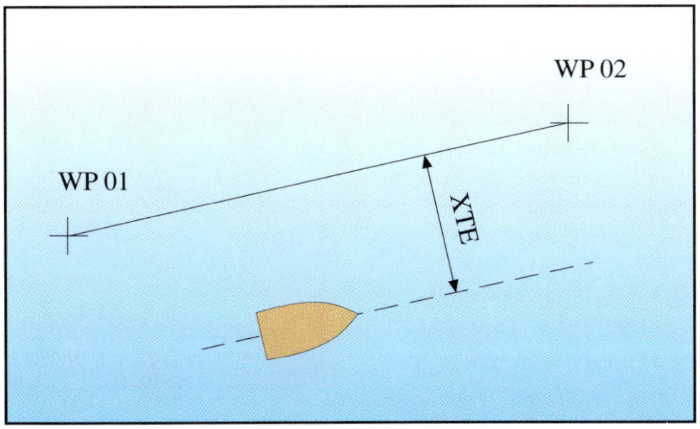

Seitliche Ablage, von GPS-Navigatoren als XTE (Cross track error) oder XTD (Cross track distance) angegeben.

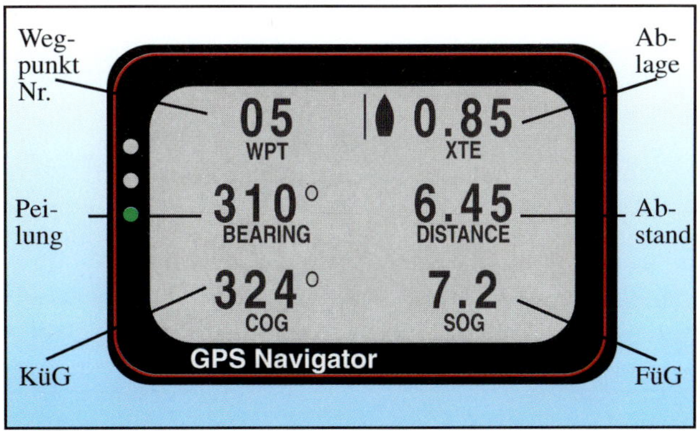

GPS-Anzeige mit seitlicher Ablage von 0,85 sm nach Steuerbord (Schiff liegt rechts von der Ideallinie).

Wegpunktnavigation

Weiterhin sollten etwa stündlich die vom GPS-Navigator ermittelten Orte in die Seekarte eingetragen und auf ihre Plausibilität hin überprüft werden. Wenngleich bei korrekter Auswahl und Erfassung der Wegpunkte praktisch keine Fehler auftreten, sollte dem Gerät jedoch niemals blind vertraut werden.

Schließlich ist zu beachten, daß als Steueranweisung die rechtweisende Peilung zum nächsten Wegpunkt angegeben wird. Dieses ist der beabsichtigte Weg über Grund, also der Kartenkurs. Beim Fahrtensegeln - etwa auf der Ostsee - wird man den Kartenkurs häufig mit dem Magnetkompaßkurs gleichsetzen können.
Denn dort sind i. a. keine Kursbeschickungen (s. Seite 25) erforderlich. Strom setzt auf der Ostsee nur in Belten oder Sunden (wo auf Sicht gefahren werden kann); Windversetzung tritt nur in der Kreuz auf (wo nach dem Wind gesteuert wird); Ablenkung ist auf GFK- oder Holzyachten praktisch nicht vorhanden; die Mißweisung ist so gering, daß sie vernachlässigt werden kann.

Sobald jedoch Strom setzt, Windversatz vorhanden ist, eine Ablenkung die Kompaßanzeige verfälscht oder die Mißweisung größer wird, darf nicht der vom GPS-Navigator angezeigte Kartenkurs, vielmehr muß der Magnetkompaßkurs gesteuert werden. Andernfalls würde sich das Schiff auf einer „Hundekurve" zum nächsten Wegpunkt bewegen (s. Abbildung unten links).

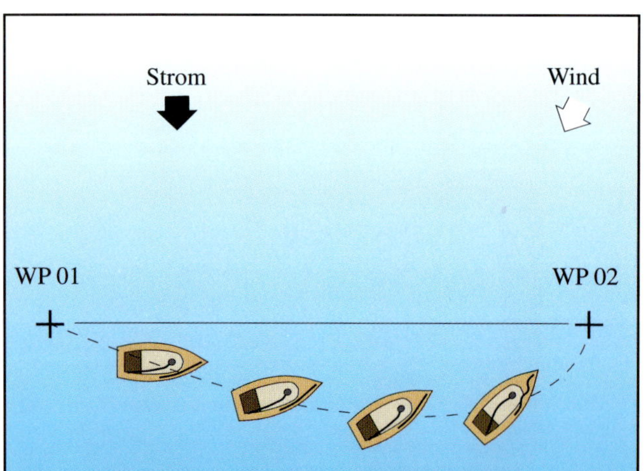

Wird der vom GPS-Navigator vorgegebene Kartenkurs gesteuert, so wird sich das Schiff häufig auf einer Hundekurve zum nächsten Wegpunkt bewegen.

Der zu steuernde Magnetkompaßkurs kann durch eine Kursumwandlung - mit zeichnerischer Bestimmung der Beschickung für Strom - ermittelt werden.

In der Praxis wird man jedoch häufig nach „Gefühl und Wellenschlag" einen bestimmten Winkel vorhalten (die geschätzte Gesamtbeschickung) und fortan aufmerksam die seitliche Ablage (XTE-Anzeige) beobachten.

So bemerkt man schnell, wenn sich das Schiff von der direkten Verbindung zwischen den beiden Wegpunkten entfernt, und kann die angenommene Gesamtbeschickung entsprechend korrigieren.

Vergleicht man den anliegenden Magnetkompaßkurs mit dem vom GPS-Gerät angegebenen Kurs über Grund, so erhält man als Differenz beider Kurse ebenfalls die Gesamtbeschickung.

Dieser einfache Gedanke läßt sich jedoch nicht in die Bordpraxis umsetzen: Zum einen läuft ein Boot nicht auf Schienen; selbst ein erfahrener Rudergänger wird einen Steuerfehler von 5° nicht unterschreiten können. Zum anderen sind die vom GPS-Gerät angezeigten Werte aus militärischen Gründen verfälscht.

Dies bemerkt man nicht zuletzt, wenn der GPS-Navigator auf einem im Hafen festgemachten Schiff 0,3 kn Fahrt über Grund angibt und die Kurs-über-Grund-Anzeige zwischen verschiedenen Werten wechselt.

GPS kann auch in nicht alltäglichen Situationen eine wertvolle Steuerhilfe sein. Einige Beispiele sind in den nebenstehenden Abbildungen dargestellt.

Auch Satellitennavigation macht Leuchttürme (z. B. Kiel) nicht überflüssig.

Wegpunktnavigation

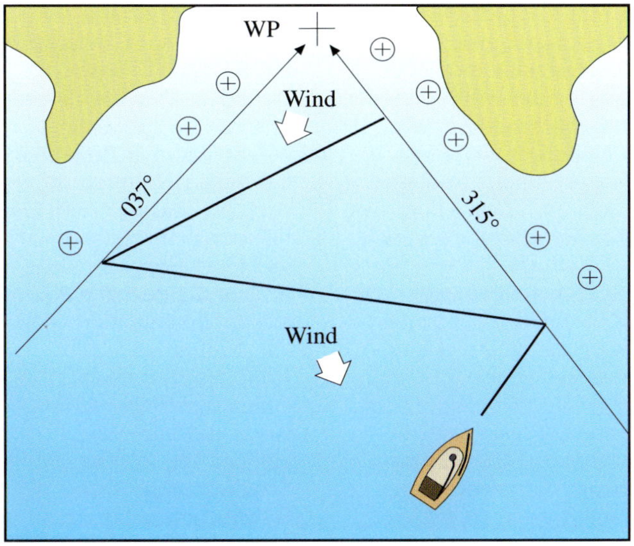

GPS beim Kreuzen: In Schärengewässern kann das Echolot keine vorgelagerten Unterwasserklippen anzeigen. Durch geschickte Auswahl eines Wegpunktes zeigt der GPS-Navigator, wann gewendet werden muß: sobald die Peilung 315° beziehungsweise 037° beträgt.

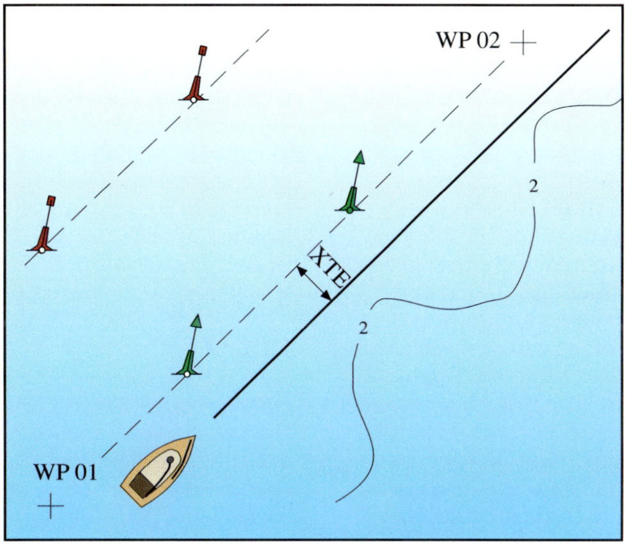

Bei verminderter Sicht kann es erforderlich sein, den Kurs außerhalb des Fahrwassers, an Untiefen vorbei abzustecken. Enge Stellen können mit Hilfe der XTE-Funktion „Seitliche Ablage" am besten durchfahren werden.

Nächtliche Annäherung an eine unbefeuerte Tonne: Der GPS-Navigator löst Alarm aus, wenn ein vorgegebener Abstand erreicht wird.

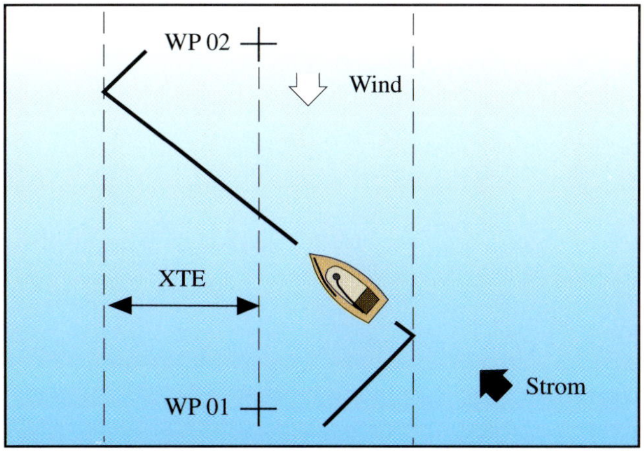

Kreuzen im Strom auf der Nordsee: Die als XTE angezeigte seitliche Ablage verhindert, daß man sich zu weit von der Ideallinie entfernt.

Loran-C

Hyperbelnavigation

Vorläufer von GPS sind **Decca** (engl. Firmenname) und **Loran** (Long Range Navigation). Diese im Zweiten Weltkrieg entwickelten Systeme verarbeiten Funksignale im Langwellenbereich von einer Haupt- und einer oder mehreren Nebensendestationen. Dabei wird die Differenz (Decca: Phasendifferenz, Loran-C: Zeitdifferenz) zwischen zwei Signalen gemessen und in eine Abstandsdifferenz umgerechnet. Ein Gerät ermittelt also z. B., daß der Abstand zu einem Sender M 200 sm geringer ist als der zu einem Sender V. Daraus ergibt sich als Standlinie eine Hyperbel, der geometrische Ort aller Punkte, die zu zwei festen Punkten die gleiche Abstandsdifferenz haben. Zwei Hyperbeln schneiden sich in einem Standort.

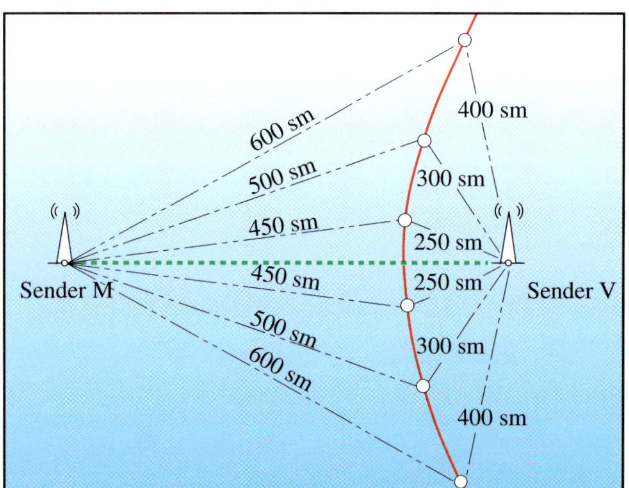

Hyperbel als Standlinie aller Punkte, die vom Hauptsender M 200 sm weiter entfernt sind als vom Nebensender V. Die Verbindungslinie heißt Basislinie (grün).

Loran-C

Loran ist ein terrestrisches Funknavigationssystem, das 1957 von den USA eingeführt wurde. Zunächst konzipiert für die amerikanischen Küstengewässer fand es schnell auch in anderen Teilen der Welt Verbreitung.

Loran-C wird als ein System mit großer Genauigkeit und hoher Verfügbarkeit beschrieben, das täglich 24 Stunden unter allen Wetterbedingungen einsatzbereit ist. Es wird vor allem von der Schiffahrt, aber auch in der Luftfahrt und für Spezialanwendungen wie Zeit- und Frequenzmessung national und international genutzt.

Eine Loran-C-Kette besteht aus 3 bis 6 Loran-C-Sendestationen, einem Hauptsender und 2 bis 5 Nebensendern, jeweils im Abstand bis etwa 1000 sm. Haupt- und Nebensender strahlen zu genau festgelegten Zeitpunkten elektromagnetische Pulsgruppen aus 8 oder 9 Impulsen aus.

Im August 1992 vereinbarten die Regierungen von Norwegen, Frankreich, Dänemark, Irland, den Niederlanden und der Bundesrepublik Deutschland, gemeinsam ein ziviles Funknavigationssystem für Nordeuropa zu errichten und zu betreiben. Mit dem neuen NELS-Loran-C-System für Nordwesteuropa ist nun die neueste Sendertechnologie, verbunden mit einem aufwendigen Kontrollsystem, zum Einsatz gekommen.

Das NELS-Loran-C-System wird im Endausbau aus 9 Loran-C-Sendestationen bestehen, die zu vier Ketten zusammengefaßt sind. Die Stationen befinden sich in Frankreich (2), Irland (1), Sylt (1), Dänemark (Färöer) (1) und Norwegen (4). Mit Abschluß der ersten Ausbaustufe nahmen drei der vier Ketten am 1. Juli 1996 den Betrieb auf. Die endgültige Fertigstellung ist für das Jahr 1998 geplant. Die Wasser- und Schiffahrtsverwaltung des Bundes betreibt seit dem 1. Juli 1996 im Rahmen dieses Systems eine Loran-C-Station auf Sylt.

Die wiederholbare Genauigkeit der Positionsbestimmung im Bedeckungsbereich des NELS-Systems wurde mit mindestens 463 Metern, in weiten Bereichen (gesamte Nordsee) sogar mit mindestens 100 Metern berechnet.

Neben den im NELS-System verbundenen Staaten werden Loran-C-Systeme bzw. das artverwandte Chayka-System von folgenden Staaten betrieben: USA, Kanada, Italien, Spanien, Türkei, Saudi-Arabien, Indien, Gemeinschaft unabhängiger Staaten (GUS), Japan, Korea, China.

Decca

Loran-Empfang ist über Bodenwellen (am Tage bis zu 1 500 sm) und Raumwellen (ab 1 000 sm, bei Nacht bis zu 3 000 sm) möglich. Raumwellen können jedoch die Loran-Anzeige verfälschen und erfordern Korrekturen. Weitere Fehler können durch Gewitter, die unterschiedliche Ionisierung der Atmosphäre bei Tag und bei Nacht und an den Grenzen der Reichweite auftreten. Korrekturwerte werden über NAVTEX als nautische Warnnachrichten veröffentlicht. Angaben zu den Ortungsfehlern enthält der Nautische Funkdienst des BSH.

Decca

Das Einsatzgebiet von Decca beschränkt sich auf die Nordsee, Teile der Ostsee und des Nordatlantik. Die Reichweite der Sender beträgt etwa 250 sm. Bei Decca können feste (ortsabhängige) und variable (z. B. tageszeitabhängige) Fehler auftreten. Nach Angaben der Firma Decca beträgt die Genauigkeit zwischen 51° und 57° N:

- 30 m bei hellem Tageslicht,
- 370 m bei mäßigem Licht,
- 460 m bei Sommernacht,
- 925 m bei Dämmerung.

Am 31.12.1999 wird die Decca-Station Zeven den Betrieb einstellen. Die Station Zeven gehört zur Decca-Kette 9B („Friesische Kette“).

Die Einstellung des Betriebes erfolgt in Abstimmung mit den Niederlanden, Dänemark, Finnland und Schweden. Die genannten Staaten beabsichtigen, ebenfalls zum 31.12.1999 den Betrieb ihrer jeweiligen nationalen Decca-Station zu beenden. Auf Grund deutlich abnehmender Nutzerzahlen, einer veralteten Technik und in Anbetracht des neuen Loran-C-Systems (NELS) ist der weitere Betrieb des Decca-Systems nicht mehr erforderlich.

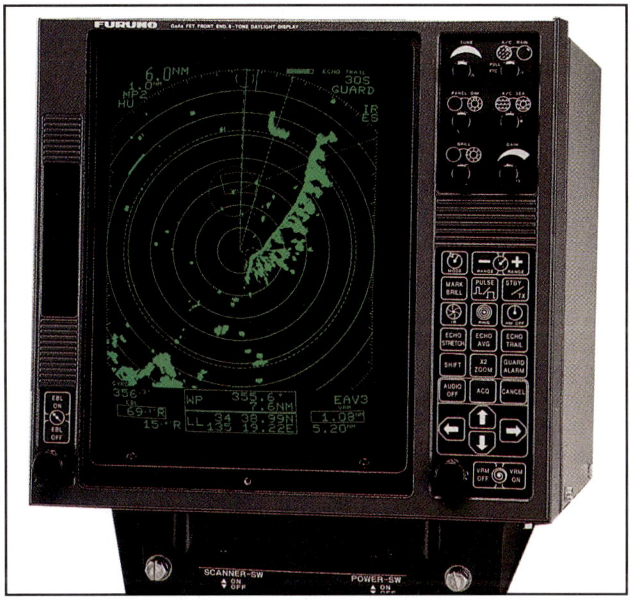

Kleines, BSH-zugelassenes Radargerät. Mit Peillineal und variablem Meßring werden Peilung und Distanz bestimmt. Man beachte, daß bei Seegang oder Regen ein kleines Fahrzeug leicht übersehen werden kann.

Navigationssysteme im Vergleich

	GPS	LORAN-C	DECCA
Einsatz	Weltweit	70 % der Nordhalbkugel	Nordsee, z. T. Ostsee, Atlantikküste
Reichweite	Weltweit	1 000 bis 1 500 sm	etwa 250 sm
Genauigkeit	30 bis 100 m	100 bis 500 m	30 bis 300 m
Verfahren	Abstandsmessung Satelliten	Zeitdifferenz Stationäre Sender	Phasendifferenz Stationäre Sender
Wellenbereich	Ultrakurzwelle	Langwelle	Langwelle

Entstehung der Gezeiten

Entstehung der Gezeiten

Die Schwerkraft auf der Erdoberfläche wird nicht nur von der Erdmasse, sondern - in einem kleinen, aber meßbaren Ausmaß - auch vom Mond und der Sonne beeinflußt. Durch die Bahnbewegungen von Erde und Mond sowie durch die Eigenrotation der Erde verändert sich die Schwerkraft fortlaufend und versetzt die ozeanischen Wassermassen in Bewegung. Die waagerechten Strömungen des Wassers werden **Gezeitenströme**, die Hebungen und Senkungen werden **Gezeiten** genannt.

Auf kleineren Randmeeren auf den Schelfen der Kontinente (Nordsee) können Gezeiten nur dann entstehen, wenn sie großflächig mit einem Ozean verbunden sind. Hier werden die Gezeiten fast ausschließlich durch ein Mitschwingen mit den ozeanischen Wassermassen verursacht.

Auf abseits gelegenen Gewässern wie der Ostsee oder auf dem Mittelmeer, das durch die relativ enge Straße von Gibraltar vom Atlantik abgetrennt ist, wirken sich die Gezeiten praktisch nicht aus. Hier sind vielmehr Eigenschwingungen der Wassermassen, **Seiches** genannt, zu beobachten. Sie werden durch starke Luftdruckschwankungen und Wind hervorgerufen und lassen den Meeresspiegel an Küsten, vor allem in Buchten fallen und steigen - zum Beispiel an der deutschen Ostseeküste um 0,30 m und in St. Petersburg um mehr als 1 m.

Wind und Luftdruckschwankungen rufen auch in Gezeitenrevieren Wasserstandsänderungen und Strömungen hervor, welche zu den Gezeiten und Gezeitenströmen hinzukommen und **erhebliche Abweichungen von den Gezeitenerscheinungen** bewirken können (Höhe und Zeit). Der Einfluß des Windes auf die Wasserstände ist in Seichtwassergebieten sowie in trichterförmigen Buchten am stärksten ausgeprägt. Auch die Gestalt und die Tiefe der Meere sowie die Küstenformation wirken sich auf die Gezeiten aus.

Wasserstand und Strom sind abhängig von
- astronomischen Faktoren (Gezeiten),
- geographischen Faktoren (Küstenverlauf, Gestalt und Tiefe der Meere),
- meteorologischen Faktoren (Wind).

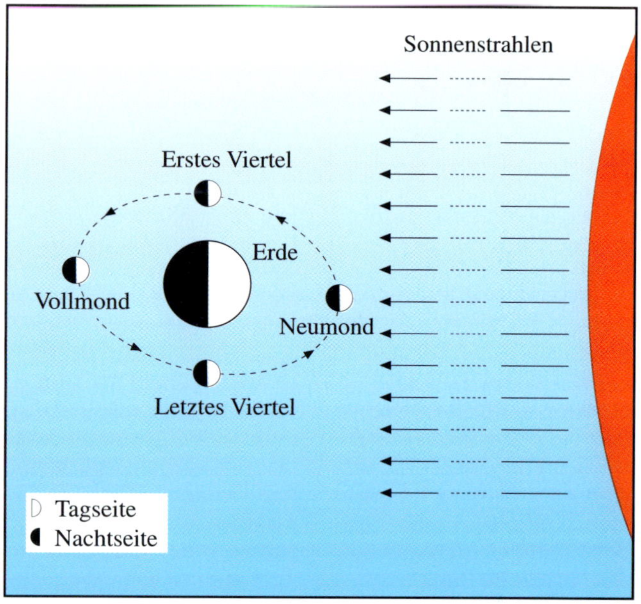

Schematische, nicht maßstabsgerechte Darstellung der Mondphasen: In ungefähr 29 Tagen umrundet der Mond einmal die Erde. Im "ersten Viertel" zeigt sich zunehmender Halbmond. Etwa eine Woche später gibt es Vollmond. Nach einer weiteren Woche, im "letzten Viertel" sieht man abnehmenden Halbmond. Bei Neumond schließlich sind die Nächte mondlos.

Springzeit, Nippzeit, Mittzeit

Auf Grund seiner sehr viel geringeren Entfernung beeinflußt der Mond die Schwerkraftverhältnisse auf der Erdoberfläche etwa doppelt so stark wie die Sonne. Bei Vollmond und bei Neumond addieren sich die Anziehungskräfte des Mondes und der Sonne; dadurch entsteht ein besonders hohes Hochwasser, das **Springhochwasser**.
Etwa 7 Tage später, bei Halbmond (erstes oder letztes Viertel), wirken diese Kräfte gegeneinander, dann tritt ein besonders niedriges Hochwasser ein, das **Nipphochwasser**.

Springzeit, Mittzeit, Nippzeit

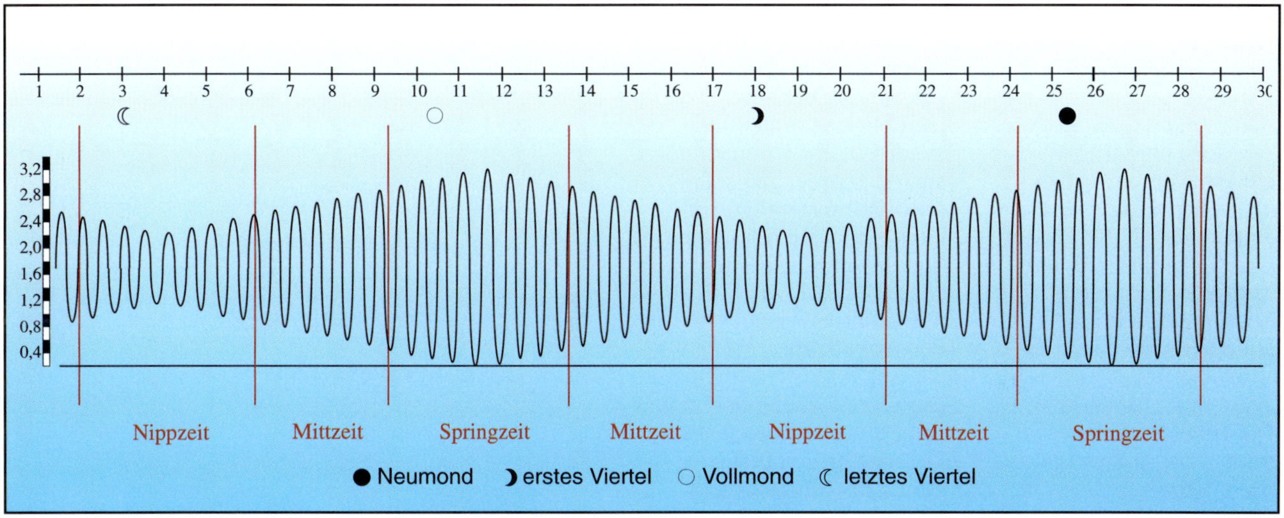

Gezeitenkurve für einen Monat: Zwischen den jeweils vier Tage andauernden Spring- und Nippzeiten herrschen drei Tage lang mittlere Gezeitenverhältnisse, die Mittzeit. Die Mitte der Springzeit liegt in diesem Beispiel (wie an der deutschen Nordseeküste üblich) etwa einen Tag nach Voll- oder Neumond, die Nippzeitmitte etwa einen Tag nach Halbmond (erstes oder letztes Viertel). Dieser Zeitunterschied (zwischen dem Eintritt des Voll- oder Neumondes und der Mitte der Springzeit) wird als Springverspätung bezeichnet.

Als **Springzeit** wird zum einen der genaue Zeit*punkt* bezeichnet, zu dem die halbmonatliche Ungleichheit der Hochwasserhöhen ihren **größten** Wert annimmt, zum anderen aber auch der etwa viertägige Zeit*raum*, in dessen Mitte das Springhochwasser liegt. Dementsprechend versteht man unter **Nippzeit** sowohl den genauen Zeit*punkt*, zu dem die halbmonatliche Ungleichheit der Hochwasserhöhen ihren **kleinsten** Wert annimmt, als auch den etwa viertägigen Zeit*raum*, in dessen Mitte das Nipphochwasser liegt.

Zwischen Springzeit und Nippzeit herrschen 3 Tage lang mittlere Tidenverhältnisse vor, die **Mittzeit**.

Spring- und Nippzeiten stimmen nicht immer genau mit den Mondphasen überein. Auf den Nebenmeeren der Ozeane und an den Küsten treten sie in der Regel verspätet ein.

Als **Springverspätung** wird der Zeitunterschied zwischen dem Eintreten des Voll- oder Neumondes und der nächsten Springzeit bezeichnet.

Die Springverspätung beträgt in der Deutschen Bucht etwa **einen Tag** (s. Abbildung oben). Dies ist wichtig für die Arbeit mit dem Gezeitenkalender, in dem nur die Mondphasen angegeben sind, nicht aber das Alter der Gezeit (Springzeit, Mittzeit, Nippzeit). Angaben zur Springverspätung in den europäischen Seegebieten findet man in den Gezeitentafeln.

> Die Springverspätung beträgt in der Deutschen Bucht etwa einen Tag.

Nautische Literatur

Das Bundesamt für Seeschiffahrt und Hydrographie (BSH) gibt verschiedene Schriften über die Gezeiten und die Gezeitenströme heraus:

Die **Gezeitentafeln** enthalten für europäische Orte die berechneten Zeiten *und Höhen* der Hoch- und Niedrigwasser.

Der kleinere **Gezeitenkalender** gilt nur für die deutsche Nordseeküste. Er beinhaltet zwar die täglichen Hoch- und Niedrig-

Gezeitenkalender

wasserzeiten, aber nur die Höhen des mittleren Hoch- und Niedrigwassers.

Zahlreiche sehr wertvolle Angaben über die Gezeitenströme in den deutschen Gewässern einschließlich der Flüsse sind im **Beiheft zu den amtlichen Sportschifffahrtskarten** für die Nordsee enthalten.

Weitere Angaben über Gezeitenströme im Watt findet man in **Der küstennahe Gezeitenstrom in der Deutschen Bucht**, während die Verhältnisse auf der freien See im **Gezeitenstromatlas** beschrieben sind.

Gebrauch des Gezeitenkalenders

Für viele Nordsee-Skipper ist der Gezeitenkalender so wichtig wie ein Fahrplan für Bahnfahrer. Nach den darin angegebenen Zeiten der Hochwasser und Niedrigwasser legt man den Zeitpunkt für das Auslaufen aus einem Hafen und die geplante Rückkehr fest.
Denn nach Eintritt eines Hochwassers beginnt die Ebbe, das Wasser läuft ab. Vom **Ebbstrom** kann sich eine seewärts laufende Segelyacht gut schieben lassen. Nach dem Niedrigwasser setzt der **Flutstrom** ein, der das Einlaufen unterstützt.
Da Ebb- und Flutstrom jeweils in ihren ersten und letzten Stunden nur relativ schwach ausgeprägt sind, kann man auch schon eine Stunde vor Hochwasser auslaufen und bis zu einer Stunde nach Niedrigwasser einlaufen.

Der Gezeitenkalender enthält für 13 **Bezugsorte** die berechneten täglichen Zeiten des Hochwassers (HW) und des Niedrigwassers (NW). Für etwa 200 **Anschlußorte** sind die **Gezeitenunterschiede** zum nächsten Bezugsort angegeben. Es bedeuten "+" später und "-" früher. Die Angaben für Anschlußorte wurden als Mittelwert von 365 Tagen gebildet und sind dementsprechend ungenau.

In der Datumsspalte ist die Mondphase enthalten, aus welcher das **Alter der Gezeit** (Springzeit, Mittzeit, Nippzeit) abgeleitet werden kann. Die Mitte der viertägigen Nippzeit ist an der deutschen Nordseeküste einen Tag nach Halbmond (erstes Viertel, letztes Viertel) erreicht, die Mitte der viertägigen Springzeit liegt einen Tag nach Vollmond oder Neumond (Springverspätung).

Norderney (Riffgat) 1998
Breite: 53° 42' N, Länge: 007° 10' E

Tag	Juli HW		Juli NW		Tag	August HW		August NW	
	Zeit	Zeit	Zeit	Zeit		Zeit	Zeit	Zeit	Zeit
1 Mi ☽	5.13	17.17	11.06	23.43	1 Sa	5.46	18.01	11.43	
2 Do	5.56	18.04	11.47		**2 So**	6.35	19.00	0.14	12.39
3 Fr	6.45	18.59	0.27	12.39					
4 Sa	7.43	20.03	1.22	13.45	3 Mo	7.39	20.14	1.17	13.55
5 So	8.47	21.11	2.29	14.58	4 Di	8.52	21.30	2.35	15.16
					5 Mi	10.00	22.36	3.50	16.28
6 Mo	9.48	22.15	3.35	16.07	6 Do	10.57	23.30	4.54	17.28
7 Di	10.42	23.09	4.35	17.05	7 Fr	11.47		5.48	18.19
8 Mi	11.30	23.56	5.26	17.56	8 Sa ○	0.18	12.32	6.36	19.05
9 Do ○		12.14	6.12	18.41	**9 So**	1.05	13.16	7.22	19.48
10 Fr	0.40	12.55	6.56	19.23					
11 Sa	1.23	13.35	7.38	20.05	10 Mo	1.50	13.57	8.04	20.29
12 So	2.06	14.14	8.18	20.45	11 Di	2.33	14.39	8.43	21.10
					12 Mi	3.15	15.22	9.23	21.53
13 Mo	2.49	14.53	8.56	21.24	13 Do	4.00	16.10	10.08	22.42
14 Di	3.32	15.36	9.35	22.10	14 Fr ☾	4.47	17.00	10.57	23.28
15 Mi	4.18	16.25	10.23	23.01	15 Sa	5.35	17.52	11.44	
16 Do ☾	5.09	17.19	11.14	23.51	**16 So**	6.25	18.52	0.12	12.36
17 Fr	6.02	18.14		12.05					
18 Sa	6.55	19.16	0.42	13.03	17 Mo	7.27	20.07	1.10	13.49
19 So	7.57	20.27	1.43	14.14	18 Di	8.43	21.31	2.28	15.16
					19 Mi	10.01	22.46	3.53	16.39
20 Mo	9.07	21.42	2.55	15.32	20 Do	11.07	23.44	5.04	17.41
21 Di	10.18	22.51	4.09	16.45	21 Fr	11.56		5.57	18.28
22 Mi	11.20	23.51	5.15	17.47	22 Sa ●	0.28	12.37	6.39	19.08
23 Do ●		12.11	6.10	18.40	**23 So**	1.07	13.15	7.16	19.46
24 Fr	0.42	12.55	6.55	19.25					
25 Sa	1.26	13.35	7.35	20.07	24 Mo	1.44	13.51	7.52	20.21
26 So	2.08	14.14	8.14	20.46	25 Di	2.19	14.25	8.27	20.53
					26 Mi	2.52	14.59	8.59	21.22
27 Mo	2.48	14.52	8.52	21.22	27 Do	3.24	15.32	9.29	21.52
28 Di	3.25	15.28	9.25	21.55	28 Fr	3.56	16.05	10.01	22.21
29 Mi	4.00	16.04	9.58	22.28	29 Sa	4.26	16.37	10.30	22.45
30 Do	4.34	16.40	10.32	23.01	**30 So ☽**	4.56	17.12	10.58	23.15
31 Fr ☽	5.09	17.17	11.05	23.32					
					31 Mo	5.35	18.03	11.43	

● Neumond ☽ erstes Viertel ○ Vollmond ☾ letztes Viertel
Mitteleuropäische Sommerzeit

Aus dem Gezeitenkalender 1998.

Weil die Gezeitenverhältnisse stetig ineinander übergehen, ist der genaue Beginn in der Praxis nicht so wichtig.

Einige der im Rundfunk ausgestrahlten Wetterberichte enthalten Wasserstandsvorhersagen - hier ein Beispiel:

"Das Bundesamt für Seeschiffahrt und Hydrographie gibt bekannt, daß das Mittaghochwasser an der deutschen Nordseeküste und das Abendhochwasser in Bremen, Emden und Hamburg drei Dezimeter höher als das mittlere Hochwasser eintreten werden."

Fragen 259, 260

Gezeitenkalender

Gezeitenunterschiede gegen Norderney, Riffgat

Ort	Breite N	Länge E	HW	NW
	° '	° '	h min	h min
Wangerooge, West	53 47	7 52	+0 28	+0 35
Harlesiel	53 43	7 49	+0 36	*
Spiekeroog	53 45	7 41	+0 26	+0 30
Neuharlingersiel	53 42	7 42	+0 38	+0 32
Langeoog	53 43	7 30	+0 30	+0 28
Bensersiel	53 41	7 35	+0 30	+0 24
....	.....	.....	.....	.....

* : Werte unbekannt

Aus dem Gezeitenkalender 1998.

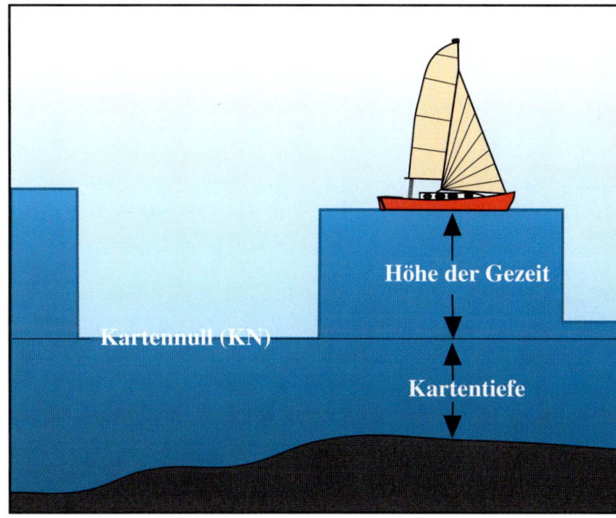

Wassertiefe (WT) = Kartentiefe (KT) + Höhe der Gezeit (H).

Mittleres Hoch- und Niedrigwasser (in Metern)

Ort	MHW gegen NN	MHW gegen KN	MNW gegen NN	MNW gegen KN
Ostfriesische Inseln und Küste				
Wangerooge, West	1,4	3,0	-1,4	0,2
Harlesiel	1,4	3,1	*	*
Spiekeroog	1,3	2,9	-1,4	0,2
Neuharlingersiel	1,4	3,1	-1,5	0,2
Langeoog	1,3	2,8	-1,4	0,2
Bensersiel	1,4	3,0	-1,4	0,2
....	....	....	....	....

MHW = Mittleres Hochwasser, MNW = Mittleres Niedrigwasser,
KN = Kartennull, NN = Normalnull (s. Seite 41)

Aus dem Gezeitenkalender 1998.

Diese Vorhersagen berücksichtigen auch den zu erwartenden Einfluß des Windes auf den Wasserstand. Mit Hilfe des Gezeitenkalenders (s. Abbildung) läßt sich die Höhe des Hochwassers leicht errechnen. Nach obiger Vorhersage wird z. B. das Hochwasser bei Spiekeroog auf 3,2 m über Kartennull (KN) steigen. Für eine genaue Bestimmung von Wasserständen sind die Gezeitentafeln erforderlich. Eine ungefähre Abschätzung, wie sie in den meisten Fällen für den Wassersport ausreicht, kann jedoch auch mit dem Gezeitenkalender erfolgen.

Fahrwasserbezeichnung im Wattenmeer.

Begriffsbestimmungen (DIN 13 312)

Allgemeine Begriffe

Gezeiten: [1]	Wasserstandsänderungen, die bei den Bahnbewegungen von Erde, Mond und Sonne durch das Zusammenwirken von Massenanziehung und Fliehkraft in Verbindung mit der Erdrotation entstehen.
Gezeit:	Gezeiten an einem Ort.
Tide:	Teil der Gezeit, der sich aus der Flut und der nachfolgenden Ebbe zusammensetzt.
Hochwasser (HW):	Eintritt des höchsten Wasserstandes beim Übergang vom Steigen zum Fallen.
Niedrigwasser (NW):	Eintritt des niedrigsten Wasserstandes beim Übergang vom Fallen zum Steigen.
Flut:	Steigen des Wassers von einem Niedrigwasser bis zum folgenden Hochwasser.
Ebbe:	Fallen des Wassers von einem Hochwasser bis zum folgenden Niedrigwasser.
Wasserstand:	Abstand der Wasseroberfläche von einer festen Marke. Das Vorzeichen ist positiv, wenn die Wasseroberfläche oberhalb dieser Marke liegt.

[1] Halbtägige Gezeiten (im Laufe eines Tages - Mondtages - zwei Hochwasser und zwei Niedrigwasser) treten in den nordwesteuropäischen Gewässern und in weiten Teilen des Atlantischen Ozeans auf.
Im Pazifischen und im Indischen Ozean weisen die Gezeiten verbreitet einen stärkeren eintägigen Anteil auf (im Laufe eines Tages - Mondtages - ein Hochwasser und ein Niedrigwasser).

Tiefenangaben

Wassertiefe (WT):	Abstand zwischen Wasserspiegel und Grund; bei Bestimmung mittels Echolot: Summe aus Tiefe des Echolotwandlers und Echolotung.
Tiefe des Echolotwandlers (T_{El}):	Abstand des Echolotwandlers von der Wasseroberfläche.
Echolotung (EL):	Abstand zwischen Echolotwandler und Grund.
Kartennull (KN), Seekartennull:	Bezugsfläche für die Tiefenangaben einer Seekarte.
Kartentiefe (KT):	Auf Kartennull bezogene Wassertiefe abzüglich Höhe der Gezeit.

Alter der Gezeit

Springzeit (SpZ):	Zeit (Tag und Uhrzeit), zu der die halbmonatliche Ungleichheit der Hochwasserhöhen ihren größten Wert annimmt.
Nippzeit (NpZ):	Zeit (Tag und Uhrzeit), zu der die halbmonatliche Ungleichheit der Hochwasserhöhen ihren kleinsten Wert annimmt.
Mittzeit (MtZ):	Eine zwischen Spring- und Nippzeit liegende Zeitspanne; sie beginnt zwei Tage nach Springzeit und dauert drei Tage.
Springverspätung (SpV):	(bei halbtägiger Gezeitenform) Zeitunterschied zwischen Voll- bzw. Neumond und der nächsten Springzeit.

Begriffsbestimmungen (DIN 13 312)

Gezeitenhöhen und -zeiten

Höhe der Gezeit (H): Auf das örtliche Kartennull bezogener Wasserstand.

Hochwasserhöhe (HWH): Höhe der Gezeit bei Hochwasser.

Hochwasserzeit (HWZ): Zeit (Tag und Uhrzeit), zu der das Hochwasser eintritt.

Niedrigwasserhöhe (NWH): Höhe der Gezeit bei Niedrigwasser.

Niedrigwasserzeit (NWZ): Zeit (Tag und Uhrzeit), zu der das Niedrigwasser eintritt.

Steigdauer (SD): Zeitspanne zwischen einer Niedrigwasserzeit und der folgenden Hochwasserzeit.

Falldauer (FD): Zeitspanne zwischen einer Hochwasserzeit und der folgenden Niedrigwasserzeit.

Tidenstieg (TS): Unterschied zwischen einer Niedrigwasserhöhe und der folgenden Hochwasserhöhe.

Tidenfall (TF): Unterschied zwischen einer Hochwasserhöhe und der folgenden Niedrigwasserhöhe.

Tidenhub (TH): Arithmetischer Mittelwert aus Tidenstieg und Tidenfall einer Tide.

Höhenunterschied der Gezeiten (HUG): Unterschied zwischen Hochwasserhöhe bzw. Niedrigwasserhöhe am Anschlußort und Hochwasserhöhe bzw. Niedrigwasserhöhe am Bezugsort.

Zeitunterschied der Gezeiten (ZUG): Unterschied zwischen Hochwasserzeit bzw. Niedrigwasserzeit am Anschlußort und Hochwasserzeit bzw. Niedrigwasserzeit am Bezugsort.

An einem Schiffahrtspegel ist die Höhe der Gezeit ablesbar.

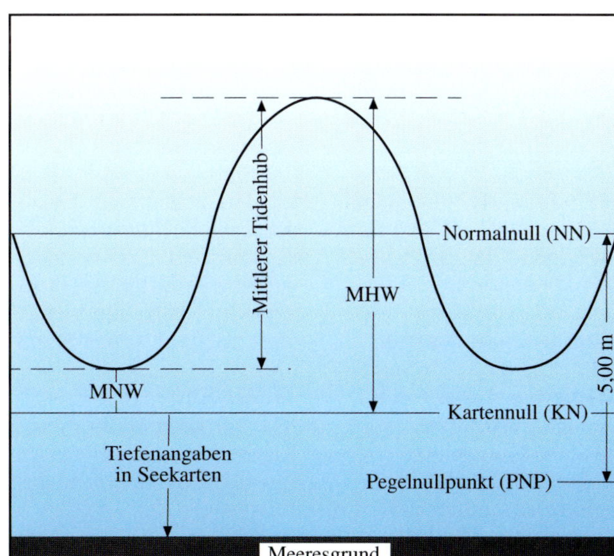

Begriffsbestimmungen aus dem Gezeitenkalender.

Seekarten

Amtliche Seekarten

Vor Antritt einer Reise muß ein Schiff mit den neuesten Ausgaben der Seekarten und Seebücher über die zu befahrenden Seegebiete vollständig ausgerüstet werden. Doch für immer weniger Seegebiete der Welt sind deutsche Karten verfügbar. Die einzigen westlichen Staaten, die z. Z. noch ein weltweites Seekartenwerk unterhalten, sind die USA und Großbritannien. Nicht nur bei Reisen in exotischen Gebieten stellt sich die Frage, mit welchen Seekarten navigiert werden soll; auch zum Beispiel für die schwedischen Schärengewässer gibt es keine deutschen Karten.

Seekarten können zunächst in amtliche und nichtamtliche Karten unterschieden werden. **Amtliche Karten** werden in Deutschland vom Bundesamt für Seeschiffahrt und Hydrographie (BSH) und im Ausland vom jeweiligen hydrographischen Dienst herausgegeben.

Nichtamtliche Karten werden zumeist als Sportbootkarten von privaten Verlagen vertrieben. Nichtamtliche Kartensätze decken häufig größere Gebiete als amtliche ab, die i. allg. auf die Hoheitsgebiete beschränkt sind.

Amtliche Seekarten können unterteilt werden in:

- amtliche deutsche Seekarten (zu denen auch die internationalen Seekarten zählen, z. B. D. 2 INT 1456),
- amtliche ausländische Seekarten sowie
- amtliche Sportbootkarten.

Die amtliche deutsche **Karte 1 (INT 1)** erklärt sämtliche in deutschen und internationalen Seekarten verwendeten Zeichen, Begriffe und Abkürzungen in deutscher und englischer Sprache. Sie wird zur Navigation mit deutschen oder internationalen Seekarten benötigt.

Als **amtliche deutsche Seekarten** werden alle im "Verzeichnis der Nautischen Karten und Bücher" aufgeführten Seekarten, für die in den Nachrichten für Seefahrer (NfS) Berichtigungen veröffentlicht werden, bezeichnet. Das deutsche Seekartenwerk deckt seit 1.1.1997 nur noch den Nordostatlantik bis zu den Kapverdischen Inseln einschließlich seiner Randmeere ab (mit Ausnahme einiger Küstengewässer). Mit amtlichen deutschen Karten erlernt jeder Wassersportler in Deutschland die Navigation; Kartenbild, Begriffe und Abkürzungen sind vielen vertraut.

Internationale Seekarten werden unter Verwendung der internationalen Abkürzungen und Symbole der Karte 1 (INT 1) von jeweils einem hydrographischen Dienst hergestellt. Sie können von allen anderen hydrographischen Diensten übernommen und nachgedruckt werden, so daß auf diesem Wege eine Vereinheitlichung der Seekarten erreicht wird. Jede internationale Seekarte, die von einem nationalen hydrographischen Dienst nachgedruckt wird, enthält neben der internationalen Nummer (INT) auch eine nationale Nummer des betreffenden Landes.
Die Umstellung von einer deutschen Seekarte auf eine internationale Karte bringt für den Navigator kaum Schwierigkeiten mit sich; die verwendeten internationalen Feuerkennungen sind in einer Tabelle auf der Karte erklärt.

Die amtlichen deutschen Seekarten werden derzeit auf die internationalen Zeichen und Abkürzungen gemäß Karte 1 (INT 1) umgestellt (für die Elbe und die Nordsee ist dies nahezu abgeschlossen, die Umstellung der Ostseekarten erfolgt in den nächsten Jahren). Deutsche Seekarten internationalen Stils können danach gegliedert werden in:

- INT-Karten, die das BSH als als "Producer" herausgibt (z. B. von der deutschen Küste),
- INT-Karten von anderen hydrographischen Diensten, die das BSH als "Printer" modifiziert herausgibt (von Küsten des Auslands),
- nationale Karten deutscher und ausländischer Gebiete, die das BSH im Stil der INT-Karten herausgibt.

In Seegebieten, für die weder nationale noch internationale Seekarten in ausreichendem Maßstab zur Verfügung stehen, müssen **ausländische Seekarten** benutzt werden.

Jeder Übergang von deutschen auf ausländische Seekarten erfordert größte Aufmerksamkeit und ist nur mit der entsprechenden nationalen „Karte 1 (INT 1)" möglich.

Aufgrund des weltweiten Umfangs und des internationalen Vertriebssystems wird man zunächst zu **britischen Seekarten** greifen. Das britische Seekartenwerk ist dem internationalen Stil am besten angepaßt.
Bei der Benutzung einer britischen Karte stelle man als erstes fest, ob die Tiefen in Metern, Faden oder Fuß angegeben sind. Die in britischen Seekarten

Fragen 223, 230, 261

Seekarten

verwendeten Zeichen und Abkürzungen sind in der britischen **Karte 5011** (welche der Karte 1 (INT 1) entspricht) erklärt.

Sportbootkarten sind preisgünstiger, von handlichem Format und daher in der Sportschiffahrt weit verbreitet. Für die Nord- und die Ostsee gibt es amtliche belgische, britische, dänische, deutsche, finnische, französische, niederländische, norwegische, polnische, russische und schwedische Sportbootkarten. Sie stellen für den Wassersportler insbesondere für küstennahe Gewässer die erste Wahl dar, sollten jedoch nur - wie bereits erwähnt - in Verbindung mit der jeweiligen nationalen "Karte 1 (INT 1)" eingesetzt werden.

Das **Gradnetz** aller Seekarten ist auf den Nullmeridian bezogen. Die Seekarten der europäischen Gewässer basieren überwiegend auf dem europäischen Bezugssystem **European Datum (ED)**. Leider stimmen jedoch die Gradnetze verschiedener Länder nicht völlig überein, es treten geringfügige Netzdifferenzen (Unterschiede in Breite und Länge) auf. Die Übertragung einer genauen Position in eine Seekarte eines anderen hydrographischen Dienstes sollte nicht nach Koordinaten, sondern nach Peilung und Abstand erfolgen. Korrekturwerte für das im Global Positioning System (GPS) verwendete World Geodetic System 1984 (WGS 84) sind - soweit bekannt - in der Karte angegeben.

Mit wenigen Ausnahmen liegt den Seekarten die winkeltreue **Mercator-Projektion** zugrunde, in der eine Kursgerade (Loxodrome) als gerade Linie erscheint. Da der Maßstab in Mercatorkarten zum Äquator hin kleiner und zu den Polen hin größer wird, müssen Distanzen am linken oder rechten Kartenrand etwa auf der Breite gemessen werden, auf der man sie der Karte entnommen hat.

Seekarten werden nach ihrem Zweck, Inhalt und Maßstab wie folgt eingeteilt:

- Ozeankarten 1 : 5 000 000 und kleiner
- Übersichtskarten 1 : 1 600 000 bis 1 : 5 000 000
- Segelkarten 1 : 300 000 bis 1 : 1 600 000
- Küstenkarten 1 : 30 000 bis 1 : 300 000
- Pläne 1 : 30 000 und größer

Hamburger Dienstgebäude des Bundesamtes für Seeschiffahrt und Hydrographie (BSH), des Herausgebers der amtlichen deutschen Seekarten und Seebücher.

Man benutze jedoch stets die Seekarten im besten, also größten Maßstab, da sie die meisten Einzelheiten enthalten und die hydrographischen Dienste bemüht sind, zunächst diese Karten aktuell zu halten.

Auf das Vorhandensein von Karten und Plänen in größerem Maßstab wird in deutschen Seekarten durch farbige Begrenzungslinien hingewiesen. Innerhalb dieser Kartengebiete werden nicht alle Einzelheiten dargestellt. Es ist daher unbedingt erforderlich, für die Navigation in diesen Gebieten die angegebenen Karten und Pläne größeren Maßstabs zu benutzen.

Das **Kartennull** ist ein ausgewähltes Niveau der Wasseroberfläche, auf das sich alle Tiefenangaben in einer Seekarte beziehen. Es ist so tief angesetzt, daß der Wasserstand nur selten darunter sinkt. In tidenfreien Revieren stimmt das Kartennull etwa mit dem mittleren Wasserstand überein. Als Kartennull in Seekarten der Deutschen Bucht ist das örtliche mittlere Springniedrigwasser gewählt worden. Ausländische Reviere sind zum Teil nach anderen Kartennulls vermessen: In Belgien und Holland ist das Kartennull das örtliche mittlere niedrigere Springniedrigwasser,

Frage 232

Seekarten, Seebücher

in Frankreich und Spanien das örtliche niedrigstmögliche Niedrigwasser.

Die amtlichen nationalen Kartenwerke übernehmen in ihre Karten fremder Hoheitsgebiete fast ausnahmslos das dort eingeführte Kartennull, so daß es hinsichtlich der Tiefenangaben gleichgültig ist, ob man für ein bestimmtes Gebiet deutsche oder fremde Karten benutzt.

Die **Tiefenzahlen** geben die Tiefen unter Kartennull an. Die Wassertiefe in Tidenrevieren erhält man durch Addition der berechneten Höhe der Gezeit (s. Seite 39) zur kartierten Wassertiefe.

Durchfahrtshöhen von Brücken beziehen sich in der Regel auf den Hochwasserstand. **Sicherheitsdurchfahrtshöhen** unter Hochspannungsleitungen berücksichtigen noch einen Sicherheitsabstand von 2 - 5 Metern, der vorhanden sein muß, um elektrischen Entladungen (z. B. über Antennen) vorzubeugen.
Seekarten können nur so gut wie das ihnen zugrunde liegende Material sein. Die hydrographischen Dienste übernehmen daher **keine Gewähr für die Richtigkeit aller Angaben**. Es muß stets mit der Möglichkeit von unzutreffenden oder veralteten Angaben gerechnet werden. Man bedenke auch, daß sich vor allem in Küstengewässern mit Sand- und Schlickgrund die Tiefenverhältnisse unter dem Einfluß von Strom und Seegang ständig ändern und die Schiffahrtszeichen oft mehrmals im Jahr den Veränderungen der Fahrwasser entsprechend verlegt werden müssen. Auf derartige Umstände wird in den Seehandbüchern hingewiesen. Vor dem Befahren solcher Fahrrinnen sollte man sich bei Fischern, Mannschaften von Rettungsbooten, einheimischen Seglern, gegebenenfalls auch bei Lotsen oder der Verkehrszentrale informieren.

Elektronische Seekarten

Das Bundesamt für Seeschiffahrt und Hydrographie (BSH) wie auch die Internationale Seeschiffahrts-Organisation (IMO) und die Internationale Hydrographische Organisation (IHO) haben mehrfach - zuletzt 1997 - vor dem Gebrauch von **elektronischen Seekarten** gewarnt. Von internationalen Gremien sind erst 1997 Normvorschläge verabschiedet worden.

Als sehr kritisch werden elektronische Seekartendarstellungssysteme angesehen, welche nicht mit dem World Geodetic System 84 (s. Seite 29) übereinstimmende Daten benutzen. Diese können - in Verbindung mit einem genauen Navigationsverfahren wie GPS - in Küstennähe durchaus eine Gefahr für die sichere Navigation darstellen.

Angesichts des langsamen Fortschritts der Verabschiedung internationaler Normen hat sich die British Admiralty entschlossen, die **amtlichen britischen Seekarten auch auf Disketten und CD-ROM (ARCS)** herauszugeben und diese zu berichtigen. Inzwischen können zahlreiche britische Seekarten nicht nur in gedruckter, sondern auch in digitaler Form geliefert werden.

Das BSH empfiehlt, elektronische Seekarten nicht als gleichwertigen Ersatz für gedruckte Seekarten anzusehen. Zwar hat es für 1998 die Herausgabe erster elektronischer Seekarten angekündigt. Doch nach wie vor gehören gedruckte Seekarten zur Pflichtausrüstung für die Berufsschifffahrt. Auch die Sportschifffahrt sollte elektronische Seekarten nur ergänzend zu gedruckten Seekarten nutzen.

Seebücher

Seekarten und Seebücher ergänzen sich und bilden ein geschlossenes Informationssystem. Sie müssen deshalb stets gemeinsam benutzt werden. Zu den Seebüchern zählen

- die Seehandbücher,
- das Ozeanhandbuch,
- die Monatskarten,
- das Leuchtfeuerverzeichnis,
- der Nautische Funkdienst,
- der Jachtfunkdienst,
- die Gezeitentafeln,
- das Nautische Jahrbuch,
- das Handbuch für Brücke und Kartenhaus,
- das Handbuch für Suche und Rettung,
- das Internationale Signalbuch,
- das Verzeichnis von Auffanganlagen sowie
- das Seefahrtstandardvokabular.

Die **Seehandbücher** dienen der Küstennavigation und sind in drei Teile gegliedert: Der Teil A enthält wichtige Schiffahrtsangelegenheiten, insbesondere Verkehrsvorschriften. In Teil B werden die Naturverhältnisse beschrieben. Dieses sind Klima und Wetter, Gezeitenverhältnisse, Strömungen und Mißweisung. Der Hauptteil C (Küstenkunde und Segelanweisungen) enthält die Seekarte ergänzende, für das

Fragen 229, 261

Seebücher

Ansteuern der Küste, der Fahrwasser, Ankerplätze und Häfen wichtige Informationen. Zur Erleichterung der terrestrischen Navigation findet man Küstenansichten und Abbildungen einzelner Objekte.

Das **Ozeanhandbuch** (Handbuch der Ozeanwege) soll der Schiffsführung bei der Planung ozeanischer Reisen ein Ratgeber sein. Es enthält Wegebeschreibungen für den Atlantischen, Indischen und Pazifischen Ozean. Der Darstellung der allgemeinen maritimen Naturverhältnisse und ausgewählten Beiträgen zur Schiffsführung folgt als Kernstück die Beschreibung der Schiffahrtswege mit eingehenden Erläuterungen der besonderen Verhältnisse. Die **Monatskarten** beschreiben die zu erwartenden Windverhältnisse und ergänzen das Ozeanhandbuch.

Das deutsche **Leuchtfeuerverzeichnis** wird in drei Teilen nur für die östliche Nordsee und die Ostsee herausgegeben und enthält im Hauptteil jedes Buches die Beschreibungen der Leuchtfeuer, Feuerschiffe, Großtonnen sowie etwaige Angaben z. B. über Betriebszeiten und Nebelschallzeichen.

Der **Nautische Funkdienst** umfaßt 3 Ringbücher und wird nur auf ausrüstungspflichtigen Schiffen benötigt. Der **Jachtfunkdienst für Nord- und Ostsee** bzw. **Mittelmeer** ist für nichtausrüstungspflichtige Schiffe gedacht. Er erscheint jährlich und wird nicht berichtigt.

Auch die **Gezeitentafeln** (für europäische Gewässer) sind ein Jahr gültig.

Das ebenfalls jährlich erscheinende **Nautische Jahrbuch** wird zur Bestimmung der Zeit, Länge und Breite auf See nach astronomischen Beobachtungen benötigt.

Das zweibändige **Handbuch für Brücke und Kartenhaus** soll den Schiffsführungen als Ratgeber und Informationsquelle in Ergänzung zu den Seekarten und übrigen Seebüchern dienen.
Es beinhaltet Themen wie Schiffahrtsbehörden und -organisationen, Seekarten und Seebücher, nautische Anlagen, Geräte, Schifffahrtszeichen, Schiffsführung, Suche und Rettung, Küstenmeere und Anschlußzonen, Meeresumweltschutz, Schiffssicherheit, Schiffsverkehr, Zoll und Quarantäne und enthält Gesetzestexte und Bekanntmachungen der Wasser- und Schiffahrtsdirektionen.

Das **Handbuch für Suche und Rettung** ist die amtliche deutsche Übersetzung der IMO-Veröffentlichung Merchant Ship Search and Rescue Manual (MERSAR).

Zweck des **Internationalen Signalbuchs**, das von der IMO entwickelt wurde, ist, Mittel und Wege für den Nachrichtenaustausch in Fällen von Sprachschwierigkeiten bereitzustellen, wenn die Sicherheit der Schiffahrt und der auf See befindlichen Menschen betroffen ist.

Das **Verzeichnis von Auffanganlagen** enthält alle beim BSH verfügbaren Angaben über weltweit vorhandene Entsorgungsanlagen gemäß MARPOL- und Helsinki-Übereinkommen in den Häfen der verschiedenen Staaten.

Das **Seefahrtstandardvokabular** ist eine Hilfe zur Anwendung der englischen Sprache als Standard-Verkehrssprache in der Schiffahrt.

Außerhalb der vom deutschen Seekartenwerk abgedeckten Seegebiete muß auf **ausländische Seehandbücher** zurückgegriffen werden. Empfohlen wird wiederum die Verwendung der britischen Seehandbücher und der „Admiralty List of Lights and Fog Signals“.

Neben den Seebüchern gibt das Bundesamt für Seeschiffahrt und Hydrographie zahlreiche Sonderveröffentlichungen heraus, die zum Teil ebenfalls zu den amtlichen Seebüchern zählen.

An die Sportschiffahrt richten sich verschiedene BSH-Broschüren, z. B.

- Sicherheit im See- und Küstenbereich,
- Entsorgungsmöglichkeiten für Öl, Schiffsmüll und Schiffsabwasser,
- Flaggendokumente und Vermessung von Sportfahrzeugen

sowie diverse Schriften des Bundesministeriums für Verkehr und nachgeordneter Behörden.

Nicht zu den amtlichen Seebüchern zählend, aber für die Praxis der Sportschiffahrt nicht weniger wichtig sind die **Hafenhandbücher**, die **Sicherheitsrichtlinien der Kreuzer-Abteilung** und der **Yachtpilot,** welche vom Deutschen Segler-Verband herausgegeben werden, sowie die **nautischen Reiseführer** des Delius Klasing Verlages und der Edition Maritim.

Fragen 223, 231

Berichtigung von Seekarten

Nachrichten für Seefahrer (NfS)

Die 1998 im 129. Jahrgang wöchentlich erscheinenden Nachrichten für Seefahrer (NfS) sind das Amtsblatt des Bundesamtes für Seeschiffahrt und Hydrographie (BSH). Sie werden weitgehend zweisprachig, in deutscher und englischer Sprache, veröffentlicht.

Die NfS dienen in erster Linie zur Berichtigung von Seekarten, Seehandbüchern, Leuchtfeuerverzeichnissen und des Verzeichnisses der Nautischen Karten und Bücher.

Die NfS sind in fünf Teile gegliedert:

Teil 1: Kartenberichtigungen
Teil 2: Handbuchberichtigungen
Teil 3: Katalogberichtigungen
Teil 4: Mitteilungen
Teil 5: Nautische Warnnachrichten.

In Teil 4 werden für die Schiffahrt wichtige Ereignisse veröffentlicht (z. B. Veränderungen auf den Seeschiffahrtsstraßen der Bundesrepublik Deutschland, auf der hohen See oder den Hoheitsgewässern anderer europäischer Staaten sowie Verordnungen von Behörden).

Berichtigung von Seekarten und Seebüchern

Deutsche Seekarten und Seebücher sind zum Zeitpunkt der Abgabe durch eine Vertriebsstelle mit eigenem Berichtigungsdienst auf dem aktuellen Stand. Bei einem Bezug über andere Vertriebsstellen oder den Buchhandel müssen die Käufer ihre Seekarten selbst auf den Stand des neuesten NfS-Heftes bringen. Die NfS-Ausgabe, bis zu welcher eine Seekarte berichtigt ist, ist auf die linke Seite des unteren Kartenrandes gestempelt.

Der Stand eines Leuchtfeuerverzeichnisses geht aus den beiliegenden Berichtigungen hervor. Spätere mit Hilfe der NfS durchgeführte Eigenberichtigungen werden handschriftlich auf der Seekarte oder in dem Seebuch vermerkt.

Eigenberichtigungen der im Verzeichnis der Nautischen Karten und Bücher aufgeführten Seekarten können an Hand der Nachrichten für Seefahrer (NfS) erfolgen, bei verschiedenen Karten auch mit Hilfe von Berichtigungspausen. Amtliche deutsche Sportbootkarten können ebenfalls mit Hilfe der Nachrichten für Seefahrer (NfS) berichtigt werden, aber auch anhand der vierteljährlich erscheinenden Nautischen Nachrichten der Kreuzer-Abteilung des DSV, in denen die Kartenberichtigungen der NfS abgedruckt werden. Für manche Sportbootkarten werden jeweils im Frühjahr Berichtigungsunterlagen angeboten. Die Berichtigung britischer Seekarten und Seebücher erfolgt nach den britischen "Notices to Mariners".

Zur Erleichterung schwieriger und umfangreicher Kartenberichtigungen nach den Nachrichten für Seefahrer (NfS) sowie bei Veränderungen, die nicht vollständig in den NfS veröffentlicht werden können, gibt das BSH **Deckblätter** heraus, die in die NfS eingeheftet und vom Benutzer in die Seekarte einzukleben sind.
Seekarten und Bücher, die nicht im Verzeichnis der Nautischen Karten und Bücher aufgeführt sind, können nach den Nachrichten für Seefahrer (NfS) nicht berichtigt werden. Wenn dem Navigator eventuell bestehende Netzdifferenzen zwischen den Angaben in den NfS und solchen Karten nicht bekannt sind, kann eine Berichtigung nach den Nachrichten für Seefahrer (NfS) gefährlich sein.

Jede NfS-Ausgabe wird mit einer übersichtlichen Zusammenstellung der im jeweiligen Heft aufgeführten Karten eingeleitet. Hier ist mit einem Blick erkennbar, ob Änderungen in Seekarten des zu befahrenden Seegebietes eingetreten sind.
Daran schließen sich die eigentlichen Kartenberichtigungen an, die nach Seegebieten aufsteigend geordnet sind.

Seegebiet 10: Ostsee und Gewässer zwischen Nord- und Ostsee;

Seegebiet 20: Nordsee und europäisches Nordmeer;

Seegebiet 30: Kanal und westeuropäische Meere;

Seegebiet 40: Mittelmeer und Schwarzes Meer;

Seegebiet 50: Nordatlantischer Ozean;

Seegebiet 60: Nordwestafrikanische Gewässer und Rotes Meer.

Nachrichten aus deutschen Gewässern sowie Mitteilungen aus anderen Gebieten, welche zum ersten Mal international veröffentlicht werden, sind mit einem Stern * ver-

Fragen 224, 227

Berichtigung von Seebüchern

sehen. Nachrichten, die eine bevorstehende Maßnahme ankündigen, werden durch ein **P** (P = Preliminary), Nachrichten über einen vorübergehenden Zustand werden durch ein **T** (T = Temporary) gekennzeichnet.

Für Nachrichten für Seefahrer (NfS) besteht eine Aufbewahrungspflicht von 2 vollen Jahren, d. h. die NfS der zwei abgelaufenen Kalenderjahre und des laufenden Jahres müssen aufbewahrt werden. Auch neue ausrüstungspflichtige Schiffe müssen mit den NfS-Heften der vergangenen zwei Kalenderjahre ausgestattet werden.

Handbuchberichtigungen (von Leuchtfeuerverzeichnissen und Seehandbüchern) sind entweder einseitig bedruckt - ausschneiden und einkleben - oder als Austauschseiten beigeheftet. Handbuchberichtigungen sind nach Bestellnummern mit Kurztitel geordnet.

Katalogberichtigungen beziehen sich auf Veränderungen im aktuellen Verzeichnis der Nautischen Karten und Bücher, z. B. bei Neuausgaben. Seekarten, deren Kartenbild infolge zahlreicher Berichtigungen oder umfangreicher Änderungen der nautisch relevanten Inhalte (wie Gefahren, Fahrwasser und Schifffahrtszeichen) veraltet sind, werden durch **neue Ausgaben** ersetzt. Vorherige Ausgaben können nicht mehr berichtigt werden und sind für die Navigation ungültig.

Der Autor an der Pinne seines Bootes (Hallberg Rassy 31).

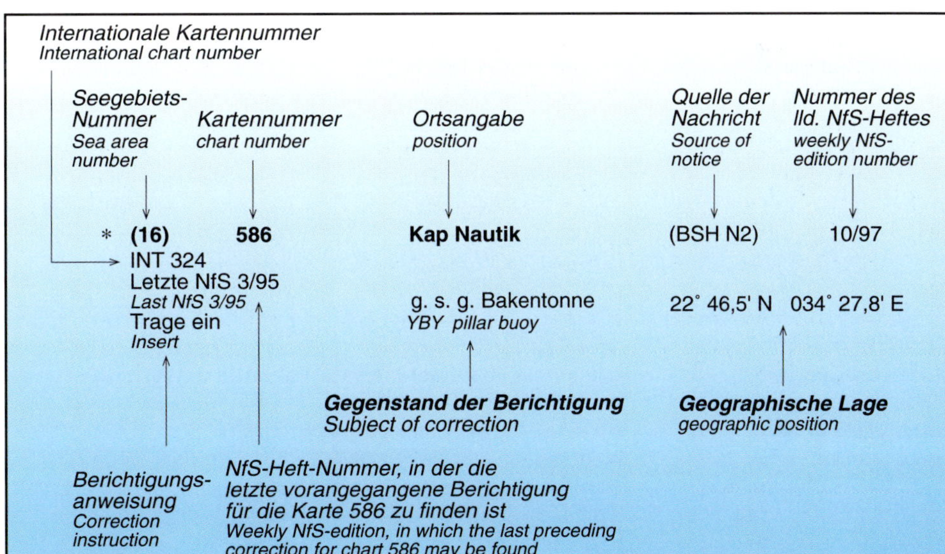

Fiktives Beispiel einer Kartenberichtigung aus den Nachrichten für Seefahrer (NfS).

2

RECHTSKUNDE

SEEVERKEHRSRECHT

FAHRREGELN, SCHIFFAHRTSZEICHEN

AUSWEICH- UND VORFAHRTREGELN

VERHALTEN BEI VERMINDERTER SICHT

SICHTZEICHEN UND SCHALLSIGNALE DER FAHRZEUGE

SONSTIGE SCHIFFAHRTSRECHTLICHE BESTIMMUNGEN

Seeverkehrsrecht

Die **Kollisionsverhütungs-regeln KVR** (International Regulations for Preventing Collisions at Sea, COLREG) stellen das internationale Seeverkehrsrecht dar. Sie wurden 1972 von der IMO (Internationale Seeschiff-fahrts-Organisation), einer UN-Unterorganisation, beschlossen und seitdem mehrfach ergänzt.
Die Inhalte der KVR sind von 63 Staaten in nationales Recht umgesetzt worden. Der Geltungsbereich der KVR umfaßt die hohe See und alle damit zusammen-hängenden, von Seeschiffen befahrbaren Gewässer. Die KVR sind auch für Sport-boote uneingeschränkt gültig.

Zusätzlich zu den KVR gelten in Deutschland weitere seeverkehrsrecht-liche Verordnungen. Die **Seeschiffahrtsstraßen-Ordnung (SeeSchStrO)** ist gültig

- innerhalb der 3-sm-Grenze (*„Wasserflächen zwischen der Küstenlinie bei mittlerem Hochwasser oder der seewärtigen Begrenzung der Binnenwasserstraßen und einer Linie von 3 Seemeilen Abstand seewärts der Basislinie“*) (s. Abbildung Seite 66),
- auf den betonnten Fahrwassern des deutschen Küstenmeeres (Außenelbe, Außenweser),
- nicht in der Emsmündung

und darüber hinaus auf Teilen angrenzender Binnenwasserstraßen, z. B.:

- der Weser bis zur Eisen-bahnbrücke in Bremen,
- der Elbe bis zur unteren Grenze des Hamburger Hafens,
- der Trave bis zur Eisen-bahnhubbrücke und Holstenbrücke in Lübeck,
- dem Nord-Ostsee-Kanal,
- dem Gieselaukanal,
- der Eider bis Rendsburg,
- der Hunte bis Oldenburg,
- Freiburger Hafenpriel,
- Oste bis zum Mühlen-wehr Bremervörde,
- Warnow bis zur Mühlen-dammschleuse,
- Ryck bis zur Steinberger-Tor-Brücke in Greifswald,
- Uecker bis zur Straßen-brücke in Ueckermünde.

Die **Schiffahrtsordnung Emsmündung (EmsSchO)** ist das Ergebnis eines bilateralen Abkommens zwischen der Bundes-republik Deutschland und den Niederlanden, mit dem eine einheitliche Schiffahrts-ordnung beiderseits der deutsch-niederländischen Grenze geschaffen wurde. Die Regelungen der Ems-SchO sind weitgehend mit der SeeSchStrO identisch.

Die EmsSchO gilt im Mündungsgebiet der Ems, auf der Ems bis Papenburg und der Leda bis Leer. Dort gilt nicht die SeeSchStrO.

Für zahlreiche deutsche Häfen gibt es auch spezielle **Hafenordnungen** / Sport-hafenverordnungen.

Wegen des Prinzips des Vorrangs des spezielleren Rechts sind die Hafenord-nungen vor der SeeSchStrO beziehungsweise der Ems-SchO und letztere vor den KVR anzuwenden. Hierzu ein Beipiel: Nach den KVR ist ein Maschinenfahrzeug einem segelnden Fahrzeug ausweichpflichtig. Nach der SeeSchStrO haben in einem Fahrwasser fahrende Fahrzeuge Vorfahrt vor Fahrzeugen, die das Fahr-wasser queren (s. Seite 66). Da die SeeSchStrO als spezielleres Recht vor den KVR anzuwenden ist, hat ein im Fahrwasser fahrendes Maschinenfahrzeug Vorfahrt vor einem das Fahrwasser querenden Segelfahrzeug (was die Rechtsprechung jedoch nicht als Änderung der Ausweichpflicht, sondern als ein Nichtbe-hinderungsgebot ansieht; z. B. OLG Hamburg).

Die **Wasser- und Schiff-fahrtsdirektionen Nord** in Kiel und **Nordwest** in Aurich sind Mittelbehörden des Bundes. In zwei **Bekanntmachungen** zur SeeSchStrO sowie zur SeeSchStrO und EmsSchO sind u. a. Fahrwasser, Reeden, Liegestellen, Überhol- und Anker-verbotsgebiete festgelegt.

Zum Seeverkehrsrecht zählen weiterhin **Befahrensregelungen** in Nationalparken und Naturschutzgebieten sowie die **Anlaufbedingungs-verordnung**, die das Anlaufen der inneren Ge-wässer der Bundesrepublik und das Auslaufen aus ihnen durch Fahrzeuge der Berufsschiffahrt regelt.

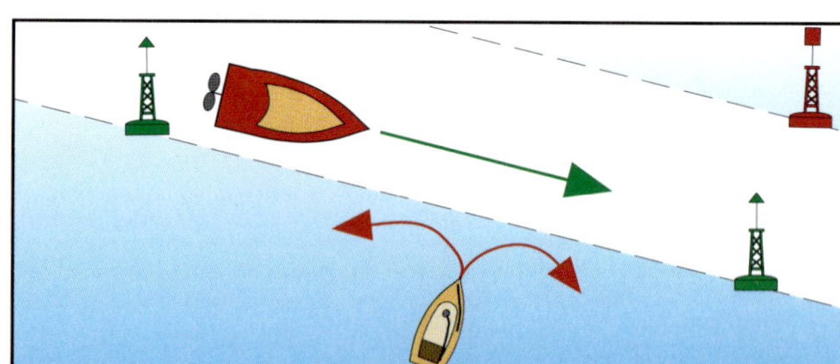

Ein Segelfahrzeug, das ein Fahrwasser quert, darf ein im Fahrwasser fahrendes Maschinenfahrzeug nicht behindern. Entsteht dennoch Kollisionsgefahr, so wäre nach KVR das Maschinenfahrzeug ausweichpflichtig (OLG Hamburg).

Fragen 1 - 3, 106, 107

Aufbau der KVR und der SeeSchStrO

Die 38 Regeln der KVR

Teil A: Allgemeines
- 3 allgemeine Regeln zur Anwendung und Verantwortlichkeit sowie mit Begriffsbestimmungen.

Teil B: Ausweich- und Fahrregeln
- Regeln 4 - 10 zum Verhalten von Fahrzeugen bei allen Sichtverhältnissen, (s. Seiten 52, 53),
- Regeln 11 - 18 zum Verhalten von Fahrzeugen, die einander in Sicht haben (s. Seiten 60 - 65),
- Regel 19 zum Verhalten bei verminderter Sicht (s. Seite 67).

Teil C: Lichter und Signalkörper
- Regeln 20 - 31 zur Führung von Lichtern (s. Seiten 68 - 71) und Signalkörpern (s. Seite 74).

Teil D: Schall- und Lichtsignale
- Regeln 32 - 37 zu Schall- und Lichtsignalen (s. Seite 75).

Teil E: Befreiungen
- Regel 38 über Befreiungen von den Vorschriften.

Anlagen
- Anlage zu technischen Einzelheiten der Lichter und Signalkörper (s. Seiten 68, 74),
- Anlage für Zusatzsignale für nahe beieinander fischende Fahrzeuge,
- Anlage zu technischen Einzelheiten der Schallsignalanlagen,
- Anlage zu Notzeichen (s. Seite 72).

Der Aufbau der SeeSchStrO

Abschnitt 1: (§§ 1 - 7)
Allgemeine Bestimmungen.

Abschnitt 2: (§§ 8 - 18)
Sichtzeichen der Fahrzeuge (s. Seiten 68 ff.).

Abschnitt 3: (§§ 19 - 21)
Schallsignale der Fahrzeuge (s. Seite 75).

Abschnitt 4: (§§ 22 - 31)
Fahrregeln (s. Seiten 54 ff.).

Abschnitt 5: (§§ 32 - 36)
Ruhender Verkehr (Ankern, Festmachen, Umschlag) (s. Seite 55).

Abschnitt 6: (§§ 37 - 40)
Sonstige Vorschriften.

Abschnitt 7: (§§ 41 - 54)
Vorschriften für den Nord-Ostsee-Kanal (s. Seite 56).

Abschnitt 8: (§§ 55 - 60)
Strom- und Schiffahrtspolizei.

Abschnitt 9: (§ 61)
Bußgeld- und Schlußvorschriften.

Anlage 1:
Schiffahrtszeichen (Gebots-, Verbots-, Warn-, Hinweiszeichen, Betonnung, Befeuerung) (s. Seiten 20 ff, 59.).

Anlage 2:
Sichtzeichen und Schallsignale der Fahrzeuge (s. Seite 74, 75).

Anlage 3:
Stoffliste der anmeldepflichtigen Güter.

Grundregeln für das Verhalten im Verkehr
(§ 3 SeeSchStrO)

(1) Jeder Verkehrsteilnehmer hat sich so zu verhalten, daß die Sicherheit und Leichtigkeit des Verkehrs gewährleistet ist und daß kein anderer geschädigt, gefährdet oder mehr als nach den Umständen unvermeidbar, behindert oder belästigt wird. Er hat insbesondere die Vorsichtsmaßregeln zu beachten, die Seemannsbrauch oder besondere Umstände des Falls erfordern. Der Führer eines mit einer UKW-Sprechfunkanlage ausgerüsteten Fahrzeugs ist verpflichtet, bei der Befolgung der Vorschriften über das Verhalten im Verkehr die von einer Verkehrszentrale aus in deutscher, auf Anforderung in englischer Sprache gegebenen Verkehrsinformationen und -unterstützungen abzuhören und unverzüglich entsprechend den Bedingungen der jeweiligen Verkehrssituation zu berücksichtigen.
(2) Zur Abwehr einer unmittelbar drohenden Gefahr müssen unter Berücksichtigung der besonderen Umstände auch dann alle erforderlichen Maßnahmen ergriffen werden, wenn diese ein Abweichen von den Vorschriften dieser Verordnung notwendig machen.
(3) Wer infolge körperlicher oder geistiger Mängel oder des Genusses alkoholischer Getränke oder anderer berauschender Mittel in der sicheren Führung des Fahrzeugs behindert ist, darf ein Fahrzeug nicht führen.

International gültige Fahrregeln

KVR-Fahrregeln für alle Sichtverhältnisse

Regel 5 Ausguck
Jedes Fahrzeug muß jederzeit durch Sehen und Hören sowie durch jedes andere verfügbare Mittel, das den gegebenen Umständen und Bedingungen entspricht, gehörigen Ausguck halten, der einen vollständigen Überblick über die Lage und die Möglichkeit der Gefahr eines Zusammenstoßes gibt.

Einhandsegeln von über 12 Stunden Dauer kann als Verstoß gegen die KVR angesehen werden.
Aber auch auf manchen Handelsschiffen wird gegen Regel 5 verstoßen.

Regel 6 Sichere Geschwindigkeit
Jedes Fahrzeug muß jederzeit mit einer sicheren Geschwindigkeit fahren, so daß es geeignete und wirksame Maßnahmen treffen kann, um einen Zusammenstoß zu vermeiden und innerhalb einer Entfernung zum Stehen gebracht werden kann, die den gegebenen Umständen und Bedingungen entspricht.

Regel 8 Manöver zur Vermeidung von Zusammenstößen
Jedes Manöver zur Vermeidung eines Zusammenstoßes muß, wenn es die Umstände zulassen, entschlossen, rechtzeitig und so ausgeführt werden, wie gute Seemannschaft es erfordert.

Zusätzliche Fahrregeln der KVR für enge Fahrwasser

Regel 9 Enge Fahrwasser
a) Ein Fahrzeug, das der Richtung eines engen Fahrwassers oder einer Fahrrinne folgt, muß sich so nahe am äußeren Rand des Fahrwassers oder der Fahrrinne an seiner Steuerbordseite halten, wie dies ohne Gefahr möglich ist.

b) Ein Fahrzeug von weniger als 20 m Länge oder ein Segelfahrzeug darf nicht die Durchfahrt eines Fahrzeugs behindern, das nur innerhalb eines engen Fahrwassers oder einer Fahrrinne sicher fahren kann.

Dies bedeutet nach der Anleitung für die einheitliche Anwendung bestimmter Regeln der KVR, daß ein solches Fahrzeug ...

... sich soweit wie möglich so verhalten muß, daß die Möglichkeit der Gefahr eines Zusammenstoßes vermieden wird. Besteht jedoch die Möglichkeit der Gefahr eines Zusammenstoßes, so müssen die einschlägigen Ausweich- und Fahrregeln befolgt werden.

d) Ein Fahrzeug darf ein enges Fahrwasser oder eine Fahrrinne nicht queren, wenn dadurch die Durchfahrt eines Fahrzeugs behindert wird, das nur innerhalb eines solchen Fahrwassers oder einer solchen Fahrrinne sicher fahren kann.

Das letztere Fahrzeug darf das vorgeschriebene Schallsignal (5 kurze Töne) *geben, wenn es über die Absichten des querenden Fahrzeugs im Zweifel ist.*

g) Jedes Fahrzeug muß, wenn es die Umstände zulassen, das Ankern in einem engen Fahrwasser vermeiden.

§ 2, SeeSchStrO:
Die Fahrwasser gelten als enge Fahrwasser im Sinne der KVR.

Allgemeine Fahrregeln der KVR

1. Jederzeit Ausguck halten.
2. Mit sicherer Geschwindigkeit fahren.
3. Ausweichmanöver rechtzeitig und entschlossen durchführen.

Fahrregeln der KVR für enge Fahrwasser

1. Maschinenfahrzeuge unter 20 m Länge und Segelfahrzeuge beliebiger Länge müssen allen auf das Fahrwasser angewiesenen Schiffen genügend Raum lassen.
2. So weit rechts fahren, wie dies ohne Gefahr möglich ist.
3. Das Queren eines Fahrwassers ist untersagt, wenn ein auf das Fahrwasser angewiesenes Schiff dabei behindert wird.
4. Vor Krümmungen und engen Abschnitten besonders vorsichtig und aufmerksam fahren.
5. Ankern im Fahrwasser möglichst vermeiden.
6. Alle deutschen Fahrwasser sind enge Fahrwasser im Sinne der KVR.

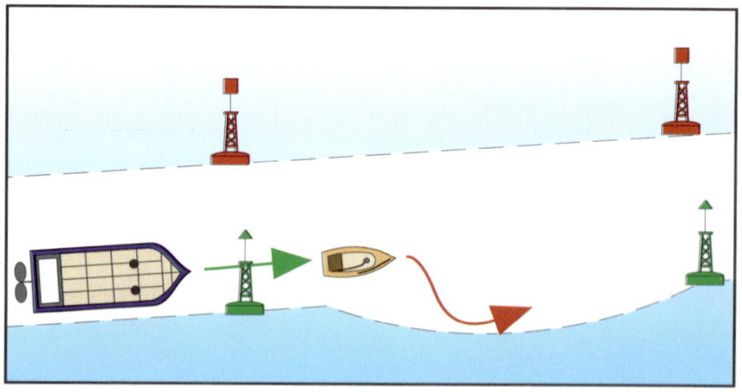

Der Segler muß sich so verhalten, daß die Möglichkeit der Gefahr eines Zusammenstoßes vermieden wird.

Fragen 28, 262, 265

Fahrregeln für Verkehrstrennungsgebiete

Verkehrstrennungsgebiete (VTG) sind durch Trennlinien oder Trennzonen getrennte Einbahnwege. Sie werden von der Internationalen Seeschiffahrts-Organisation (IMO) in stark befahrenen Seegebieten festgelegt, um gegenläufigen Verkehr zu trennen und so die Gefahr von Schiffskollisionen zu verringern.

Regel 10
Verkehrstrennungsgebiete
a) Diese Regel gilt in Verkehrstrennungsgebieten, die von der Organisation festgelegt worden sind; sie befreit ein Fahrzeug nicht von seiner Verpflichtung auf Grund einer anderen Regel.

b) Ein Fahrzeug, das ein Verkehrstrennungsgebiet benutzt, muß
i) auf dem entsprechenden Einbahnweg in der allgemeinen Verkehrsrichtung dieses Weges fahren,
ii) sich, soweit möglich, von der Trennlinie oder Trennzone klarhalten,
iii) in der Regel an den Enden des Einbahnweges ein- oder auslaufen; wenn es jedoch von der Seite ein- oder ausläuft, muß dies in einem möglichst kleinen Winkel zur allgemeinen Verkehrsrichtung erfolgen.

c) Ein Fahrzeug muß soweit wie möglich das Queren von Einbahnwegen vermeiden; ist es jedoch zum Queren gezwungen, so muß dies möglichst mit der Kielrichtung (rwK) im rechten Winkel zur allgemeinen Verkehrsrichtung erfolgen.

Dies bedeutet, daß Wind- oder Stromversatz nicht zu berücksichtigen sind.

Küstenverkehrszone heißt das Gebiet zwischen der Küste und der landseitigen Begrenzung eines Verkehrstrennungsgebietes.

d) i) Ein Fahrzeug darf eine Küstenverkehrszone nicht benutzen, wenn es den entsprechenden Einbahnweg des angrenzenden Verkehrstrennungsgebietes sicher befahren kann. Fahrzeuge von weniger als 20 m Länge, Segelfahrzeuge und fischende Fahrzeuge dürfen die Küstenverkehrszone jedoch benutzen.
ii) Ungeachtet der Ziffer i darf ein Fahrzeug eine Küstenverkehrszone benutzen, wenn es sich auf dem Weg zu oder von einem Hafen, einer Einrichtung oder einem Bauwerk vor der Küste, einer Lotsenstation oder einem sonstigen, innerhalb der Küstenverkehrszone gelegenen Ort befindet, oder zur Abwendung einer unmittelbaren Gefahr.

e) Außer beim Queren oder beim Einlaufen in einen Einbahnweg oder beim Verlassen eines Einbahnweges darf ein Fahrzeug in der Regel nicht in eine Trennzone einlaufen oder eine Trennlinie überfahren, ausgenommen
i) in Notfällen zur Abwendung einer unmittelbaren Gefahr;
ii) zum Fischen innerhalb einer Trennzone.

h) Ein Fahrzeug, das ein Verkehrstrennungsgebiet nicht benutzt, muß von diesem einen möglichst großen Abstand halten.

Schiffe, die einen Einbahnweg befahren, genießen nach (a) kein Vorfahrtsrecht gegenüber querenden Fahrzeugen. Hier sind die Ausweichregeln der KVR wie auf hoher See anzuwenden. Das gilt jedoch nicht für querende Sportboote:

j) Ein Fahrzeug von weniger als 20 m Länge oder ein Segelfahrzeug darf die sichere Durchfahrt eines Maschinenfahrzeugs auf dem Einbahnweg nicht behindern.

Queren eines Einbahnweges

Ein Fahrzeug muß soweit wie möglich das Queren von Einbahnwegen vermeiden; ist es jedoch zum Queren gezwungen, so muß dies möglichst mit der Kielrichtung im rechten Winkel zur allgemeinen Verkehrsrichtung erfolgen.

Von der IMO in der Nord- und Ostsee festgelegte VTG (Auszug)

1. Ostsee
- Rostock-Ansteuerung,
- Gedser,
- Sund,
- Falsterborev,
- beim Leuchtturm Kiel

2. Nordsee
- Elbe-Ansteuerung,
- Terschelling-Deutsche Bucht,
- Feuerschiff Deutsche Bucht, W-Ansteuerung,
- Jade-Ansteuerung,
- Vlieland,
- Texel,
- Hoek van Holland-Ansteuerung,
- Straße von Dover

Ein Fahrzeug, das ein VTG benutzt, muß

- auf dem entsprechenden Einbahnweg in der allgemeinen Verkehrsrichtung dieses Weges fahren,
- sich, soweit möglich, von der Trennlinie oder Trennzone klarhalten,
- in der Regel an den Enden des Einbahnweges ein- oder auslaufen; wenn es jedoch von der Seite ein- oder ausläuft, muß dies in einem möglichst kleinen Winkel zur allgemeinen Verkehrsrichtung erfolgen.

Seeverkehr in Deutschland

Auf den Fahrwassern im deutschen Küstenmeer sind - vorrangig vor den international gültigen Fahrregeln der KVR - die folgenden **Fahrregeln der SeeSchStrO** zu beachten.

§ 2 Begriffsbestimmungen
(1) Fahrwasser sind die Teile der Wasserflächen, die durch Sichtzeichen (Fahrwassertonnen, s. Seite 23) *begrenzt oder gekennzeichnet sind oder die, soweit dies nicht der Fall ist, für die durchgehende Schiffahrt auf den Binnenwasserstraßen bestimmt sind.*

§ 22 Rechtsfahrgebot
(1) Im Fahrwasser muß so weit wie möglich rechts gefahren werden.
(2) Innerhalb von Fahrwasserabschnitten, die von der Strom- und Schiffahrtspolizei bekanntgemacht werden, darf von allen oder von bestimmten Fahrzeuggruppen links gefahren werden.

Segelnde Fahrzeuge dürfen **im Fahrwasser kreuzen**, um gegen den Wind voranzukommen. Ein kreuzendes Segelboot verstößt nicht gegen das Rechtsfahrgebot. Ein langer Kreuzschlag darf auch auf die linke Fahrwasserseite führen, wenn entgegenkommende Fahrzeuge nicht behindert werden. Die Fahrregeln der KVR und der SeeSchStrO sind auch beim Kreuzen zu beachten.

(3) Außerhalb des Fahrwassers ist so zu fahren, daß klar erkennbar ist, daß das Fahrwasser nicht benutzt wird; eine bestimmte Seite oder Fahrtrichtung braucht nicht eingehalten zu werden.

§ 23 Überholen
(1) Das Überholen ist nur gestattet, wenn das Fahrwasser unter Berücksichtigung der Verkehrslage hinreichenden Raum für die Vorbeifahrt gewährt, insbesondere während des ganzen Überholmanövers jede Gefährdung des Gegenverkehrs ausgeschlossen ist ...

(2) Grundsätzlich muß links überholt werden. Soweit die Umstände des Falles es erfordern, darf rechts überholt werden.

(3) Das überholende Fahrzeug muß auf den nachfolgenden Verkehr achten und die Fahrt so weit herabsetzen oder einen solchen seitlichen Abstand vom vorausfahrenden Fahrzeug einhalten, daß kein gefährlicher Sog entstehen kann, und sich sobald wie möglich wieder nach rechts einordnen.

§ 24 Begegnen
(1) Beim Begegnen auf entgegengesetzten oder fast entgegengesetzten Kursen im Fahrwasser ist nach Steuerbord auszuweichen ...

§ 26 Fahrgeschwindigkeit
(5) Vor Stellen mit erkennbarem Badebetrieb darf außerhalb des Fahrwassers in einem Abstand von weniger als 500 m von der jeweiligen Wasserlinie des Ufers eine Höchstgeschwindigkeit durch das Wasser von 4,3 kn (8 km/h) nicht überschritten werden.

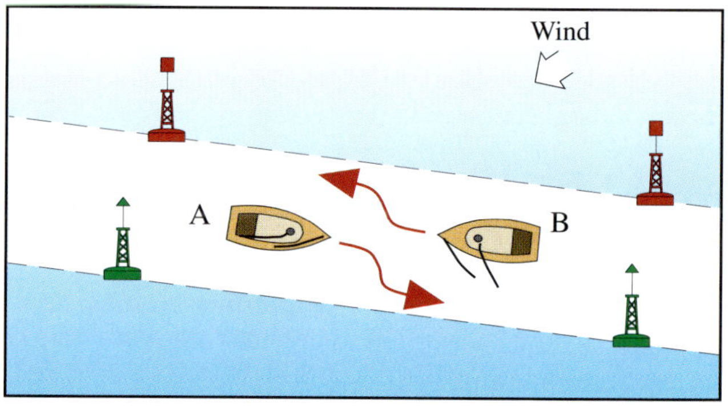

Vorrang der SeeSchStrO vor den KVR: Im Fahrwasser ist nicht Fahrzeug A mit Wind von Backbord (das auf Steuerbord-Bug segelt) ausweichpflichtig (Regelung nach KVR), sondern beide Fahrzeuge müssen nach Steuerbord ausweichen (Regelung nach SeeSchStrO).

Derartige Stellen sind vielfach durch ein Tafelzeichen (s. Seite 59) gekennzeichnet.

Surfen, Ankern, Jetski und **Wasserkifahren** sind im Fahrwasser - mit Ausnahme der besonders gekennzeichneten Strecken - untersagt.

Auf den Fahrwassern im deutschen Küstenmeer gelten besondere Vorfahrtregeln (s. Seite 66).

Fahrregeln für Fahrwasser gemäß SeeSchStrO

1. So weit rechts wie möglich fahren.
2. Wenn außerhalb, dann klar erkennbar.
3. Überholen nur mit ausreichendem Seitenabstand bei entsprechender Verkehrslage.
4. Ein im Fahrwasser kreuzendes Segelboot verstößt nicht gegen das Rechtsfahrgebot. Ein langer Kreuzschlag darf auch auf die linke Fahrwasserseite führen, wenn entgegenkommende Fahrzeuge nicht behindert werden.

Fragen 127, 128, 153, 262, 265, 267, 281

Seeverkehr in Deutschland

Ankerverbot

1. Im Fahrwasser.
2. An engen Stellen und in unübersichtlichen Krümmungen.
3. Im Umkreis von 300 m von schwimmenden Geräten, Wracks und anderen Schiffahrtshindernissen sowie von Stellen für militärische und zivile Zwecke und von Kabeltonnen.

4. Vor Hafeneinfahrten, Anlegestellen, Schleusen und Sielen sowie in den Zufahrten des Nord-Ostsee-Kanals.
5. Innerhalb von Fähr- und Brückenstrecken.
6. 300 m vor und hinter Ankerverbots- und Liegeverbotszeichen.

Auf einem in der Nähe des Fahrwassers ankernden Fahrzeug muß ständig Ankerwache gegangen werden. Das gilt nicht für ausgewiesene Anker- und Liegeplätze.

Festmache- und Anlegeverbot

1. An Sperrwerken, Strombauwerken, Leitwerken, Pegeln, festen und schwimmenden Seezeichen.
2. An engen Stellen und in unübersichtlichen Krümmungen.
3. Vor Hafeneinfahrten und an Anlegestellen, die nicht für Sportboote bestimmt sind.
4. Innerhalb von Fähr- und Brückenstrecken.
5. An Stellen mit dem Festmache- und Liegeverbotszeichen.

Liegen heißt ankern oder festmachen.

Im Unterschied zu Seeschiffahrtsstraßen besteht für Sportboote auf Binnenschiffahrtsstraßen Kennzeichnungspflicht. Dies ist etwa bei Überführungen zu beachten. Jetski benötigen auch auf See ein Kennzeichen. Das obige Foto zeigt ein auf dem Bodensee vorgeschriebenes Kennzeichen.

Überholverbot

1. In der Nähe von in Fahrt befindlichen nicht frei fahrenden Fähren.
2. An Engstellen.
3. In unübersichtlichen Krümmungen.
4. In Schleusenbereichen.
5. Auf Strecken mit Überholverbotszeichen.

Überholen in einem engen Fahrwasser oder in einer Fahrrinne

Kann nur dann sicher überholt werden, wenn das vorausfahrende Fahrzeug mitwirkt, so muß der Überholer seine Absicht durch ein Schallsignal mitteilen:

Ich will Sie an Stb überholen. ▬ ▬ ●

Ich will Sie an Bb überholen. ▬ ▬ ● ●

Das Überholen ist verboten, solange das vorausfahrende Fahrzeug nicht seine Zustimmung durch das nachfolgende Schallsignal gegeben hat:

Ich bin mit dem Überholen einverstanden. ▬ ● ▬ ●

Überholen nicht möglich. ● ● ● ● ●

Nord-Ostsee-Kanal

Nord-Ostsee-Kanal

Der Nord-Ostsee-Kanal (NOK) ist ein 98,6 km langer Schiffahrtsweg von der Unterelbe bei Brunsbüttel zur Ostsee bei Kiel-Holtenau. Er erspart Schiffen auf ihrem Weg zwischen Nord- und Ostsee die Fahrt um Jütland durch das Skagerak und das Kattegat. 1996 wurde der NOK von 37 000 Schiffen befahren.

10 Hochbrücken und 14 Fährstellen verbinden die gegenüberliegenden Ufer. Die Durchfahrtshöhe beträgt 40 Meter. Bei km 40,7 (von Brunsbüttel aus gesehen) zweigt der Gieselau-Kanal ab, durch den eine Verbindung zur Eider und zur Nordsee hergestellt wird.

Kanalfahrt

Die Einfahrt in den NOK wird für Sportboote durch ein unterbrochenes, weißes Licht freigegeben. Diese dürfen den NOK bei guter Sicht - und ohne Lotsen nur zu den Tagfahrzeiten - befahren. Sportfahrzeuge müssen rechtzeitig vor Sonnenuntergang eine der 8 Liegestellen aufsuchen. An Liegestellen brauchen keine Lichter geführt zu werden. Das Ruder darf nur von zuverlässigen, in der Revierfahrt geübten Besatzungsmitgliedern bedient werden. Die Verwendung einer Selbststeueranlage (Autopilot) ist im NOK untersagt.

Bei verminderter Sicht dürfen Sportboote den Kanal nicht befahren. Sportboote, die näher als 18 m an einer Böschung oder einem Kai fahren, werden vom Radar eines anderen Schiffes nicht erfaßt. Bei verminderter Sicht sollte rechtzeitig an geeigneter Stelle festgemacht werden.

Die Höchstgeschwindigkeit ist, um Beschädigungen der Böschung zu vermeiden, auf 15 km/h festgesetzt und wird durch Messungen überwacht.

Segeln ist auf dem NOK untersagt, jedoch dürfen Segel zusätzlich zum Maschinenantrieb gesetzt sein. Dabei muß ein schwarzer Kegel, Spitze nach unten, über dem Vorschiff geführt werden.

Der durch Schiffahrtszeichen angegebene Mindestabstand vom Ufer (s. Seite 59) ist auch von Sportbooten einzuhalten, weil hier der Kanal zum Schutz der Böschung aufgeschüttet ist („Bermen").

Ein Sportboot darf ein anderes Sportboot nur schleppen, wenn das geschleppte Boot weniger als 15 m lang ist und während des Schleppens eine Mindestgeschwindigkeit von 9 km/h erreicht wird.

Weichen

Um Schiffen mit großer Breite die Nutzung des NOK zu ermöglichen, wurden 12 Weichengebiete geschaffen, bei denen eine ungehinderte Begegnung möglich ist. Die Passage großer Fahrzeuge durch den NOK wird durch die Verkehrszentralen in Brunsbüttel und Kiel-Holtenau präzise geplant und über UKW-Sprechfunk geregelt. Solche Fahrzeuge müssen sich genau an die jeweils vorgegebene Geschwindigkeit halten, um entgegenkommenden Schiffen ein Einlaufen in Weichengebiete zu ermöglichen oder selbst die nächste Weiche zum richtigen Zeitpunkt zu erreichen. Sportboote mit UKW-Sprechfunk müssen die Verkehrsregelung verfolgen; es besteht Funkbenutzungspflicht.

Der Verkehr an Weichen wird durch Lichtsignale gelenkt, die an Signalmasten gezeigt werden (s. Abbildung). Auch Sportboote haben diese Lichtsignale zu beachten. Bei drei unterbrochenen, roten Lichtern müssen sie aufstoppen und - am besten hinter den Dalben - warten, bis ein unterbrochenes grünes Licht erscheint.

Auf dem NOK gilt die SeeSchStrO, die in Abschnitt 7 "Ergänzende Vorschriften für den Nord-Ostsee-Kanal" enthält. Weitere Regelungen zum NOK sind in den Bekanntmachungen der Wasser- und Schiffahrtsdirektion (WSD) Nord veröffentlicht worden.

Dalbenreihe und Signalmast am Rande einer Weiche.

Verkehrsregelnde Lichtsignale

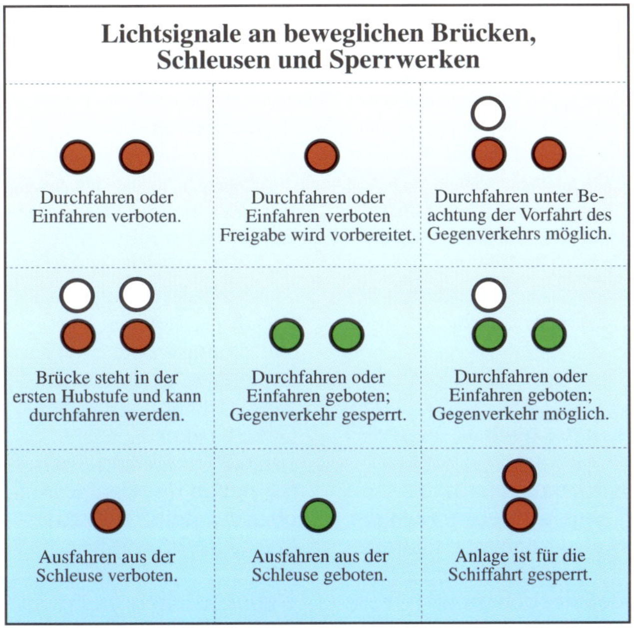

Lichtsignale der SeeSchStrO.

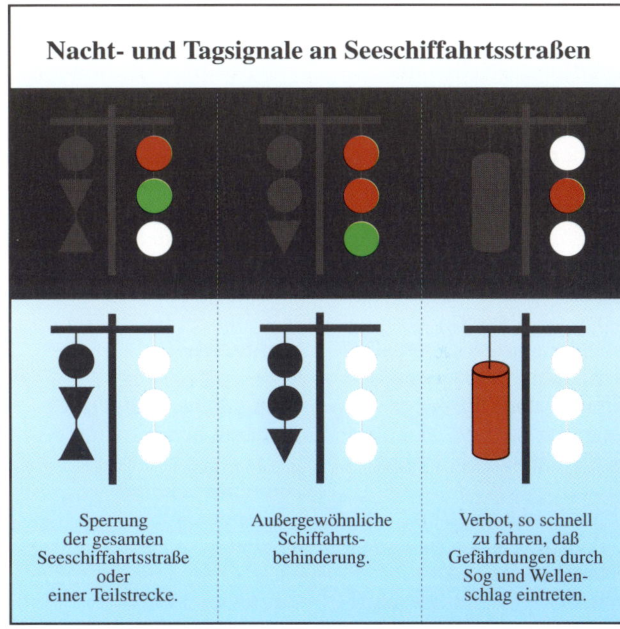

Lichtsignale und zugehörige Signalkörper.

Lichtsignale für Zufahrten und Weichengebiete des Nord-Ostsee-Kanals, die auch für die Sportschiffahrt gelten.

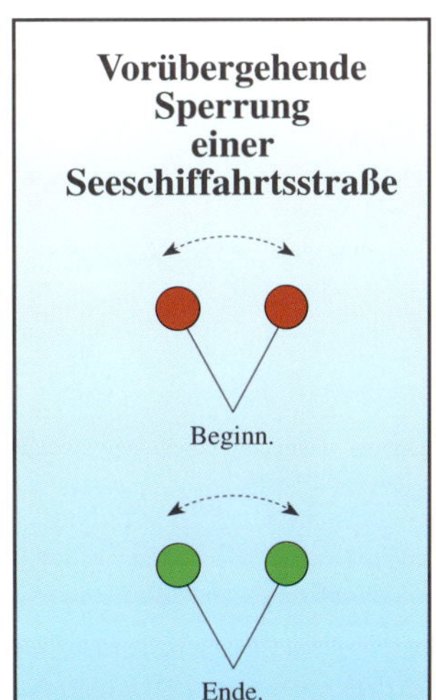

Vorübergehende Sperrung einer Seeschiffahrtsstraße.

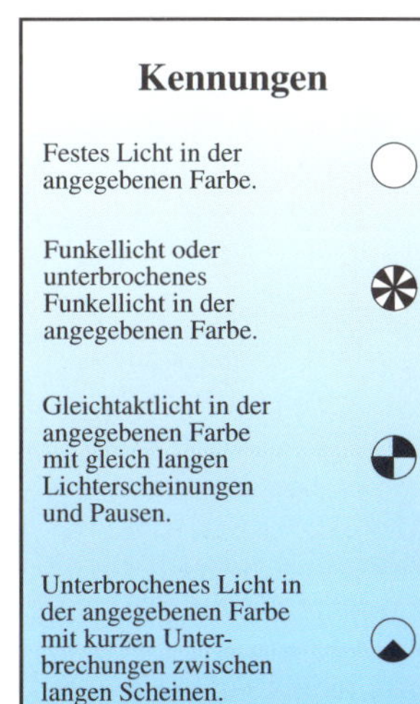

Darstellung der Kennungen.

Fragen 148, 167, 168, 171, 172, 175

Sichtzeichen

Schiffahrtszeichen

Schiffahrtszeichen im Sinne der SeeSchStrO sind Schallsignale und Sichtzeichen, die Gebote, Verbote, Warnungen und Hinweise enthalten.

Schallsignale

Schallsignale können als Schiffahrtszeichen und als Signale der Fahrzeuge gegeben werden. Wichtige Schiffahrtszeichen sind:

- Aufforderung zum Anhalten durch Behördenfahrzeuge,
- Sperrung einer Seeschifffahrtsstraße (etwa nach einem Unfall),
- Durchfahren/Einfahren verboten (Brücke, Sperrwerk, Schleuse kann vorübergehend nicht geöffnet werden).

Darstellung der Schallsignale s. Seite 75.

Sichtzeichen

Man unterscheidet die Sichtzeichen in

- Flaggenzeichen,
- Körperzeichen,
- Feuer,
- Lichtsignale,
- Tafelzeichen.

Flaggenzeichen

Es werden einfarbige Flaggen (rot, grün) oder Flaggen des Internationalen Signalbuches verwendet. Flaggenzeichen im Sinne der SeeSchStrO ist nur Flagge L (Aufforderung zum Anhalten durch Fahrzeuge des öffentlichen Dienstes, s. Seite 73).

Körperzeichen, Feuer

Körperzeichen sind Tonnen, Pricken, Stangen, Bälle, Kegel und Zylinder. Körperzeichen und Feuer stellen ein besonders wichtiges Hilfsmittel der terrestrischen Navigation dar.

Tafelzeichen

Tafelzeichen, die ein Gebot oder Verbot aussagen, gelten im Bereich des Standortes der Tafel oder in der Strecke, die durch Zusatzzeichen für Entfernungs- oder Streckenangaben oder durch das Tafelzeichen „Ende einer Gebots- oder Verbotsstrecke" begrenzt wird. Sie gelten im allgemeinen über die ganze Breite der Seeschiffahrtsstraße.

Gebotszeichen sind rechteckige weiße Tafeln mit rotem Rand.

Verbotszeichen sind rechteckige weiße Tafeln mit rotem Rand und rotem Schrägstrich von links oben nach rechts unten. Ein schwarzes Symbol im Mittelfeld stellt das verbotene Verhalten dar.

Warn- und Hinweiszeichen sind rechteckige Tafeln mit verschiedener, meistens blauer Farbgebung und zum Teil mit einem Symbol.

Lichtzeichen

Zu Lichtzeichen der SeeSchStrO s. Seite 57.

Wassereinbruch durch ein offenes Vorluk. Das im Gardasee sinkende Boot wird in letzter Minute von einem Regatta-Begleitfahrzeug gerettet. Auf Seeschiffahrtsstraßen kann jedes Wrack - auch das einer Segelyacht - ein potentielles Schiffahrtshindernis sein. Ein sinkendes Fahrzeug muß soweit möglich aus dem Fahrwasser gebracht und die Wrackstelle behelfsmäßig gekennzeichnet werden. Die Schiffahrtspolizei ist zu benachrichtigen (§ 37, SeeSchStrO).

Tafelzeichen

Überholverbot für alle Fahrzeuge.

Überholverbot für Schleppverbände.

Begegnungsverbot an Engstellen.

Ankerverbot in einem Abstand von 300 m.

Gebot, das in der Zusatztafel angegebene Schallsignal abzugeben, hier: ein langer Ton.

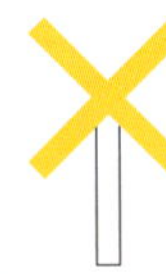

Geschwindigkeitsbeschränkung auf 8 km/h bei Badebetrieb in einem Abstand von 500 m.

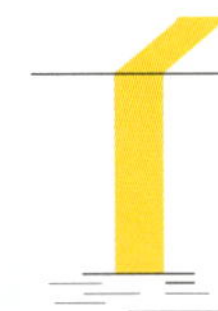

Vor dem Streifen anhalten, solange die Ausfahrt aus der Schleuse nicht freigegeben ist.

Ende einer Gebots- oder Verbotsstrecke in einer Richtung.

Geschwindigkeitsbeschränkung, hier: 12 km/h.

Verbot, so schnell zu fahren, daß Sog und Wellenschlag eintreten.

Halt vor diesem Zeichen, solange die Durchfahrt nicht freigegeben ist.

Festmacheverbot.

Liegeverbot.

Einhalten eines Fahrabstandes, hier: 40 m von der rechten Seite.

Einhalten der durch den Pfeil angezeigten Fahrtrichtung.

Sperrung einer Teilstrecke einer Seeschiffahrtsstraße.

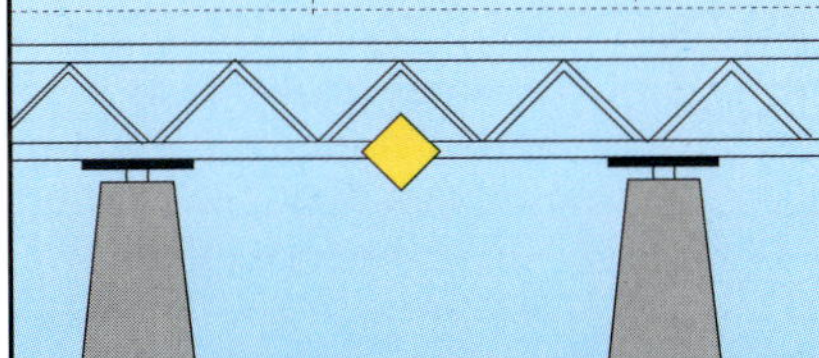

Öffnung einer festen Brücke, deren Durchfahrt der Schiffahrt empfohlen wird; Gegenverkehr möglich.

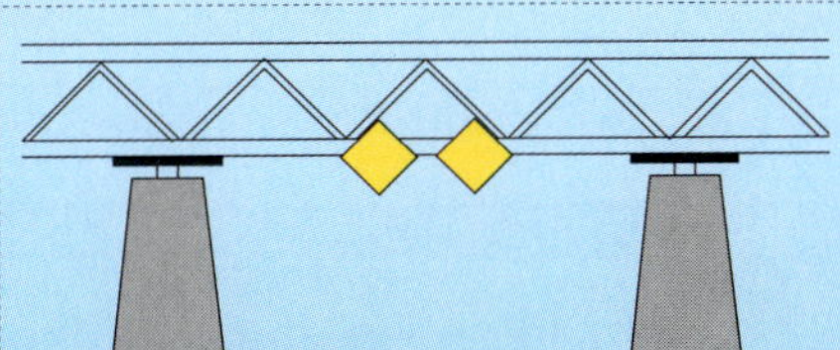

Öffnung einer festen Brücke, deren Durchfahrt der Schiffahrt empfohlen wird; Gegenverkehr gesperrt.

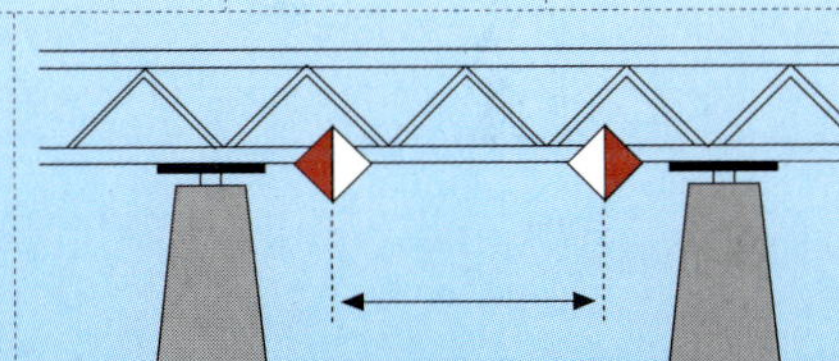

Verbot, die Brückenöffnung außerhalb der Tafeln zu durchfahren (gilt nicht für Fahrzeuge von weniger als 12 m Länge).

Fährstelle für freifahrende Fähre.

Fährstelle für nicht freifahrende Fähre.

Fernsprechstelle.

Wasserski erlaubt.

Wassermotorräder erlaubt.

Grenzen eines Weichengebietes am NOK.

Fragen 131, 132, 134, 146, 147, 150, 151, 154 - 156, 158 - 162, 169, 173, 174

Grundlagen, Segelfahrzeuge

Kollisionsgefahr

Regel 7 Möglichkeit der Gefahr eines Zusammenstoßes
a) Jedes Fahrzeug muß mit allen verfügbaren Mitteln entsprechend den gegebenen Umständen und Bedingungen feststellen, ob die Möglichkeit der Gefahr eines Zusammenstoßes besteht. Im Zweifelsfall ist diese Möglichkeit anzunehmen.

b) Um eine frühzeitige Warnung vor der Möglichkeit der Gefahr eines Zusammenstoßes zu erhalten, muß eine vorhandene und betriebsfähige Radaranlage gehörig gebraucht werden, und zwar einschließlich der Anwendung der großen Entfernungsbereiche, des Plottens oder eines gleichwertig systematischen Verfahrens zur Überwachung georteter Objekte.

Das zeichnerische Plotten ist Gegenstand der Sportseeschifferausbildung und wird in diesem Buch nicht behandelt.

c) Folgerungen aus unzulänglichen Informationen, insbesondere aus unzulänglichen Radarinformationen, müssen unterbleiben.

d) ... Eine solche Möglichkeit (der Gefahr eines Zusammenstoßes) *ist anzunehmen, wenn die Kompaßpeilung eines sich nähernden Fahrzeugs sich nicht merklich ändert ...*

KVR-Ausweichregeln

Die Ausweichregeln der KVR findet man in Abschnitt II „Verhalten von Fahrzeugen, die einander in Sicht haben". Sie beinhalten **keine Vorfahrtsrechte**, sondern **Ausweichpflichten**.

Regel 11 Anwendung
Die Regeln dieses Abschnitts gelten für Fahrzeuge, die einander in Sicht haben.

Das heißt nach Regel 3 k),

... wenn jedes (Fahrzeug) *vom anderen optisch wahrgenommen werden kann.*

Nicht in Sicht haben sich z. B. Fahrzeuge im Nebel, die einander nur durch Nebelsignale oder nur mit Radarhilfe wahrnehmen können. In den Fällen sind nicht die Ausweichregeln, sondern Regel 19 (s. Seite 67) anzuwenden.

Regel 12 Segelfahrzeuge
Wenn zwei Segelfahrzeuge sich einander so nähern, daß die Möglichkeit der Gefahr eines Zusammenstoßes besteht, muß das eine dem anderen wie folgt ausweichen:
i) Wenn sie den Wind nicht von derselben Seite haben, muß das Fahrzeug, das den Wind von Backbord hat, dem anderen ausweichen;
ii) wenn sie den Wind von derselben Seite haben, muß das luvwärtige Fahrzeug dem leewärtigen ausweichen;
iii) wenn ein Fahrzeug mit Wind von Backbord ein Fahrzeug in Luv sichtet und nicht mit Sicherheit feststellen kann, ob das andere Fahrzeug den Wind von Backbord oder von Steuerbord hat, muß es dem anderen ausweichen.
Im Sinne dieser Regel ist die Luvseite diejenige Seite, die dem gesetzten Großsegel gegenüberliegt ...

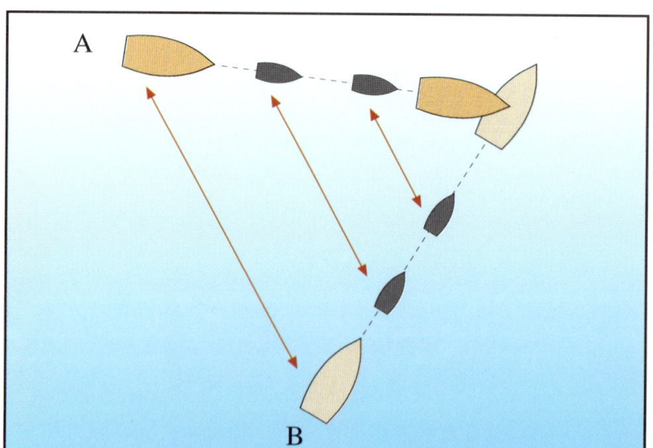

Stehende Kompaßpeilung bei sich nähernden Fahrzeugen bedeutet Kollisionsgefahr.

Ausweichregeln (seglersprachlich)
- Backbordbug vor Steuerbordbug.
- Lee vor Luv.

Die bei vielen Seglern gebräuchliche Kurzform von Regel 12 i) „Backbordbug vor Steuerbordbug" verdreht das durchgängige Prinzip der Bevorteilung der Steuerbordseite und schreibt einem auf Bb-Bug segelnden Schiff ein nach KVR nicht vorhandenes Vorfahrtrecht zu.

Regel 13 Überholen
a) Ungeachtet aller Fahr- und Ausweichregeln muß jedes Fahrzeug beim Überholen dem anderen ausweichen.
b) Ein Fahrzeug gilt als überholendes Fahrzeug, wenn es sich einem anderen aus einer Richtung von mehr als 22,5°

Ein Überholer ist immer und unter allen Umständen ausweichpflichtig.

Segelfahrzeuge, Überholer

achterlicher als querab nähert und daher gegenüber dem zu überholenden Fahrzeug so steht, daß es bei Nacht nur dessen Hecklicht, aber keines der Seitenlichter sehen könnte.

c) Kann ein Fahrzeug nicht sicher erkennen, ob es ein anderes überholt, so muß es dies annehmen und entsprechend handeln.

d) Durch eine spätere Änderung der Peilung wird das überholende Fahrzeug weder zu einem kreuzenden noch wird es von der Verpflichtung entbunden, dem anderen Fahrzeug auszuweichen, bis es dieses klar passiert hat.

Einmal Überholer, immer Überholer.

Ausweichregeln Überholer

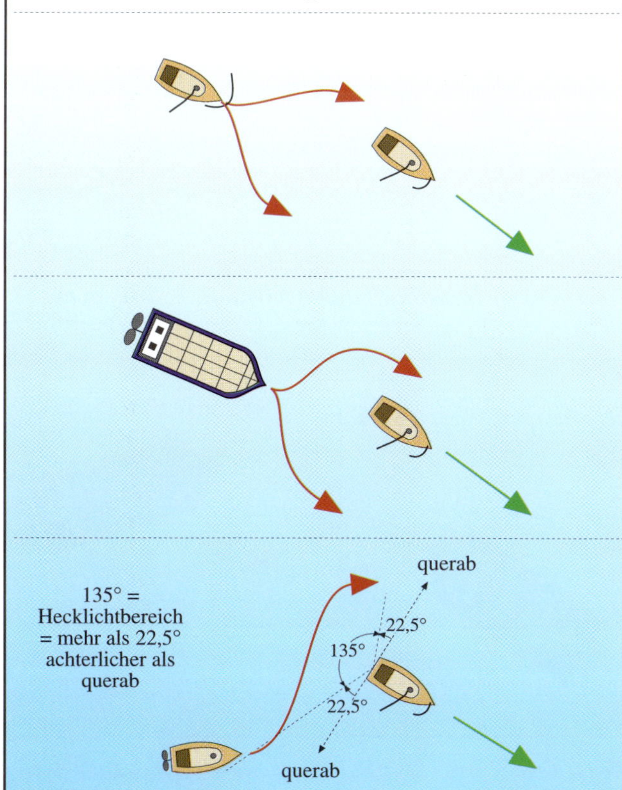

Ausweichregeln für Segelfahrzeuge

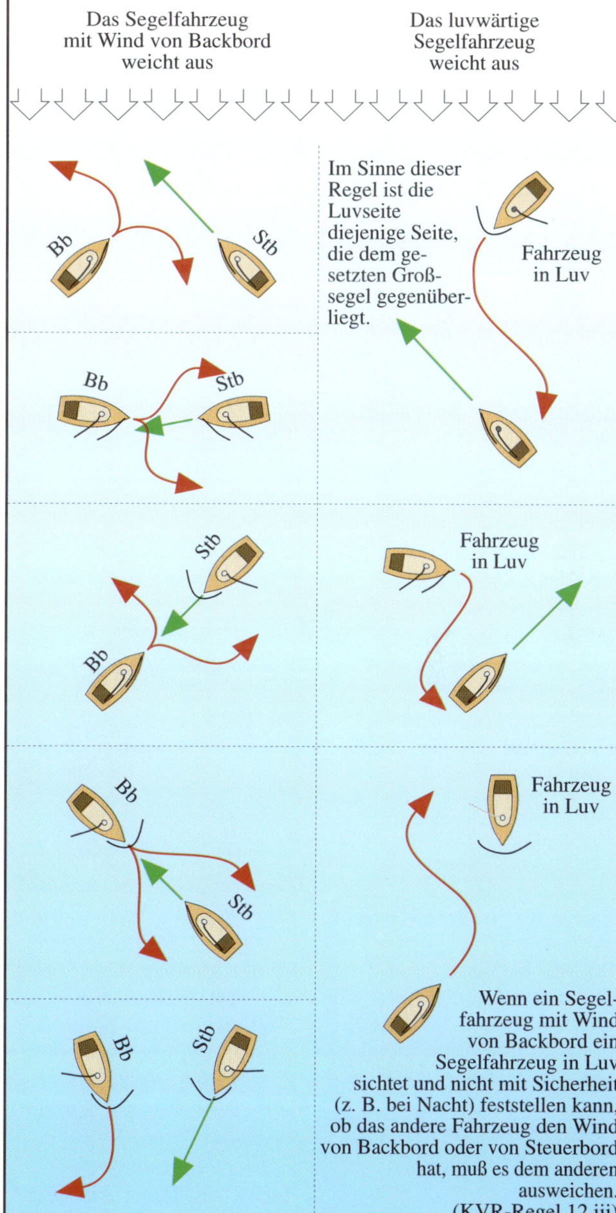

Maschinenfahrzeuge

Regel 14 Entgegengesetzte Kurse
a) Wenn zwei Maschinenfahrzeuge auf entgegengesetzten oder fast entgegengesetzten Kursen sich einander so nähern, daß die Möglichkeit der Gefahr eines Zusammenstoßes besteht, muß jedes seinen Kurs nach Steuerbord so ändern, daß sie einander an Backbordseite passieren.

b) Eine solche Lage muß angenommen werden, wenn ein Fahrzeug das andere recht voraus oder fast recht voraus sieht, bei Nacht die Topplichter (s. Seite 69) *des anderen in Linie oder fast in Linie und/oder beide Seitenlichter* (s. Seite 68) *sieht und am Tage das andere Fahrzeug dementsprechend ausmacht.*

c) Kann ein Fahrzeug nicht sicher erkennen, ob eine solche Lage besteht, so muß es von dieser ausgehen und entsprechend handeln.

Entgegengesetzte Kurse

Schiffe liegen auf entgegengesetzten Kursen, wenn für beide bei Nacht beide Seitenlichter des anderen sichtbar sind.

In dem Fall schneiden sich die Kurslinien in einem Winkel von höchstens 6°.

Regel 15 Kreuzende Kurse
Wenn die Kurse zweier Maschinenfahrzeuge einander so kreuzen, daß die Möglichkeit der Gefahr eines Zusammenstoßes besteht, muß dasjenige ausweichen, welches das andere an seiner Steuerbordseite hat; wenn die Umstände es zulassen, muß es vermeiden, den Bug des anderen Fahrzeugs zu kreuzen.

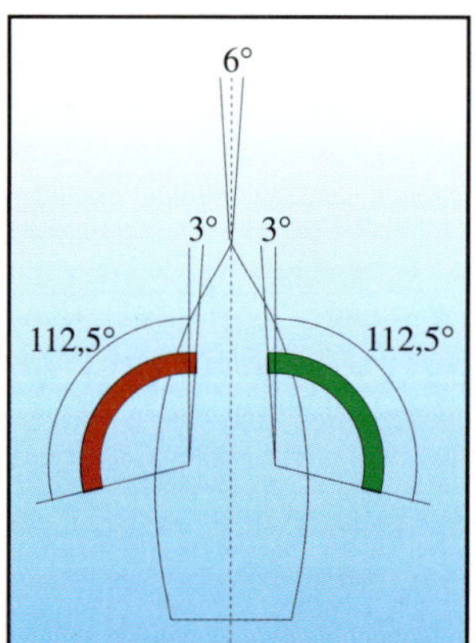

Der vordere Überlappungsbereich jedes Seitenlichtes beträgt 3°. Beide Seitenlichter gleichzeitig können also von 3° Steuerbord bis 3° Backbord der Rechtvorauslinie gesehen werden. Zwei Fahrzeuge liegen auf entgegengesetzten Kursen, wenn bei Nacht jedes Fahrzeug beide Seitenlichter des jeweils anderen Schiffes sehen kann.

Entgegengesetzte Kurse

Bei Nacht sind von einem recht voraus liegenden Fahrzeug beide Seitenlichter gleichzeitig sichtbar.

Kreuzende Kurse

Bei Nacht ist nur ein Seitenlicht sichtbar.

Überholer
Bei Nacht ist das Hecklicht sichtbar.

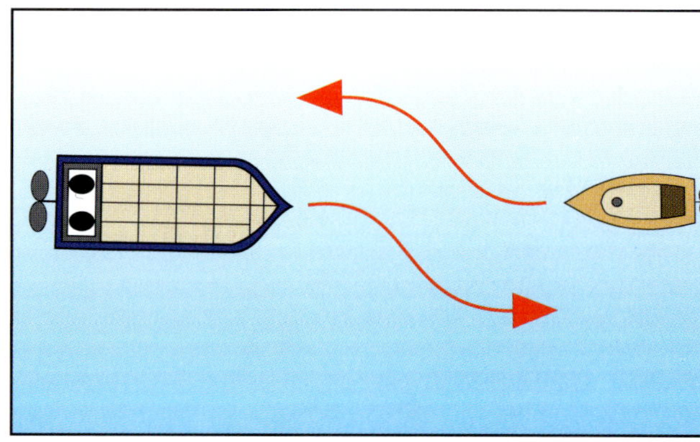

Entgegengesetzte Kurse: Beide Maschinenfahrzeuge müssen nach Steuerbord ausweichen.

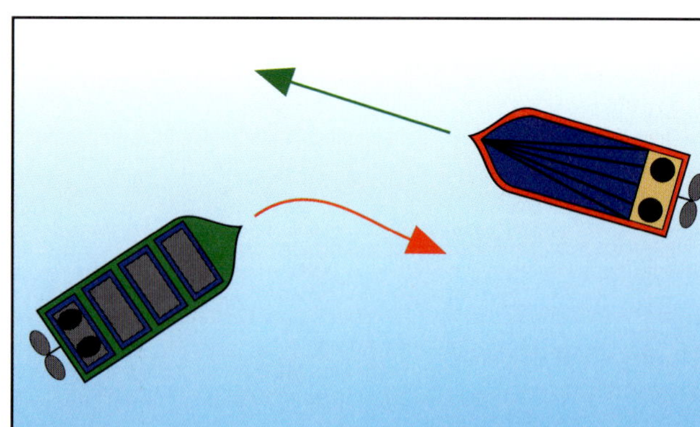

Kreuzende Kurse: Das Fahrzeug, welches das andere an seiner Steuerbordseite hat, muß ausweichen.

Ausweichpflichtiger, Kurshalter

Regel 16 Maßnahmen des Ausweichpflichtigen
Jedes ausweichpflichtige Fahrzeug muß möglichst frühzeitig und durchgreifend handeln, um sich gut klarzuhalten (Ausweichpflicht).

Regel 17 Maßnahmen des Kurshalters
a) i) Muß von zwei Fahrzeugen eines ausweichen, so muß das andere Kurs und Geschwindigkeit beibehalten (Kurshalter).
ii) Der Kurshalter darf jedoch zur Abwendung eines Zusammenstoßes selbst manövrieren, sobald klar wird, daß der Ausweichpflichtige nicht angemessen nach diesen Regeln handelt.

Ein solches Manöver heißt **Manöver des vorletzten Augenblicks**.

b) Ist der Kurshalter dem Ausweichpflichtigen aus irgendeinem Grunde so nahe gekommen, daß ein Zusammenstoß durch Manöver des letzteren allein nicht vermieden werden kann, so muß der Kurshalter so manövrieren, wie es zur Vermeidung eines Zusammenstoßes am dienlichsten ist.

Ein solches Manöver heißt **Manöver des letzten Augenblicks**. Bevor der Kurshalter ein Manöver des letzten Augenblicks einleitet, muß er den Ausweichpflichtigen durch Abgabe eines Schallsignals (5 oder mehr kurze Töne, s. Seite 75) auf seine Ausweichpflicht hinweisen.

c) Ein Maschinenfahrzeug, das bei kreuzenden Kursen nach Buchstabe a Ziffer ii manövriert, um einen Zusammenstoß mit einem anderen Maschinenfahrzeug zu vermeiden, darf seinen Kurs, sofern die Umstände es zulassen, gegenüber einem Fahrzeug an seiner Backbordseite nicht nach Backbord ändern.

d) Diese Regel befreit das ausweichpflichtige Fahrzeug nicht von seiner Ausweichpflicht.

Manövriereigenschaften

Bei der Entscheidung über ein Manöver des letzten Augenblicks oder des vorletzten Augenblicks müssen auch die Manövriereigenschaften des anderen Fahrzeugs einbezogen werden.

Ein großes Schiff wird nach Hartruderlage noch etwa 2,5 bis 3,5 Schiffslängen geradeaus laufen, bevor eine Drehung eingeleitet wird. Dabei schwenkt zunächst das Heck aus. Die Aufstoppstrecke bei Voll-rückwärts-Manöver kann bis zu 6000 m betragen.

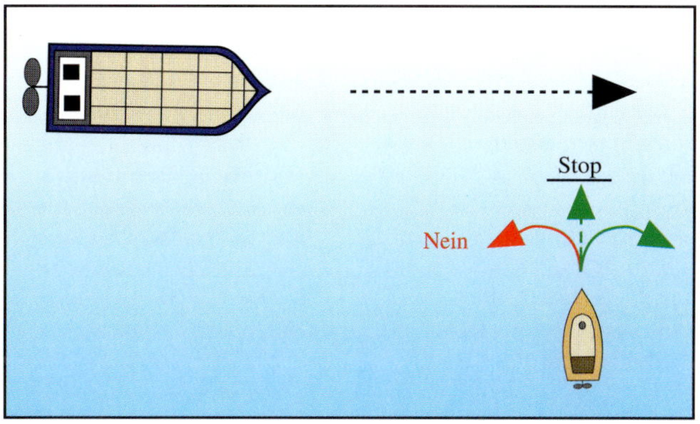

Manöver des vorletzten Augenblicks: Ein Kurshalter unter Maschine darf, sofern die Umstände es zulassen, gegenüber einem Schiff an seiner Backbordseite seinen Kurs nicht nach Backbord ändern.

Rechte und Pflichten

Kurshalter	Ausweichpflichtiger
• **muß** Kurs und Geschwindigkeit beibehalten; • **darf** (nur) zur Abwehr eines Zusammenstoßes selbst manövrieren, sobald klar wird, daß der Ausweichpflichtige nicht angemessen handelt (Manöver des vorletzten Augenblicks); • **muß** so manövrieren, wie es zur Vermeidung eines Zusammenstoßes am dienlichsten ist, sobald der Kurshalter dem Ausweichpflichtigen so nahe gekommen ist, daß ein Zusammenstoß durch Manöver des letzteren allein nicht vermieden werden kann (Manöver des letzten Augenblicks).	• **muß** möglichst frühzeitig und durchgreifend handeln (deutliche Kursänderung oder Aufstoppen), um sich gut klarzuhalten; • **muß** jede Änderung des Kurses und/oder der Geschwindigkeit zur Vermeidung eines Zusammenstoßes so groß machen, daß ein anderes Fahrzeug optisch oder durch Radar sie schnell erkennen kann.

Fragen 12, 88, 89, 92

Fahrzeuge

In Fahrt
... heißt nach KVR Regel 3 ein Fahrzeug, das weder vor Anker liegt noch an Land festgemacht ist, noch auf Grund sitzt.

Der Ausdruck „in Fahrt“ ist nicht zu verwechseln mit „Fahrt durchs Wasser“ oder „Fahrt über Grund“.

Segelfahrzeug
... heißt nach KVR Regel 3 ein Fahrzeug unter Segel, dessen Maschinenantrieb, falls vorhanden, nicht benutzt wird.

Segelsurfbretter gelten als Segelfahrzeuge.

KVR Regel 18 a) iv):
Ein Maschinenfahrzeug in Fahrt muß einem Segelfahrzeug ausweichen.

Fischendes Fahrzeug
... heißt nach KVR Regel 3 ein Fahrzeug, das mit Netzen, Leinen, Schleppnetzen oder anderen Fanggeräten fischt, welche die Manövrierfähigkeit einschränken, jedoch nicht ein Fahrzeug, das mit Schleppangeln oder anderen Fanggeräten fischt, welche die Manövrierfähigkeit nicht einschränken.

KVR Regel 18 a), b) iii):
Ein Maschinenfahrzeug sowie ein Segelfahrzeug in Fahrt müssen einem fischenden Fahrzeug ausweichen.

Manövrierbehindert
... ist nach KVR Regel 3 ein Fahrzeug, das durch die Art seines Einsatzes behindert ist, so zu manövrieren, wie diese Regeln es vorschreiben, und daher einem anderen Fahrzeug nicht ausweichen kann. Der Ausdruck manövrierbehinderte Fahrzeuge umfaßt, ohne darauf beschränkt zu sein:
i) ein Fahrzeug, das ein Seezeichen, Unterwasserkabel oder eine Rohrleitung auslegt, versorgt oder aufnimmt;
ii) ein Fahrzeug, das baggert, Forschungs- oder Vermessungsarbeiten oder Unterwasserarbeiten ausführt;
iii) ein Fahrzeug in Fahrt, das Versorgungsmanöver ausführt oder mit der Übergabe von Personen, Ausrüstung oder Ladung beschäftigt ist;
iv) ein Fahrzeug, auf dem Luftfahrzeuge starten oder landen;
v) ein Fahrzeug beim Minenräumen;
vi) ein Fahrzeug während eines Schleppvorganges, bei dem das schleppende Fahrzeug und sein Anhang erheblich behindert sind, vom Kurs abzuweichen.
KVR Regel 18 a), b), c) ii):
Ein Maschinenfahrzeug sowie ein Segelfahrzeug in Fahrt müssen einem manövrierbehinderten Fahrzeug ausweichen. Ein fischendes Fahrzeug in Fahrt muß, soweit möglich, einem manövrierbehinderten Fahrzeug ausweichen.

Manövrierunfähig
... ist nach KVR Regel 3 ein Fahrzeug, das wegen außergewöhnlicher Umstände nicht so manövrieren kann, wie es diese Regeln vorschreiben, und daher einem anderen Fahrzeug nicht ausweichen kann.

Manövrierunfähig sind Schiffe mit Maschinen- oder Ruderschaden, nicht aber Segelyachten in einer Flaute.

KVR Regel 18 a), b), c) i):
Ein Maschinenfahrzeug sowie ein Segelfahrzeug in Fahrt müssen einem manövrierunfähigen Fahrzeug ausweichen. Ein fischendes Fahrzeug in Fahrt muß, soweit möglich, einem manövrierunfähigen Fahrzeug ausweichen.

Tiefgangbehindert
... ist nach KVR Regel 3 ein Maschinenfahrzeug, das durch seinen Tiefgang im Verhältnis zu der vorhandenen Tiefe und Breite des befahrbaren Gewässers erheblich behindert ist, von seinem zu verfolgenden Kurs abzuweichen.

KVR Regel 18 d) i):
Jedes Fahrzeug mit Ausnahme eines manövrierunfähigen oder manövrierbehinderten muß, sofern die Umstände es zulassen, vermeiden, die sichere Durchfahrt eines tiefgangbehinderten Fahrzeugs zu behindern, das Signale nach Regel 28 (s. Seiten 70, 74) *zeigt.*

Fahrzeuge
... heißen nach KVR Regel 3 alle Wasserfahrzeuge, einschließlich der nicht wasserverdrängenden Fahrzeuge und Wasserflugzeuge, die als Beförderungsmittel auf dem Wasser verwendet werden oder verwendet werden können.
Fahrzeuge müssen sich von allen „Nichtfahrzeugen“, wie z. B. Luftmatratzen, Badegeräten, sowie von schwimmenden Personen freihalten.

KVR-Regel 18 e):
Ein Wasserflugzeug auf dem Wasser muß sich in der Regel von allen Fahrzeugen gut klarhalten und vermeiden, deren Manöver zu behindern. Sobald jedoch die Möglichkeit der Gefahr eines Zusammenstoßes besteht, muß es die Ausweich- und Fahrregeln der KVR befolgen.

Durchgehende Schiffahrt
... sind alle dem Fahrwasserverlauf folgenden Fahrzeuge.

Wegerechtschiffe
... sind Fahrzeuge, die a) wegen ihres Tiefgangs, ihrer Länge oder anderer Eigenschaften gezwungen sind, den tiefsten Teil des Fahrwassers für sich in Anspruch zu nehmen,

Manöver, Reviere

b) in der Deutschen Bucht tideabhängig fahren müssen. Diese gelten als manövrierbehindert.

Queren
... heißt deutliches Abweichen (mindestens 10°) von der allgemeinen Fahrtrichtung.
Ein Segelboot darf im Fahrwasser kreuzen, um gegen den Wind voranzukommen.

Überholen
... heißt, sich einem anderen Fahrzeug - von hinten oder schräg von hinten - so zu nähern, daß man bei Nacht nur dessen Hecklicht, aber kein Seitenlicht (s. Seiten 61, 68) erkennen könnte.

Ausweichen
... heißt rechtzeitig und klar erkennbar Kurs ändern (mindestens 30°), Geschwindigkeit mindern, aufstoppen oder rückwärts fahren.

Vorfahrt beachten
... heißt warten oder das im Fahrwasser fahrende Fahrzeug nicht stören. (Nichtbehinderungsgebot)

Kurshalter
... muß Kurs und Geschwindigkeit beibehalten,

... heißt aber nicht: Ausweichen erzwingen.

Manöver des vorletzten Augenblicks
... darf der Kurshalter zur Abwehr eines Zusammenstoßes selbst ausführen, sobald klar wird, daß der Ausweichpflichtige nicht angemessen handelt (Regel 17 a ii, KVR, s. Seite 63).

Manöver des letzten Augenblicks
... heißt das Ausweichmanöver des Kurshalters, wenn ein Zusammenstoß durch Manöver des Ausweichpflichtigen allein nicht mehr vermieden werden kann.

Küstenmeer
... sind die 12 sm breiten, zum Hoheitsgebiet gehörenden Meeresstreifen (ab Strandsaum oder Basislinie gemessen).

Küstenmeere dürfen von Schiffen aller Art friedlich durchfahren werden.

Anschlußzone
... ist der 24 sm breite Meeresstreifen (ab Strandsaum oder Basislinie gemessen), in welchem der Küstenstaat Kontrollen ausüben und Verstöße gegen seine Finanz-, Zoll-, Einwanderungs- und Gesundheitsvorschriften verfolgen darf.

In der Anschlußzone gelten die KVR.

Ausschließliche Wirtschaftszone
... ist die an Strandsaum oder Basislinie grenzende, bis zu 200 sm breite Wasserfläche, in welcher der Anliegerstaat das ausschließliche Recht zum Meeresbergbau besitzt.
Viele Staaten haben statt dessen bis zu 200 sm breite **Fischereizonen** eingerichtet.

Hohe See
... sind die jenseits der Küstenmeere liegenden Meeresteile, die kein Staat seiner Souveränität unterstellen darf.

Die Freiheit der hohen See wird nach den Regeln des Völkerrechts ausgeübt. Sie umfaßt die Freiheit der Schiffahrt und der Fischerei sowie das Recht, unterirdische Kabel und Rohrleitungen zu legen.

Auf der hohen See gelten die KVR.

Küstenverkehrszone
... ist das Gebiet zwischen der Küste und der landseitigen Begrenzung eines Verkehrstrennungsgebietes.

Seeschiffahrtsstraßen
... heißen die Geltungsbereiche der SeeSchStrO und der EmsSchO.

Sicherheitszonen
... sind nach § 7 der Verordnung zu den KVR Wasserflächen, die sich in einem Abstand von 500 m um Anlagen oder sonstige Vorrichtungen zur wissenschaftlichen Meeresforschung oder Ausbeutung von Naturschätzen erstrecken. Sicherheitszonen dürfen nicht befahren werden.

Fahrwasser
... sind nach SeeSchStrO § 2 Abs. 1 Nr. 1 die Teile der Wasserflächen, die durch Sichtzeichen begrenzt oder gekennzeichnet sind oder die, soweit dies nicht der Fall ist, für die durchgehende Schiffahrt auf den Binnenwasserstraßen bestimmt sind; die Fahrwasser gelten als eng im Sinne der KVR.

Auf den Fahrwassern gelten die Vorfahrt- und Fahrregeln der SeeSchStrO und nachrangig die Ausweichregeln der KVR.

Verkehrstrennungsgebiet
... ist ein Fahrwasser, das durch Trennzonen oder -linien in Einbahnwege getrennt ist und nur in Verkehrsrichtung befahren werden darf.

Reeden
... sind zum Ankern bestimmte Teile der Wasserflächen.

Frage 110

Vorfahrtregeln der SeeSchStrO

Vorfahrtregeln

Die SeeSchStrO beinhaltet Vorfahrtregeln, die nur auf den Fahrwassern im deutschen Küstenmeer gültig sind. Außerhalb eines Fahrwassers kommen sie nicht zur Anwendung. Dort gelten allein die Ausweichregeln der KVR.

§ 25 Vorfahrt
(1) In einem Fahrwasser fahrende Fahrzeuge haben Vorfahrt gegenüber Fahrzeugen, die
1. in das Fahrwasser einlaufen,
2. das Fahrwasser queren,
3. in dem Fahrwasser drehen,
4. ihre Anker- oder Liegeplätze verlassen.

(2) Fahrzeuge, die sich in einem Fahrwasser befinden, das durch Sichtzeichen als durchgehend bezeichnet ist, haben Vorfahrt vor Fahrzeugen, die in dieses Fahrwasser aus einem abzweigenden oder einmündenden Fahrwasser einlaufen.

Durchgehende, abzweigende und einmündende Fahrwasser sind an den Fahrwassertonnen (s. Seite 23) erkennbar.

(3) Nähern sich Fahrzeuge einer Engstelle, die nicht mit Sicherheit hinreichenden Raum für die gleichzeitige Durchfahrt gewährt, oder einer durch das Tafelzeichen „Begegnungsverbot“ (s. Seite 59) *gekennzeichneten Stelle des Fahrwassers von beiden Seiten, so hat Vorfahrt*
1. in Tidegewässern und in tidefreien Gewässern mit Strömung das mit dem Strom fahrende Fahrzeug, bei Stromstillstand das Fahrzeug, das vorher gegen den Strom gefahren ist,
2. in tidefreien Gewässern ohne Strömung das Fahrzeug, das grundsätzlich die Steuerbordseite des Fahrwassers zu benutzen hat.

Das wartepflichtige Fahrzeug muß außerhalb der Engstelle so lange warten, bis das andere Fahrzeug vorbeigefahren ist.

(4) Wer die Vorfahrt zu beachten hat, muß rechtzeitig durch sein Fahrverhalten erkennen lassen, daß er warten wird. Er darf nur weiterfahren, wenn er übersehen kann, daß die Schifffahrt nicht beeinträchtigt wird.

Vorfahrtregeln der SeeSchStrO

Fahrzeuge, die in einem Fahrwasser fahren, haben Vorfahrt gegenüber Fahrzeugen, die
1. in das Fahrwasser einlaufen,
2. das Fahrwasser queren,
3. in dem Fahrwasser drehen,
4. ihre Anker- oder Liegeplätze verlassen.

Sportboote sollten im Interesse der eigenen Sicherheit ein Fahrwasser äußerst vorsichtig queren. Die Geschwindigkeit der Großfahrzeuge wird von Bord eines kleineren Bootes aus häufig unterschätzt. Auch die für das Queren erforderliche Zeitdauer wird leicht falsch angenommen. So können schnell gefährliche Situationen entstehen.

Besteht in einem deutschen Fahrwasser für zwei Fahrzeuge, die beide das Fahrwasser nicht benutzen (z. B. das Fahrwasser queren), die Möglichkeit der Gefahr eines Zusammenstoßes, so weichen sie allein nach den KVR aus.

Sportboote müssen bei der Anwendung der Vorfahrtregeln gegenüber größeren Schiffen beachten, daß segelnde Fahrzeuge (beliebiger Länge) sowie Maschinenfahrzeuge bis 20 m Länge die sichere Durchfahrt eines auf das Fahrwasser angewiesenen Schiffes nicht behindern dürfen (s. Seite 52).

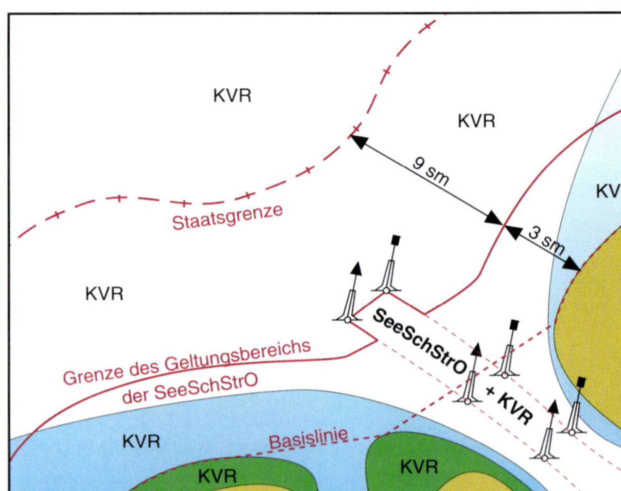

Geltungsbereiche der Vorfahrtregeln der SeeSchStrO und der Ausweichregeln der KVR; Basislinie, Grenze der SeeSchStrO (3 sm seewärts der Basislinie/Strandsaum) und Staatsgrenze (12 sm seewärts der Basislinie/Strandsaum). Gelb = Land; grün = 0 m Kartentiefe. Aus dem Geltungsbereich der SeeSchStrO herausführende Fahrwasser sind nur die Außenelbe und die Außenweser.

Verminderte Sicht

In dichtem Nebel besteht für ein kleineres Boot die Gefahr, durch Radar nicht geortet und von einem großen Fahrzeug überlaufen zu werden.

Regel 3 Allgemeine Begriffsbestimmungen
l) Der Ausdruck „verminderte Sicht“ bezeichnet jeden Zustand, bei dem die Sicht durch Nebel, dickes Wetter, Schneefall, heftige Regengüsse, Sandstürme oder ähnliche Ursachen eingeschränkt ist.

Bei verminderter Sicht müssen die nach KVR - und ggf. nach SeeSchStrO - vorgeschriebenen **Lichter** geführt und **Nebelsignale** gegeben werden.

Regel 19 Verhalten von Fahrzeugen bei verminderter Sicht
a) Diese Regel gilt für Fahrzeuge, die einander nicht in Sicht haben, wenn sie in oder in der Nähe eines Gebietes mit verminderter Sicht fahren.

b) Jedes Fahrzeug muß mit sicherer Geschwindigkeit fahren, die den gegebenen Umständen und Bedingungen der verminderten Sicht angepaßt ist. Ein Maschinenfahrzeug muß seine Maschinen für ein sofortiges Manöver bereithalten.

c) Jedes Fahrzeug muß bei der Befolgung der KVR-Regeln des Abschnitts I (Verhalten bei allen Sichtverhältnissen) *die gegebenen Umstände und Bedingungen der verminderten Sicht gehörig berücksichtigen.*

d) Ein Fahrzeug, das ein anderes Fahrzeug lediglich mit Radar ortet, muß ermitteln, ob sich eine Nahbereichslage entwickelt und/oder die Möglichkeit der Gefahr eines Zusammenstoßes besteht. Ist dies der Fall, so muß es frühzeitig Gegenmaßnahmen treffen; ändert es deswegen seinen Kurs, so muß es nach Möglichkeit folgendes vermeiden:
i) eine Kursänderung nach Backbord gegenüber einem Fahrzeug vorlicher als querab, außer beim Überholen;
ii) eine Kursänderung auf ein Fahrzeug zu, das querab oder achterlicher als querab ist.

e) Außer nach einer Feststellung, daß keine Möglichkeit der Gefahr eines Zusammenstoßes besteht, muß jedes Fahrzeug, das anscheinend vorlicher als querab das Nebelsignal eines anderen Fahrzeugs hört oder das eine Nahbereichslage mit einem anderen Fahrzeug vorlicher als querab nicht vermeiden kann, seine Fahrt auf das für die Erhaltung der Steuerfähigkeit geringstmögliche Maß verringern. Erforderlichenfalls muß es jegliche Fahrt wegnehmen und in jedem Fall mit äußerster Vorsicht manövrieren, bis die Gefahr eines Zusammenstoßes vorüber ist.

Sportboote sollten sich bei verminderter Sicht nicht in einem Fahrwasser aufhalten und bei Nebel möglichst kein Fahrwasser queren.

Sobald sich die Fahrzeuge in Sicht haben, sind die Ausweichregeln der KVR anzuwenden.

Richtiges Verhalten auf einem Sportboot ohne Radar, wenn ein Nebelsignal eines größeren Fahrzeugs anscheinend vorlicher als querab gehört wird

1. Fahrt auf das geringstmögliche, die Steuerfähigkeit erhaltende Maß stoppen.
2. Nebelsignal geben.
3. Maschine für ein sofortiges Ausweichmanöver bereithalten.
4. Abwarten, bis die Möglichkeit der Gefahr eines Zusammenstoßes vorüber ist.
5. Keinesfalls ein Ausweichmanöver durchführen, solange nicht das andere Fahrzeugs optisch auszumachen ist.

Verhalten bei verminderter Sicht

1. Positionslichter führen.
2. Nebelsignale geben.
3. Gehörig Ausguck gehen, Störgeräusche vermeiden.
4. Nahbereiche anderer Schiffe meiden; nicht in einem Fahrwasser aufhalten, kein Fahrwasser queren.
5. Mit sicherer Geschwindigkeit fahren (Aufstoppweg = halbe Sichtweite).
6. Schiff (einschließlich Maschine) für ein sofortiges Manöver bereithalten; Autopilot ausschalten.
7. Radarerkennbarkeit verbessern (Radarreflektoren, aufrechte Schwimmlage).
8. Regelmäßig Standort bestimmen und in die Seekarte eintragen; Radargerät, falls vorhanden, ständig besetzt halten.
9. In Gebieten mit Radarberatung: Radarberatung mithören, eigenes Schiff gegebenenfalls anmelden (UKW-Sprechfunk).
10. Rettungswesten anlegen.
11. Luken, Skylights, Niedergang schließen.
12. Rettungsinsel für sofortige Betriebsbereitschaft vorbereiten.

Fragen 16, 17, 22, 28, 91, 307, 308

Lichter der Fahrzeuge

KVR, SeeSchStrO und EmsSchO verpflichten alle Fahrzeuge zur Lichterführung bei Nacht und bei verminderter Sicht.
Schiffe unter deutscher Flagge dürfen nur Positionslaternen verwenden, die vom Bundesamt für Seeschiffahrt und Hydrographie (BSH) geprüft und zugelassen wurden. Die Prüfung umfaßt die Tragweite, die Farbwerte und die Sichtwinkel. Zugelassene Laternen sind mit einer Baumusternummer (z. B. BSH/00/01/98) versehen. Ausländische Laternen ohne deutsche Baumusternummer (z. B. auf Importbooten) müssen umgerüstet werden.
Die wichtigsten Positionslaternen sind:

- zwei **Seitenlichter** rot und grün, jedes über einen Sektor von 112,5° scheinend,
- ein **Hecklicht** weiß, über einen Sektor von 135° scheinend,
- ein oder zwei **Topplichter** weiß, über einen Sektor von 225° scheinend,
- weiße, rote oder grüne **Rundumlichter**, die über den ganzen Horizont (360°) fest scheinen oder funkeln.

Segelnde Fahrzeuge, Ruderboote und geschleppte Fahrzeuge führen nur die Seitenlichter (rot und grün) und das Hecklicht (weiß). Auf allen Fahrzeugen unter 20 m Länge können die beiden Seitenlichter zu einer **Zweifarbenlaterne** zusammengefaßt werden. Segelfahrzeuge unter 20 m Länge dürfen anstelle der Seitenlichter und des Hecklichtes eine **Dreifarbenlaterne** auf dem Masttopp führen, um bei Fahrt ohne Maschine den Stromverbrauch einzuschränken.
Die Laterne auf dem Masttopp wird nicht von Segeln oder Flaggen verdeckt und ist gut erkennbar. Auch ist sie dort vor Seewasser geschützt (Korrosion).
Eine Dreifarbenlaterne darf bei Maschinenfahrt nicht geführt werden.

Ein Segelfahrzeug in Fahrt darf zusätzlich am Masttopp zwei Rundumlichter, **rot über grün**, führen, jedoch ebenfalls nicht in Verbindung mit einer Dreifarbenlaterne.

Im Geltungsbereich der SeeSchStrO müssen Segelfahrzeuge unter 12 m Länge sowie Ruder- und offene Fischerboote, welche die in den KVR vorgeschriebenen Lichter nicht führen können, mindestens ein **weißes Rundumlicht** führen.
Fahrzeuge, welche die nach KVR oder SeeSchStrO vorgeschriebenen Lichter nicht führen können, dürfen bei Nacht oder bei verminderter Sicht nicht fahren, es sei denn, daß ein Notstand vorliegt. Um einen Zusammenstoß zu verhüten, muß dann ein weißes Licht rechtzeitig gezeigt werden

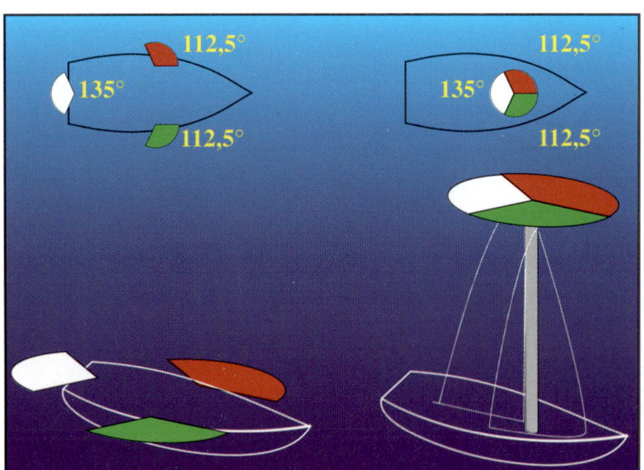

Ein Segelfahrzeug bis 20 m Länge führt Seitenlichter und Hecklicht oder eine Dreifarbenlaterne.

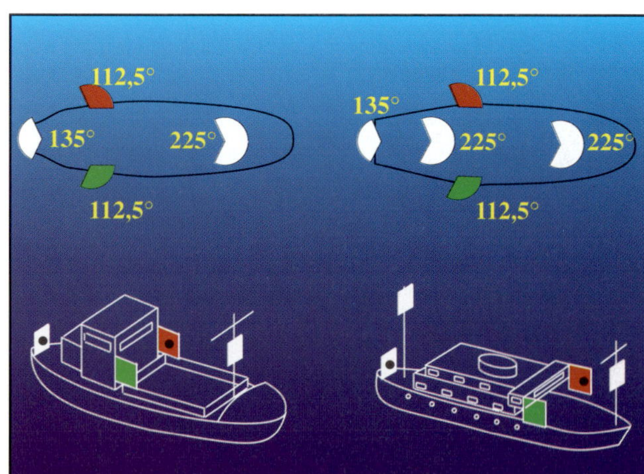

Auf Motor- und Segelyachten (bei Maschinenantrieb) von weniger als 12 m Länge übliche Lichterführung.

Fragen 21, 24, 25, 34, 53 - 55, 115 - 118

Lichter der Fahrzeuge

(Taschenlampe, mit der z. B. in das Segel geleuchtet wird). Führen bedeutet dagegen, daß die Positionslaternen eingeschaltet und fest angebracht sein müssen. Positionslaternen sind ständig gebrauchsfertig an Bord mitzuführen; sie dürfen andere nicht blenden.

Die **Mindesttragweite** der vom BSH zugelassenen Positionslaternen beträgt 2 sm; bei Fahrzeugen zwischen 12 und 20 m Länge muß die Tragweite des Topplichtes 3 sm betragen. Die Tragweite wird durch die Verwendung von Fresnellinsen erreicht. Sie bündeln das Licht und strahlen es, solange das Schiff aufrecht schwimmt, horizontal ab.

Wenn eine Segelyacht jedoch krängt, strahlen solche Laternen in Luv „in den Himmel" und in Lee auf das Wasser. Ihre Sichtweite kann dadurch eingeschränkt werden.

Maschinenfahrzeuge

Maschinenfahrzeuge in Fahrt (s. Seite 64) werden durch das weiße **Topplicht** gekennzeichnet. Das Topplicht ist mindestens 1 m höher als die Seitenlichter zu führen. Maschinenfahrzeuge ab 50 m Länge müssen ein **zweites Topplicht** deutlich weiter achtern und mindestens 4,5 m höher als das erste Topplicht führen. Ein Maschinenfahrzeug in Fahrt von weniger als 50 m Länge darf ein zweites Topplicht führen, es ist jedoch nicht dazu verpflichtet.

An der Lage der beiden Topplichter zueinander läßt sich bei Nacht die Fahrtrichtung des Schiffes gut abschätzen.

Die Mindesthöhe des Topplichtes über den Seitenlichtern richtet sich nach der Schiffslänge:

Schiffslänge	Topplichthöhe
< 12 m	1 m
12 - 20 m	2,5 m
20 - 50 m	6 m

Ein Segel- oder Ruderboot gilt als Maschinenfahrzeug, sobald eine Maschine das Boot antreibt. Dann muß es zusätzlich zu den Seitenlichtern und dem Hecklicht ein Topplicht führen (nicht zulässig in Verbindung mit einer Dreifarbenlaterne).

Zur Unterscheidung der verschiedenen Fahrzeuge bei Nacht sind diverse Kombinationen von Positionslichtern international (in den KVR) und national (in der SeeSchStrO) festgelegt worden. Sie sind als Übersicht auf der folgenden Doppelseite dargestellt. Fahrzeuge von weniger als 12 m Länge brauchen im Falle von Manövrierunfähigkeit oder Manövrierbehinderung die entsprechenden Signale nicht zu führen.

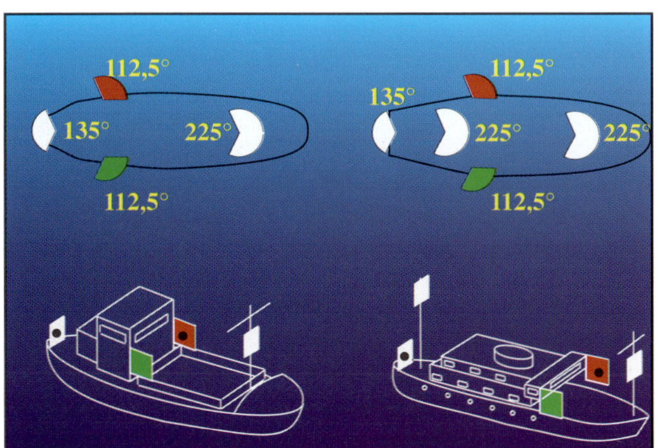

Maschinenfahrzeuge in Fahrt ab 50 m Länge müssen ein zweites Topplicht deutlich weiter achtern und mindestens 4,5 m höher als das erste Topplicht führen.

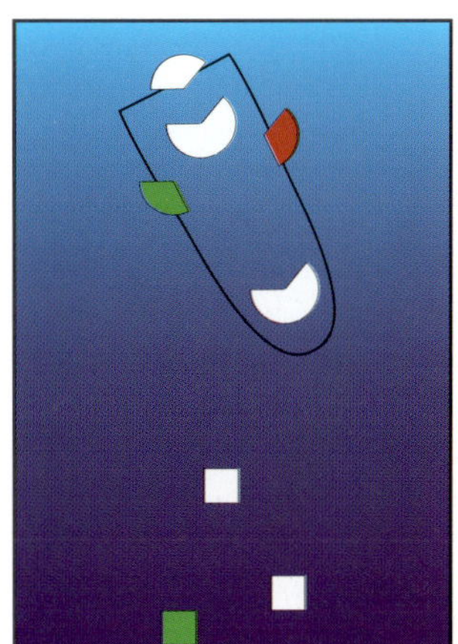

Aufsicht und Ansicht der Lichter eines Maschinenfahrzeugs.

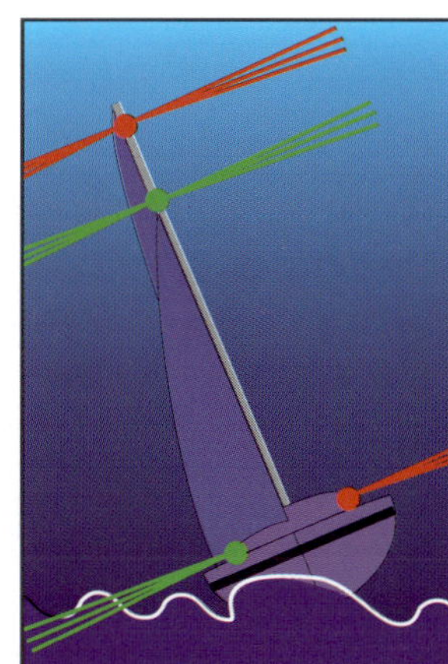

Eingeschränkte Sichtweite der Lichter auf einer krängenden Segelyacht.

Fragen 18, 20, 23, 29, 56 - 60

Lichter nach KVR

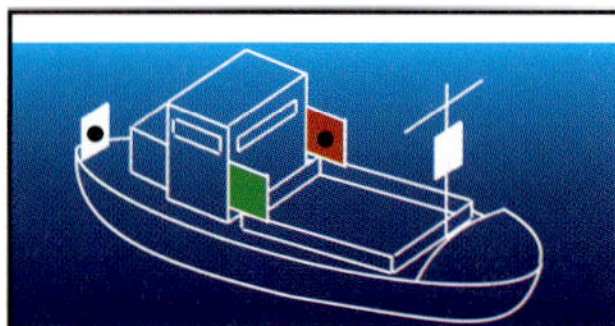

Maschinenfahrzeug in Fahrt von weniger als 50 m Länge.

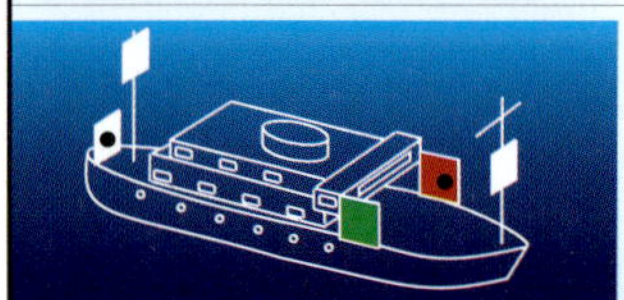

Maschinenfahrzeug in Fahrt (Angabe zur Länge nicht möglich; ein Fahrzeug von weniger als 50 m Länge kann ein zweites Topplicht führen, ist jedoch nicht dazu verpflichtet.)

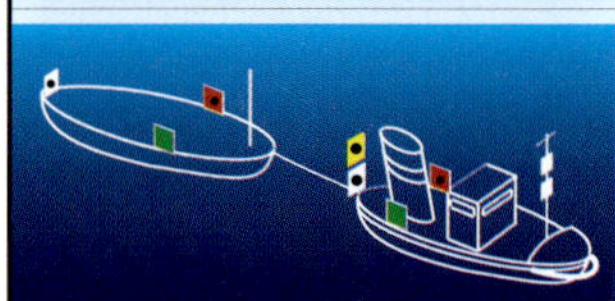

Schleppverband in Fahrt mit Anhang von 200 m Länge oder weniger.

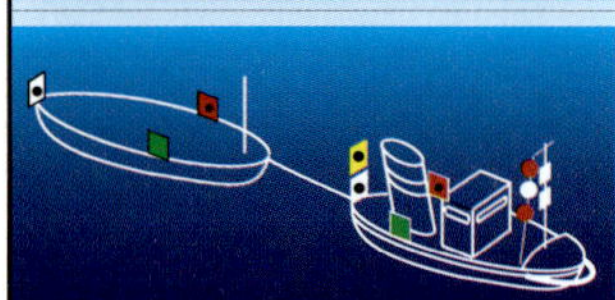

Schleppverband in Fahrt mit Anhang von 200 m Länge oder weniger. Der Schleppverband kann nicht vom Kurs abweichen.

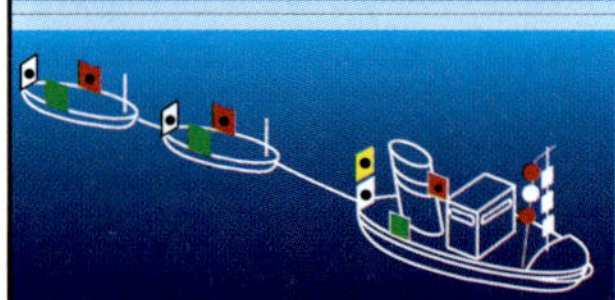

Schleppverband in Fahrt mit Anhang von mehr als 200 m Länge. Der Schleppverband kann nicht vom Kurs abweichen.

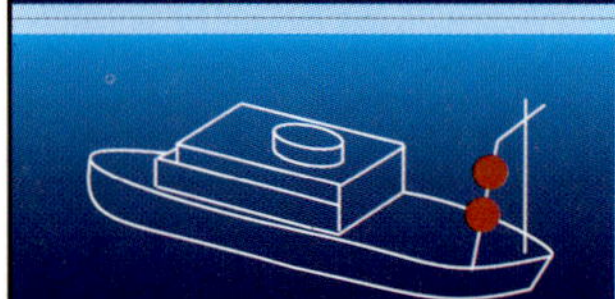

Manövrierunfähiges Fahrzeug ohne Fahrt durchs Wasser (nicht vorgeschrieben für Fahrzeuge von weniger als 12 m Länge).

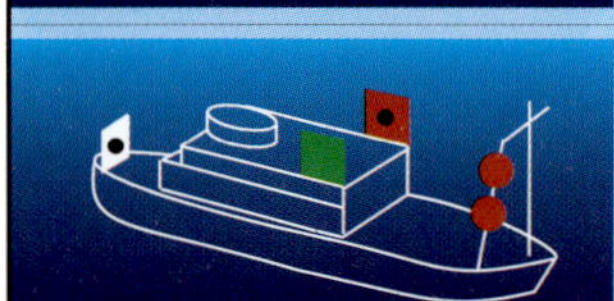

Manövrierunfähiges Fahrzeug mit Fahrt durchs Wasser (nicht vorgeschrieben für Fahrzeuge von weniger als 12 m Länge).

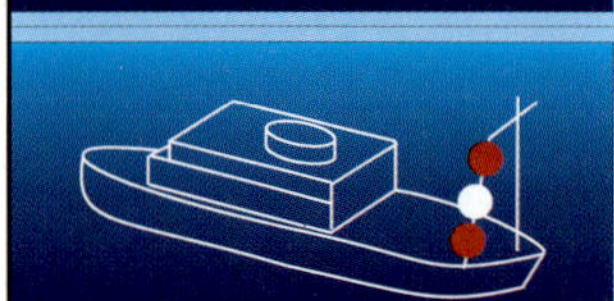

Manövrierbehindertes Fahrzeug ohne Fahrt durchs Wasser (nicht vorgeschrieben für Fahrzeuge von weniger als 12 m Länge).

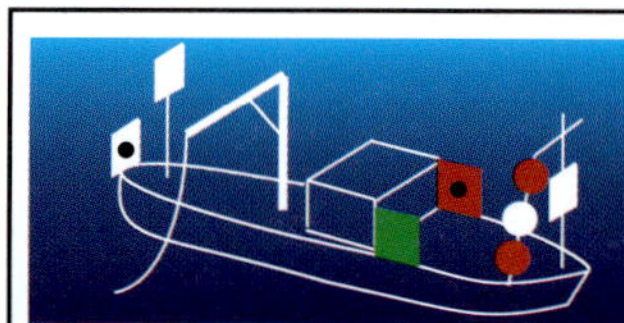

Manövrierbehindertes Fahrzeug mit Fahrt durchs Wasser (nicht vorgeschrieben für Fahrzeuge von weniger als 12 m Länge).

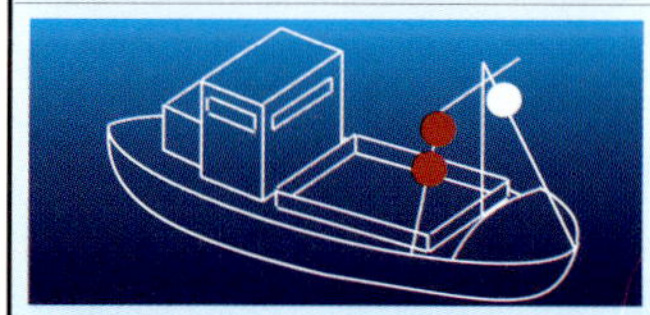

Fahrzeug auf Grund von weniger als 50 m Länge (nicht vorgeschrieben für Fahrzeuge von weniger als 12 m Länge).

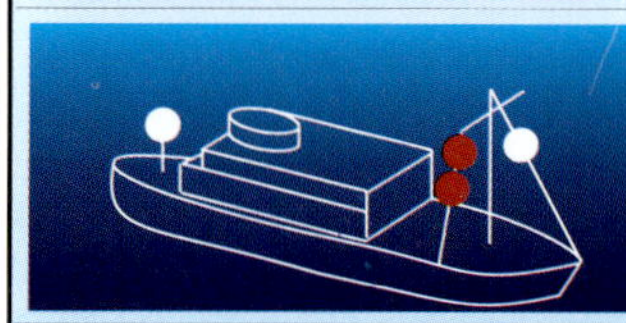

Fahrzeug auf Grund (Angabe über die Länge nicht möglich).

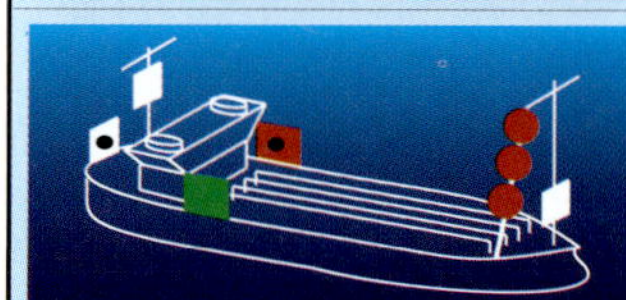

Tiefgangbehindertes Fahrzeug in Fahrt (Angabe zur Länge nicht möglich).

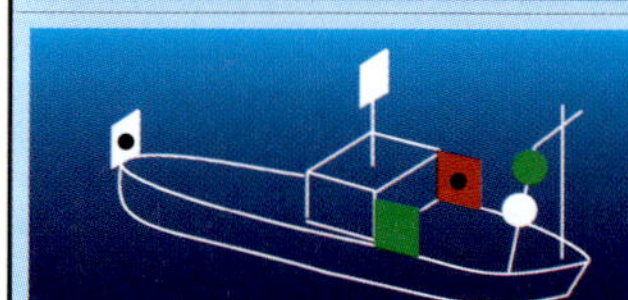

Fischender Trawler mit Fahrt durchs Wasser (Angabe zur Länge nicht möglich).

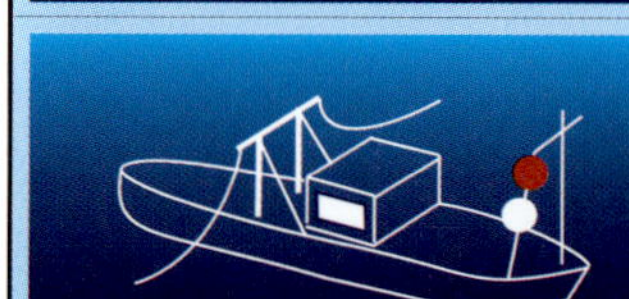

Fischendes Fahrzeug, das nicht trawlt, ohne Fahrt durchs Wasser (Angabe zur Länge nicht möglich).

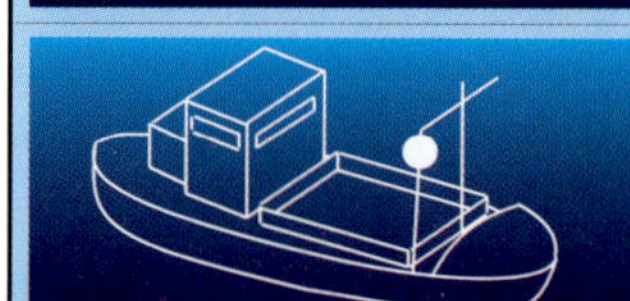

Fahrzeug vor Anker von weniger als 50 m Länge.

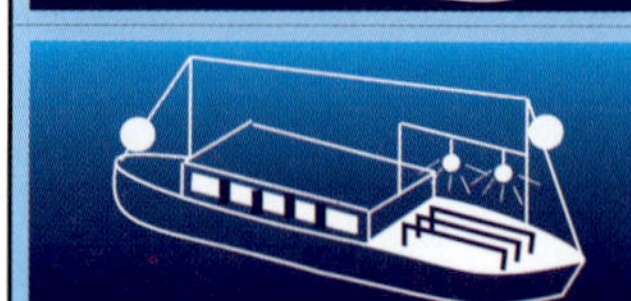

Fahrzeug vor Anker (Angabe über die Länge nicht möglich).

Fragen 30 - 33, 36, 37, 40 - 42, 44, 46, 47, 49, 50, 61, 62, 87

Lichter nach KVR oder SeeSchStrO

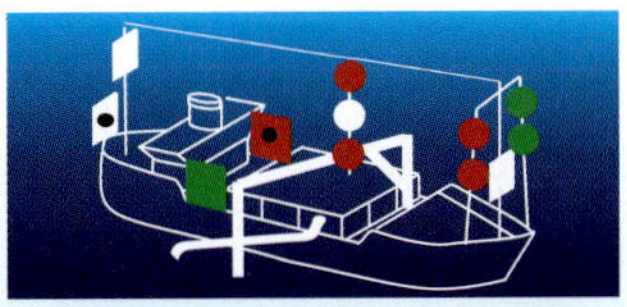

Manövrierbehindertes Fahrzeug mit Fahrt durchs Wasser; Passieren an der Seite mit zwei grünen Lichtern möglich.

Fahrzeug des öffentlichen Dienstes bei der Erfüllung polizeilicher Aufgaben.

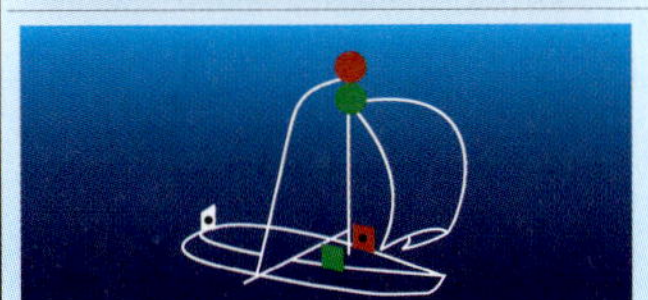

Segelfahrzeug in Fahrt.

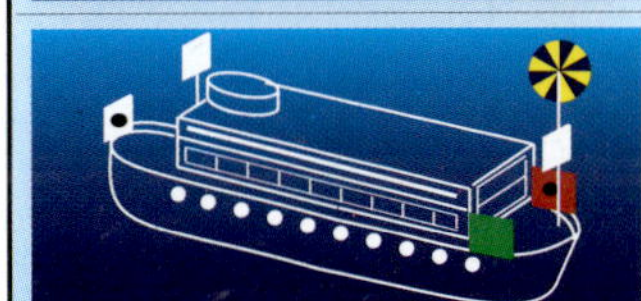

Luftkissenfahrzeug, das in nicht wasserverdrängendem Zustand navigiert.

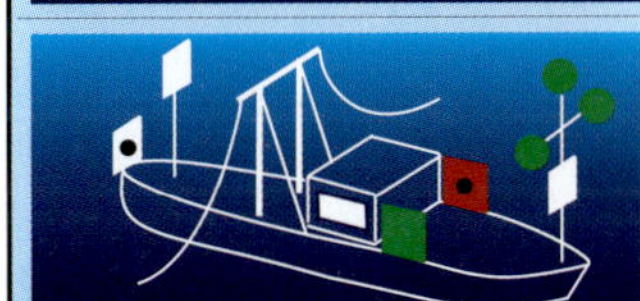

Fahrzeug beim Minenräumen; Annäherung auf weniger als 1000 m ist für andere Fahrzeuge gefährlich.

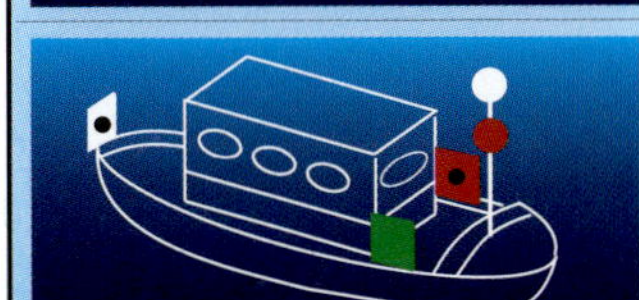

Lotsenfahrzeug in Fahrt.

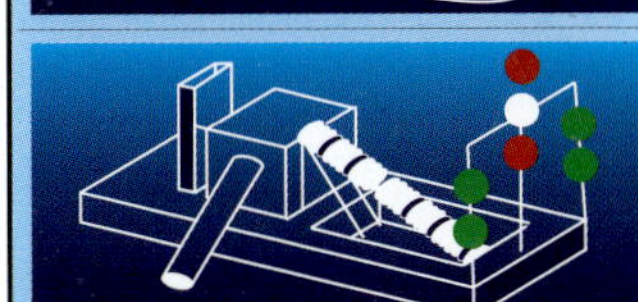

Manövrierbehindertes Fahrzeug, das im Fahrwasser baggert oder Unterwasserarbeiten ausführt; keine Behinderung; Vorbeifahrt in Fahrtrichtung rechts (im Geltungsbereich der SeeSchStrO).

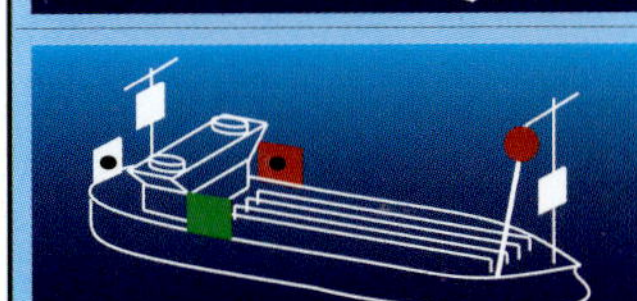

Fahrzeug in Fahrt, das bestimmte gefährliche Güter befördert, oder ein nicht entgaster Tanker (im Geltungsbereich der SeeSchStrO).

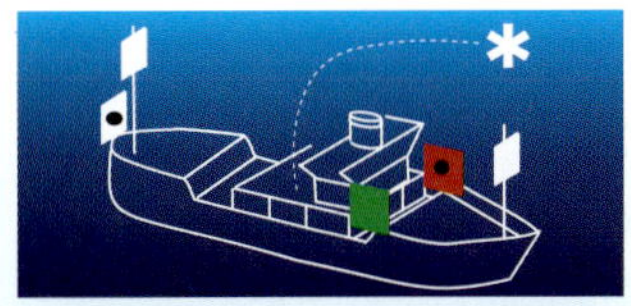

Fahrzeug der Bundeswehr oder des Bundesgrenzschutzes bei Manövern oder Übungen; ausreichend Abstand halten (im Geltungsbereich der SeeSchStrO).

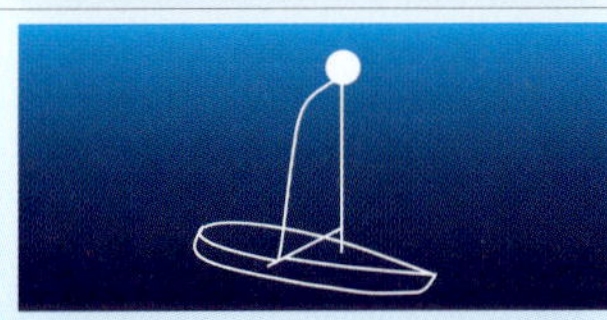

Fahrzeug unter Segel von weniger als 12 m Länge oder Fahrzeug unter Ruder (im Geltungsbereich der SeeSchStrO).

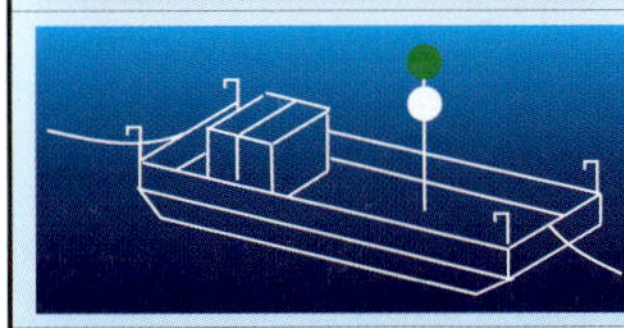

Nicht freifahrende Fähre in Fahrt (im Geltungsbereich der SeeSchStrO).

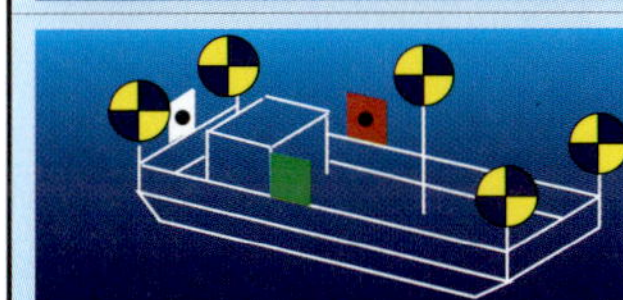

Freifahrende Fähre auf dem Nord-Ostsee-Kanal oder auf der Untertrave (im Geltungsbereich der SeeSchStrO).

Fahrzeug schräg oder quer im Fahrwasser oder Fahrzeug, das zur Regulierung nautischer Instrumente dreht (im Geltungsbereich der SeeSchStrO).

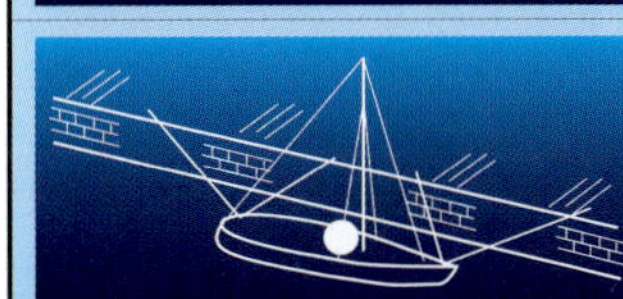

Am Ufer festgemachtes Fahrzeug von weniger als 50 m Länge (im Geltungsbereich der SeeSchStrO).

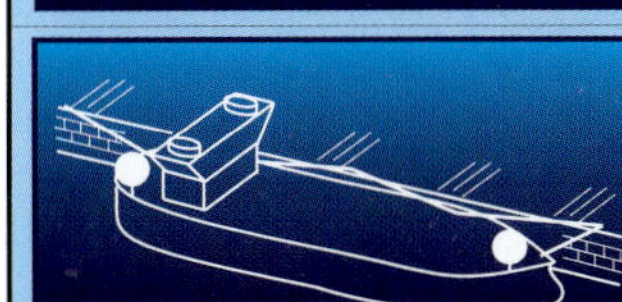

Am Ufer festgemachtes Fahrzeug von 50 und mehr m Länge (im Geltungsbereich der SeeSchStrO).

Festes Rundumlicht.

Gleichtaktlicht.

Festes Licht über begrenzten Sektor.

Licht für den Beobachter nicht sichtbar.

Fragen 103, 104, 108, 109, 114, 119

Notzeichen, Flaggensignale

Anlage IV, KVR
Notzeichen

1. Die folgenden Signale, die zusammen oder einzeln verwendet oder gezeigt werden, bedeuten Not und die Notwendigkeit der Hilfe:

a) Kanonenschüsse oder andere Knallsignale in Zwischenräumen von ungefähr einer Minute;

b) anhaltendes Ertönen eines Nebelsignalgeräts;

c) Raketen oder Leuchtkugeln mit roten Sternen einzeln in kurzen Zwischenräumen;

d) das durch Telegraphiefunk oder eine andere Signalart gegebene Morsesignal SOS ●●● ▬ ▬ ▬ ●●●;

e) das Sprechfunksignal aus dem gesprochenen Wort „Mayday";

f) das Notzeichen NC des Internationalen Signalbuchs;

g) ein Signal aus einer viereckigen Flagge, darüber oder darunter ein Ball oder etwas, das einem Ball ähnlich sieht;

h) Flammensignale auf dem Fahrzeug, z. B. brennende Teertonnen, Öltonnen oder dergleichen;

i) eine rote Fallschirm-Leuchtrakete oder eine rote Handfackel;

j) ein Rauchsignal mit orangefarbenem Rauch;

k) langsames und wiederholtes Heben und Senken der nach beiden Seiten ausgestreckten Arme;

l) das Telegraphiefunk-Alarmzeichen;

m) das Sprechfunk-Alarmzeichen;

n) von einer Seenotfunkboje ausgestrahlte Funksignale;

o) zugelassenene Signale, die über Funksysteme einschließlich Radartransponder auf Überlebensfahrzeugen übermittelt werden.

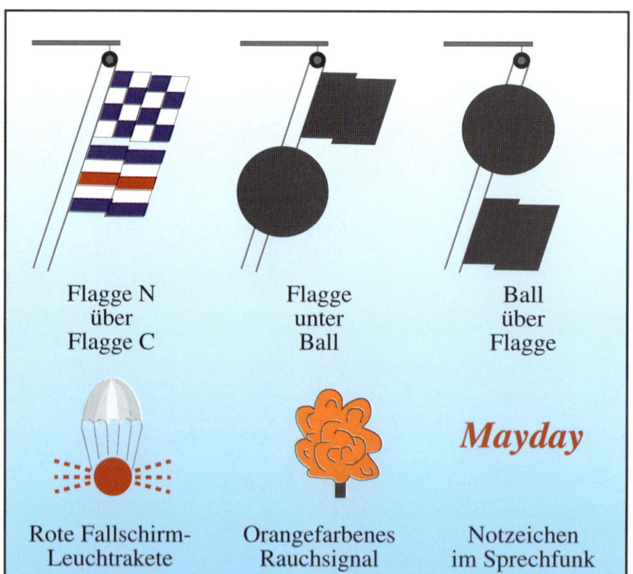

Notzeichen gemäß KVR (Auszug).

2. Die obengenannten Signale dürfen nur verwendet oder gezeigt werden, wenn Not und die Notwendigkeit der Hilfe vorliegen; die Verwendung von Signalen, die mit diesen Signalen verwechselt werden können, ist verboten.

3. Auf die betreffenden Abschnitte des Internationalen Signalbuchs, des Handbuchs für Suche und Rettung und auf folgende Signale wird hingewiesen:
a) ein Stück orangefarbenes Segeltuch mit einem schwarzen Quadrat oder Kreis oder mit einem anderen entsprechenden Zeichen (zur Erkennung aus der Luft);
b) ein Seewasserfärber.

Flaggensignale

Flaggensignale sind die (preiswerteste und wohl auch älteste) auf Schiffen genutzte Form der Nachrichtenübermittlung. Wegen der geringen Störanfälligkeit haben sie ihre Berechtigung nicht verloren. Der Aufmerksamkeitswert von Signalflaggen ist - bei den auf Sportbooten üblichen Flaggenformaten - gering.

Das **Internationale Signalbuch** stellt zahlreiche Nachrichten, die zwischen Schiffen oder Land und Schiff ausgetauscht werden können, als Buchstabencodes dar. Rechts sind die Einflaggensignale wiedergegeben. (Eine Verwendung als Schallsignal ist nur möglich, wenn es mit dem entsprechenden Signal der KVR oder der SeeSchStrO übereinstimmt, z. B. die Zeichen E oder I, nicht aber B.)
Hilfsstander werden zur Wiederholung eines Buchstabens verwendet.
Der 3. Hilfsstander dient auch als Zollzeichen.
Eine von Behördenfahrzeugen gezeigte **Flagge L** zählt zu den Schiffahrtszeichen gemäß SeeSchStrO (s. Seite 58).
Flaggen werden auch bei Regatten eingesetzt. Der **Antwortwimpel** z. B. bedeutet Startverschiebung.

Signalflaggen

Fragen 105, 114, 165

Signalkörper

Signalkörper müssen **schwarz** sein und folgende Abmessungen haben.

- **Ball**: Durchmesser mindestens 0,6 m;
- **Kegel**: Grundfläche mindestens 0,6 m Durchmesser; Höhe wie sein Durchmesser;
- **Zylinder**: Durchmesser mindestens 0,6 m; Höhe doppelt so groß wie sein Durchmesser;
- **Rhombus**: zwei Kegel mit einer gemeinsamen Grundfläche.

Der senkrechte Abstand zwischen Signalkörpern muß mindestens 1,5 m betragen.

Auf einem Fahrzeug von weniger als 20 m Länge dürfen Signalkörper geringerer Abmessungen verwendet werden, die dem Größenverhältnis des Fahrzeugs angemessen sind. Diese Fahrzeuge müssen bei Manövrierunfähigkeit keine Signalkörper führen.

Nebenstehend die Signalkörper der KVR und der SeeSchStrO.

Fahrzeug unter Segel, das gleichzeitig mit Maschinenkraft fährt.

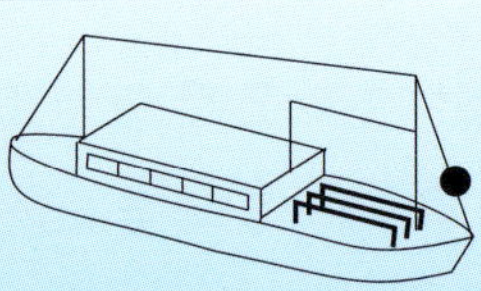

Fahrzeug vor Anker.

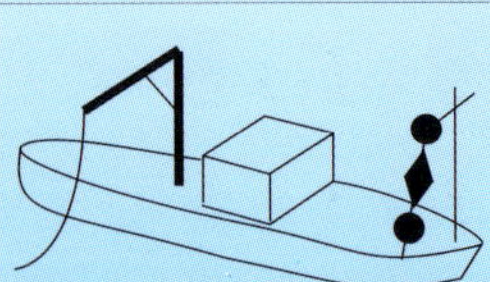

Manövrierbehindertes Fahrzeug.

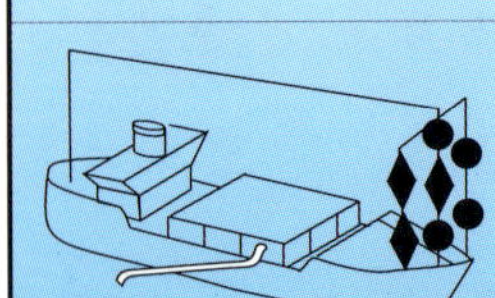

Manövrierbehindertes Fahrzeug; Passieren an der Seite mit zwei Rhomben möglich.

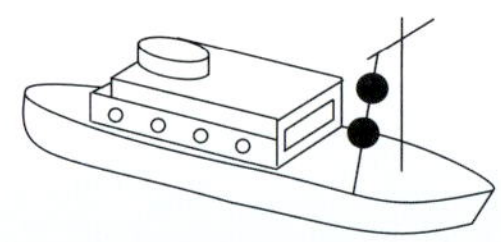

Manövrierunfähiges Fahrzeug.

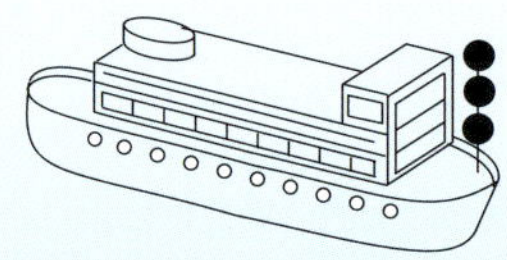

Grundsitzer.

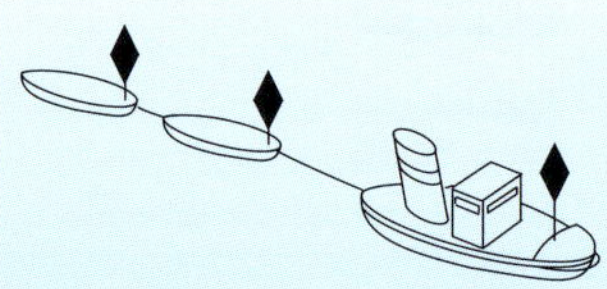

Schleppverband mit Anhang von mehr als 200 m Länge.

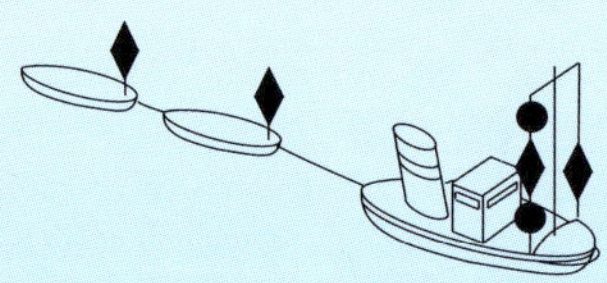

Schleppverband mit Anhang von mehr als 200 m Länge. Der Schleppverband kann nicht vom Kurs abweichen.

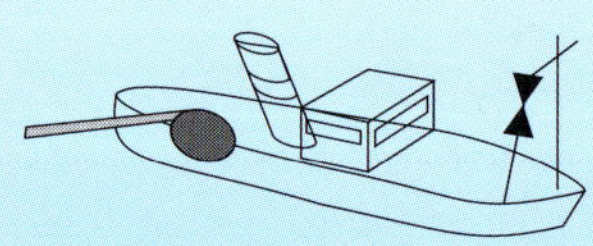

Fischendes Fahrzeug.

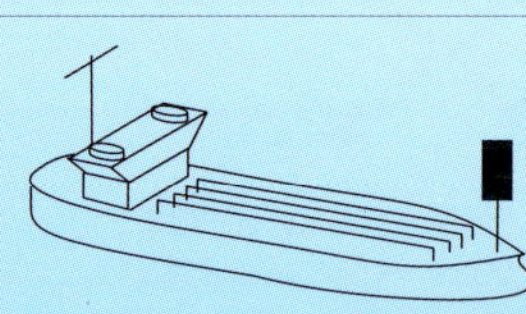

Tiefgangbehindertes Fahrzeug.

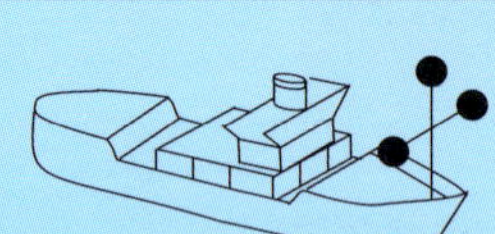

Fahrzeug beim Minenräumen; Annäherung auf weniger als 1000 m ist für andere Fahrzeuge gefährlich.

Manövrierbehindertes Fahrzeug das im Fahrwasser baggert oder Unterwasserarbeiten ausführt; keine Behinderung; Vorbeifahrt in Fahrtrichtung rechts (im Geltungsbereich der SeeSchStrO).

Fragen 18, 35, 38, 39, 43, 45, 48, 51, 63, 86, 101, 102

Schallsignale

Schallsignale können **Schiffahrtszeichen** oder **Signale der Fahrzeuge**, z. B. Gefahr-, Warn-, Ausweich- oder Manövriersignale sein. Eine wichtige Gruppe bilden die **Nebelsignale**, die bei verminderter Sicht **alle zwei Minuten** - von Fahrzeugen vor Anker oder auf Grund sogar jede Minute - gegeben werden müssen.

Schallsignale werden mit einer **Pfeife** (Signalhorn), einer **Glocke** oder einem **Gong** gegeben. Der Name "Pfeife" entstammt der Zeit, als Dampfpfeifen auf Schiffen verwendet wurden. Schiffe unter 12 m Länge müssen nur über ein "Gerät zur Abgabe eines kräftigen Schallsignals" verfügen; ab 12 m Länge sind baumustergeprüfte Schallsignalanlagen vorgeschrieben (z. B. auf Fahrzeugen bis 20 m eine Pfeife mit einer Mindesttragweite von 0,5 sm sowie eine Glocke mit mindestens 200 mm Durchmesser).

Zahlreiche Schallsignale sind unten aufgeführt. KVR- Signale gelten weltweit.

Darstellung der Schallsignale

Ein langer Ton (etwa 4 - 6 s).	▬
Ein kurzer Ton (etwa 1 s).	●
Glockenschlag.	🔔
Rasches Läuten der Glocke.	🔔🔔 5 s
Rasches Schlagen des Gongs.	Gong

Ich ändere meinen Kurs nach Steuerbord (KVR).	●
Ich ändere meinen Kurs nach Backbord (KVR).	● ●
Ich arbeite rückwärts (KVR).	● ● ●
Verstehe Ihr Verhalten nicht. Ich habe Zweifel, ob Sie ausweichen (KVR).	● ● ● ● ● (mind. 5)
Achtung (KVR).	▬
Allgemeines Gefahr- und Warnsignal (SeeSchStrO).	▬ ● ● ● ● ▬ ● ● ● ●
Anhalten (SeeSchStrO).	● ▬ ● ●
Brücke / Sperrwerk / Schleuse kann vorübergehend nicht geöffnet werden (SeeSchStrO).	● ● ● ●
Sperrung der Seeschiffahrtsstraße (SeeSchStrO).	▬ ▬ ▬ ▬ ▬ ▬
Bleib-weg-Signal (SeeSchStrO).	● ▬ (5 x / min)
Ich beabsichtige, Sie an Stb zu überholen (KVR).	▬ ▬ ●
Ich beabsichtige, Sie an Bb zu überholen (KVR).	▬ ▬ ● ●
Ich bin einverstanden, daß Sie überholen (KVR).	▬ ● ▬ ●

Schallsignale bei verminderter Sicht, Nebelsignale

Maschinenfahrzeug mit Fahrt durchs Wasser (KVR).	▬ / 2 min
Maschinenfahrzeug in Fahrt ohne Fahrt durchs Wasser (KVR).	▬ ▬ / 2 min
Manövrierunfähiges, manövrierbehindertes, tiefgangbehindertes, segelndes, fischendes, schiebendes oder schleppendes Fahrzeug (KVR).	▬ ● ● / 2 min
Geschlepptes Fahrzeug (KVR).	▬ ● ● ● / 2 min
Fahrzeug vor Anker unter 100 m Länge (KVR).	🔔🔔 5 s / min
Fahrzeug vor Anker von 100 und mehr m Länge (KVR).	🔔🔔 5 s, Gong 5 s / min
Zusätzliches Warnsignal eines Ankerliegers (KVR).	● ▬ ●
Grundsitzer unter 100 m Länge (KVR).	🔔 🔔 🔔 🔔🔔 5 s 🔔 🔔 🔔 / min
Grundsitzer von 100 und mehr m Länge (KVR).	🔔 🔔 🔔 🔔🔔 5 s 🔔 🔔 🔔 Gong 5 s
Lotse (KVR).	● ● ● ● (zusätzlich)
Fahrzeug unter 100 m, schräg oder quer im Fahrwasser.	🔔🔔 5 s 🔔 🔔 🔔 🔔 🔔 / min
Fahrzeug ab 100 m, schräg oder quer im Fahrwasser.	🔔🔔 5 s 🔔 🔔 🔔 🔔 🔔 Gong 5 s /min
Fahrzeug an der Stb-Seite des Fahrwassers.	🔔🔔 5 s 🔔 🔔 🔔 🔔 🔔 🔔 /min
Fahrzeug an der Bb-Seite des Fahrwassers.	🔔🔔 5 s 🔔 🔔 🔔 🔔 / min
Fahrzeug in der Mitte des Fahrwassers.	🔔🔔 5 s 🔔 🔔 🔔 🔔 🔔 🔔 🔔 🔔

Fragen 11, 64 - 72, 93 - 96, 120 - 124, 149, 166, 170

Sportliche Aktivitäten

Wettfahrtregeln

Für die Teilnehmer von Segelregatten gelten die Wettfahrtregeln. Dieses von der ISAF (International Sailing Federation) herausgegebene Regelwerk enthält detaillierte Vorschriften zum Start, Runden von Bahnmarken, Wegerecht u. a. Gegenüber anderen Fahrzeugen sind die seeverkehrsrechtlichen Bestimmungen anzuwenden, wobei gemäß Regel 2 KVR die besonderen Umstände der Regatta zu berücksichtigen sind, die zum Abwenden einer unmittelbaren Gefahr ein Abweichen von den KVR erfordern können.

Sicherheitsausrüstung

Die Sicherheitsrichtlinien für den Bau und die Ausrüstung von Segelyachten, die an Regatten teilnehmen sollen, sind international in den **ORC-Richtlinien** (ORC = Offshore Racing Council) festgelegt. Der Umfang der Sicherheitsausrüstung hängt vom Fahrtgebiet ab:

Fahrtgebiet Kategorie 0
Trans-Ocean-Fahrten

Fahrtgebiet Kategorie 1
Langstreckenfahrten fern von Küsten

Fahrtgebiet Kategorie 2
Fahrten von längerer Dauer entlang oder nicht weit entfernt von Küstenlinien

Fahrtgebiet Kategorie 3
Fahrten über offenes Wasser, relativ geschützt oder nahe der Küstenlinie

Fahrtgebiet Kategorie 4
Tagesfahrten in Landnähe

Fahrtgebiet Kategorie 5
Binnenreviere

Die Sicherheitsausrüstung umfaßt je nach Fahrtgebiet insbesondere:

- Sturmsegel,
- Lenzpumpen,
- Lichter, Signalkörper,
- Notpositionslichter mit separater Stromversorgung,
- Radarreflektor,
- Pyrotechnische Notsignale,
- Feuerlöschmittel,
- Rettungsinsel,
- Rettungswesten,
- Mann-über-Bord-Signalmittel,
- Sicherheitsgurte,
- Erste-Hilfe-Ausrüstung,
- Funkanlage,
- GMDSS-Ausrüstung,
- Seenotfunkboje (EPIRB).

Die Kreuzer-Abteilung des DSV hat diese Vorschriften als „Sicherheitsrichtlinien" veröffentlicht und ihre Anwendung auch auf Fahrtenyachten empfohlen.

Die SeeSchStrO beinhaltet über das Segelsurfen, das Wasserskifahren und die Benutzung von Wassermotorrädern oder sonstigen motorisierten Wassersportgeräten die folgenden Vorschriften:

Segelsurfen

Segelsurfer werden rechtlich weitgehend wie Segler behandelt und haben die für Segler geltenden Vorschriften - insbesondere die Ausweichregeln - zu beachten. Abweichend vom Segeln ist Surfen verboten:

- auf den freien Wasserflächen bei Nacht und bei verminderter Sicht,
- im Fahrwasser mit Ausnahme der von der Strom- und Schiffahrtspolizei bekanntgemachten Flächen,
- im Umkreis von 200 m von vielen Hafeneinfahrten, Liegeplätzen und Anlegestellen,
- außerhalb eines Fahrwassers auf den von der Strom- und Schiffahrtspolizei bekanntgemachten Flächen.

Wasserski, Jetski

Jetskigeräte sind kennzeichenpflichtig. Im Gegensatz zu Binnengewässern ist Wasser- oder Jetskifahren auf Seegewässern im allgemeinen erlaubt. Verboten ist dies lediglich:

- bei Nacht,
- bei verminderter Sicht,
- im Fahrwasser,
- außerhalb eines Fahrwassers auf Flächen, die von der Strom- und Schiffahrtspolizei besonders bekanntgegeben wurden,
- während Zeiten, die von der Strom- und Schiffahrtspolizei bekanntgegeben wurden.

Wasserskifahren ist in Badegebieten sowie im Umkreis von 500 m um Stellen mit erkennbarem Badebetrieb untersagt. Jetski ist bei Beachtung der dort bestehenden Geschwindigkeitsbeschränkung auf 4,3 kn gestattet.

Wasserskiläufer und ihre Zugboote sowie Wassermotorräder und andere motorisierte Wassersportgeräte haben allen anderen Fahrzeugen auszuweichen. Die Ausweichpflicht untereinander richtet sich nach den KVR.

Bei der Begegnung mit anderen Fahrzeugen haben sich die Wasserskiläufer im Kielwasser der Zugboote zu halten. Wasserski erfordert zwei Personen auf dem Zugboot.

Fragen 112, 134 - 137

Umweltschutz

MARPOL-Übereinkommen

Die Bundesrepublik gehört zu den Unterzeichnerstaaten des internationalen MARPOL-Übereinkommens von 1973 und 1978 (MARPOL = Maritime Pollution) sowie des Helsinki-Übereinkommens von 1979 zum Schutz der Ostsee. In Deutschland wurden diese Verträge durch Verordnungen in nationales Recht umgesetzt. Die Bestimmungen zu Schiffsmüll, Altöl und Schiffsabwasser betreffen auch Wassersportler.

Schiffsmüll

Das Einbringen jeglicher Kunststoffgegenstände oder sonstigen Schiffsmülls in Sondergebiete wie u. a. die Nordsee, die Ostsee und das Mittelmeer ist untersagt. Zulässig ist, Lebensmittelabfälle ohne Verpackung mehr als 12 sm vom nächsten Land entfernt über Bord zu werfen.

Altöl

Das Einleiten von Öl in das Meer ist verboten. Auf Segelyachten könnte Öl aus der Maschine austreten. Um es aufzufangen, befindet sich unter der Maschine meist eine Wanne, aus der das Öl in ein Abscheidegefäß gesaugt werden muß. Sollte Altöl in die Bilge gelangen, so muß diese mit einem Ölbindemittel gereinigt werden. Keinesfalls darf das ölhaltige Bilgewasser in das Meer gepumpt werden. In vielen Yachthäfen gibt es Altölsammelstellen.

Schiffsabwässer

Einige Häfen sind mit Entsorgungsmöglichkeiten für Öl, Schiffsmüll und Schiffsabwässer ausgestattet; das BSH gibt jährlich eine Übersicht für die Sportschiffahrt heraus. Yachten sollten Schmutzwasser und Fäkalien in einem Tank sammeln und ordnungsgemäß entsorgen, auch wenn hierfür derzeit noch keine gesetzliche Verpflichtung besteht. Keinesfalls darf der Inhalt eines Chemie-WCs in das Meer gekippt werden.

Sportfahrzeugen mit mehr als 10 Kojen und Schiffen ab 200 BRZ ist das Einleiten von Schiffsabwässer (Schmutzwasser, Fäkalien) in die Ostsee verboten. Für diese Schiffe sind ausreichende Sammeltanks mit genormten Entsorgungsanschlüssen vorgeschrieben. In Ausnahmefällen ist das Einleiten erlaubt, wenn

- das Schiff eine Abwasser-Aufbereitungsanlage betreibt und in dem das Schiff umgebenden Wasser keine schwimmenden Stoffe oder Verfärbungen sichtbar sind,

- das Abwasser mechanisch behandelt und desinfiziert wurde und mindestens 4 sm vom nächstgelegenen Land eingeleitet wird,

- das nächstgelegene Land mindestens 12 sm entfernt ist und die Einleitung bei einer Schiffsgeschwindigkeit von über 4 kn mit einer mäßigen Rate erfolgt.

Nationalparks im Wattenmeer

Die Nationalparks im Wattenmeer sind in den Seekarten ausgewiesen. Sie werden in drei Zonen eingeteilt:

- Zonen I Ruhezonen
- Zonen II Zwischenzonen
- Zonen III Erholungszonen

In den **Zonen I** befinden sich die besonders schutzbedürftigen, zeitweise oder ganzjährig gesperrten Seehund- und Robbenschutzgebiete, die Vogelschutzgebiete sowie die Brut- und Mausergebiete. Während der in den Seekarten angegebenen Schutzzeiten darf in diesen Gebieten das Fahrwasser nicht verlassen werden. Die Höchstgeschwindigkeit beträgt hier 12 kn im Fahrwasser und 8 kn außerhalb eines Fahrwassers. In den Zonen 1 ist das Verlassen des Fahrwassers in der Zeit zwischen drei Stunden nach und drei Stunden vor Hochwasser untersagt.

Wasser- und Jetski sind in den Zonen 1 auch außerhalb des Fahrwassers verboten.

Das Befahren der Zonen II und III ist jederzeit gestattet. Hier beträgt die zulässige Höchstgeschwindigkeit 16 kn in den Fahrwassern und 12 kn außerhalb der Fahrwasser.

Bundesnaturschutzgesetz

Das Bundesnaturschutzgesetz verlangt, die Pflanzen- und Tierwelt zu schützen sowie die Schönheit, Vielfalt, Eigenart und Funktionsfähigkeit der Natur zu bewahren. Die Konsequenzen für den Wassersport haben der Deutsche Segler-Verband und der Deutsche Naturschutzring in den "Zehn goldenen Regeln für das Verhalten von Wassersportlern in der Natur" zusammengefaßt.

Fragen 218 - 222

Schiffspapiere

In Deutschland sind amtliche, den Kfz-Papieren vergleichbare Dokumente für Schiffe bis 15 m Rumpflänge nicht zwingend vorgeschrieben. Bootskäufer sollten in jedem Fall den Kaufvertrag sowie die Originalrechnung sorgfältig aufbewahren, um gegebenenfalls ihr Eigentum nachweisen zu können.

Bei Reisen in das Ausland können jedoch amtliche Schiffspapiere notwendig oder zumindest sehr hilfreich sein (Zoll, Polizei). Dokumente, mit denen das Eigentum an einer Yacht nachgewiesen werden kann, sind:

- der Internationale Bootsschein,
- das Flaggenzertifikat,
- das Schiffszertifikat.

Internationaler Bootsschein

Der vom DSV, DMYV und ADAC für Wassersportfahrzeuge ausgestellte Internationale Bootsschein ist sinngemäß mit dem Kraftfahrzeugschein zu vergleichen.
Obwohl er kein amtliches Dokument ist, wird er von den europäischen Ländern für Binnen- und Küstengewässer anerkannt. Lediglich Frankreich akzeptiert den Internationalen Bootsschein nur für seine Binnengewässer - jedoch nicht für den Rhein und die kanalisierten Teile der Mosel. Für Seegewässer verlangt Frankreich das Flaggenzertifikat.
Bei Reisen in das europäische Ausland erleichtert der Internationale Bootsschein den grenzüberschreitenden Verkehr sowie mögliche administrative Vorgänge bei Behörden oder in Häfen.

Flaggenzertifikat

Das Flaggenzertifikat ist ein amtlicher Ausweis für Seeschiffe bis zu 15 m Rumpflänge, die einem deutschen Eigner gehören. Ein Flaggenzertifikat wird durch das Bundesamt für Seeschiffahrt und Hydrographie (BSH) für einen Zeitraum von 8 Jahren ausgestellt und kann danach verlängert werden. Es ermächtigt zum Führen der Bundesflagge. Zum Befahren französischer Seegewässer wird ein Flaggenzertifikat benötigt.

Schiffszertifikat

Das Schiffszertifikat ist der Nachweis darüber, daß ein Schiff in ein Schiffsregister, das von verschiedenen Amtsgerichten geführt wird, eingetragen ist. Nach der Schiffsregisterverordnung sind deutsche Seeschiffe von über 15 m Rumpflänge registerpflichtig; kleinere Boote können in ein Schiffsregister eingetragen werden. Die privatrechtliche Bedeutung eines Schiffsregisters ist dem Grundbuch ähnlich; Eintragungen von Schiffshypotheken und Nießbrauchrechten sind möglich. Voraussetzung für eine Eintragung ist eine amtliche Vermessung des Schiffes. Hierüber wird ein **Schiffsmeßbrief** ausgestellt, der das Vermessungsergebnis, Schiffsnamen, Heimathafen und allgemeine Angaben zum Schiff enthält. Die Vermessung kann nach dem Internationalen Schiffsvermessungs-Übereinkommen von 1969 oder für Yachten unter 24 m Länge nach einem vereinfachten Verfahren (Feststellung der Rumpflänge) erfolgen.
Die Umschreibung des Schiffsregisters nach einem Eignerwechsel erfordert einen (notariell) beglaubigten Kaufvertrag. Registrierte Schiffe stehen im Ausland unter dem Schutz der diplomatischen Vertretungen. Sie sind zur Führung der Bundesflagge verpflichtet.
Im UKW-Sprechfunk sind eingetragene Schiffe an ihrem Rufzeichen erkennbar. Dieses ist mit dem Unterscheidungssignal identisch und besteht bei deutschen Schiffen aus einer vierstelligen Buchstabenkombination zwischen DAAA und DRZZ.

Genehmigungsurkunde für Funkanlagen

Betreiber von Funkanlagen auf Seeschiffen (z. B. UKW-Sprechfunk) müssen beim Bundesamt für Post und Telekommunikation eine Frequenzzuteilung beantragen und die Urkunde an Bord mitführen.

Charteryachten, Ausbildungsfahrzeuge

Für Charteryachten muß auch nach der neuen Sportbootvermietungsverordnung (1996) ein **Bootszeugnis** durch das zuständige Wasser- und Schifffahrtsamt ausgestellt werden.

Fahrzeuge, auf denen gewerbliche Ausbildung betrieben wird, benötigen ein **Sicherheitszeugnis** der See-Berufsgenossenschaft.

Logbuch

Zu den Schiffspapieren im weiteren Sinne gehört auch das Logbuch.

Sicherheit

Verordnung über die Sicherung der Seefahrt

§ 1 Anwendungsbereich
(1) Diese Verordnung gilt für Seeschiffe, welche berechtigt sind, die Bundesflagge zu führen ...

§ 2 Meiden von Eisgebieten
Der Schiffsführer oder sonst für die Sicherheit Verantwortliche hat, soweit die Umstände es zulassen, Gebiete zu meiden, in denen eine Gefährdung durch Eis besteht oder anzunehmen ist.

§ 3 Meiden von Fischgründen
Der Schiffsführer oder sonst für die Sicherheit Verantwortliche hat die Fischgründe von Neufundland nördlich von 43° N zu meiden. Dies gilt nicht, wenn besondere Umstände vorliegen, die ein Befahren der Fischgründe rechtfertigen.

§ 4 Gefahrmeldungen
(1) Ein Schiffsführer oder sonst für die Sicherheit Verantwortlicher, der auf See eine unmittelbare Gefahr für die Schiffahrt (zum Beispiel Eis, Wrack, Mine, Wirbelsturm) oder eine Windgeschwindigkeit von 50 kn (25,7 m/s, Windstärke 10 der Beaufortskala) oder mehr feststellt, hat hiervon unverzüglich und mit allen zur Verfügung stehenden Nachrichtenmitteln die in der Nähe befindlichen Schiffe sowie den nächsterreichbaren Küstenplatz, bei Funkverbindung die nächste Küstenfunkstelle, zu unterrichten.
(2) Die Meldungen sind entweder in offener, vorzugsweise englischer Sprache oder nach dem Internationalen Signalbuch abzugeben ...

§ 5 Hilfeleistung in Seenotfällen
Ein Schiffsführer oder sonst für die Sicherheit Verantwortlicher eines auf See befindlichen Schiffes, dem gemeldet wird, daß sich Menschen in Seenot befinden, hat ihnen mit größtmöglicher Geschwindigkeit zu Hilfe zu eilen und ihnen nach Möglichkeit hiervon Kenntnis zu geben. Den Anordnungen der Stellen, die sich gegenüber dem Schiffsführer oder sonst für die Sicherheit Verantwortlichen als die mit der Koordinierung der Suche und Rettung in Seenotfällen nach ... beauftragten Organisationen zu erkennen geben, ist Folge zu leisten.
(2) Ist ein Schiffsführer ... zur Hilfeleistung außerstande oder erweist sich seine Hilfeleistung als nicht erforderlich, so hat er dies unter Angabe der Gründe in das Schiffstagebuch einzutragen, soweit er zur Führung eines solchen verpflichtet ist ...

§ 6 Verhalten nach Zusammenstößen
(1) Sind Schiffe zusammengestoßen, so haben die beteiligten Schiffsführer oder sonst für die Sicherheit Verantwortlichen allen von dem Unfall Betroffenen Beistand zu leisten, soweit sie dazu ohne erhebliche Gefahr für ihr Schiff und die darauf befindlichen Personen im Stande sind.
(2) Die Schiffsführer oder sonst für die Sicherheit Verantwortlichen haben mit ihren Schiffen so lange beieinander zu bleiben, bis sie sich darüber Gewißheit verschafft haben, daß weiterer Beistand nicht mehr erforderlich ist. Setzen sie ihre Fahrt fort, so haben sie den anderen am Zusammenstoß beteiligten Fahrzeugen ihren Namen und Anschrift sowie Namen, Unterscheidungssignal, Heimat-, Abgangs- und Bestimmungshafen ihres Schiffes mitzuteilen ...

Ausrüstungspflicht

Die Ausrüstungspflicht von Seeschiffen ist international im SOLAS-Übereinkommen von 74/88 und national in der Schiffssicherheitsverordnung SchSV festgelegt.

SOLAS (Safety of Life at Sea) "Internationales Übereinkommen von 74/88 zum Schutz des menschlichen Lebens auf See" heißt die amtliche deutsche Übersetzung der „International Conventions for the Safety of Life at Sea - SOLAS 74/88". Der Vertrag wird gelegentlich auch als **Schiffssicherheitsvertrag** bezeichnet. Die nationalen Durchführungs- und Ergänzungsbestimmungen sind in der Schiffssicherheitsverordnung enthalten.

Schiffssicherheitsverordnung-SchSV

Die SchSV gilt für deutsche Schiffe mit Ausnahme der Sportfahrzeuge. Sie enthält detaillierte Sicherheits- und Ausrüstungsvorschriften zu

- Bauweise, Festigkeit, Stabilität,
- Maschine, E-Anlage,
- Brandschutzmaßnahmen,
- Rettungsmitteln, Sicherheitsausrüstung, Drucksachen,
- nautischen Anlagen,
- Funkanlagen
- u. a.

Traditionsschiffe von 15 - 55 m Rumpflänge brauchen nur vereinfachte Auflagen zu erfüllen und die allgemein anerkannten Regeln der Technik anzuwenden. Die SchSV gilt jedoch für Yachten, auf denen Personen gewerbsmäßig ausgebildet oder befördert werden. **Ausbildungsfahrzeuge** werden von der See-Berufsgenossenschaft geprüft; die Erfüllung der Vorschriften wird durch ein **Sicherheitszeugnis** und einen **Fahrterlaubnisschein** bestätigt. Gewerblich vermietete Sportboote unterliegen der Sportbootvermietungsverordnung. Nach Überprüfung durch das zuständige Wasser- und Schiffahrtsamt wird ein **Bootszeugnis** ausgestellt.

Fragen 324, 325, 332 - 340

TIGER

3

WETTERKUNDE

GRUNDLAGEN, BEGRIFFE

WOLKEN

METEOROLOGISCHE ERSCHEINUNGEN

NORDSEE-, OSTSEE-, MITTELMEER-WETTER

SEEGANG

AUFNAHME UND AUSWERTUNG VON SEEWETTERBERICHTEN

Wettergeschehen

Entstehung des Wetters

Als **Wetter** wird der physikalische Zustand der Atmosphäre zu einem bestimmten Zeitpunkt bezeichnet. Das **Wettergeschehen** spielt sich nur im unteren Teil der Atmosphäre, der Troposphäre, ab, weil nur hier Wasserdampf vorhanden ist. Die Sonne, der Energielieferant des Wettergeschehens, erwärmt die Erde nicht gleichmäßig. Daher bilden sich Luftmassen unterschiedlicher Energie, die sich durch

- **Druck**,
- **Temperatur**,
- **Feuchte**

unterscheiden. Energiereich sind warme, feuchte Luftmassen, die unter hohem Druck stehen. Kalte, trockene Luftmassen von geringem Druck sind energiearm. Der Ausgleich der Energie verursacht großräumige Luftzirkulationen und damit das Wettergeschehen.

Cumuluswolken, auch Haufenwolken genannt, gehören zu den Quellwolken und lassen aufsteigende Warmluft sichtbar werden.

Luft, Sonne, Wasser

Der **Luftdruck** entsteht durch das Eigengewicht der über der Erdoberfläche liegenden Luft. Er wird in **Hektopascal-hPa** ($1\ hPa = 100\ kg \cdot m^{-1} \cdot s^{-2}$) angegeben. Der Normaldruck beträgt 1013 hPa. Dies ist der Druck einer etwa 10 m hohen Wassersäule und entspricht dem Gewicht, das durch 1013 g auf 1 cm^2 ausgeübt wird. Der Luftdruck wird mit einem **Barometer** gemessen.

Wie die **Sonne** den Luftdruck beeinflußt, ist in den Tropen erkennbar. Die intensive Sonneneinstrahlung erwärmt die Luft in äquatornahen Gebieten. Dadurch dehnt sich die Luft aus und steigt auf, wodurch der Luftdruck am Boden abnimmt. So entsteht die um den Erdball verlaufende **äquatoriale Tiefdruckrinne** (s. Abbildung auf Seite 90). Wegen der dort vorherrschenden schwachen, umlaufenden Winde werden diese tropischen Seegebiete als **Kalmen** bezeichnet.

Die in den Kalmen aufgestiegene Luft strömt in der Höhe polwärts und sinkt zwischen 25° und 35° Breite wieder auf die Erde ab. Hierdurch bildet sich der **subtropische Hochdruckgürtel** aus, der ebenfalls durch schwachen Wind gekennzeichnet ist und in der Schiffahrt **Roßbreiten**[1] genannt wird. Zu dem subtropischen Hochdruckgürtel gehört auch das für das Wetter in Mitteleuropa wichtige **Azorenhoch**.

> Wenn Luft aufsteigt, nimmt der Luftdruck ab. Wenn Luft zu Boden sinkt, steigt der Luftdruck an.

Aufsteigende Luft kühlt ab - um etwa 1°C je 100 m Höhenunterschied in wolkenloser Atmosphäre und um etwa 0,6°C in Wolken. Gleichermaßen erwärmt sich zu Boden sinkende Luft.

> Wenn Luft aufsteigt, kühlt sie ab. Wenn Luft zu Boden sinkt, erwärmt sie sich.

Weithin bekannt ist, daß sinkender Luftdruck zu einer Wetterverschlechterung und steigender Luftdruck zu einer Wetterverbesserung führt. Ursächlich hierfür ist der in der Luft enthaltene, durchsichtige Wasserdampf.

Wasser tritt, wie man weiß, in der Luft in drei Aggregatzuständen auf:

---

1) Die Bezeichnung „Roßbreiten" soll aus der Zeit stammen, als Pferde mit Segelschiffen nach Amerika transportiert wurden. Infolge schwacher Winde verringerte sich die Fahrt stark, so daß viele Pferde wegen Hitze, Wasser- und Futtermangels eingingen und über Bord geworfen wurden.

Taupunkt

- fest: als Hagel, Graupel oder Schnee;
- flüssig: als Regen oder Nebeltröpfchen;
- gasförmig: als Wasserdampf.

Weil warme Luft viel, kalte Luft hingegen nur wenig Wasserdampf aufnehmen kann, verändert die Luft mit der Temperatur auch ihre Feuchte. Erwärmen trocknet Luft (Haarfön), Abkühlen macht sie feucht (Beschlagen von Scheiben). Da aufsteigende Luft abkühlt, nimmt die Feuchte zu. Diejenige Temperatur, bei der 100% Luftfeuchte erreicht ist, heißt Taupunkt oder auch **Taupunktstemperatur.**

Wenn Luft auf Taupunktstemperatur abgekühlt ist, ist sie mit Wasserdampf gesättigt. Bei weiterer Abkühlung tritt **Kondensation** ein, d. h. es bilden sich Wassertröpfchen - am Boden in Form von **Tau**, in der Luft als **Wolken**.

Unterschreitet aufsteigende Luft die Taupunktstemperatur, setzt Wolkenbildung ein. Die Kondensation ist zunächst so schwach, daß die Tröpfchen im Aufwind der Wolke schweben oder verdunsten, bevor sie die Erde erreicht haben. Erst bei verstärktem Aufstieg der Luft fällt Regen oder Schnee zur Erde.

Sinkender Luftdruck bringt Wetterverschlechterung, steigender Luftdruck Wetterverbesserung.

Hagel entsteht, wenn Luft mit sehr hoher Geschwindigkeit aufsteigt (zum Teil über 100 km/h), so daß die Wassertropfen nach oben gerissen werden, zu Eisklumpen gefrieren und erst nach mehrmaligem Auf und Ab zu Boden fallen (z. B. bei Gewittern).

Sinkt die aufgestiegene, erkaltete Luft zurück zu Boden (steigender Luftdruck), so wird sie wieder erwärmt und trocknet. Das Wetter bessert sich, meist ist der Himmel blau.

Hoch und Tief

Ein Gebiet hohen Luftdrucks nennt man **Hoch**, eines mit tiefem Druck heißt **Tief**. Dabei kommt es nicht auf die absolute Höhe des Luftdrucks, sondern nur darauf an, daß in größerem Umkreis nicht noch höherer oder tieferer Luftdruck herrscht. In Wetterkarten werden die **Zentren** der Hochs mit „H" und die **Kerne** der Tiefs mit „T" bezeichnet. Um sie verlaufen **Isobaren**, das sind Linien, die Orte gleichen Luftdrucks miteinander verbinden.

Schönwetter-Cumuli: Charakteristisch sind ihre geringe Höhe und ihr relativ glatter Unterrand. Sie zeigen an, daß sich die Luft nur wenig aufwärts bewegt. Das gute Wetter hält an (Cumulus humilis).

Cumulus congestus-Bewölkung (aufgetürmte Haufenwolken) weist auf eine stärkere Aufwärtsbewegung der Luft hin. Lösen sich diese Wolken nicht am Abend auf, so wird das Wetter schlechter.

Wind

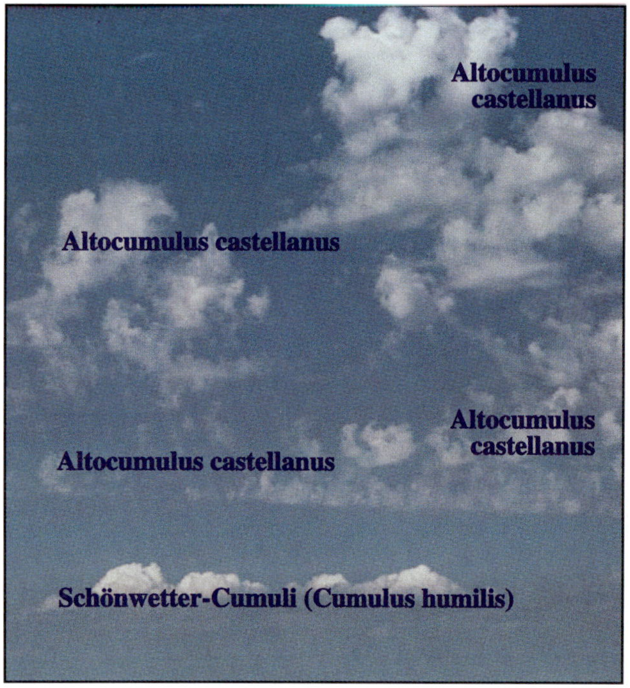

Altocumulus castellanus (mittelhohe Cumuli mit türmchenartigen Quellungen) erinnern an Zinnen einer Burgmauer. Sie kommen nur über Land oder in Landnähe vor und treten vor allem in den frühen Morgenstunden, selten während des Vormittags auf. Altocumulus castellanus gelten als Vorbote von Gewittern, mit denen dann meistens am Nachmittag gerechnet werden muß.

Warum scheint an der Küste so oft die Sonne?
Manche Urlauber bemerken zu Recht, daß an der Küste die Sonne häufiger scheint als im Landesinneren.
Es werden im Sommerhalbjahr in Cuxhaven durchschnittlich 115 Stunden mehr Sonne registriert als im nahegelegenen Bremen.
Die Erklärung: Auf dem Wasser ist es kühler als an Land. An der Küste und auf den vorgelagerten Inseln neigt die Luft daher zum Absinken. Dabei trocknet sie, und die Bewölkung lockert auf. Über dem wärmeren Land jedoch tendiert die Luft zum Aufsteigen. Dadurch wird sie feucht und unterstützt die Wolkenbildung.

Wind

Unterschiedliche Drücke bleiben nicht lange bestehen. Das kann man auch beim Aufpusten einer Luftmatratze beobachten. Pumpt man in die einzige Öffnung einer leeren Luftmatratze etwas Luft, so entsteht ein kleiner Luftberg, ein „Hoch“. Am anderen Ende bleibt die Matratze zunächst platt, hier befindet sich ein „Tief“. Die Druckunterschiede halten sich nicht lange, wenig später ist der Luftberg verschwunden. Die Luft hat sich gleichmäßig verteilt, wobei sie vom einen Ende (Hoch) der Matratze zum anderen (Tief) geströmt ist.
Wind ist bewegte Luft. Er entsteht, weil die Luft aus einem Hochdruckgebiet in ein Tiefdruckgebiet fließt. Je stärker die Druckunterschiede zwischen Hoch und Tief sind, um so stärker weht der Wind.

Starke Druckunterschiede sind in Wetterkarten an eng verlaufenden Isobaren erkennbar. Meteorologen messen den Isobarenabstand und entnehmen so der Wetterkarte die Windstärke. Dabei sind jedoch auch die geographische Breite, die örtlichen Verhältnisse und die Krümmung der Isobaren zu berücksichtigen.

An Bord eines Schiffes ist fallender Luftdruck mit Hilfe eines Barographen (Luftdruckschreiber) gut erkennbar. Sinkt der Luftdruck auf der Nord- oder Ostsee in 3 Stunden um mindestens 4 hPa (dies wird in Wetterberichten als „stark vertiefend“ bezeichnet), so ist mit Starkwind oder Sturm zu rechnen. Diese Regel ist auf das Mittelmeer, dessen Wetter von den zum Teil bis dicht an die Küsten reichenden Gebirgen geprägt wird, nicht übertragbar.

Windstärken werden nach der **Beaufortskala** angegeben. Beaufort (sprich: Bohfohr) war englischer Admiral und führte Anfang des 19. Jahrhunderts, als noch keine technischen Mittel zur Messung der Windgeschwindigkeit existierten, die **Windstärken 0 - 12 Bft** ein. Dabei legte er zunächst die Anzahl der Segel, die ein bestimmter Schiffstyp gerade noch setzen konnte, zugrunde. Später wurden charakteristische Erscheinungen der Wasseroberfläche zur Bestimmung der Windstärke herangezogen.

Windstärken können aber nicht nur nach der Beaufortskala, sondern auch in m/s, km/h und Knoten (kn = sm/h) angegeben werden.

Fragen 285, 287 - 289

Corioliskraft, Druckgefälle

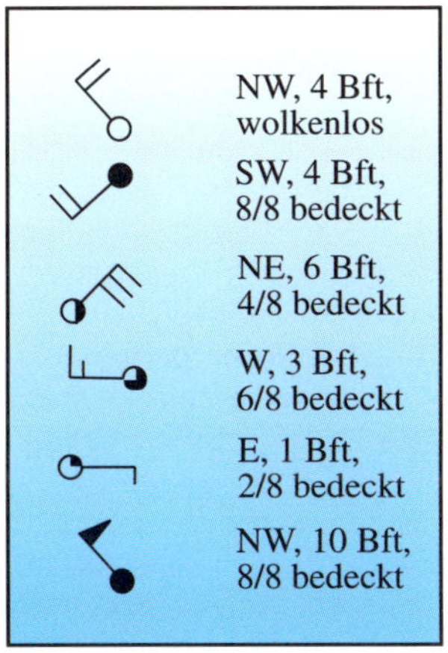

Windfiedern werden in die Richtung gezeichnet, aus welcher der Wind weht. Die Fiedern zeigen in Windrichtung gesehen stets nach rechts (zum Tief).

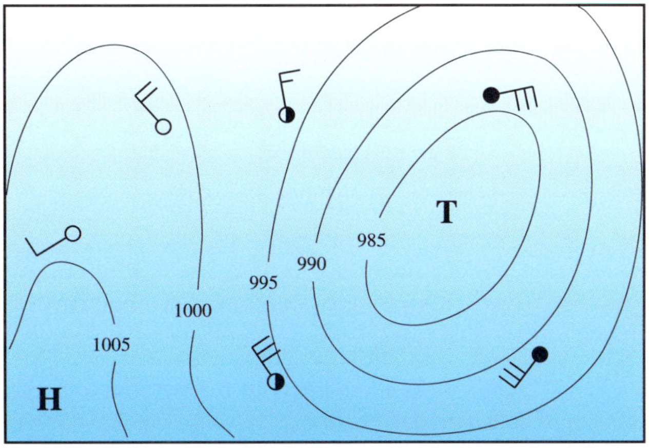

Wind weht auf der Nordhalbkugel rechts herum (im Uhrzeigersinn) aus einem Hoch heraus und gegen den Uhrzeigersinn in ein Tief hinein. Er schneidet bei mittlerer Windstärke die Isobaren in einem Winkel von etwa 20°. Bei stärkerem Wind wird dieser Winkel kleiner, bei schwachem Wind größer. Je enger die Isobaren verlaufen, um so stärker ist der Wind. Die Isobaren enthalten Druckangaben in hPa.

Die Windrichtung gibt an, *woher* der Wind weht. Darauf beziehen sich auch Richtungsänderungen des Windes. **Rechtdrehender Wind** dreht in Windrichtung gesehen nach rechts, **rückdrehender Wind** nach links.

Corioliskraft

Wind weht im allgemeinen nicht auf dem direkten Weg aus einem Hoch in ein Tief, er wird vielmehr durch die Drehung der Erde verwirbelt. Auf der nördlichen Erdhalbkugel strömt der Wind mit dem Uhrzeigersinn aus einem Hochdruckgebiet heraus und gegen den Uhrzeigersinn in ein Tief hinein; auf der südlichen Erdhalbkugel umgekehrt: gegen den Uhrzeigersinn aus dem Hoch und mit dem Uhrzeigersinn in das Tief. Im Herbst sieht man oft die gegen den Uhrzeigersinn aufsteigende Luft, wenn Wind trockenes Laub aufwirbelt.

Corioliskraft
Auf einem Karussell, einer Scheibe, die sich wie die Erde links herum dreht, will ein innen stehendes Kind ein anderes, das sich weit außen befindet, mit einer Wasserpistole naßspritzen. Bei genügend hoher Drehgeschwindigkeit wird der Wasserstrahl sein Ziel verfehlen, da der nach außen fliegende Strahl nach rechts (im Uhrzeigersinn) abgelenkt wird. Das Karussell dreht sich unter dem Wasserstrahl hinweg.
Einer ähnlichen Kraft ist auch der Wind auf der nördlichen Erdhalbkugel ausgesetzt. Aus einem Hoch heraus wird er nach rechts - also im Uhrzeigersinn - abgelenkt. Im Tief dagegen erzeugt die Rechtsablenkung eine Drehung gegen den Uhrzeigersinn. Ständen die Kinder auf der Unterseite des Karussells (Südhalbkugel), so erfolgte die Ablenkung nach links. So wird auch der Wind auf der Südhalbkugel nach links abgelenkt. Nur auf dem Rand der Scheibe (Äquator) gibt es keine Ablenkung: Die Kinder könnten sich ungehindert naßspritzen, so wie der Wind am Äquator direkt vom Hoch zum Tief weht (keine Corioliskraft).

Ursächlich für diese Verwirbelungen ist die **Corioliskraft** (die auch Wirbel in ablaufendem Badewannenwasser verursacht). Die Corioliskraft, welche letzten Endes die Windgeschwindigkeit verringert, wird zum Äquator hin schwächer, zu den Polen hin dagegen stärker. Dies hat zur Folge, daß bei gleichem Isobarenabstand in höheren Breiten die Windgeschwindigkeit abnimmt. Ein Druckgefälle von z. B. 5 hPa auf 250 km verursacht auf einer geographischen Breite von

30°: Windstärke 9 Bft,
55°: Windstärke 7 Bft,
70°: Windstärke 6 Bft.

Wirbelstürme mit Windgeschwindigkeiten von bis zu 250 km/h können aus diesem Grund auch nur in den Tropen, nicht jedoch in höheren Breiten auftreten.

Fragen 284, 286 - 288, 290 - 292

Beaufortskala

BEAUFORTSKALA			
Windstärke Beaufort	Bezeichnung	Auswirkungen der Windstärke auf die See	Knoten m/s
0	Stille	Spiegelglatte See.	<1 0-0,2
1	Leiser Zug	Kleine, schuppenförmig aussehende Kräuselwellen ohne Schaumkämme.	1-3 0,3-1,5
2	Leichte Brise	Kleine Wellen, noch kurz, aber ausgeprägter. Die Kämme sehen glasig aus und brechen sich nicht.	4-6 1,6-3,3
3	Schwache Brise	Die Kämme beginnen zu brechen. Schaum überwiegend glasig, ganz vereinzelt können kleine weiße Schaumköpfe auftreten.	7-10 3,4-5,4
4	Mäßige Brise	Wellen sind noch klein, werden aber länger. Weiße Schaumköpfe treten schon ziemlich verbreitet auf.	11-15 5,5-7,9
5	Frische Brise	Mäßige Wellen, die eine ausgeprägtere Form annehmen. Überall weiße Schaumkämme. (Ganz vereinzelt kann auch schon Gischt vorkommen.)	16-21 8,0-10,7
6	Starker Wind	Die Bildung großer Wellen beginnt; Kämme brechen und hinterlassen größere weiße Schaumflächen; etwas Gischt.	22-27 10,8-13,8
7	Steifer Wind	See türmt sich; der beim Brechen entstehende weiße Schaum beginnt sich in die Windrichtung zu legen.	28-33 13,9-17,1
8	Stürmischer Wind	Mäßig hohe Wellenberge mit Kämmen von beträchtlicher Länge. Von den Kanten der Kämme beginnt Gischt abzuwehen. Der Schaum legt sich in gut ausgeprägten Streifen in die Windrichtung.	34-40 17,2-20,7
9	Sturm	Hohe Wellenberge; dichte Schaumstreifen in Windrichtung; „Rollen" der See beginnt. Der Gischt kann die Sicht schon beeinträchtigen.	41-47 20,8-24,4
10	Schwerer Sturm	Sehr hohe Wellenberge mit langen überbrechenden Kämmen. See weiß durch Schaum. „Rollen" der See beginnt. Sicht durch Gischt beeinträchtigt.	48-55 24,5-28,4
11	Orkanartiger Sturm	Außergewöhnlich hohe Wellenberge. Die Kanten der Wellenkämme werden überall zu Gischt zerblasen. Die Sicht ist herabgesetzt.	56-63 28,5-32,6
12	Orkan	Luft mit Schaum und Gischt angefüllt. See vollständig weiß. Die Sicht ist sehr stark herabgesetzt; jede Fernsicht hört auf.	>63 >32,7

Fragen 285, 294, 295, 299 - 304

Landwind, Seewind

Wenn sich mit stetig steigendem Luftdruck das Wetter bessert, die Wolken verschwinden und die Sonne endlich wieder lacht, so hat diese Wetterentwicklung für manche Segler auch eine Schattenseite: Im Zentrum eines ausgeprägten Hochdruckgebietes weht nur flauer Wind.

Diese Regel gilt allerdings nur für das Landesinnere und die offene See, wohingegen an Küsten, Seeufern und vor Inseln häufig schöner Segelwind anzutreffen ist. Dieser „Seewind" ist nachmittags besonders ausgeprägt und hat seine Ursache in der unterschiedlichen Erwärmung von Land und Wasser (Thermik).

Während die Sonne das Land schnell erwärmt, verändert das Wasser seine Temperatur im Tagesgang kaum. Mit zunehmender Erwärmung steigt daher Luft über dem Land auf, ein **Hitzetief** entsteht. In der Höhe strömt die aufgestiegene Luft über das kühlere Meer und sinkt dort nieder. Es bildet sich ein **Kältehoch**. Aus dem Hoch, also vom Meer, weht der Wind zurück an die Küste, wo der erfrischende Seewind Abkühlung bringt.

Seewind kann in unseren Breiten Windstärke 4 - 5 Bft erreichen, wenn die Temperaturdifferenz zwischen Wasser und Land besonders groß ist, also nachmittags im Frühsommer, wenn das Land schon sehr heiß, das Wasser aber noch kalt ist. Der Seewind reicht dann 10 - 15 Seemeilen weit vor die Küste.

Sobald die Sonneneinstrahlung nachläßt, also zum Abend hin oder wenn sich größere Wolkenfelder bilden, schwächt sich auch der Seewind ab, und die **Abendflaute** kommt. (Nimmt der Wind am Abend zu, so steht eine Wetterverschlechterung bevor, es muß mit Regen, Starkwind oder sogar Sturm gerechnet werden.)

Bei wolkenloser, windstiller Nacht jedoch wendet sich das Blatt. An Land gehen die Temperaturen deutlich zurück. Das Wasser aber kühlt kaum ab. Es entsteht über dem Land ein Kältehoch. Nach demselben Prinzip entwickelt sich nun **Landwind**, der jedoch kaum mehr als 2 Windstärken erreicht und auf einen Streifen von 2 - 5 Seemeilen vor der Küste begrenzt ist. In den frühen Morgenstunden, kurz vor Sonnenaufgang, erreicht der Landwind seine größte Stärke.

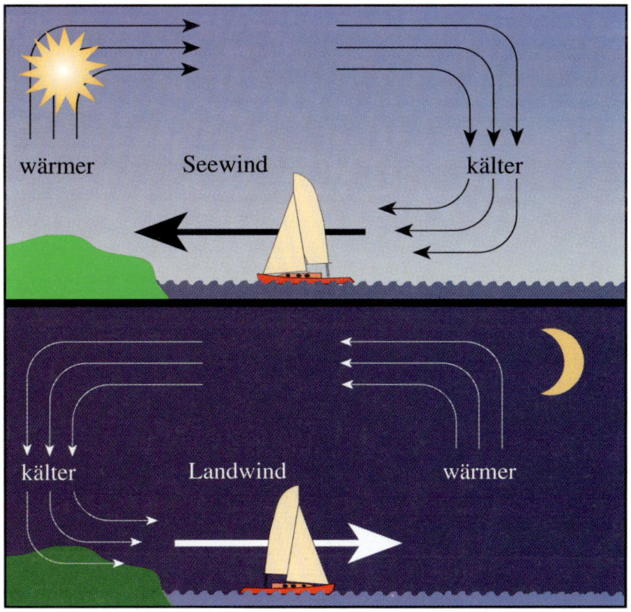

Tagsüber, besonders in den Nachmittagsstunden, weht mit 4 - 5 Beaufort ein kühler Seewind zum erhitzten Land, während zum Ende der Nacht, in den frühen Morgenstunden, schwacher Landwind mit 1 - 2 Bft auftritt.

Mit der Erwärmung des Landes endet auch der Landwind. Bald setzt wieder Seewind ein - zuerst in unmittelbarer Küstennähe, schwach und auf 50 - 100 Meter Höhe begrenzt, aber mit zunehmender Erwärmung des Landes wieder stärker werdend.

An Küsten, wo durch Watt, gewässerreiches Hinterland, größere Waldgebiete oder schmale Landzungen der Temperaturgegensatz nicht so groß wird, entwickelt sich auch die Landwind-Seewind-Zirkulation schwächer.

Seewind tritt, wie eingangs dargestellt, nur bei stabiler Hochdrucklage auf, wenn also keine stärkeren Luftbewegungen vorhanden sind. Das Ende der Schönwetterperiode kündigt sich oft durch Wärmegewitter oder abendlichen Wind an. Dann ist im allgemeinen das schöne Wetter und damit die Landwind-Seewind-Zirkulation beendet.

Fragen 296, 297

Entstehung von Wolken und Nebel

Entstehung von Wolken

Aufsteigende Luft dehnt sich aus und kühlt ab. Dabei nimmt ihre relative Feuchte zu (s. Seite 83).

Unterschreitet die Lufttemperatur ihren Taupunkt (100% relative Feuchte), so kondensiert der überschüssige Wasserdampf an Kondensationskernen zu Wassertröpfchen und an Gefrierkernen zu Eiskristallen (Sublimation). Vereisung setzt aufgrund des geringen Drucks in höheren Luftschichten erst bei Temperaturen unterhalb von -10°C ein.

Die Wassertröpfchen und Eiskristalle werden als Wolke sichtbar. Sie sind so leicht, daß bereits eine schwache Aufwärtsbewegung in der Wolke ausreicht, um die Wassertröpfchen und Eiskristalle schweben zu lassen.

Werden die Wassertröpfchen so groß, daß ihr Gewicht die Kraft des Auftriebs übersteigt, so beginnen sie zu fallen. Auf ihrem Weg zur Erde setzt Verdunstung ein, wodurch die Tropfen wieder kleiner werden und gegebenenfalls ganz verdampfen.
Dies ist gelegentlich an Fallstreifen zu beobachten, die aus den Wolken herabhängen.

Die Höhe, bei der Wolkenbildung einsetzt, heißt **Kondensationsniveau**.

Luft kann aus verschiedenen Gründen aufsteigen und kondensieren:

- warmer Untergrund erwärmt die Luft, welche dadurch aufsteigt;
- über Berge strömende Luft wird nach oben gedrückt;
- Vertikalbewegungen durch rauhen Untergrund (Topographie, Bebauung);
- eine Kaltfront schiebt sich unter Warmluft und hebt sie an;
- eine Warmfront gleitet auf Kaltluft in die Höhe.

Entstehung von Nebel

Liegt das Kondensationsniveau am Boden, so entsteht Nebel. Bei der Nebelbildung unterscheidet man drei Möglichkeiten:

- Abkühlung der Luft,
- Zufuhr von Feuchte,
- Mischung zweier Luftmassen.

1. Abkühlung der Luft
Wenn warme Luft über kaltes Wasser weht, so kann **Advektionsnebel** entstehen. Er wird auch als **Kaltwassernebel** bezeichnet und tritt im Frühjahr in küstennahen Gebieten der Nord- und Ostsee auf.

Helgoland liegt oft im Nebel, weil südlich der Insel die Wassertiefe auf 50 m abfällt. Der Gezeitenstrom spült kaltes Tiefenwasser an die Oberfläche („kalte Eier"), so daß die Luft kondensiert und die Insel in Nebel hüllt. „Kalte Eier" erzeugen **driftende Nebelbänke**. Der bekannte **Neufundland-Nebel** tritt aus dem gleichen Grund im Grenzbereich zwischen dem kalten Labradorstrom und dem warmen Golfstrom auf.

Luft kann auch infolge nächtlicher Abstrahlung abkühlen und neblig werden. Bei schwachem Wind entsteht Bodennebel (oder Hochnebel, wenn der Nebel von oben nach unten wächst). **Abstrahlungsnebel** ist auf See selten, da Wasser Wärme speichert. Er kann jedoch von Land aus in küstennahe Seegebiete wehen („Küstennebel").

2. Zufuhr von Feuchte
Wenn umgekehrt kalte Luft (im Herbst) über warmes Wasser streicht, tritt allmählich eine Sättigung mit Wasserdampf ein, die **Warmwassernebel** hervorruft. **Arktischer Seerauch** hat dieselbe Ursache, tritt jedoch nur in (sub)arktischen Gewässern oder im Winter auf, wenn die Wassertemperatur mehr als 10°C über der Lufttemperatur liegt.

3. Mischungsnebel
An Fronten können sich Luftmassen vermischen und zu **Frontnebel** führen. Typisch für Warmfronten ist eine Sichtverschlechterung. Frontnebel kann auch entstehen, wenn Warmluft auf kalte Luft aufgleitet und Regen die darunterliegende Kaltluft mit Feuchte sättigt (Zufuhr von Feuchte).

Einteilung der Wolken

Wolken entwickeln und verändern sich fortlaufend und zeigen einen unerschöpflichen Formenreichtum. Dennoch ist es möglich, Wolken, die auf der ganzen Erde vorkommen, nach verschiedenen Kriterien und Formen einzuteilen.

Eine einfache Unterteilung der Wolken kann nach ihrer Form in Haufen- und Schichtwolken erfolgen.

Haufenwolken, auch **Cumuluswolken (Cu)** genannt, sind einzelne scharf begrenzte Wolken. Jedes Kind, das Wolken

Einteilung der Wolken

zeichnen möchte, malt Cumuluswolken. Cumuli mit ihren runden, blumenkohlartigen Formen entstehen, wenn Luft rasch vertikal aufsteigt (emporquillt) und dabei ihre Taupunktstemperatur erreicht. Haufenwolken sind typische **Konvektionswolken** (Konvektion = freier Auftrieb aufgrund von Wärmeüberschuß).

Schicht- oder **Stratuswolken (St)** sind struktur- und formenlose, großräumige Wolkendecken. Stratuswolken bilden sich, wenn Luft langsam (wie auf einer schrägen Ebene) aufgleitet oder infolge nächtlicher Wärmeabstrahlung großräumig auskühlt (Hochnebel). Schichtwolken sind meist auch **Advektionswolken** (Advektion = durch „Heranführen“ erzwungene, großräumige Hebung). Wolken können auch nach ihrer Zusammensetzung oder Temperatur unterschieden werden.

Wasserwolken bestehen nur aus Wassertröpfchen.

> **Labile Schichtung**
> Luft tendiert zum Aufsteigen (Cumulus).
>
> **Stabile Schichtung**
> Aufsteigende Luft wird gebremst (Stratus).

> **Cumuluswolken**
> Ausdruck eines zügigen, unregelmäßigen, stets vertikalen Aufsteigens der Luft.
>
> **Stratuswolken**
> Zeichen eines langsamen Aufgleitens feucht-warmer Luft über großen Gebieten.

Dies sind kompakte Wolken mit scharfen Rändern. Wasserwolken kommen nur in Höhen vor, wo es wärmer als -10°C ist.

Mischwolken enthalten Wasser in flüssiger (Tröpfchen) und fester Form (Eiskristalle, Schneesterne, Graupel, Hagel). Sie sind je nach Wolkendicke hell- bis dunkelgrau. Ihre Ränder sind z. T. fest umrissen, teilweise auch ausgefranst. Mischwolken bringen Niederschläge. Sie liegen in einem Höhenbereich mit Temperaturen von -10°C bis -35°C.

Eiswolken sind weiß glänzend und an faserigen, schleierförmigen oder diffusen Umrissen erkennbar. Ihre Ränder sind ausgefranst. Sie enthalten ausschließlich Eiskristalle. Die Temperatur liegt unter -35°C.

Gemäß der Einteilung in Wasser-, Misch- und Eiswolken unterscheidet man drei **Wolkenstockwerke**:
- das untere,
- das mittlere,
- das obere.

Die Temperatur ist sowohl von der Jahreszeit als auch von der geographischen Breite abhängig. Legt man die mittlere Temperaturverteilung der Troposphäre zugrunde, so ergeben sich für die gemäßigten Breiten etwa folgende Höhen der Wolkenstockwerke:

Diese Cumulonimbuswolke erstreckt sich über alle drei Wolkenstockwerke und stößt oben an die Tropopause, was ihre Amboßform erklärt. Gewitterbildung ist möglich.

> **Böen - ein Gruß von oben**
> Böen sind Fallwinde. Wenn ein Luftpaket aufsteigt, kommt ein anderes herunter, als Bö. Aufsteigende Luftpakete sind an großen Cumuluswolken erkennbar. Damit sie entstehen können, muß labile Schichtung vorherrschen. Labile Schichtung, also große Cumuli, also Böen.

- unteres: 0-2 km
- mittleres: 2-7 km
- oberes: 5-13 km

Das mittlere und das obere Wolkenstockwerk überschneiden sich etwas. Merke: Wasserwolken kommen nur im unteren Wolkenstockwerk vor, Mischwolken sind im mittleren Wolkenstockwerk anzutreffen, während Eiswolken auf das obere Stockwerk begrenzt sind.

Die **Wolkenfarbe** zeigt nur deren Feuchtegehalt an. Sie variiert mit dem Lichteinfall und ist kein Hinweis auf die Heftigkeit von Böen oder Gewittern.

> **Böenwalze**
> Dunkelgraue Farbe zeigt große Feuchte (Hebung) an - wo die Wolke weiß ist, kommt die Bö (von oben).

Frage 305

Zyklogenese

Planetarischer Wärmeausgleich

Durch die nahezu senkrechte Sonneneinstrahlung empfängt die Erde in den Tropen mehr Wärme, als sie in den Weltraum abstrahlt. Über den Polen hingegen hat die Erde eine negative Strahlungsbilanz. Sie gibt mehr Wärme an den Weltraum ab, als ihr von der Sonne zugeführt wird.

Ein globaler, auf beiden Erdhalbkugeln ähnlicher Luft- und Wärmeaustausch zwischen den Tropen und den Polen verhindert, daß die Tropen immer wärmer und die Pole immer kälter werden.

Hierzu wird aus den subtropischen Hochdruckgebieten feucht-warme Luft polwärts transportiert und aus den polaren Hochdruckgebieten trocken-kalte Luft zurückgeführt.

In den gemäßigten Breiten treffen derartige Luftmassen aufeinander, fließen jedoch zunächst ungestört aneinander vorbei - getrennt von einer Zone flauen Windes. Unter bestimmten atmosphärischen Bedingungen können sich an dieser Luftmassengrenze sehr große Tiefdrucksysteme entwickeln.

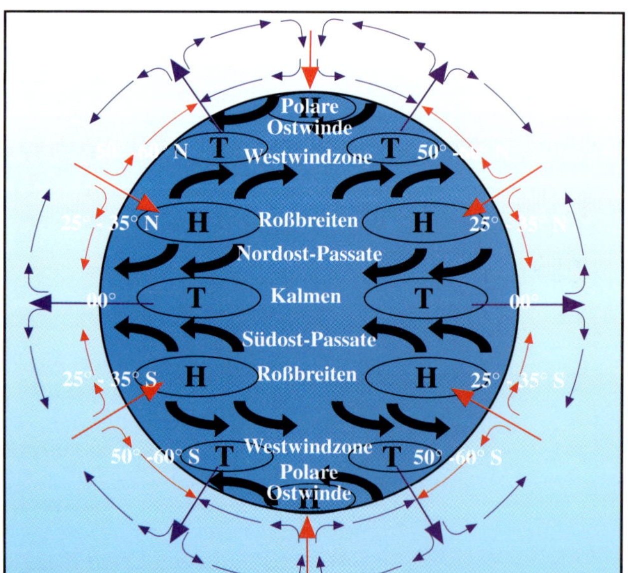

Schematische Darstellung der globalen Luftbewegungen in Bodennähe. Die Lage der Druckgebilde verändert sich mit den Jahreszeiten. Man beachte, daß der Wind auf der Nordhalbkugel nach rechts und auf der Südhalbkugel nach links abgelenkt wird.

In diesen Tiefs wird die Warmluftmasse angehoben, so daß ein Teil anschließend weiter polwärts strömen und die Polargebiete von oben mit Wärme versorgen kann.

„Zweck" der Tiefbildung ist es also, die Subtropikluft nach oben zu verfrachten. Danach ist das Tief vollständig okkludiert und stirbt ab.

Zyklogenese

Die wandernden Tiefdruckgebiete in den gemäßigten Breiten heißen **Zyklonen**. Als **Zyklogenese** bezeichnet man ihre Entstehung.

Diese beginnt mit einer sogenannten Wellenstörung z. B. im Nordatlantik, wo der warme Golfstrom und der kalte Labradorstrom aufeinandertreffen. Wenn der in großer Höhe vorherrschende Westwind (Jetstream) die subtropische Warmluft mitreißt, so entwickelt sich daraus ein flaches Tief.

Für die weitere Entwicklung ist wichtig, daß a) die Luftmassen sich kaum vermischen und b) die Kaltluft schneller voranströmt als die Warmluftmasse. Um den Tiefdruckkern rotierend holt die kalte Luftmasse die warme ein (junge Zyklone mit umfangreichem Warmsektor) und schiebt sich dann, da sie schwerer ist, unter die warme Luft (Beginn des Okklusionsprozesses). Gleichzeitig „saugt" der Jetstream die Warmluft weiter nach oben. Der Okklusionspunkt wandert nach außen.

Während die warme Luft angehoben wird, kühlt sie ab, kondensiert und erzeugt die aus Wetterfilmen bekannte, riesige Wolkenspirale. Das Druckgebilde wird nunmehr als umfangreiches oder steuerndes Tief bezeichnet. Über ihm ist der Jetstream S-kurvenförmig deformiert. In diesem Stadium entwickeln sich häufig **Randtiefs**, die das Muttertief „zyklonal" (auf der Nordhalbkugel gegen den Uhrzeigersinn) umkreisen. Mit dem Jetstream ziehen die Tiefs meist in nordöstliche Richtungen und prägen das Wettergeschehen in unseren Breiten, sofern nicht ein kräftiges Hoch (Azorenhoch) ihre Zugbahn ablenkt.

Zyklogenese

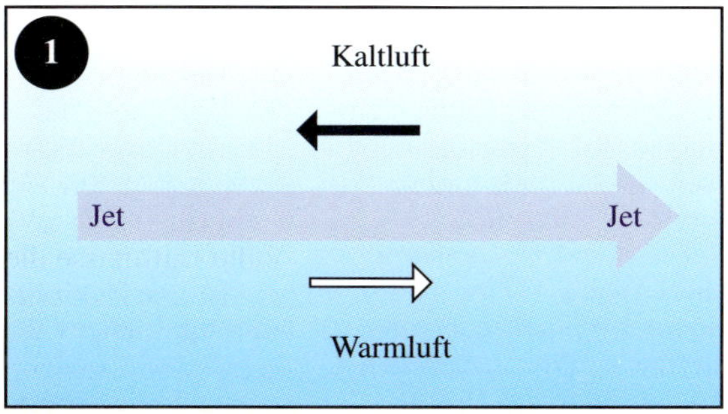

Polar- und Subtropikluft strömen ungestört.

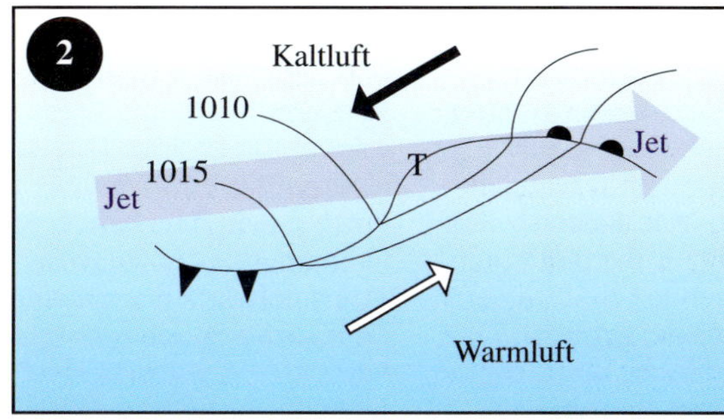

Wellenstörung.

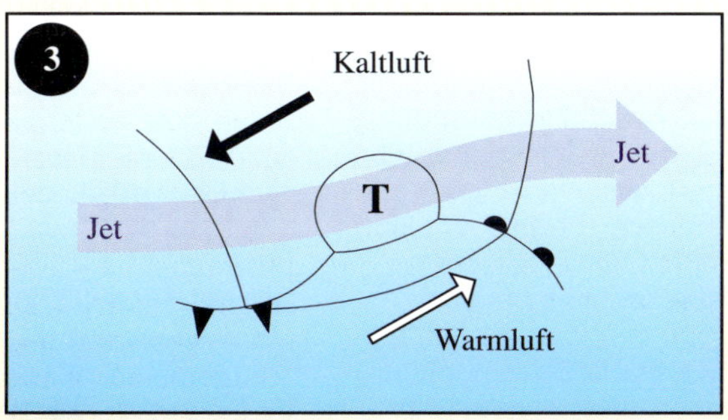

Flaches Tief.

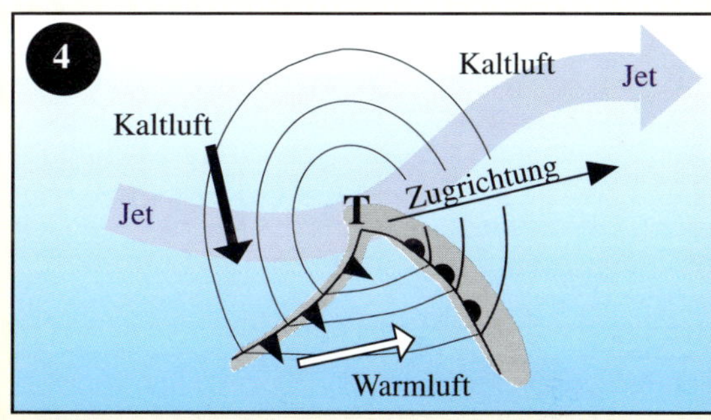

Junge Zyklone mit umfangreichem Warmsektor.

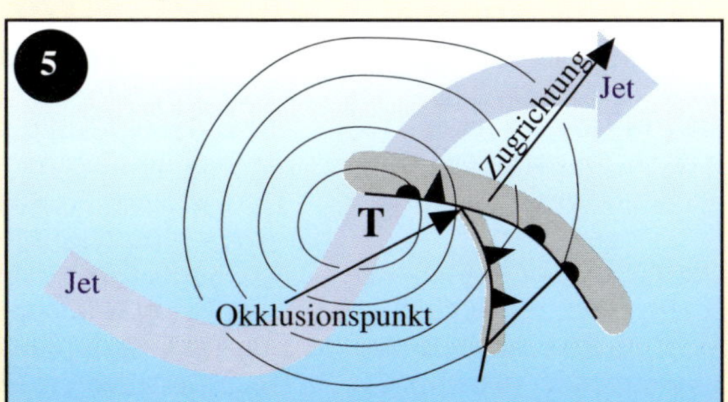

Beginn des Okklusionsprozesses.

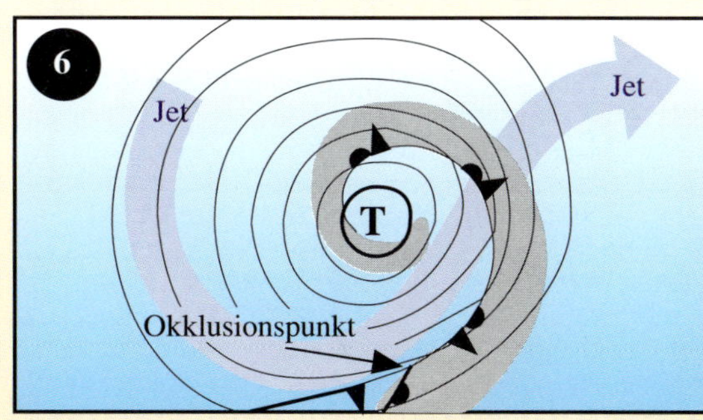

Umfangreiches, steuerndes Tief mit Wolkenspirale.

Energiereiche Subtropikluft und energiearme Polarluft strömen zunächst ungestört aneinander vorbei. Aus einer Wellenstörung kann dann ein flaches Tief entstehen, das rasch - im Winter mit bis zu 50 kn - mit dem Jet (Höhenwind) in östliche Richtungen zieht. Junge Zyklonen mit umfangreichem Warmsektor ziehen in Richtung der Isobaren im Warmluftsektor und erreichen dabei noch Geschwindigkeiten von 25 - 30 kn. Okkludierte Tiefs ziehen anfangs noch mit etwa 10 kn, werden aber immer langsamer und schließlich stationär; der Jet ist am Ende stark verformt.

Frage 298

Hoch- und Tiefdruckgebiete

Als Hochdruckgebiet, auch **Hoch** oder **Antizyklone** genannt, wird ein Gebiet relativ hohen Drucks bezeichnet. Es entsteht häufig aus absinkender Kaltluft, die sich erwärmt und dabei trocknet. Man unterscheidet zwei Hochdrucktypen,

- warme oder umfangreiche Hochs und
- kalte oder flache Hochs.

Das **warme Hoch** ist subtropischen Ursprungs; es reicht weit - bis zur Tropopause - nach oben, besitzt eine große Ausdehnung und verändert seine Lage nur langsam. Der Himmel erscheint infolge eines höheren Wasserdampfanteils milchig blaß.

Das **Azorenhoch** und das **Rußlandhoch** sind warme oder umfangreiche Hochs. Typisch für ein warmes Hoch ist ein langsamer, aber dauerhafter (manchmal tagelang anhaltender) Druckanstieg. Im Sommer beschert ein warmes Hoch lange gutes Wetter. Die Sicht ist nicht übermäßig gut, und am Himmel zeigt sich manchmal ein leichter Wolkenschleier. Am Tage können flache Cumuluswolken aufkommen, die sich abends auflösen. Das Ende des Hochs zeigt sich an fallendem Luftdruck.

Siebenschläfer
Am 27. Juni ist Siebenschläfer. Nach einer alten Bauernregel wird sich das an diesem Tag herrschende Wetter sieben Wochen lang kaum verändern. Hinter dieser Regel steckt folgender Sachverhalt: Schlechtes Wetter entsteht, wenn fortlaufend kalte Tiefs über uns hinwegziehen. Gutes Wetter herrscht, wenn - wie in den Sommern 1994 und 1995 - umfangreiche, warme Hochs (Azoren- und Rußlandhoch) die Tiefs nach Norden ablenken. Am 21. Juni ist Sommeranfang, an diesem Tag erreicht die Sonne ihre größte nördliche Breite (höchster Stand). Danach wandert sie wieder südwärts. Wenn sich das subtropische Azorenhoch nicht bis Ende Juni weit nach Norden ausgedehnt hat, so wird dies bei der inzwischen südwärts wandernden Sonne auch nicht mehr geschehen. Norddeutschland ist dann „schutzlos" den atlantischen Tiefs ausgeliefert. Erst in der zweiten Augusthälfte wird sich unter dem Einfluß eines skandinavischen Hochs das Wetter wieder bessern. Hat sich hingegen bis kurz nach Sommeranfang ein weit nach Norden reichender Azorenhochkeil (und eine Brücke zum Rußlandhoch) gebildet, so hält er sich meistens bis in die zweite Augusthälfte, in welcher dann das Wetter wieder schlechter wird. Die „Eintreffquote" beträgt knapp 70%.

Eine **Hochdruckbrücke** verbindet zwei Hochs miteinander und ist Kennzeichen einer stabilen Hochdrucklage. Eine Hochdruckbrücke zwischen dem Azorenhoch und dem Rußlandhoch bringt Deutschland wochenlang gutes Wetter (1994, 1995). Hochs sind häufig asymmetrisch. Eine horizontale Auswölbung des Hochs heißt **Keil**. Auch Keile bringen gutes Wetter - und schwache Winde.

Das **kalte Hoch** kommt häufig als **Zwischenhoch** zwischen zwei Tiefdruckgebieten vor und verändert seine Lage rasch. Seine Höhe reicht nicht über 1500 m hinaus. Es kündigt sich mit kräftigem, nicht lange anhaltendem Luftdruckanstieg an und erzeugt dann sehr gute Sicht und strahlend blauen Himmel. Weil es rasch wandert, ist das gute Wetter schnell - meistens nach einem Tag - wieder vorbei.

Die Abwärtsbewegung in einem Hoch reicht aber nicht immer bis zum Boden, sondern endet manchmal an einer **Temperaturinversion**. Diese warme Grenzschicht hält - vor allem im Winter - Feuchte, Verunreinigungen und Staub unter sich gefangen (Smog). Daher bringt nicht jedes Hoch blauen Himmel.

Ein **Tief**, auch als **Zyklone** bezeichnet, wird durch relativ niedrigen Luftdruck, der zu seinem Kern hin abnimmt, charakterisiert. Tiefs sind unterschiedlich große Luftwirbel mit einer leicht rückwärts geneigten Achse. Die Verwirbelung erfolgt zyklonal (Nordhalbkugel: gegen den Uhrzeigersinn). Nach ihrer Entstehung lassen sich zwei Tiefdrucktypen unterscheiden: das kalte (statische) Tief und das warme (dynamische) Tief.

Als **warmes Tief** wird ein Tief bezeichnet, welches durch aufsteigende Warmluft entsteht. Es charakterisiert den Entstehungsprozeß der Zyklone und wird auch flaches Tief genannt.
Es hat je eine aktive Warm- und Kaltfront.

Das **kalte Tief** ist der Endzustand der Tiefdruckentwicklung. Kalte Tiefs, die auch umfangreiche Tiefs genannt werden, ziehen sehr langsam - auf der Nordhalbkugel meistens nach NE bis N, wobei ihre Zugrichtung durch warme Hochdruckgebiete (Rußland- oder Azorenhoch) abgelenkt werden kann.

Ein Tief bringt schlechtes Wetter (kühle Luft im Sommer, milde im Winter). Tritt in seinem Einflußbereich verbreitet

Hoch- und Tiefdruckgebiete

Windstärke 8 Bft auf, so heißt es **Sturmtief**, ab 10 Bft **Orkantief**. Ein Tief mit nur einer geschlossenen Isobare wird als **flaches Tief** bezeichnet.

Das **Randtief** ist ein kleineres Tief, das am Rand eines gealterten Zentraltiefs entsteht und dieses häufig zyklonal umkreist. Dabei dreht es sich viel schneller als das Muttertief und kann sich mit ihm schließlich vereinigen.

Ein **Teiltief** bildet sich stets in Lee eines Gebirgszuges (z. B. Alpen). Dort sinkt die Luft zunächst ab. Die damit verbundene vertikale Streckung führt zur Dichte- und somit zur Druckabnahme in Lee. Schwenkt zusätzlich eine Kaltfront über das Gebirge, entsteht eine Luftmassengrenze in Lee und damit ein neues Tief (Teiltief) mit Warm- und Kaltfront. Beispiele für Teiltiefs sind das **Skagerraktief**, das **Genuatief**, das **Adriatief** (Alpen) und das Tief südlich Grönlands.

Man beachte: Beim **Randtief** hebt der Jetstream die Warmluft, beim Teiltief geschieht die Hebung durch ein Gebirge. Im Gegensatz zum Randtief entwickelt das Teiltief später ein Eigenleben. Rand- wie Teiltief sind zunächst mit dem Muttertief durch eine gemeinsame Isobare verbunden.

Eine **Tiefdruckrinne** verbindet zwei Tiefs, die hantelförmig um einen gemeinsamen Schwerpunkt kreisen.

Ähnlich wie eine Welle weitere Wellen hervorruft, hat die Entstehung eines kalten Tiefs über dem Nordatlantik oft weitere **Wellenstörungen** zur Folge, aus denen sich wiederum neue Tiefs entwickeln.

So entsteht eine **Zyklonenfamilie**, welche 4 - 5 Zyklonen umfassen kann, die - jeweils von einem Zwischenhoch unterbrochen - über uns hinwegziehen.

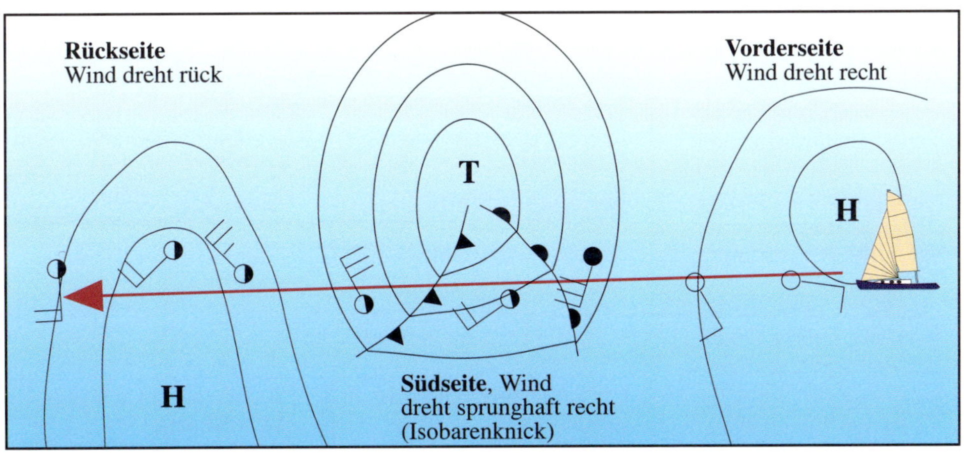

Die Windverhältnisse beim Durchgang eines Tiefdruckgebietes - Windrichtung und Windstärke ergeben sich aus dem Isobarenverlauf und dem Isobarenabstand (s. Seite 85). Diese vereinfacht dargestellte Wetterlage ist typisch für Mittel- und Nordeuropa. Auf der Vorderseite eines Tiefs herrscht schönes Wetter, also Sonne und schwacher bis mäßiger E- oder SE-Wind. Beginnend mit Cirren entwickelt sich ein hoher Wolkenschleier (Cirrostratus), die Bewölkung wird immer dichter, das Tief naht (zum Durchgang der Fronten s. Folgeseite). Hinter der Kaltfront entwickelt sich das typische Rückseitenwetter: frischer NW-Wind mit aufgelockerter Cumulus- und Cumulus congestus-Bewölkung (s. Seite 83). Vereinzelte Schauer treten eher an Land als auf See auf, wo schönes Segelwetter herrscht. Die Bewegung des Zwischenhochs (Hochdruckkeil) ist an rückdrehendem Wind erkennbar. Wenn ein weiteres Tief folgt, so wird es nach 24 Stunden die Stätte des Zwischenhochs erreicht haben (Guilbert-Großmann-Regel).

Nach der **Guilbert-Großmann-Regel** zieht ein Tief häufig binnen 24 Stunden an die Stätte des vorangehenden Zwischenhochs und umgekehrt. Beim Durchzug einer Zyklonenfamilie folgt einem Tag mit schlechtem Wetter häufig ein Tag mit besserem Wetter, der nächste Tag bringt wieder Regen usw., bis die Zyklonenfamilie vorübergezogen ist.

Der Volksmund formulierte dies als Regel vom **Freitags-Sonntags-Wetter**, wonach das Wetter am Sonntag ähnlich dem vom vorigen Freitag ist.

Warmfront und Kaltfront

Fronten

Luftmassen unterschiedlicher Temperatur vermischen sich nicht sofort, sondern bleiben unter dem Einfluß eines Tiefs lange erhalten. Die schmalen Zonen, welche die Luftmassen voneinander trennen, heißen **Fronten**. Wenn Kaltluft Warmluft verdrängt, spricht man von einer **Kaltfront**. Wenn Warmluft kalte Luft wegschiebt, nennt man die Grenzzone **Warmfront**. Beide Fronten sind Grenzschichten, die häufig von der Tropopause bis zum Boden reichen.

Eine **Okklusionsfront** ist eine „Mischfront“. Sie entsteht in einer ausgereiften Zyklone, wenn eine Kaltfront eine Warmfront aufgeholt, unterlaufen und angehoben hat. Okklusionsfronten können Warmfrontcharakter (**Warmfrontokklusion**) und Kaltfrontcharakter (**Kaltfrontokklusion**) haben. Im Einflußbereich eines Hochs lösen sich alle Fronten auf.

Mit dem Durchzug einer Front ist ein sehr heftiges Wettergeschehen verbunden, wenn der Frontabschnitt im Bereich stärkerer Druckunterschiede liegt, d. h. wenn in einer Wetterkarte die Frontlinie zahlreiche Isobaren schneidet.

Darstellung in Wetterkarten.

Für das Verständnis der Wetterabläufe in Fronten ist es wichtig zu wissen, daß

- Warmluft auf einer leicht schrägen, vorwärts geneigten Grenzschicht relativ langsam auf kalte Luft aufgleitet und mit dieser schrägen Fläche die Kaltluft verdrängt;

- eine rasch ziehende Kaltfront mit einer nahezu vertikal verlaufenden Grenzschicht Warmluft heftig nach oben aufwirbelt und vor sich herschiebt.

Daraus ergeben sich grundsätzlich unterschiedliche Ausbildungen der Wolkenbilder:

Warmfront: stratusförmige Bewölkung,

Kaltfront: cumulusförmige Bewölkung.

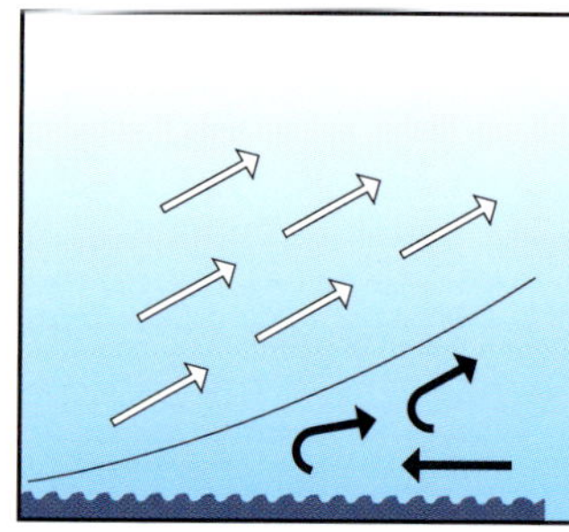

Warmluft gleitet langsam auf ...

... und verursacht dichte Stratus-Bewölkung.

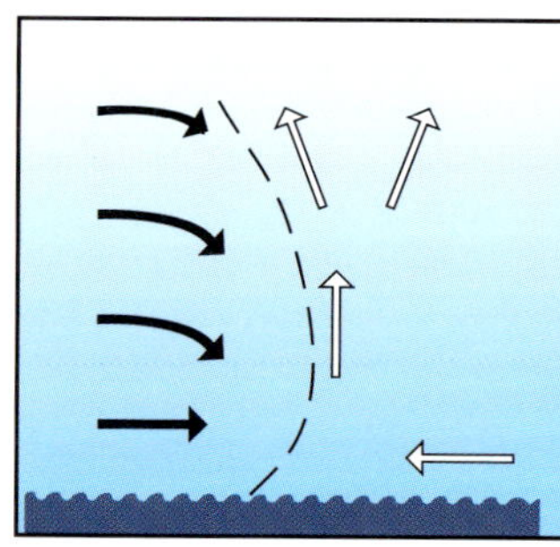

Kaltluft wirbelt Warmluft nach oben ...

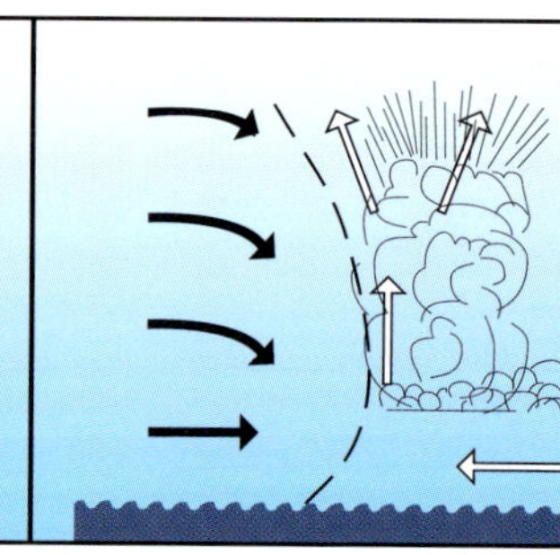

... und erzeugt Cumulus-Bewölkung.

Warmfront = Stratus-Bewölkung
Zeichen eines langsamen Aufgleitens von feucht-warmer Luft über großen Gebieten.
Keine Böen, ergiebiger Regen.

Kaltfront = Cumulus-Bewölkung
Ausdruck eines zügigen, unregelmäßigen, stets vertikalen Aufsteigens der Luft.
Z. T. starke Böen, Schauer, manchmal Gewitter.

Dementsprechend gibt es an Warmfronten kaum Böen, jedoch ausgeprägte, oft 4 - 6 Stunden lang andauernde Niederschläge. An Kaltfronten dagegen treten z. T. starke Böen, Schauer und Gewitter auf.

Warmfront und Kaltfront

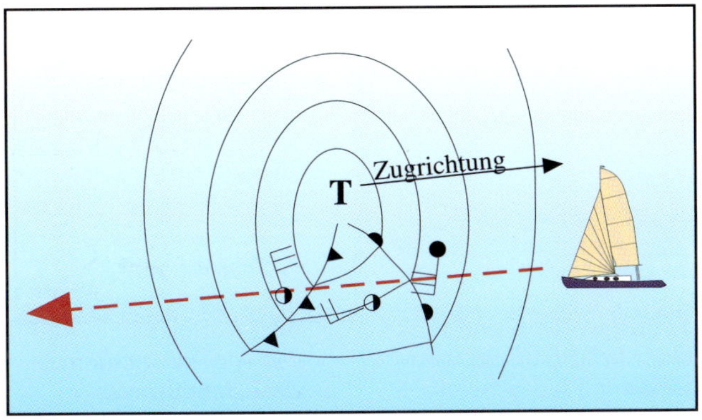

Mit dem Durchgang der Warmfront dreht der Wind recht (Isobarenknick). Er nimmt (bei den obigen Druckverhältnissen) hinter der Warmfront etwas ab. Der Kaltfrontdurchzug bringt eine sprunghafte Rechtdrehung mit zunehmendem, böigem Wind (hohe Labilität im Kaltluftbereich, erkennbar an cumulusförmiger Bewölkung).

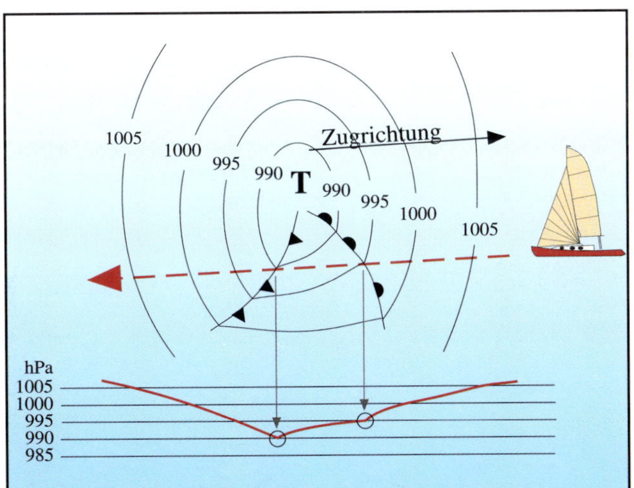

Der Luftdruck nimmt bei Annäherung des Tiefs ab. Die Fronten sind auf einem Barographen (Luftdruckschreiber) als Knicke erkennbar. Hinter der Warmfront stabilisiert sich der Luftdruck etwas; er steigt nach dem Durchzug der Kaltfront deutlich erkennbar an (Zwischenhoch). Fallender Druck kündigt das nächste Tief an.

Wetterregeln über Warm- und Kaltfronten

1. Warmfronten verlagern sich im Sommer mit bis zu 20 bis 25 kn; Kaltfronten können 35 kn erreichen. Im Winter kann sich die Geschwindigkeit fast verdoppeln.
   Warmfronten ziehen langsamer als Kaltfronten.
2. Fronten verlagern sich in Richtung des Windes hinter ihnen.
3. Je mehr Isobaren ein Frontabschnitt schneidet, um so höher ist seine Geschwindigkeit. Je spitzer also der Winkel, in dem die Isobaren den Frontabschnitt schneiden, um so geringer seine Geschwindigkeit.

Windregeln über Kaltfronten

Der Wind in Kaltfronten

- weht zunächst frontparallel,
- frischt meistens vor der Front auf,
- dreht bei Frontdurchgang (Isobarenknick) markant recht,
- kann wegen der starken Hebung heftige Böen enthalten (Sturmböen möglich).

Man rechne mit stärkerer Windsee nach dem Durchzug einer Kaltfront.

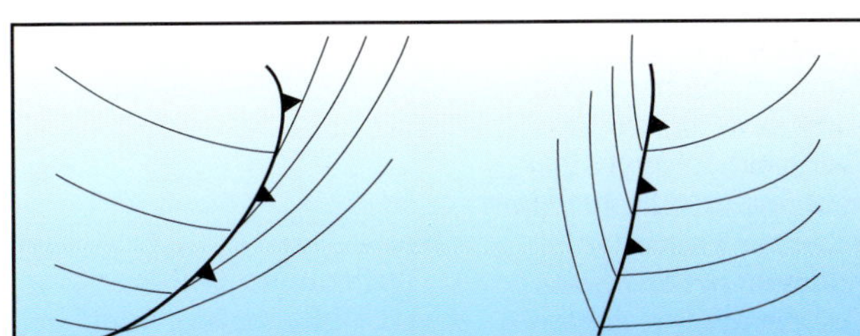

Aus dem Isobarenabstand ist ersichtlich, wie sich der Wind an der Front entwickeln wird: links Vorderseitensturm und Windabnahme nach Durchgang der Front, weil vor der Front die Isobaren eng verlaufen und dahinter ihr Abstand größer wird; rechts umgekehrt Rückseitensturm, da sich die Isobaren hinter der Front verengen.

Fragen 288, 292

Gewitter

Gewitter auf See können außerordentliche Gefahren mit sich bringen:

- Böen bis Orkanstärke,
- plötzliche Winddrehungen,
- starke Regen- oder Hagelschauer mit erheblicher Sichtverminderung,
- Blitzschlag.

Voraussetzung für die Bildung von Gewittern ist eine **labil geschichtete Troposphäre**. Dies bedeutet, daß die Lufttemperatur mit zunehmender Höhe stark abnimmt. Wenn dann eine Luftmasse angehoben wird, ist sie stets deutlich wärmer als ihre Umgebung, und sie wird daher ihren Aufstieg mit wachsender Geschwindigkeit fortsetzen. In einer voll entwickelten Gewitterwolke (Cumulonimbus) kann Luft mit über 100 km/h bis zu 15 km hoch „emporschießen". Die sich dabei bildenden Wassertropfen zerstäuben und gefrieren, wobei gleichzeitig eine Ladungstrennung erfolgt: Positiv geladene Tröpfchen gelangen in den oberen Teil der Wolke, negativ geladene sammeln sich unten. Bald einsetzende Entladungen zwischen Wolken bewirken **Wolkenblitze**, Entladungen zwischen Wolken und Erde verursachen **Erdblitze**.

Entstehung der Gewitter

Je nach Art der Entstehung unterscheidet man

- Wärmegewitter,
- Frontgewitter,
- orographische Gewitter.

Wärmegewitter entstehen durch Hebung überhitzter, feuchter Bodenluft. An Land treten sie zumeist in den Nachmittagsstunden schwüler Sommertage auf und kündigen oft das Ende einer Schönwetterperiode an. Auf See können sie nur über sehr warmem Wasser auftreten, also z. B. im Spätsommer auf dem Mittelmeer, wenn nachts die Luft stark abkühlt. Hochdrucklagen schließen Wärmegewitter aus, da in der Höhe vorherrschende Absinkbewegungen ein nachhaltiges Aufsteigen von Luft verhindern.

Gefahren bei Gewitter
- Böen bis Orkanstärke.
- Winddrehungen.
- Sichtverminderung durch Regen- oder Hagelschauer.
- Blitzschlag.

Frontgewitter sind Folge einer kräftigen, raschen Hebung oder turbulenten Umlagerung von feuchter Warmluft. Sie kommen meistens an (den stärker geneigten) Kaltfronten vor, nur selten - und dann auch schwächer - an Warmfronten. Frontgewitter erstrecken sich auf ein größeres Gebiet als Wärmegewitter. Sie entwickeln sich in einer Art Kettenreaktion an der Front entlang.

Bei **orographischen Gewittern** erfolgt die Hebung durch Berge.

Entwicklung und Ablauf

Wärmegewitter durchlaufen drei gut unterscheidbare **Entwicklungsstadien**:

- das Cumulus- oder Aufbaustadium,
- das Cumulonimbus- oder Reifestadium und
- das Auflösestadium, in dem sich die Wolke zurückbildet.

Intensive Sonnenstrahlung erhitzt bodennahe, feuchte Luftschichten, welche aufsteigen und abkühlen. Aus kleinen Cumuluswolken entwickelt sich schnell eine aufgetürmte Quellwolke (Cumulus congestus), in der die Vertikalbewegung Geschwindigkeiten von bis zu 100 km/h erreicht. Nachströmende Luft wird von unten und den Seiten angesaugt.

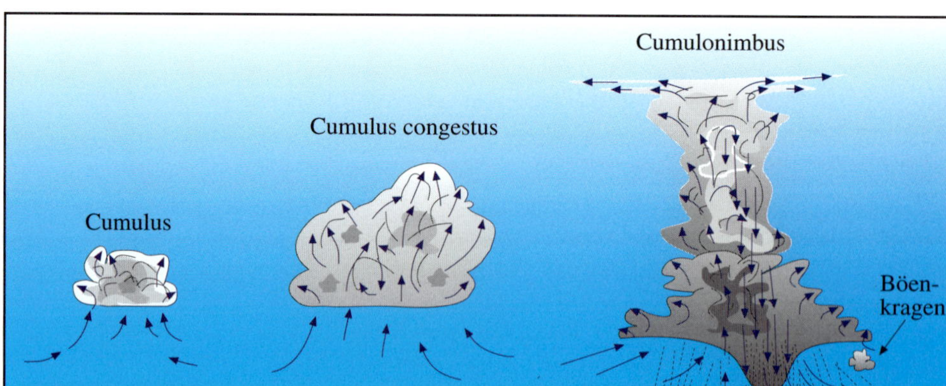

Entwicklung einer Gewitterwolke (Cumulonimbus) mit Vertikalbewegungen der Luft.

Fragen 305, 306

Gewitter

Wassertröpfchen, die sich bei dem rasanten Aufstieg bilden, werden auseinandergerissen. Dabei entsteht eine Ladungstrennung.

Mit zunehmendem Wachstum entwickelt sich eine mächtige **Cumulonimbuswolke** (s. Seite 89), die bis an die Tropopause reicht. Dort oben fließt die mit Eiskristallen versetzte Kaltluft horizontal ab und erzeugt dadurch die typische Amboßform.

Gleichzeitig setzt das eigentliche Gewitter mit Blitz, Donner und heftigem Niederschlag ein. Dieser entsteht zuerst an der Vorderseite des Gewitters, wo sich ein starker Abwind bildet, der die Niederschlagsteilchen mit zu Boden reißt und Böen bis Orkanstärke hervorrufen kann (Böenkragen).

Im Auflösestadium regnet sich die Wolke ab und versiegt.

Als gefährlichster Teil einer Gewitterzelle wird das **Hagelgebiet** angesehen, das sich in den meisten Fällen auf der linken Rückseite eines nahenden Gewitters befindet.

Wenn versucht wird, einem Gewitter auszuweichen, sollte man daher nach Steuerbord ablaufen, das Gewitter also an der Backbordseite des Schiffes lassen.

Eine **Vorhersage der** bei einem Gewitter zu erwartenden mittleren **Böengeschwindigkeit** ist dagegen mit Bordmitteln kaum möglich. Daher sollte eine Gewitterzelle möglichst großräumig umfahren werden.

Die **Zugrichtung** eines Gewitters kann an den mittelhohen Wolken bestimmt werden.

Blitze sind Funken (Entladungen) sehr großen Ausmaßes. Blitze laufen ruckweise durch einen oft zickzackförmig verzweigten **Blitzkanal**, der durch schwächere Vorentladungen zuvor aufgebaut wurde. Der nur wenige Zentimeter große Blitzkanal wird häufig von mehreren Blitzen genutzt.

Die von einem Blitz getroffene Luft dehnt sich infolge großer Hitze (bis 40 000°C) explosionsartig aus. Dadurch entsteht eine Druckwelle, die in der Nähe des Blitzes als starkes Krachen, in mittlerer Entfernung als **Donner** und weit entfernt als Rollen zu hören ist. Donner und Rollen werden durch die Reflexion der Schallwellen an Wolken hervorgerufen; sie können bis zu 30 km weit hörbar sein.

Im Gegensatz dazu haben **Kugelblitze** das Aussehen eines leuchtenden Tennis- bis Fußballs, der sich relativ langsam rollend oder springend in Erdnähe fortbewegt und gelegentlich auch mit lautem Knall explodiert. Kugelblitze sind äußerst selten.

Die **Häufigkeit von Gewittern** nimmt von den Tropen nach den höheren Breiten hin ab. Während in der Äquatorialzone bis zu 160 Gewitter pro Jahr gezählt werden, rechnet man in mittleren Breiten mit etwa 15 - 30 Gewittertagen. In Polargegenden gibt es nur sehr selten Gewitter.

Als gefährlichster Teil einer Gewitterzelle wird das **Hagelgebiet** angesehen, das sich in den meisten Fällen auf der linken Rückseite eines nahenden Gewitters befindet.
Wenn versucht wird, einem Gewitter auszuweichen, so sollte man daher nach Steuerbord ablaufen, das Gewitter also an der Backbordseite des Schiffes lassen.

Verhaltensregeln bei Gefahr von Blitzschlag

- Während eines Gewitters ist unter Deck der sicherste Platz an Bord. (Anders als ein Auto stellt ein Schiff jedoch keinen Faradayschen Käfig, der sicheren Schutz vor Blitzschlag bietet, dar.)
- Wer sich an Deck aufhält, sollte mindestens zwei Meter Abstand von Wanten, Stagen, (Metall-)Masten und Bäumen halten und Schuhe mit Gummisohlen tragen.
- Nicht ankern (Kette kann zum Blitzableiter werden).
- Badende müssen das Wasser verlassen (Lebensgefahr).
- Blitzschlag in das Schiff oder in seine Nähe kann Navigationsanlagen, Maschine, Kompaß und Ruder beschädigen.
- Im Hafen: Elektro-Landanschluß und - falls verwendet - elektrisch leitende Festmacher einholen.

Das Wetter auf der Nordsee

Das Wetter auf der Nordsee

Die Nordsee liegt in der Westwindzone. Dennoch gibt es kein einheitliches Wetter. Die **mittlere Windstärke** nimmt von Südost nach Nordwest zu. Im Sommer weht in küstennahen Gebieten mit 65 % Wahrscheinlichkeit **schwacher Wind** (1-3 Bft), auf der freien See nur noch zu 50 %. **Stürme** dauern meist nicht länger als einen Tag. Der erste Sommersturm kommt im allgemeinen erst im Juli oder August. Im Oktober herrscht im statistischen Mittel an 4 Tagen Sturm. Im Winter ist auf der Nordsee mit lang anhaltendem, schwerem Sturm zu rechnen.

Nebel kann auf der Nordsee außer im Hochsommer immer auftreten. Er dauert meist jedoch höchstens 3 Stunden an. Die auf See vorkommenden driftenden Nebelbänke werden von sogenannten "kalten Eiern", eng begrenzten Kaltwasserzonen, hervorgerufen. Die über das kalte Wasser strömende Luft kühlt ab, wird dabei feucht und kondensiert schließlich. Hiervon ist z. B. auch das **Helgoländer Seegebiet** betroffen, wo die Gezeitenströme aus 50 m Tiefe kaltes Tiefenwasser an die Oberfläche spülen. Im Spätsommer und Herbst verhüllt sich die Insel oftmals in dichtem Nebel (Nebelschallsignal auf der Mole des Vorhafens).

Wenn im Frühsommer das Wasser noch deutlich kälter als die Luft ist, führen Luftmassen, die sich über Land aufgewärmt haben und sich nun über der Nordsee wieder abkühlen, zu **Frühjahrsnebel**. Im Herbst dagegen wärmen sich polare Luftmassen über der noch warmen Nordsee auf und sättigen sich mit Feuchtigkeit. So entsteht eine flache, dauerhafte **Herbstnebelschicht**, die erst durch Hochdruckeinfluß abgebaut wird.

Gewitter treten im Sommer regelmäßig an 2-3 Tagen im Monat in Küstenregionen, seltener auf See auf. Sie sind zwar nur von kurzer Dauer, aber sehr heftig.

Gefährlich sind die **Seegatten** zwischen den vorgelagerten Inseln bei westlichen Starkwinden. Wegen des **Düseneffektes** kann hier die Windstärke noch zunehmen. Wenn dann der Gezeitenstrom gegen den Wind läuft (Ebbe), entsteht hier ein außergewöhnlicher Seegang, der bei Sturm selbst sehr seetüchtige Fischkutter gefährden könnte. Man sollte in einer derartigen Wetterlage Helgoland anlaufen. Immense **Grundseen** können sich auch auf den Inseln vorgelagerten Sandbänken bilden. Hier sei an den deutschen Seenotkreuzer „Alfried Krupp“ erinnert, der Anfang 1995 während eines Einsatzes vor Borkum durchkenterte und dabei zwei Männer verlor.

An der **holländischen Nordseeküste** ist das Wetter meist besser als an der deutschen. Zwischen der Küste und den vorgelagerten Inseln trifft man die höchste Sonnenscheindauer der ganzen Nordsee an. Aber in Holland gibt es auch dreimal so viele Flautentage wie z. B. auf Helgoland. Typisch sind im Sommer die regelmäßigen Wärmegewitter, die aber nur kurz anhalten. Im IJsselmeer wird man gelegentlich von unerwartet steilen Wellen überrascht.

Das **englische Wetter** ist besser als sein Ruf. England - besonders das "grüne Paradies im Südwesten" - profitiert vom Azorenhoch und dem Golfstrom, dessen nördliche Ausläufer bis zu den Orkneyinseln reichen. Die englische und die schottische Nordseeküste bieten bei Westwindlagen etwas Schutz vor den rasch durchziehenden atlantischen Tiefs.

Skandinavien ist ihnen voll ausgesetzt. Die Verhältnisse vor der **dänischen Nordseeküste** sind mit denen vor der britischen Nordseeküste vergleichbar. Allerdings gibt es hier nur wenige Häfen, die man notfalls anlaufen könnte. Der Name „Jammerbucht“ für das dem nördlichen Teil Jütlands vorgelagerte Seegebiet läßt tief blicken.

Das **Skagerrak** ist aus mehreren Gründen gefürchtet. Zunächst wegen seiner Wellen, die bei anhaltendem SW-Wind ausgehend vom Ärmelkanal eine etwa 800 km lange Anlaufstrecke haben. Gleichzeitig setzt vor der südnorwegischen Küste ein starker SW-Strom, was auch hier zu einem äußerst gefährlichen Seegang führt. Am gegenüberliegenden Ufer, nördlich von Skagen, treffen die Wellensysteme aus der Nordsee und dem Kattegat aufeinander - ein Schiff, das dann auf die Sandbank nördlich der Halbinsel Grenen kommt, ist meistens nicht mehr zu retten. Schließlich ist das **Skagerraktief** zu erwähnen. Von Island heranziehende Tiefdruckgebiete teilen sich manchmal: Eines läuft die westnorwegische Küste

Das Wetter auf der Ostsee

nordwärts. Der andere Teil entwickelt sich zum Skagerraktief, einem klassischen Teiltief, das dem Westausgang des Skagerraks und der mittleren Nordsee Sturm (Gefahr von Trogbildung) und der Ostsee stürmischen Wind beschert. An der südnorwegischen Küste muß dann mit gefährlichen Böen gerechnet werden. Sogar im relativ geschützten Oslofjord kann es äußerst unangenehm werden. Auch Hochdrucklagen über Skandinavien können im Oslofjord, im Skagerrak und vor der norwegischen Küste Sturm hervorrufen.

Das Wetter auf der Ostsee

Die mittlere Windstärke auf der Ostsee ist im Sommerhalbjahr Bft 3. Starkwind (Bft 6) tritt nach der Statistik an 7 - 11% aller Tage, Sturm nur mit 1% Wahrscheinlichkeit auf. Lokale Wind- und Wettersysteme sind häufig anzutreffen. So lacht oftmals über der dänischen Südsee (Seegebiet südlich Fünens) die Sonne, während an der deutschen Ostseeküste der Himmel verhangen ist.

Auf der Ostsee überwiegen westliche Winde. Mit ihnen wechseln sich in schneller Folge (24 h) Tiefdruckausläufer und Zwischenhocheinflüsse ab. Ostwind dagegen ist auf ein Hoch über Skandinavien oder Osteuropa zurückzuführen, das eine längere Phase schönsten Urlaubswetters bringen kann. Die Ostsee ist geschützter als die Nordsee. Die Wellen sind kleiner, der Wind oft um 1-2 Stärken schwächer als auf der Nordsee. Nebel ist selten und kommt meist nur in Küstennähe vor.

Die Ostsee ist ein reizvolles Revier mit einer riesigen Anzahl schöner Häfen. Damit ist sie für den Einstieg in den Yachtsport - insbesondere für Familien mit Kindern - sehr gut geeignet.

Anfänger sollten allerdings möglichst nicht im April oder Oktober zum ersten Mal die Ostsee befahren - Familien mit kleineren Kindern in diesen beiden Monaten überhaupt nicht.

Frühjahrsnebel entsteht auf der Ostsee häufig bei Südwestwind (Warmluftsektor), wenn warme Luft über kaltem Wasser abkühlt und kondensiert.

Das Wetter auf dem Mittelmeer

Das Mittelmeer liegt außerhalb des Einflußbereiches der Westwinddrift. Die bis 3000 m hohen Gebirgszüge der Pyrenäen und Alpen schützen es vor polaren Kaltluftvorstößen und vor Tiefdruckgebieten, die über den Atlantik ostwärts ziehen. **Stürme** treten dort seltener auf als auf dem Nordatlantik, dauern nicht so lange und breiten sich nicht so weit aus.

Die für den Westwindgürtel typischen Wolkenformationen, die den Aufzug einer Front ankündigen, kommen im Mittelmeer nicht vor. **Aufzüge schlechten Wetters** entwickeln sich sehr rasch. Sie kündigen sich oftmals durch fallenden Luftdruck in Verbindung mit dichter Bewölkung an.

Ein einheitliches Mittelmeerwetter gibt es nicht, da bis an die Küste heranreichende Gebirgszüge, stark gegliederte Küstenverläufe oder hohe Steilküsten lokale Effekte hervorrufen, die regional und saisonal zu sehr unterschiedlichen Wetter- und Windverhältnissen führen.

Ein Beispiel hierfür sind Flußtäler, wie die der Rhone, Saône und Garonne. Dringt Polarluft nach Süden vor, so wird sie hier durch den Düseneffekt außerordentlich beschleunigt (Mistral) und macht den **Golfe du Lion** im Februar zu einem der stürmischsten Seegebiete der Erde, wo mehr und schwerere Stürme auftreten als vor dem winterlichen Kap Hoorn. Ganz anders im August: In dem dem Golfe du Lion benachbarten Seegebiet, zwischen den Balearen und der spanischen Küste, werden dann in ca. 75 % der Fälle Flaute und Schwachwind beobachtet.

Wegen der starken Sonnenstrahlung setzt morgens im Sommer vor vielen Inseln **Seewind** ein, der bis zum Abend dauert.

Nebel kommt auf dem Mittelmeer selten vor. Starker Dunst ist dagegen auch im Sommer relativ häufig und kann die Sicht etwas einschränken.

Gewitter sind im Frühjahr über dem Mittelmeer selten, sie können im Sommer und verstärkt im Herbst auftreten. Im Sommer kann der Scirocco auch Gewitter mit sehr starken Niederschlägen bringen. Sie dämpfen zwar den Seegang, reduzieren dafür aber die Sicht erheblich. Die Adria ist berüchtigt wegen ihrer unwetterartigen sommerlichen Gewitter. Während in Küstennähe im Sommer die meisten Gewitter vorkommen, ist auf See im Herbst die Gewitterhäufigkeit am größten, wenn kalte Luft über warmes Wasser weht (Labilität).

Im **Winter** sollten Sportboote das Mittelmeer nicht befahren. Auch im Spätherbst sowie im Frühjahr sind orkanartige Stürme nicht auszuschließen. In der übrigen Zeit ist das Mittelmeer ein sehr reizvolles Revier.

Mistral

Die Römer nannten ihn "ventus magistralis" (Meisterwind), Franzosen nennen ihn Mistral, Spanier Maestral, Italiener Maestro oder Maestrale. Die französischen Alpen im Osten und die Pyrenäen im Westen bilden einen Trichter, in dessen Mitte das Zentralmassiv liegt. Luftmassen werden durch das Garonne-Tal und den Rhone-Saône-Graben geführt und dabei stark beschleunigt.

Das Wetter auf dem Mittelmeer

Überquert polare Kaltluft Frankreich, so sind die Auswirkungen fast überall im westlichen Mittelmeer zu spüren.

Mistral dauert im Mittel 3,5 Tage. Seine Böen können auch im Sommer Orkanstärke erreichen. Er verändert sich auf Grund von thermischen Effekten im Verlauf eines Tages und erreicht seine höchste Stärke gegen 12.00 Uhr Ortszeit.
Seine Richtungen sind im Golfe du Lion N-NW, um die Balearen N-NNE, im Golf von Genua W-SW und z.B. in der Straße von Bonifacio NW-W.

Der Mistral ist auch in der Bucht von Ciotat zwischen Marseille und Toulon sowie im Hafen von Bastia (Korsika) berüchtigt, wo in Böen schon Bft 11 gemessen wurden. Er kann auch lokale Effekte hervorrufen, - stürmische Fallwinde an Steilküsten Kataloniens -, sich aber auch als Starkwind bis Nordafrika oder Sizilien auswirken.

Bora

Die Bora fällt über die Berge der adriatischen Ostküste oder durch die Triest-Ebene in die Adria ein. Sie kann Sturmstärke erreichen.

Es gibt kaum eine Warnung vor den sehr plötzlich einsetzenden, heftigen Böen. Leichter Druckfall und Cumuluswolken an den Bergkämmen kündigen sie an. Die Bora ist für Segelyachten äußerst gefährlich. Sie tritt häufig in den Wintermonaten auf, erreicht aber auch im Sommer in Böen 8 Bft. Die Bora dauert zwischen 2 und 5 Tagen. An der Ostküste der Adria wird sie durch Fallwinde und Düseneffekte verstärkt, die aber 3-5 sm vor der Küste an Gefährlichkeit verlieren.

Hauptwindsysteme im Mittelmeer

Mistral, Bora, Scirocco, Etesien /Meltemi

Das Wetter auf dem Mittelmeer

Meltemi (türkisch) oder Etesien (griechisch)

Dies sind nordöstliche Winde in der nördlichen Ägäis und nordwestliche Winde nahe Rhodos und der türkischen Südküste. Sie bringen sehr gute Sicht und wolkenlosen Himmel. Meltemi / Etesien kommt von Mai bis September vor und ist im Juli und August am stärksten (morgens 3 bis 4 Bft, abends bis 10 Bft).

Scirocco (italienisch), Samum (arabisch) oder Khamsin (ägyptisch)

Scirocco ist eine allgemeine Bezeichnung für südliche Winde, die in den Wüsten Nordafrikas und Arabiens entstehen und im gesamten Mittelmeerraum auftreten können.

Vor der afrikanischen Küste ist der Scirocco ein reiner Sandsturm; auf See vermischen sich Sand, Regen und Gischt und verursachen Rutschgefahr an Deck.

Bei Scirocco hängen die Wolken niedrig; es gibt erhebliche Niederschläge, oftmals Gewitter mit schweren Böen; die Lufttemperatur steigt um bis zu 20°C an; die Luft kann unerträglich schwül werden; Föhnsymptome können die Reisetüchtigkeit der Mannschaft herabsetzen. Noch auf den Balearen können die Straßen bei Scirocco feucht wie nach einem Regen sein.

Der Scirocco tritt vor allem von Januar bis März auf. Der Golf von Genua ist besonders gefährdet. Selbst im Hafen von Genua sind schon erhebliche Schäden entstanden. Der Scirocco kann Wasserstandsänderungen von 3-4 m mit sich bringen. Wellenhöhen zwischen 4 und 6 m wurden gemessen. Auch in der Adria wie zwischen den Meerengen des Dodekanes entstehen hohe Seen und schwere Stürme.

Scirocco-Auswirkungen sind gelegentlich auch in Deutschland zu beobachten, wenn Regen rötlichen Staub auf Autos ablagert.

Vendaval und Levanter

Das afrikanische Atlasgebirge und das spanische Hochland verursachen einen Düseneffekt, der die Windstärken in der Straße von Gibraltar um 2 - 3 Bft erhöhen kann.
Westliche Winde werden hier **Vendaval**, östliche Winde **Levanter** genannt. Auf der Höhe Gibraltars können starke Böen und erhebliche Strömungen vorkommen, die mit steilen, hohen Seen verbunden sind. Östliche Winde rufen vor Gibraltar heftige Fallwinde mit Verwirbelungen hervor, die bei der Ansteuerung Gibraltars sogar für kleinere Frachtschiffe kritisch werden können.

Libeccio

Der Libeccio beherrscht das Tyrrhenische und das Ligurische Meer. Er weht das ganze Jahr über beständig aus West bis Südwest und kann an der Süd- und der Westküste Italiens rauhe See erzeugen. In der Straße von Bonifacio erreicht er durch den Düseneffekt sogar Sturmstärke. An der Westküste Korsikas tritt unangenehmer Seegang auf. Berüchtigt sind die heftigen Böenwalzen (Raggiature).

Gregale

Der Gregale ist ein starker Nordostwind, der im westlichen Mittelmeer und bei Malta in der kühlen Jahreszeit weht. Er kommt aus dem griechischen oder albanischen Bergland und kann vor Malta Wellen von bis zu 7 m Höhe hervorrufen. Häfen im Nordosten der Insel bieten dann keinen guten Schutz. Der Gregale tritt im Sommer nicht auf.

Herbststürme bei den Balearen

Im September und Oktober können um die Balearen Herbststürme von 11 Bft mit schwerem Seegang auftreten, welche sogar schon im Hafen Schiffe versenkt haben. Steganlagen sind aus der Verankerung gerissen, ankernde Schiffe vertrieben und Buchten in kurzer Zeit versandet.

Die Stürme dauern zwar manchmal nur 30 - 60 Minuten, können aber gleichwohl verheerenden Schaden anrichten.

Die bei Einheimischen seit Menschengedenken bekannten Stürme werden **Gota Fria** (= kalter Tropfen) genannt und treten bei Westwindlage in der ersten Septemberhälfte auf. Während der Luftdruck nahezu konstant bleibt, kühlt das Meerwasser später großflächig um 2°C ab.

Seegang

Seegang setzt sich aus einer Vielzahl von Einzelwellen unterschiedlicher Länge, Höhe und Periode zusammen, die sich gegenseitig überlagern. Seegang, der durch den herrschenden Wind gebildet wird, heißt **Windsee**. Charakteristisch für Windsee sind spitze Wellenkämme und ungleichmäßige Einzelwellen. Alter Seegang heißt **Dünung**. Deren Wellen sind deutlich länger und abgerundet, weil nach Ausbleiben des Windes zunächst die kurzwelligen Anteile der Windsee verschwinden.

Treffen Dünung und ausgeprägte Windsee aus unterschiedlichen Richtungen aufeinander, so entsteht **Kreuzsee**. Im Bereich von Trögen, Kaltfronten bei Sturmzyklonen und Wirbelstürmen kann eine Kreuzsee wegen überraschender, extrem hoher Einzelwellen sehr gefährlich werden.

Laufen Wellen in flaches Wasser, so werden sie steiler und höher. Dieser Seegang wird **Grundsee** genannt und entsteht, wenn die Wassertiefe die halbe **Wellenlänge** λ unterschreitet. Übersteigt die Wellenhöhe dann 1/7 der Wellenlänge, so brechen Wellen, es kommt zur **Brandung**.

Grundsee:
Wassertiefe < $\lambda/2$

Brandung:
Wellenhöhe > $\lambda/7$

Die **Wellenperiode** ist die Zeit, die an einem festen Ort zwischen den Durchgängen zweier typischer Wellenkämme verstreicht. Sie kann auch auf kleinen Schiffen gut gemessen werden, und daraus läßt sich mit Hilfe eines Diagramms wiederum die Wellenlänge bestimmen (welche man an Bord nur schlecht direkt messen kann).

Die **Wellenhöhe** ist die Höhendifferenz zwischen Wellenkamm und Wellental (doppelte Amplitude).

Als **charakteristische (oder kennzeichnende) Wellenhöhe Hc** bezeichnet man die durchschnittliche Höhe des höchsten Drittels aller Wellen im Seegang. Etwa 13,5 % aller Wellen sind höher als die charakteristische Wellenhöhe, 1 % übersteigt das 1,5fache der charakteristischen Wellenhöhe. In extremen Einzelfällen erreichen Wellen sogar das 2,15fache der charakteristischen Wellenhöhe. Bei einer charakteristischen Wellenhöhe von 3 m und einer Periode von 6 Sekunden treten durchschnittlich alle 10 Minuten Einzelwellen von 4,5 m auf. Etwa alle 20 Stunden ist mit einer Welle von über 6 m Höhe zu rechnen. Die charakteristische Wellenhöhe bei ausgereifter Windsee kann bei Windstärke 5 Bft bis zu 2 m, bei Windstärke 7 Bft bis zu 6 m und bei Windstärke 9 Bft bis zu 12 m betragen.

Die **Wellenhöhe** ist abhängig von der Wassertiefe sowie der zeitlichen und der räumlichen Einwirkung des Windes. Die räumliche Wirklänge (Anlauf) heißt **Fetch**.

Damit sich bei Windstärke 7 Bft eine charakteristische Wellenhöhe von 6 m entwickeln kann, sind 72 Stunden Wirkdauer, 800 km Fetch und 60 m Wassertiefe erforderlich. Die Deutsche Bucht hat in NW-Richtung einen Fetch von 800 km, auch das Skagerrak hat nach Südwesten ebenfalls 800 km Fetch, die Adria hat nach Südosten 700 km Fetch, der Mittelmeereingang hinter Gibraltar hat in NE-Richtung 800 km und nach Osten 1 000 km Fetch.

Die **Verlagerungsgeschwindigkeit** von Wellen über tiefem Wasser hängt von der Wellenlänge ab. Wellen einer Länge von z. B. 100 m breiten sich mit 12,5 m/s aus und können in relativ kurzer Zeit große Seegebiete durchwandern. Sie sind auf Ozeanen oft das erste Zeichen eines Sturmes.

In flachem Wasser werden alle Wellen langsamer und kürzer. Dadurch ändert sich auch ihre Laufrichtung. Weil die Wellen über flachem Wasser langsamer fortschreiten als über tiefem, bleiben die landwärtigen Wellenteile hinter den seewärtigen zurück (**Refraktion**). Die Wellenkämme richten sich parallel zu den Tiefenlinien aus. Selbst Wellen, die in tiefem Wasser parallel zur Küste laufen, schwenken auf flacherem Wasser auf die Küste zu und treffen diese im rechten Winkel.

Bei höherem Seegang laufen dadurch in Lee kleiner Inseln die Wellen zusammen und überlagern sich. So entstehen dort häufig kurze, steile Wellen.

Gegen die Wellen laufender Strom vergrößert Höhe und Steilheit der Wellen und verringert ihre Länge.

Die See ist dort sehr **kabbelig**. Damit ist z. B. in den Seegatten in der Nordsee zu rechnen. Der gegenteilige Effekt tritt bei mitlaufendem Strom ein.

Frage 275

Empfang von Seewetterberichten

Die wichtigsten Möglichkeiten, an Bord Seewetterberichte zu erhalten, sind:

1. Ausführliche, gesprochene Wetterberichte auf Mittel- oder Kurzwelle von ausgewählten Radiosendern (NDR 4, DLF, DW u. a.). Es ist ein Radiogerät mit Lang-, Mittel- und Kurzwellenempfang erforderlich.

2. Kürzer gefaßte, gesprochene Wetterberichte, die von Küstenfunkstellen über UKW-Sprechfunk ausgestrahlt werden. Hierfür ist ein UKW-Sprechfunkgerät erforderlich.
   Die Reichweite liegt bei etwa 30 sm.

3. Gedruckte Wetterberichte und Wetterkarten, die im Funkfernschreibverfahren (F1B) auf Kurzwelle gesendet werden. Hierfür ist ein spezielles Empfangsgerät erforderlich.

4. Englischsprachige, gedruckte Wetterberichte, die per NAVTEX (Navigational Telex) gesendet werden. Hierfür ist ein NAVTEX-Empfänger erforderlich (s. Seite 119).

5. Englischsprachige, gedruckte Wetterberichte, die über INMARSAT-Satellit ausgestrahlt und weltweit zwischen 70° N und 70° S empfangen werden können. Hierfür sind ein INMARSAT-C-Empfänger und ein PC erforderlich.

6. Wetterkarten und Wetterberichte, die per Telefon abgerufen und über Modem und PC angezeigt und ausgedruckt werden können. Dazu werden ein Handy, Modem, PC (Laptop) sowie die SEEWIS-Software des Deutschen Wetterdienstes benötigt.

7. Wetterberichte über AOL (America online). Hierfür sind ebenfalls ein Handy, ein Modem und ein PC erforderlich.

8. Wetterberichte im Internet für Nord- und Ostsee: http://www.dwd.de/forecasts/texte/seewett.html und für das Mittelmeer: http://www.dwd.de/forecasts/texte/seewett_mm.html. Auch hier werden Handy, ein Modem, PC benötigt.

9. Wetterberichte über T-Online für Nord- und Ostsee sowie das Mittelmeer auf der Leitseite *44440#.

10. Fax-Service des DWD in Zusammenarbeit mit der Deutschen Telekom.

11. Individuell erstellte, meteorologische Törnberatung durch den Deutschen Wetterdienst in Hamburg (geringe Gebühr). Die Törnberatung umfaßt einen Zeitraum von 5 Tagen und wird telefonisch oder per Fax erteilt. Um einen reibungslosen Ablauf zu gewährleisten und ggf. individuelle Besonderheiten zu berücksichtigen, sollte die Beratung mindestens 1 Tag vorher angemeldet werden (Tel. 040 / 31 90-88 11; Fax -88 03).

Wassersportler auf der Nord- und Ostsee werden zukünftig vor allem die ersten beiden Möglichkeiten nutzen, da die benötigten Geräte auf den meisten Schiffen vorhanden sind.

Für deutsche Yachten auf dem Mittelmeer ist die dritte Möglichkeit sehr interessant, da hiermit sehr aussagekräftige, gut gegliederte Wetterberichte in deutscher Sprache verfügbar sind.

NAVTEX und INMARSAT sind Einrichtungen für die Berufsschiffahrt, die vor allem für die Verbreitung von Seenot- und Sicherheitsmeldungen durch die Rettungsleitstellen und Schiffahrtsorganisationen geschaffen wurden. Wetterberichte sind hier nur in knapper Form enthalten.

SEEWIS bietet zweifellos die umfassendsten Wetterinformationen. Für diese Lösung werden sich sicherlich Liebhaber finden; eine weite Verbreitung in der Sportschiffahrt erscheint derzeit eher ungewiß.

Angaben über die Sendezeiten, Frequenzen, Vorhersagegebiete und Inhalte der Seewetterberichte findet man in der nautischen Literatur (z. B. „Jachtfunkdienst“), in der Fachpresse (z. B. „Yacht“) sowie in den Merkblättern des Bundesamtes für Seeschiffahrt und Hydrographie (BSH) sowie des Deutschen Wetterdienstes.

Seewetterberichte sind nach folgender Gliederung aufgebaut:

1. Wetterlage,
2. Vorhersage für die nächsten 12 Stunden,
3. Aussichten für die folgenden 12 Stunden,
4. Stationsmeldungen.

Um Seewetterberichte auswerten zu können, ist ein meteorologisches Grundwissen, wie es in diesem Buch vorgestellt wurde, erforderlich. Zudem ist es wichtig zu wissen, welche Bedeutung die verwendeten Begriffe haben.

Auswertung von Seewetterberichten

In Seewetterberichten gebräuchliche Beschreibung der Druckgebilde

Hoch *Druckwert im Schwerpunkt*	*festliegend,* *verlagernd o. wandernd (100 - 150 sm / 24 h),* *rasch wandernd (200 - 300 sm / 24 h),* *abschwächend (fallender Druck),* *verstärkend (steigender Druck),* *ausweitend (mit Richtungsangabe)*
Tief, Teiltief, Randtief, Trogtief *Druckwert im Schwerpunkt*	*festliegend,* *langsam ziehend (ca. 5 - 10 kn),* *ziehend (ca. 20 kn),* *rasch ziehend (ca. 30 - 40 kn),* *abschwächend (steigender Druck),* *rasch abschwächend (Anstieg mind. 4 hPa / 3 h),* *vertiefend (fallender Druck),* *stark vertiefend (Druckfall mind. 4 hPa / 3 h),* *auffüllend (innerhalb von 12 Stunden keine geschlossene Isobare mehr vorhanden)*
Hochkeil, Keil *mehrere Druckwerte entlang der Keilachse*	*schwenkend, verlagernd, festliegend,* *abschwächend (Druckfall),* *verstärkend (Druckanstieg)*
Kaltfront, Warmfront, Trog *Druckangabe entlang der Front*	*schwenkend, ziehend, festliegend,* *abschwächend (Wetterwirksamkeit läßt nach, Winddrehung schwächer),* *verstärkend (Wetterwirksamkeit nimmt zu, Winddrehung stärker)*
Ausläufer *Druckangabe entlang der Front*	*oft für Okklusion benutzt,* *Begriffe s. o.*

Wettersymbole

=	diesig
≡	Nebel
,	Sprühregen
•	Regen
•/▽	Regenschauer
∗	Schnee
∗/▽	Schneeschauer
▲	Hagel
△	Graupel
+→	Schneetreiben
	Gewitter
	Wetterleuchten

Stationsmeldungen (Beispiele)

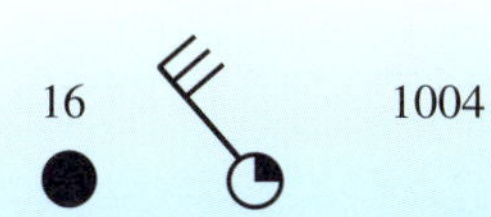

NW 6, Regen, 16 Grad, 1004 hPa, Bedeckung: 2/8

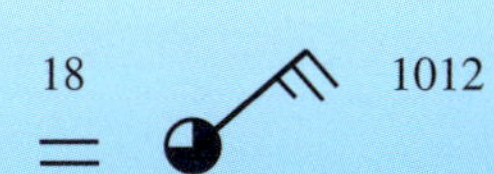

NE 5, diesig, 18 Grad, 1012 hPa, Bedeckung: 6/8

Sichtweite in Seewetterberichten

Dichter oder starker Nebel	0 - 200 m
Mäßiger Nebel	200 - 500 m
Leichter Nebel	500 - 1000 m
Stark diesig, schlechte Sicht	0,5 - 2 sm
Diesig, mäßige Sicht	2 - 5 sm
Mittlere Sicht	5 - 10 sm
Gute Sicht	über 10 sm

Himmel	**Bedeckungsgrad**
wolkenlos	0
sonnig	0 - 1/8
heiter	1/8 - 2/8
gering bewölkt	2/8 - 3/8
wolkig	4/8 - 6/8
stark bewölkt	6/8
fast bedeckt	7/8
bedeckt / trüb	8/8
wechselnd bewölkt	Rückseitenwetter

4

SEEMANNSCHAFT

YACHTBAU, AUSRÜSTUNG

AUS DER PRAXIS DES WASSERSPORTS

UNTER MASCHINE

SICHERHEIT AN BORD

SEEMÄNNISCHE ARBEITEN

YACHTGEBRÄUCHE

Baumaterial

Kunststoffbau

Die weitaus meisten Yachten werden heute aus **glasfaserverstärktem Kunststoff (GFK)** gebaut. Wegen seiner hervorragenden Festigkeit und Beständigkeit hat dieser Werkstoff die anderen Materialien mehr und mehr verdrängt.

Am Beginn einer GFK-Serienproduktion steht die Herstellung einer Negativform des Rumpfes. In diesen mit einem Trennmittel polierten Hohlkörper wird zuerst die äußerste Schicht des späteren Bootes, das **Gelcoat**, eingebracht. Es hat eine Schichtdicke von nur 0,5 mm und schützt die innenliegenden Polyesterschichten vor Feuchtigkeit.

Anschließend beginnt das **Laminieren**. Auf das Gelcoat wird eine dünne Polyesterharzschicht aufgestrichen und in diese ein Vlies oder eine Glasfasermatte eingedrückt. Derartige Einlagen verstärken den Kunststoff. Wichtig ist, daß keine Luftblasen in der Matte verbleiben. Ebenso wichtig sind die richtige Raumtemperatur und Luftfeuchte in der Werkstatt.

Das Laminierharz beginnt nach etwa 30 Minuten auszuhärten. Ungefähr zwei Stunden später kann die nächste Schicht eingebracht werden. Jede Lage ist maximal 1 mm dick; sie wird als **Laminat** bezeichnet. Je höher ein Rumpfteil belastet wird, um so mehr Schichten müssen laminiert werden (Kielbereich).

Zur Aussteifung des Rumpfes werden Stringer und Schotten eingebaut.

Auch das Deck wird in einer Negativform laminiert. Wegen der zahlreichen Ecken und Kanten muß hier besonders sorgfältig gearbeitet werden.

Rumpf und Deck werden bei manchen Werften erst miteinander verbunden, nachdem ein Großteil der Einrichtung eingebaut ist

Bei der **Massivbauweise**, mit der zahlreiche Werften arbeiten, besteht das ganze Werkstück aus massivem Kunststoff. Zur Herstellung von Bauteilen, die niedriges Gewicht und gleichzeitig eine hohe Steife ausweisen sollen, bedient man sich der **Sandwich-** oder **Verbundbauweise**. Hier wird zwischen zwei massive Deckschichten eine Trägerschicht aus Balsaholz, Hartschaum oder ein Wabenkern einlaminiert. Häufig ist der Rumpf in Massiv- und das Deck in Sandwichbauweise hergestellt, um eine günstigere Gewichtsverteilung zu erzielen.

Beim Bau von Regattayachten werden statt Glasfasern Kohle- oder Aramidfasern eingesetzt, wodurch bei geringem Gewicht eine sehr hohe Festigkeit erreicht werden kann.

Nachteilig im Kunststoffbau ist die geringe Wasserbeständigkeit der Harze. Gelcoatschäden können die Lebensdauer stark herabsetzen. Mangelnde Pflege läßt auch Kunststoffboote unansehnlich werden.

> GFK ist nicht wasserbeständig. Durch eine Beschädigung des Gelcoats beim späteren Betrieb des Bootes kann Feuchtigkeit in das Laminat eindringen und dieses zerstören. Jeder Gelcoatschaden sollte daher umgehend ausgebessert werden.

Metallbau

Stahl ist ein zuverlässiges, problemloses Schiffbaumaterial. Stahlbau heißt sehr hohe Festigkeit und lange Lebensdauer. Wegen der heute gebräuchlichen Sandstrahlung und Dauergrundierung ist der Hauptnachteil, die Rostanfälligkeit, weitgehend ausgeschlossen. Nachteilig bei Stahlyachten ist das hohe Gewicht.

Ein wesentlich günstigeres Leistungsgewicht bieten **Aluminiumyachten**, die daher schneller sind und über höhere Zuladungsreserven (Langfahrtyachten) verfügen. Ein Leichtmetallrumpf (Alu) hat bei gleicher Festigkeit nur das halbe Gewicht eines Stahlrumpfes, kostet aber etwa 1/3 mehr.

Holzbau

Bis in die 60er Jahre war die typische Segelyacht aus massiven Tropenholzplanken gebaut. Diese Bauweise ist heute unbezahlbar. Im modernen Holzbau arbeitet man mit Bootsbausperrholz, das gut verleimt und verformt werden kann. Mit einer Diagonalverleimung kann sehr hohe Festigkeit erzielt werden. Eine hochwertige Konservierung erfolgt mit Zweikomponentenlacken und verhindert Fäulnisbildung.

Fachmännischer Holzbau übertrifft nach Meinung vieler Experten jede andere Bauweise, wenn sehr hohe Lebensdauer und günstiges Gewicht verlangt sind. Konventionell gebaute Schiffe sind bei entsprechender Pflege selbst nach über 50 Jahren noch in hervorragendem Zustand; bei formverleimten Booten wird eine ebenso hohe Lebensdauer erwartet.

Risse, Wasserlinie

Die Konstruktionszeichnung für den Bau eines Rumpfes heißt **Linienriß**. Er stellt die äußere Form des Rumpfes in verschiedenen Schnitten und Ebenen dar und setzt sich aus drei Rissen zusammen.

Der **Längsriß** zeigt den Rumpf in einer seitlichen Projektion verschiedener vertikaler Schnitte.

Der **Wasserlinienriß** gibt die horizontalen Schnitte wieder, und die Querschnitte bilden den **Spantriß**. Der Spant mit der größten eingetauchten Fläche heißt **Hauptspant**, dies ist meist der Spant an der breitesten Stelle. Auf der rechten Seite des Spantrisses werden die vor dem Hauptspant liegenden Querschnitte, links die dahinterliegenden Querschnitte dargestellt.

Je nach **Spantform** werden Boote unterteilt in **Rundspanter**, **Knickspanter** und **S-Spanter**.

Die Linie am Rumpf, an welcher der Wasserspiegel das schwimmende Boot berührt, heißt **Wasserlinie** (WL). Sie verändert sich durch Ladung, aber auch durch einen anderen Salzgehalt des Wassers. Die berechnete Wasserlinie heißt **Konstruktionswasserlinie** (CWL).

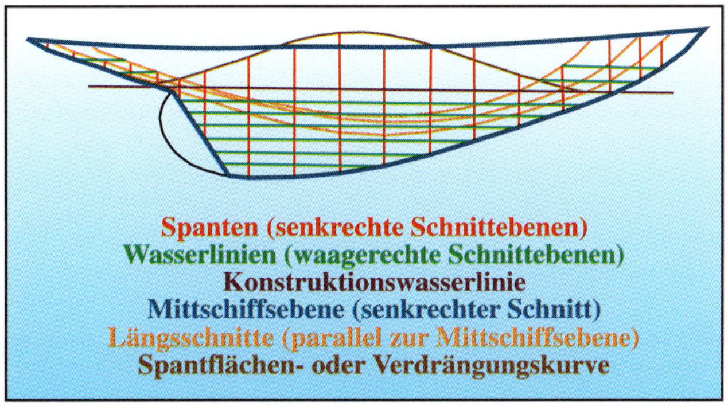

Längsriß.

Wasserlinienriß.

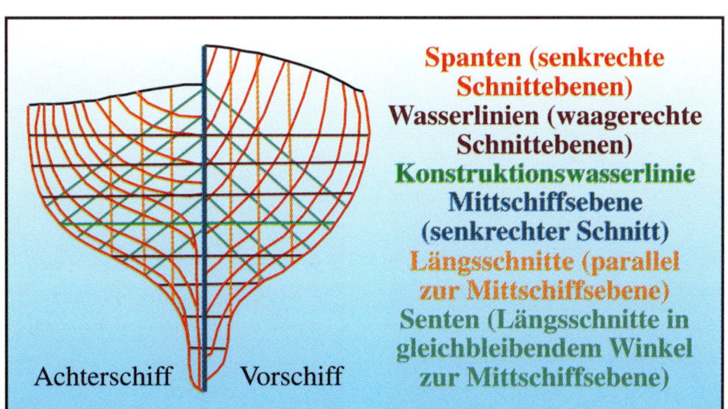

Spantriß.

Die Höchstgeschwindigkeit, die in Verdrängerfahrt (ohne zu gleiten) erreichbar ist, hängt nur von der Länge der Wasserlinie ab. Dies ist die **Rumpfgeschwindigkeit**, sie wird nach folgender Formel berechnet:
v_{max} (kn) = $2{,}43 \cdot \sqrt{WL\ (m)}$

Der unterhalb der Wasserlinie liegende Teil des Schiffes (mit Kiel und Ruder) wird **Unterwasserschiff**, seine seitliche Ansicht **Lateralplan** genannt.

Bug und **Heck** heißen die Schiffsenden, **Steven** das abschließende Bauelement (**Vorsteven**, **Achtersteven**). Ein platter Abschluß des Rumpfes heißt **Spiegel**.

Sprung oder **Deckssprung** heißt die Seitenansicht der Deckslinie. Ein **positiver Sprung** steigt zum Bug und zum Heck hin an.

Eine Yacht ohne Aufbauten bezeichnet man als **Glattdecker** oder **Flushdecker**. Kleinere Fahrtenyachten wurden gelegentlich als **Backdecker** gebaut. Da hier das Kajütdach bis an die Außenhaut reicht, ist der Innenraum vergrößert. Sehr selten findet man bei älteren Booten noch ein **Waldeck**, ein stark gerundetes Deck, dessen seitliche Wölbung direkt in die Bordwand übergeht.

Maschinenanlage

Eine Maschinenanlage besteht aus zahlreichen Aggregaten. Hier sollen nur Maschine, Antrieb und Propeller kurz beschrieben werden. Sie bestimmen gemeinsam das Fahrverhalten einer Yacht.

Maschine

Bootsmotoren können in Außenborder und Einbaumaschinen (Innenborder) unterteilt werden.

Außenborder kommen auf Booten unter 7,5 - 8 m zum Einsatz. Sie sind preiswerter, leichter und kleiner als Innenborder. Wartung und Reparatur sind unkomplizierter. Für ein Boot, das überwiegend gesegelt werden soll und Motorhilfe lediglich bei Flaute oder in manchen Häfen benötigt, ist ein Außenborder ideal.
Zum Betrieb muß eine Halterung auf das Achterdeck oder an den Spiegel geschraubt werden, an welcher der Außenborder befestigt wird. Wenn der Motor nicht gebraucht wird, verschwindet beides in einer Backskiste (s. Seite 132).

Außenborder bringen wegen ihrer kleinen Propeller relativ wenig Schub und sind damit für schwere Schiffe nicht verwendbar. In stärkerem Seegang, wenn das Boot stampft, wird das Heck so weit aus dem Wasser gehoben, daß ein Außenborder - selbst bei langem Schaft - leerschlagen und nicht mehr genutzt werden kann.

Einbaumaschinen gibt es als Diesel- und als Benzinmotoren. Benzinmotoren sind wegen der damit verbundenen Brand- und Explosionsgefahr auf Segelbooten grundsätzlich abzulehnen. Benzin an Bord erfordert ähnliche Sicherheitsvorkehrungen wie Gas (s. Seiten 114, 129).

Auf Yachten bis etwa 12 m Länge befindet sich der Motor oftmals unter dem Kajütboden oder in einem engen Kasten hinter dem Niedergang. Wichtig ist hier, daß der Motor für den Fall der Wartung oder Reparatur ausreichend freigelegt werden kann.
Ebenso wichtig ist bei jedem Verbrennungsmotor eine gute Maschinenraumbelüftung. Manches Problem beim Betrieb des Motors hat hierin seine Ursache. Größere Schiffe verfügen über einen begehbaren Maschinenraum.

Eine Maschinenleistung von 5 PS pro Tonne Verdrängung ist für eine Segelyacht ausreichend. Wegen der enorm großen Kräfte, die in schwerer See auf den Motor wirken können, muß dieser auf einem soliden Motorfundament sicher verankert werden.

Antrieb

Antriebsformen für Einbaumotoren sind:

- Z-Antrieb (Motorboote)
- S-Antrieb (Saildrive, Segelyachten mit flachem Unterwasserschiff),

Maschine auf einer Segelyacht Olsen 38.

Saildrive.

Maschinenanlage

- Wellenantrieb bei V-förmigem Unterwasserschiff und bei schweren Schiffen,
- V-Antrieb bei Einbauschwierigkeiten wegen einer weit achtern vorgesehenen Maschine.

Die **Z- und S-Antriebe** bieten zahlreiche Vorteile:

- kostengünstiger Einbau,
- kompakte Bauweise,
- kein Lecken,
- leiser, vibrationsarmer Lauf,
- keine Stopfbuchse,
- keine separate Kühlwasserleitung, also auch kein zusätzliches Seeventil,
- neutrales Fahrverhalten.

Die Einsatzmöglichkeiten eines S-Antriebs sind auf Motoren bis etwa 50 PS, eines Z-Antriebs auf etwa 250 PS beschränkt.

Bei schwererem Schiff erfolgt die Kraftübertragung über eine **starre Welle** (auch als L-Antrieb bezeichnet). Diese ist mehrfach gelagert und wird durch das **Stevenrohr** nach außen geführt. Die Abdichtung erfolgt bei den meisten Schiffen mit einer **Stopfbuchse**, welche gelegentlich nachgestellt werden muß. Die Metallager müssen i. allg. nach jeweils 10 - 15 Fahrtstunden geschmiert werden. Der **V-Antrieb** kommt auf Motoryachten häufiger als auf Segelyachten zum Einsatz. Diese Konstruktion ermöglicht, den Motor über den Propeller zu bauen (z. B. weil der Motor weit achtern vorgesehen ist). Auf Schiffen mit starrer Welle oder V-Antrieb tritt Radeffekt auf, der bei Hafenmanövern zu berücksichtigen ist (s. Seite 132).

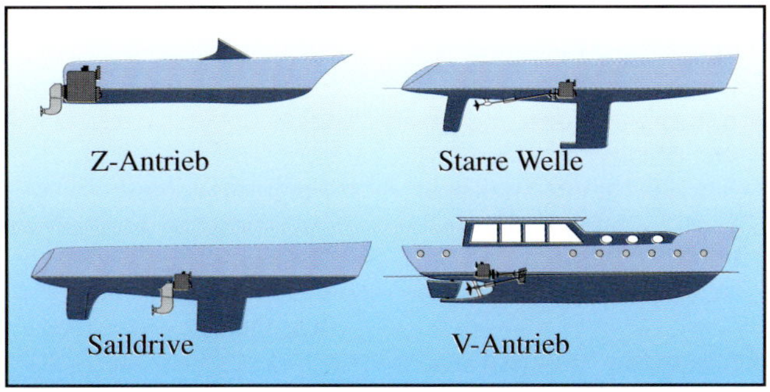

Typische Antriebsformen auf Segel- und Motorbooten. Nicht gezeigt wird der eher seltene Jet- oder Wasserstrahlantrieb.

Propeller

Propeller, in der Schiffahrt auch **Schraube** genannt, werden beschrieben durch

- die Anzahl ihrer Flügel,
- den Durchmesser und
- die Steigung.

Die **Steigung** bezeichnet die Länge der Strecke, die mit einer Propellerdrehung zurückgelegt wird. Vereinfacht gesprochen entspricht die Propellersteigung dem Gang im Auto. Bei zu großer Steigung erreicht der Motor auch bei Vollgas nicht die volle Drehzahl; bei zu kleiner Steigung überdreht er. Wenn die Propellersteigung nicht paßt, arbeitet die Maschine im gesamten Drehzahlbereich unwirtschaftlich.

Propeller gibt es in rechtsgängiger und linksgängiger Ausführung.

Bei Segelyachten muß auch die Bremswirkung des Propellers während des Segelns berücksichtigt werden. Hier verwendet man

- Festflügelpropeller,
- Faltpropeller,
- Drehflügelpropeller,
- Verstellpropeller.

Ein **Festflügelpropeller** hat auf Segelyachten 2 bis 4 feste Flügel. Er ist preisgünstig und zum Motoren gut geeignet, bremst jedoch beim Segeln erheblich (Fahrtverlust bis zu 1 kn).

Faltpropeller haben zwei Flügel, die sich beim Segeln zusammenfalten und die Geschwindigkeit kaum beeinträchtigen. Faltpropeller stellen einen Kompromiß dar und haben einen geringeren Wirkungsgrad. Auch ist der Aufstoppweg länger, weil sich der Propeller gegen das anströmende Wasser erst bei relativ hoher Drehzahl (ca. 2000/min) entfaltet.

Diesen Nachteil hat ein **Drehflügelpropeller** nicht. Bei Maschinenfahrt bietet er die Leistung eines Festflügelpropellers, unter Segeln drehen sich seine Flügel, so daß sein Wasserwiderstand ebenso gering ist wie der eines Faltpropellers.

Bei einem **Verstellpropeller** läßt sich die Steigung während der Fahrt verstellen. Damit kann bei unterschiedlichen Betriebszuständen (Glattwasser, Fahrt gegen Seegang, Schleppen u. a.) der jeweils beste Wirkungsgrad erzielt werden. Der beim Segeln auftretende Wasserwiderstand ist ebenfalls sehr gering.

Elektroanlage

Die **Elektroanlage** einer Yacht besteht aus:

- Stromspeicher (Akkus),
- Generator (Lichtmaschine),
- Ladegerät,
- Landanschlußsteckdose,
- Schalttafel,
- Kontrollinstrumenten,
- Verkabelung.

Bordakkus

Strom wird an Bord - wie in Kraftfahrzeugen - zumeist in Bleiakkumulatoren gespeichert. 12-Volt-Akkus bestehen aus 6 in Reihe geschalteten Zellen von jeweils 2 Volt Spannung. Zur Erzeugung einer Spannung von 24 Volt, die auf großen Yachten benötigt wird, können zwei 12-Volt-Akkus hintereinandergeschaltet werden. Merke: Reihenschaltung von Akkumulatoren addiert die Spannung, Parallelschaltung addiert die Strommengen.

Für den Bordbetrieb sind folgende Akkus besonders gut geeignet:
- kippsichere Akkus,
- wartungsfreie Akkus (kein Nachfüllen von destilliertem Wasser nötig),
- Akkus für die Ladung durch Solargeneratoren,
- Gelakkus (enthalten Schwefelsäure in gelierter Form, können tiefentladen werden und im Winter an Bord bleiben).

Technischer Standard sind zwei getrennte Stromquellen für Maschine und Verbraucher, um auch nach hohem Stromverbrauch die Maschine noch starten (und die Verbraucherakkus wieder laden) zu können (unabdingbar, wenn die Maschine nur elektrisch gestartet werden kann).
Die Akkukapazität (Nennkapazität) wird in Amperestunden (Ah) angegeben. De facto stehen jedoch nur etwa 60% der Nennkapazität zur Verfügung, da ein Akku kaum über 80% seiner Nennkapazität geladen werden kann und nicht tiefer als 20% entladen werden darf. Es liefern also z. B. 2 x 60 Ah Verbraucherakkus netto nur 72 Ah. Akkus (und loser Ballast) müssen so befestigt sein, daß sie auch bei einer Kenterung um 180° an ihrer Position bleiben.

Größe	**Einheit**
Leistung P	Watt W
Strom I	Ampere A
Spannung U	Volt V

Ohmsches Gesetz

P/U = I
(Watt : Volt = Ampere)

Stromverbrauch

Stromverbraucher an Bord sind z. B.

- Positionslichter,
- Navigations-, Funkgeräte,
- Beleuchtung,
- Druckwasserpumpe,
- Kühlgerät.

Der Stromverbrauch der einzelnen Geräte wird als Leistung (Watt) in der Betriebsanleitung angegeben.

Die erforderliche Nettokapazität wird ermittelt, indem nach dem Ohmschen Gesetz der Stromverbrauch bestimmt und mit der erwarteten Einschaltzeit multipliziert wird. Division durch 0,6 ergibt die benötigte Batteriekapazität (s. unten).

Ladung

Mit dem Voltmeter wird der Ladezustand gemessen. Die Ladung erfolgt über den Bordgenerator (Lichtmaschine) oder per Landanschluß über die Landanschlußsteckdose mit Hilfe eines Ladegerätes. Dauer und Umfang der Ladung hängen von der Kennlinie des Ladegerätes ab. Optimal für Blei- wie auch für Gelakkus ist die IUoU-Kennlinie.

Zur Ladung von Akkus können - ohne Berücksichtigung der jeweiligen Kennlinie - folgende Hinweise gegeben werden:

1. Die Leistung der Lichtmaschine hängt von der Drehzahl des Motors ab.

Kapazitätsberechnung für einen 3tägigen Segeltörn
(12-Volt-Anlage; Watt : 12 = Ampere)

Verbraucher	W	A	h	Ah
Dreifarbenlaterne	25	2,08	16	33,2
Instrumente (Nav.)	7	0,60	60	36,0
Autopilot	25	2,08	15	31,2
Radio		0,05	2	0,1
Decksbeleuchtung	25	2,08	1	2,1
				102,6
Hierfür benötigte Batteriekapazität = 171,2 Ah				
2 Salonlampen	50	4,16	2	9,3
2 Kabinenlampen	50	4,16	2	9,3
Kühlgerät	80	6,66	12	80,0
Druckwasserpumpe	100	8,33	2	16,7
				218,0
Hierfür benötigte Batteriekapazität = 363 Ah				

Elektroanlage

Ein üblicher 35-A-Generator bringt etwa 20 - 25 A Ladestrom.

2. Ein Akku kann stündlich mit 10% bis maximal 30% seiner Nennkapazität geladen werden.

3. Der Ladestrom verringert sich mit der voller werdenden Batterie.

4. Eine genaue Ermittlung der Ladeleistung ist nur mit Hilfe eines Meßgerätes (z. B. DCC 2000) möglich, das Lade- wie Verbraucherströme mit der jeweiligen Zeit multipliziert und fortlaufend eine Energiebilanz aufstellt.

5. Eine Ladung dauert 8 bis 12 Stunden, eine Volladung bis zu 24 Stunden.

Akkutest
Überprüfung der Ladung einer scheinbar vollen Starterbatterie:

1. Lasse den Anlasser - bei betätigtem Absteller - 10 s „orgeln" (der Motor soll nicht anspringen)!
2. Danach ist die Akkuspannung deutlich abgefallen.
3. Zeigt das Voltmeter nach einigen Minuten wieder mehr als 12 V an, so ist der Akku o.k.

Diese Hinweise gelten nur für neuwertige Akkus. Alte Akkus haben weniger Kapazität und sind schlechter zu laden. Während der Ladung muß der Batterieraum belüftet werden, um bei Erreichen der Gasungsspannung Explosionsgefahr auszuschließen.

Schalttafel

Hinter der Schalttafel liegt die komplette, für die Steuerung der elektrischen Geräte erforderliche Verdrahtung. Für jeden Stromkreis enthält sie einen Sicherungsautomaten, der gleichzeitig als Schalter dient. Mit einem **Hauptschalter** kann das gesamte Bordnetz ausgeschaltet werden.
Die Schalttafel kann darüber hinaus Überwachungs- und Anzeigeinstrumente für das Bordnetz und den Landanschluß enthalten.
Das **Amperemeter** zeigt den Strom an, der beim Laden der Batterie (Anzeige: +) und beim Entladen (Anzeige: -) fließt. Beim Laden erkennt man, wie der zur Batterie fließende Strom immer kleiner wird. Wird gleichzeitig geladen und entnommen, gibt es die Differenz an.

Akkuspannung

10,5 V	Totale Entladung, Akku zerstört
11,4 V	Entladeschlußspannung. Akku darf nie tiefer entladen werden
11,6 V	Ruhespannung bei entladenem Akku
12,1 V	Ruhespannung bei 25% Ladung
12,3 V	Ruhespannung bei 50% Ladung
12,5 V	Ruhespannung bei 75% Ladung
12,7 V	Ruhespannung bei 100% Ladung
13,8 - 14,1 V	Ladeschlußspannung. Akku darf nicht voller geladen werden.
14,4 V	Gasungsspannung Explosionsgefahr

Kabelnetz, Bordspannung

Elektrische Leitungen setzen dem Strom Widerstand entgegen. Je länger die Leitung, um so mehr Strom geht verloren (Spannungsabfall), weil der Widerstand mit der Länge der Leitung steigt. Der Widerstand kann reduziert werden, indem der Querschnitt der Leitung vergrößert oder die Bordspannung erhöht wird.
Die erforderlichen Kabelquerschnitte werden einer Tabelle entnommen. Bei langen Leitungswegen empfiehlt sich ein 24-Volt-Bordnetz.

Die Schalttafel befindet sich häufig neben dem Kartentisch. Auf diesem Foto wird sie teilweise vom Kopf des Funkers verdeckt. Rechts die Sicherungsautomaten in einer separaten Tafel - eine nur auf größeren Yachten gebräuchliche Konstruktion.

Frage 323

Flüssiggasanlage

Wegen der einfachen Handhabung, der geruchlosen, rußfreien Verbrennung, des hohen Heizwertes und der kompakten Lagerung wird auf zahlreichen Yachten Gas (Propan, Butan oder eine Mischung aus beiden) zum Kochen und gelegentlich auch zum Heizen verwendet. Gas-Luft-Gemische mit einem Anteil von 2 - 10% sind explosibel und leicht entzündlich. Gasförmiges Propan und Butan sind schwerer als Luft. Daher sind Flüssiggasanlagen auf Wassersportfahrzeugen als technische Arbeitsmittel im Sinne des Gerätesicherheitsgesetzes eingestuft worden und müssen nach den **technischen Regeln „Arbeitsblatt G 608“** errichtet, betrieben und geprüft werden.

Flaschen für Flüssiggas sind Druckbehälter, die der Druckbehälterverordnung unterliegen. Die Flaschen können auf Deck oder in von Deck aus zugänglichen Schächten untergebracht werden. Sie dürfen sich nicht in der Nähe von Niedergängen, Luken und Zündquellen befinden. Der Abstand hierzu muß mindestens 50 cm betragen.

Werden die Flaschen nicht auf Deck gestellt, so müssen sie in nur von oben aus zugänglichen, nach außen entlüfteten Schächten („**Flaschenkästen**“) untergebracht werden, die das Eindringen des Gases in das Bootsinnere verhindern. Diese Kästen müssen eine nach außenbords fallende Lüftung von mindestens 2 cm^2 Fläche haben, die in Ruhelage des Bootes oberhalb der Wasserlinie mündet. Die Flaschen müssen stehend unverrückbar und fest mit dem Boot verbunden sein. Im Bootsinneren dürfen keine Flüssiggasflaschen aufgestellt und gelagert werden.

Auf die Gasflasche wird ein bauartgeprüftes Sicherheitsentnahmeventil geschraubt. Es ist das **Hauptabsperrventil** der Flüssiggasanlage. Es wird mit einem Druckminderer verbunden, der sich ebenfalls im Flaschenkasten befinden muß und den Druck auf 50 mbar reduziert. Die Versorgungsanlage ist weiterhin mit einem Sicherheitsventil auszurüsten, das bei einem Ansteigen des Druckes auf 100 - 120 mbar öffnet und abbläst.

Die Verbindung mit den Rohrleitungen erfolgt mit einer Schlauchleitung nach DIN 4815 von höchstens 400 mm Länge. Die Rohrleitungen und deren Verlegung müssen dem Arbeitsblatt G 608 entsprechen.

Koch-, Back- oder Grillgeräte müssen vom DVGW anerkannt und mit thermoelektrischen Zündsicherungen ausgerüstet sein. Brandgefährdete Bauteile müssen mit einem wirksamen Wärmeschutz versehen sein.

Für den Betrieb von Koch-, Back- oder Grillgeräten müssen **Lüftungsöffnungen** mit einem freien Querschnitt von mindestens 150 cm^2 vorhanden sein, der während des Betriebes geöffnet sein muß. Offene Brennstellen dürfen nicht zum Heizen verwendet werden (Kohlenmonoxid-Vergiftung).

Flüssiggasanlagen sind vor der ersten Inbetriebnahme durch einen Sachkundigen auf Einhaltung der Regeln zu prüfen. Dabei ist eine Dichtheitsprüfung nach der Druckabfallmethode durchzuführen. Über die **Prüfung** ist eine Bescheinigung auszustellen. Nach Ablauf von jeweils 2 Jahren und nach Durchführung von Änderungen ist die Gasanlage erneut zu prüfen. Für die Veranlassung der Prüfung ist der Eigner verantwortlich. Reparaturen dürfen nur von Sachkundigen ausgeführt werden.

Das Flaschenventil ist nach jedem **Gebrauch der Anlage** (Kochen) zu schließen. Mit Hilfe einer elektromagnetischen Fernabsperrung kann dies von der Pantry aus erfolgen.

Flüssiggasflaschen dürfen nur durch eingewiesene Personen ausgewechselt werden (nicht rauchen, kein offenes Feuer).
Bei längerer Stillegung (Winterlager) müssen die Flüssiggasflaschen von Bord genommen und die Anlage gasdicht verschlossen werden.

Gaswarngeräte können als zusätzliche Sicherheit eingebaut werden.
Sie müssen explosionsgeschützt sein und über eine entsprechende Zulassung (PTB) verfügen. Die Fühler sind dort anzubringen, wo bei schadhaftem Gerät mit einer Gasansammlung zu rechnen ist. Sie unterliegen der Alterung und sind wasserempfindlich. Fühler, die mit Wasser in Berührung gekommen sind, müssen ausgewechselt werden. Gaswarngeräte sollen kontinuierlich in Betrieb sein. Geschieht dies nicht, so könnte sich ein so hochkonzentriertes Gemisch bilden, das das Gerät beim Einschalten nicht anzeigt. Ist ein kontinuierlicher Betrieb nicht möglich, so soll nach längerer Abwesenheit das Fahrzeug zunächst mit einem **tragbaren Gasspürgerät** untersucht werden.

Fragen 314 - 316

Bord-Toilette

Als Bord-Toilette findet man auf den meisten Yachten ein **Seewasserklosett**. Die Toilettenspülung erfolgt mit Seewasser, das mit einer kleinen Hand- oder Elektropumpe in das Becken gepumpt wird. Mit derselben Pumpe werden die Fäkalien gleichzeitig nach außenbords oder in einen Fäkalientank geleitet.
Die Pumpe hat also eine Doppelfunktion, weil sie den WC-Inhalt fördern und Seewasser zur Reinigung nachspülen muß.

Bedienelemente eines Bord-WC

1. Seeventil für Seewasserspülung (oftmals außerhalb des WC-Raumes).
2. Handpumpe für Toilettenspülung mit dem
3. Hebel zur Unterbrechung der Seewasserzufuhr (Becken wird leergepumpt).
4. Hebel zum Öffnen und Schließen des Fäkalientanks.
5. Seeventil Fäkalienleitung.

Bedienung eines Bord-WC

1. Seeventil für Seewasserspülung öffnen.
2. Handpumpe betätigen, so daß Seewasser in das Becken läuft und gleichzeitig die Fäkalien abfließen.
3. Das leere Toilettenbecken ausgiebig spülen (20 - 30 Pumpenhübe).
4. Seewasserzufuhr unterbrechen (Hebel umlegen).
5. Becken leerpumpen.
6. Seeventile schließen.

An der Pumpe befindet sich ein Hebel, mit dem das Nachlaufen von Seewasser beendet werden kann; dann entleert die Pumpe den Beckeninhalt.

Die teilweise aus Feststoffen bestehenden Fäkalien durchlaufen zunächst die Pumpe, dann das Abflußrohr und schließlich ein Rückschlagventil am Borddurchlaß. Damit es hier nicht zu Ablagerungen oder sogar zu Verstopfungen kommt, sollte das WC nach jeder Benutzung reichlich und ausgiebig gespült werden. Es ist dringend davon abzuraten, Essensreste oder Toilettenabfälle durch das WC zu spülen.

Die Reinigung der Toilette sollte nicht mit handelsüblichen Toilettenreinigern vorgenommen werden. Damit besteht die Gefahr, Gummiteile in der Pumpe zu beschädigen. Um Ablagerungen vorzubeugen, kann gelegentlich mit Essigwasser gespült werden.
Gleichwohl ist eine Verschmutzung der Innenteile nicht ganz zu vermeiden, was sich in zunehmender Schwergängigkeit der Pumpe zeigt. Dann sollten die Schläuche ausgewechselt werden.

Wenn das WC - wie auf den meisten Yachten - unterhalb der Wasserlinie liegt, kann sowohl durch die Seewasser- wie auch durch die Fäkalienleitung Wasser in die Toilette und damit auch in das Schiff eindringen.

Jeder Borddurchlaß muß auf einem seegängigen Fahrzeug mit einem Seeventil absperrbar sein. Für die Bord-Toilette gibt es daher zwei Seeventile, eines für frisches Seewasser, das andere für die Fäkalienleitung. Zumindest das Seeventil für frisches Seewasser sollte nach jeder Toilettenbenutzung geschlossen werden.

Um zu verhindern, daß durch die Fäkalienleitung Wasser zurück in die Toilette und von dort in das Schiff fließen kann, wird diese mit einem Schwanenhals über die höchstmögliche Wasserlinie gezogen. Gleichwohl könnte durch eine Saugheberwirkung (kommunizierende Röhren) ein Rückfluß erfolgen. Um dies auszuschließen, sollte die Pumpe eine automatische Vacuumunterbrechung haben und am Schwanenhals ein Schnüffelventil vorhanden sein. Zudem ist der Borddurchlaß mit einem Rückstauventil gegen eindringendes Wasser geschützt.

Ist ein **Fäkalientank** eingebaut, so werden die Fäkalien zunächst in den Tank geleitet. Bei geöffnetem Abfluß fließen sie unmittelbar ab; bei geschlossenem Abfluß verbleiben sie im Tank. Damit ist eine Toilettenbenutzung auch in Häfen und Ankerbuchten möglich. Derzeit sind jedoch nur wenige Häfen mit Fäkalien-Absaugeinrichtungen ausgestattet. Daher muß der Tank auf freiem Wasser in ausreichender Entfernung vom nächsten Land in das Meer entleert werden (s. Seite 77).

Chemie-Toiletten, die auf kleinen Booten gelegentlich eingebaut werden, haben drei Vorteile:

- kostengünstiger Einbau,
- keine Rumpfdurchlässe,
- geringer Platzbedarf.

Nachteilig sind dagegen die nicht immer vermeidbare Geruchsbelästigung und die nicht in jedem Hafen vorhandene Entsorgungsmöglichkeit (keinesfalls in einer Toilette).

Sicherheitsausrüstung

Die von der Kreuzer-Abteilung des DSV empfohlene Sicherheitsausrüstung für seegehende Segelyachten hängt vom Fahrtgebiet ab und umfaßt (Auszug):

- Sturmsegel,
- Kollisionsschott,
- abdichtbaren Niedergang,
- gesicherte Steckschotten,
- Lenzpumpen, Pützen,
- Seeventile, Leckstopfen,
- Notsteuereinrichtung,
- Anker mit Kette/Trosse,
- Positionslaternen,
- Notpositionslichter mit eigener Stromversorgung,
- Radarreflektor,
- Pyrotechnische Notsignale,
- Feuerlöschmittel,
- Rettungsinsel,
- Rettungswesten, Lifebelts,
- Mann-über-Bord-Signal- und Rettungsmittel,
- Erste-Hilfe-Ausrüstung,
- Funkanlage,
- GMDSS-Ausrüstung,
- Seenotfunkboje (EPIRB).

Als **Sturm- und Schwerwettersegel** sind Trysegel, Sturmfock und Schwerwetterfock mitzuführen. Die Focks sollten ein hochgeschnittenes Unterliek haben, damit überkommende Seen nicht in das Segel schlagen.

Es muß ein wasserdichtes **Kollisionsschott** vorhanden sein, das nicht mehr als 15% der Lüa vom Bug entfernt ist, jedoch hinter der Wasserlinie liegen muß.

Niedergänge aus Cockpits müssen bis zur Hauptdecksebene abdichtbar sein. **Steckschotten** (zur Abdichtung des Niedergangs) müssen gesichert werden können und mit dem Boot fest zu verbinden sein, um nicht über Bord zu gehen.

Als **Lenzpumpen** kommen zum Einsatz

- Handpumpen (Membranpumpen; Förderleistung bei 45 Hüben pro Minute 20 - 100 l),
- elektrische Tauchpumpen (Förderleistung 30 - 125 l /min), die oft mit einem Schwimmschalter gesteuert werden und dann automatisch anlaufen,
- maschinengetriebene oder elektrische Impellerpumpen (Förderleistung 50 - 700 l/min).

Der Germanische Lloyd fordert - etwa für Yachten zwischen 8 und 10 m Länge - eine Handlenzpumpe mit einem Volumenstrom von 5 m^3/h und eine kraftbetriebene Pumpe mit mindestens 6 m^3 /h Leistung.
Mit Lenzpumpen kann ein Wassereinbruch aber nur bekämpft werden, wenn das Leck (teilweise) verstopft ist, da durch ein z. B. 40 cm unter Wasser liegendes Leck von 5 cm Durchmesser bereits 20 m^3 Wasser/h eindringen. Rumpf, Deck und Aufbau müssen zu einer wasserdichten Einheit verschlossen werden können. Alle unter Wasser befindlichen Rumpfdurchbrüche (mit Ausnahme von Logwellen, Echolot u. ä.) müssen durch **Seeventile** verschlossen werden können. Konisch angespitzte Weichholzpflöcke (**Leckstopfen**) müssen an jedem Rumpfdurchlaß vorhanden sein.

Eine **Notsteuereinrichtung** ist bei Radsteuerung eine Notpinne und bei Pinnensteuerung eine Ersatzpinne.

Zur Ausrüstung einer seegehenden Yacht gehören 2 **Anker** mit Ketten oder Trossen mit mindestens 6 m Kettenvorlauf. Ein **Reitgewicht** an der Trosse erhöht die Haltekraft des Ankers und wirkt ruckdämpfend.

Bei Verwendung einer Ankerkette ist das Kettenende nicht direkt, sondern an einem starken Taustropp im Ankerkasten zu sichern. Der Stropp muß so lang sein, daß er notfalls an Deck geholt und gekappt werden kann.

> Offenes Seeventil heißt: Das Schiff schwimmt auf der dünnen Schlauchleitung statt auf der festen Bordwand.

Ausrüstungsempfehlungen des BSH
Bundesamt für Seeschiffahrt und Hydrographie

Gesetzliche Ausrüstungspflicht
Positionslaternen, Signalkörper, Schallsignalgeräte.

Empfohlene Mindestsicherheitsausrüstung
Ohnmachtssichere Rettungsweste für jede Person, Kompaß, Lenzpumpen, Eimer, Ösfaß, Bootshaken, Taschenlampe, Fernglas, Feuerlöscher, Anker, Schleppleine, Signalhorn, Lifebelts, Rettungsring mit Wurfleine, Notsignale, Sturmstreichhölzer, Erste-Hilfe-Kasten, Rundfunkempfänger, Seekarten, Seebücher.

Empfohlene Zusatzausrüstung
- Allgemein: Seefunkanlage, NAVTEX-Gerät, Internationales Signalbuch, Radarreflektor, Signalflaggen, Bordapotheke, Reservekanister, Ersatzteile, Werkzeug.
- Navigation: Peilkompaß, Echolot, Log, Navigator, Barometer, Sextant, Chronometer, Kartenzirkel, Kursdreiecke, Logbuch, Uhr.
- Schwerwetter: Sturmfock, Trysegel, Reffeinrichtung, Reservepinne, Treibanker, Drahtschere, Leckdichtungsmaterial, Beil.
- Seenot: Mann-über-Bord-Boje mit Nachtrettungslicht, Rettungsfloß, EPIRB, Radartransponder.

Frage 317

Sicherheitsausrüstung

Positionslaternen müssen vom BSH/DHI zugelassen sein. Reservеglühlampen sind vorrätig zu halten.

Notpositionslaternen müssen den gleichen Anforderungen entsprechen und über eine eigene, vom normalen Laternenbetrieb getrennte Stromversorgung und Verkabelung verfügen.

Fahrzeuge mit einer Länge zwischen 12 und 20 m müssen mit je einer vom BSH zugelassenen

- **Pfeife** der Klasse IV,
- **Glocke** der Klasse II

ausgerüstet sein. Die Pfeife muß nach vorne gerichtet und so hoch angebracht sein, daß sich der Schall ungehindert ausbreiten kann und die Gefahr von Hörschäden bei der Besatzung auf ein Mindestmaß beschränkt wird.

Fahrzeuge unter 12 m Länge unterliegen nicht der Ausrüstungspflicht mit baumustergeprüften Schallsignalanlagen. Hier muß ein **Gerät** vorhanden sein, mit dem die **Abgabe eines kräftigen Schallsignals** möglich ist.

Ein **Radarreflektor** reflektiert (nach dem Prinzip eines Katzenauges) Radarstrahlen und verbessert die Radarerkennbarkeit kleiner Fahrzeuge. Achtflächige Radarreflektoren müssen einen Mindestquerschnitt von 457 mm (18") besitzen; nichtachtflächige Reflektoren müssen eine vom Hersteller attestierte Reflexionsfläche von nicht unter 10 m² besitzen. Ein **Aktiv-Radarreflektor** empfängt Impulse fremder Radargeräte, verstärkt sie und sendet sie auf gleicher Frequenz zurück. Dadurch kann eine Reflexionsfläche von 80 m² simuliert werden.

Pyrotechnische Seenotsignale sind rote Leuchtsterne, rote Handfackeln, orangefarbene Rauchsignale und Knallsignale. Sie dürfen nur im Seenotfall verwendet werden, wenn angezeigt werden soll, daß Gefahr für Leib und Leben der Besatzung und daher die Notwendigkeit zur Hilfe besteht.

Leuchtsterne können als Raketen und mit einer Signalpistole abgeschossen werden. **Fallschirmsignale** haben wegen geringerer Sinkgeschwindigkeit einen höheren Aufmerksamkeitswert. Ihre Steighöhe beträgt 300 m, die Sichtweite 12,5 sm, die Brenndauer 30 s. Erwerb, Aufbewahrung, Verwendung und Beförderung der Seenotsignalmittel werden durch das Sprengstoffgesetz und durch das Waffengesetz geregelt.

Die empfohlene Mindestausstattung umfaßt:

- 12 rote Fallschirmsignale (4 Signale ab Fahrtgebiet 2),
- 4 rote Handfackeln,
- 4 weiße Handfackeln,
- 2 orangefarbene Rauchsignale.

Durch ein Zusatzgerät läßt sich eine Signalpistole zu einem **Leinenwurfgerät** umrüsten, mit dem Leinenverbindungen bei Seenot und Mann-über-Bord-Unfällen hergestellt werden können.

Feuerlöschmittel sind Feuerlöscher, Feuerlöschdecken, Eimer mit Wasser. Mit solchen Feuerlöschmitteln können nur Entstehungsbrände gelöscht werden. Sobald sich ein Feuer ausgebreitet hat, kann es mit Feuerlöschern nicht mehr gelöscht werden.

Feuerlöscher können mit Pulver, CO_2, Wasser oder Schaum gefüllt sein.
Mit **Pulver** soll ein Feuer abgedeckt und erstickt werden; das Pulver hinterläßt erhebliche Rückstände.

> Wenn es nicht gelingt, einen Brand schon bei der Entstehung zu löschen, ist das Fahrzeug ohne fremde Hilfe meist nicht mehr zu retten.

Nach einem mit Pulver gelöschten Kajütbrand muß in der Regel die ganze Inneneinrichtung erneuert werden.
Mit **CO_2** wird einem Feuer rückstandsfrei der Sauerstoff entzogen. Offenes Feuer erstickt, Glut kann jedoch bestehen bleiben. CO_2 eignet sich daher besonders gut zum Löschen eines Feuers ohne Glut (z. B. Maschinenraum).

Kleinere Brände, z. B. in der Pantry, können mit einer **Feuerlöschdecke** bekämpft werden.

Eine Yacht von etwa 10 m sollte folgende Feuerlöschmittel an Bord haben:

- 1 griffbereite Feuerlöschdecke in Pantrynähe,
- 1 CO_2-Löscher nahe am Maschinenraum,
- 1 Wasserlöscher in der Backskiste.

Auf größeren Yachten werden häufig **Feuerlöschanlagen** (automatisch auslösende Feuerlöscher) in den Maschinenraum eingebaut.

Eine **Rettungsinsel** wird für den Fall eines Feuers, das die ganze Yacht erfaßt hat, oder eines Untergangs des Schiffes gebraucht. Sie bildet niemals eine gleichwertige Alternative zu einer schwimmfähigen Yacht.

Sicherheitsausrüstung

Die Rettungsinsel wird z. B. am Heckkorb, an Deck (Diebstahlsicherung vor dem Auslaufen entfernen), leicht zugänglich in einer Backskiste oder am Niedergang so gefahren, daß sie in 15 Sekunden an der Reling einsatzbereit ist.

Rettungsinseln sind nach Herstellerangaben zu warten; die Wartungsintervalle betragen 12 oder 24 Monate, für vakuumverpackte Inseln 36 oder 48 Monate.

Für den Notfall muß zusätzliche Ausrüstung bereitliegen, die mit in die Rettungsinsel genommen wird, z. B.: Trinkwasser, Lebensmittel, Tabletten gegen Seekrankheit, warme Kleidung, Seenotsignalmittel, UKW-Handsprechfunkgerät, Dosenöffner, Angelzeug, Decken, Schlafsäcke, Kartenspiel.

Für jede Person an Bord muß eine **Rettungsweste** (mit CE-, DIN- oder GS-Zeichen) vorhanden sein. Die Rettungsweste muß die Atmungsöffnungen einer erschöpft oder bewußtlos im Wasser liegenden Person innerhalb von 5 Sekunden aus jeder Lage selbsttätig aus dem Wasser heben. Der Kopf muß dann in eine rückwärtige, ohnmachtssichere Wasserlage gebracht und dort stabil gehalten werden.

Aufblasbare Rettungswesten müssen mit einer Druckgas-Aufblasvorrichtung ausgerüstet sein, die bei Berührung mit Wasser automatisch ausgelöst wird und die zusätzlich auch von Hand ausgelöst werden kann. Sie müssen eine Vorrichtung mit Rückschlagventil besitzen, die dem Träger erlaubt, die Weste nach dem Anlegen auch mit dem Mund aufzublasen. Die Einsatzbereitschaft der Weste ist regelmäßig zu kontrollieren.

Rettungswesten sind nicht nur bei schlechtem oder unsichtigem Wetter, sondern auch bei Manövern oder Arbeiten an Deck anzulegen. Kinder und Nichtschwimmer müssen stets eine Rettungsweste tragen. Rettungswesten müssen griffbereit liegen; Unerfahrene sind in die Handhabung einzuweisen.

Überprüfung der Einsatzbereitschaft von Automatik-Rettungswesten
- Gebrauchsanleitung lesen.
- Wartungsplakette prüfen.
- Gaspatrone unbeschädigt und fest verschraubt?
- Aufblas-Automatik optisch einwandfrei und mit dem Schwimmkörper ruck- und drehfest verbunden?
- Luftkammer verdreht?
- Knopf für Handauslösung griffbereit?
- Ventil zum Nachfüllen bei Druckverlust klar?
- Trillerpfeife vorhanden?
- Druckprobe: Schwimmkörper mit Atemluft prall füllen und etwa 16 Stunden liegenlassen.

Für jedes Crewmitglied muß zusätzlich ein **Sicherheitsgurt** („**Lifebelt**“) mit Sicherheitsleine vorhanden sein. Sicherheitsgurte sollen ein Überbordfallen verhindern. Sie dürfen nur in spezielle, hierfür vorgesehene Augen, in Strecktaue oder durchgebolzte Beschläge eingepickt werden. Ungeeignet sind z. B. Bugkorb, Heckkorb, Seereling, Handläufe oder Steuersäule.

Strecktaue müssen auf Deck an der Steuerbord- und an der Backbordseite angebracht sein. Sie müssen aus rostfreiem 1 x 19 Stahldraht (mindestens 5 mm Durchmesser) oder aus gleich festem Gurtband bestehen und der Crew ein gesichertes Betreten des gesamten Decks ermöglichen. Ein Mannschaftsmitglied muß seinen Gurt einpicken können, bevor es an Deck geht, und eingehakt bleiben können, während es sich quer über die Yacht auf dem Vordeck, dem Achterdeck und mittschiffs bewegt. Es muß sich aushaken können, nachdem es unter Deck gegangen ist.

Als **Mann-über-Bord-**Rettungsmittel sind erforderlich:
- eine mindestens 15 m lange, schwimmende Wurfleine,
- 1 ohnmachtssicherer Rettungsschwimmkörper mit Treibanker (verhindert ein Abtreiben),
- 1 selbstzündende Leuchtboje.

Empfohlen wird zudem:
- 1 sich automatisch aufrichtende Markierungsboje mit Treibanker, Flagge, selbstzündendem Licht, Trillerpfeife und Farbbeutel,
- 1 Bergegurt,
- 2 an Wanten angebrachte Haken zum Befestigen einer Rettungstalje, mit der eine über Bord gefallene Person geborgen werden kann.

Ein **Seefunkgerät** ist ein besonders effektives Mittel, um im Seenotfall Hilfe von der umliegenden Schiffahrt oder Rettern an Land zu erbitten. Terrestrischer Seefunk wird betrieben auf

- UKW (Reichweite ca. 30 sm),
- Grenzwellen (ca. 250 sm),
- Kurzwellen (weltweit).

Es müssen mindestens ein **UKW-Seefunkgerät**, ein UKW-Handsprechfunkgerät und eine **Notantenne** an Bord vorhanden sein.

Fragen 317, 318, 329

GMDSS-Funkausrüstung

In der Schiffahrt erfolgt derzeit eine weltweit abgestimmte Umstellung auf das neue Seefunksystem **GMDSS**.

Auf der Grundlage neuer Technologien ist von der Internationalen Seeschifffahrts-Organisation (IMO) in Zusammenarbeit mit anderen zuständigen internationalen Organisationen das „weltweite Seenot- und Sicherheitsfunksystem" (GMDSS, Global Maritime Distress and Safety System) entwickelt worden.

Nach Aufnahme entsprechender Ausrüstungsvorschriften in das Internationale Übereinkommen zum Schutz des menschlichen Lebens auf See (SOLAS 74/88) wird das GMDSS seit dem 1. Februar 1992 bis zum 1. Februar 1999 schrittweise eingeführt.

Durch den Einsatz moderner Technik (digitales Selektivrufverfahren und Satellitenfunktechnik) ist in dem neuen Funksystem die Verbindungsaufnahme weitgehend automatisiert, so daß nun

- die Rettungsleitstellen an Land in kürzester Zeit über einen Seenotfall unterrichtet sind,
- Informationen, die für die sichere Durchführung der Reisen notwendig sind, über spezielle, automatische Verfahren an die Schiffahrt übermittelt werden können.

Der Ausrüstungsumfang richtet sich nicht mehr wie bisher nach der Größe des Schiffes, sondern nur noch nach dem zu befahrenden Seegebiet. Sportfahrzeuge sind nur ausrüstungspflichtig, sofern sie der gewerblichen Nutzung unterliegen.

Zur GMDSS-Ausrüstung gehören je nach Fahrtgebiet:

- Funkanlagen mit DSC-Controller für UKW,
- Satelliten-Seefunkanlagen (oder Funkanlagen mit DSC-Controller für GW/KW),
- NAVTEX-Empfänger,
- EPIRBs,
- UKW-Handsprechfunkgeräte,
- Radar-Transponder.

DSC-Controller sind Zusatzgeräte zu Funkanlagen mit folgenden Funktionen:

- automatische Notalarmübermittlung,
- automatische Verbindungsaufnahme mit einem, mehreren oder allen Funkstellen (innerhalb des Sendebereichs),
- Kanalsteuerung der angeschlossenen Funkanlagen.

Die Bedienung eines DSC-Controllers ist nur Inhabern eines Betriebszeugnisses gestattet.

Satellitenseefunkanlagen erlauben - mit Ausnahme der Polargebiete - weltweiten Funkverkehr. Die Verbindung erfolgt über geostationäre INMARSAT-Satelliten.

NAVTEX-Geräte sind Funkfernschreiber zum Empfang und Ausdruck von

- nautischen Warnnachrichten,
- Wettervorhersagen,
- weiterübermittelten Notmeldungen,
- Mitteilungen zum Empfang von GPS, Loran-C und Decca,
- Informationen über Lotsendienste,
- Eisberichten.

NAVTEX-Meldungen werden nur in englischer Sprache verbreitet.

Eine **EPIRB** (Emergency Position Indicating Radio Beacon) ist eine Seenotfunkboje. Sie löst automatisch nach einem Aufschwimmen oder gesteuert Alarm über Satellit aus. Der Alarm enthält die

- Schiffskennung,
- Notposition,
- Zeit und z. T. auch die
- Notfallart.

Zwei EPIRB-Systeme stehen zur Verfügung:

a) COSPAS-SARSAT-EPIRBs (406 MHz, relativ ungenaue Positionsbestimmung durch Dopplerverschiebung, längere Alarmierungszeiten, aber preisgünstig, weltweit einsetzbar)

b) INMARSAT-EPIRBs (1,6 GHz, sehr genaue Positionsangabe durch eingebauten GPS-Navigator, Alarmierungsdauer: 2 Minuten, außerhalb polarer Gebiete weltweit einsetzbar, auf Wunsch mit Radar-Transponder, aber teurer)

Ein **Radar-Transponder** (Transponder = Transmitter/Sender und Responder/Antworter) erleichtert die Suche nach Schiffbrüchigen, indem er Radarwellen fremder Geräte mit eigenen Impulsen, die auf dem fremden Radarschirm sehr auffällig als 12 Einzel- oder Doppelpunkte angezeigt werden, beantwortet.

UKW-Handsprechfunkgeräte sind für den Einsatz in Rettungsinseln vorgesehen. Sie müssen wasserdicht sein. Um Probleme mit der Akkuladung zu vermeiden, sollten für den Notfall originalverpackte Batterien bereitliegen.

Fragen 317, 331

Klassifikation

Germanischer Lloyd (GL)

Der Germanische Lloyd, Hamburg, ist die Organisation zur technischen Überwachung der Seefahrt in Deutschland. Er besteht seit 1867 und wird im Auftrag von Werften, Yachteignern oder Versicherern tätig. Mehr als 80 Regierungen haben ihn mit hoheitlichen Aufgaben betraut. Der GL hat Klassifikations- und Bauvorschriften entwickelt, die als Regelwerk der Technik anerkannt sind.

Wasserfahrzeugen, die in Übereinstimmung mit den Bauvorschriften des GL - Teil 3 „Wassersportfahrzeuge" - hergestellt und ausgerüstet werden, wird auf Antrag die **Klasse** des GL erteilt. Die Klassifikation umfaßt den Schiffskörper, die Maschinenanlage einschließlich der elektrischen Anlage, die schiffbauliche Ausrüstung, die Verschlußeinrichtungen (Seeventile) und das Rigg wie in den Vorschriften beschrieben. Auch Serienfahrzeuge können klassifiziert werden.

Ein Einzelbau der **Klasse + 100 A5** entspricht zu 100% den Bauvorschriften des GL und muß nach einer Klassenperiode von 5 Jahren einer erneuten Prüfung unterzogen werden.

Beispiele für weitere Klassenbezeichnungen sind 90 A3, 80 A2 oder 70 A1. Die Zahlen 90, 80, 70 kennzeichnen den Unterhaltungszustand des Schiffskörpers im Verhältnis zu den Forderungen der Bauvorschriften, unter Berücksichtigung der zulässigen Abnutzungstoleranzen. Die Ziffern 3, 2, 1 bezeichnen die Dauer der Klassenperiode in Jahren.

Für Serienbauten heißt die + 100 A5 entsprechende Klasse „**Type Tested GL-100 A5**".

Bei reduziertem Prüfumfang (Hauptkomponenten des Rumpfes, Kiel, Ruder, Deck und Aufbauten) wird für Einzelbauten ein **Rumpfbauschein** (**Approved Hull Construction**) und für Serienbauten die Klasse „**Type Tested**" vergeben.

Wassersportfahrzeuge, die den Bedingungen nur für einen **eingeschränkten Fahrtbereich** genügen, erhalten kennzeichnende Zusätze, z. B. **Fahrtbereich II** (Fahrten entlang der Küste, jedoch nur in einem Seegebiet von 200 Seemeilen gemessen vom Festland bzw. von Inseln, die dem Festland vorgelagert und nicht weiter als 400 Seemeilen vom Festland bzw. einer anderen Insel entfernt sind).

Die Bauvorschriften des GL sollen anhand von zwei Beispielen - Cockpit und Seereling - in vereinfachter Form wiedergegeben werden.

Boden sowie Längs- und Querwände von **Cockpits** gelten als Hauptverbände und sind entsprechend zu bemessen. Cockpits müssen zum Schiffsinneren wasserdicht sein.

Der Cockpitboden muß in einer ausreichenden Höhe über der Schwimmwasserlinie liegen, so daß eingedrungenes Wasser unter vorhersehbaren Neigungen und Vertrimmungen des Fahrzeugs durch Entwässerungsrohre oder Wasserpforten unverzüglich abfließen kann.

Jedes Cockpit muß mindestens ein Entwässerungsrohr je Seite enthalten. Der Gesamtquerschnitt aller Rohre darf nicht kleiner sein als

- 25,0 cm^2 im Fahrtbereich I,
- 12,5 cm^2 im Fahrtbereich II oder III,
- 10,0 cm^2 im Fahrtbereich IV oder V.

Cockpitentwässerungsrohre müssen die gleiche Festigkeit wie der umgebende Schiffskörper aufweisen; sie dürfen nur mit besonderer Genehmigung durch Schläuche ersetzt werden.

Jedes Fahrzeug muß unabhängig vom Fahrtbereich und der Fahrzeuggröße mit einer **Seereling** versehen sein, die folgenden Anforderungen entspricht:

Bei Fahrzeugen ab 8 m Länge muß die Relingshöhe mindestens 600 mm betragen.

Zusätzlich zur Seereling sind ein Bugkorb und ein Heckkorb erforderlich.

Die Seereling sowie Bug- und Heckkörbe bieten das erforderliche Maß an Sicherheit nur, wenn die angrenzenden Flächen in allen vorhersehbaren Situationen auch sicher zu begehen sind. Es muß auf jeder Schiffsseite ein Verkehrsweg von ausreichender Breite und rutschsicherer Ausführung sowie eine Fußreling an der Bordkante von mindestens 20 mm Höhe vorhanden sein.

Der Abstand der Relingsstützen darf 2,15 m nicht überschreiten.

Der Abstand der Durchzüge voneinander oder vom Deck darf 300 mm nicht überschreiten.

CE-Zeichen

Der Inhalt der EG-Richtlinie „Sportboote“ ist als 10. Verordnung zum Gerätesicherheitsgesetz am 16.6.1996 in deutsches Recht übernommen worden. Danach müssen spätestens ab dem 16.6.1998

- neue Sportboote,
- gebrauchte Sportboote, die aus einem Drittland (nicht zur EU gehörig) importiert werden,

die technischen Anforderungen der Richtlinie erfüllen (CE-Zeichen). Die Auslegung der technischen Anforderungen erfolgt - sofern vorhanden - durch Normen und Technische Regeln. Ein privater Import eines Bootes z. B. aus den USA ist dann nicht mehr ohne weiteres möglich. Die Richtlinie gilt für Sportboote zwischen 2,5 und 24 m Rumpflänge; ausgenommen sind:

- Rennboote (z. B. Admiral's Cupper),
- Kanus, Kajaks, Gondeln, Tretboote,
- Surfbretter,
- Jet-Skis,
- originale, einzelne Nachbauten historischer Boote, die im wesentlichen mit den ursprünglichen Baumaterialien gebaut wurden,
- Experimental-Fahrzeuge,
- Eigenbauten, die nicht innerhalb von 5 Jahren nach Fertigstellung in der EU auf den Markt gebracht werden,
- Fahrzeuge mit bezahlter Mannschaft, die der kommerziellen Personenbeförderung dienen,
- Tauchboote,
- Luftkissenfahrzeuge,
- Tragflächenboote.

An der Steuerbordseite des Spiegels muß sich ein fest angebrachtes **Rumpfkennzeichen** befinden. Es gibt (in codierter Form) an:

- Herstellerland,
- Hersteller,
- Seriennummer,
- Monat und Jahr der Herstellung,
- Modelljahr.

An jedes Boot muß zudem eine **Herstellerplakette** angebracht werden mit

- Herstellername,
- Bootskategorie,
- zulässiger Höchstlast (Personenzahl und maximale Zuladung),
- CE-Zeichen, Prüfstelle,
- Zusatzangaben (z. B. höchstzulässige Motorisierung).

Mit der **Bootskategorie** legt der Hersteller fest,

- in welchem Fahrtgebiet,
- bis zu welcher Windstärke,
- bis zu welcher charakteristischen Wellenhöhe (s. Seite 103)

ein Boot sicher benutzt werden kann. Eine Fahrt, bei welcher z. B. mehr als Windstärke 8 (Bft) auftreten kann, darf danach (unabhängig vom Fahrtgebiet) nur mit einem Boot der Kategorie A unternommen werden.

Die Verwendung eines Bootes mit einer niedrigeren Bootskategorie könnte als Verstoß gegen die seemännische Sorgfaltspflicht (Grundregel der SeeSchStrO) angesehen und im Falle eines Seeunfalls von einem Seeamt als Fehler in der Schiffsführung bewertet werden.

Zu jedem Boot muß ein **Benutzerhandbuch** geliefert werden. In einer **Konformitätserklärung** erklärt der Lieferant, daß das Fahrzeug der EG-Richtlinie „Sportboote“ entspricht, und führt die Normen und Technischen Regeln auf, nach denen das Boot gebaut wurde. Erst ab 12 m Rumpflänge muß auch angegeben werden, wie die Einhaltung der grundlegenden Sicherheitsanforderungen der Richtlinie überprüft wurde.

Bootskategorie

A Hochsee
Ausgelegt für ausgedehnte Fahrten, bei denen Wetterverhältnisse mit einer Windstärke über 8 (Bft) und signifikante Wellenhöhen über 4 m auftreten können und die diese Boote weitgehend aus eigener Kraft bestehen können.

B Außerhalb von Küstengewässern
Ausgelegt für Fahrten außerhalb von Küstengewässern, bei denen Windstärken bis einschließlich 8 (Bft) und signifikante Wellenhöhen bis einschließlich 4 m auftreten können.

C Küstennahe Gewässer
Ausgelegt für Fahrten in küstennahen Gewässern, großen Buchten, Flußmündungen, Seen, Flüssen, bei denen Wetterverhältnisse mit einer Windstärke bis einschließlich 6 (Bft) und signifikante Wellenhöhen bis einschließlich 2 m auftreten können.

D Geschützte Gewässer
Ausgelegt für Fahrten auf kleinen Seen, schmalen Flüssen und Kanälen, bei denen Wetterverhältnisse mit einer Windstärke bis einschließlich 4 (Bft) und signifikanten Wellenhöhen bis einschließlich 0,5 m auftreten können.

Ankern

Manche Yachten werden in der Absicht, Gewicht zu sparen oder den Anker bequem stauen zu können, mit unzulänglichem Ankergeschirr ausgerüstet. Dies rächt sich dann, wenn das Schiff bei Sturm einen geschützten Ankerplatz verlassen muß, weil der Anker nicht mehr hält. Für jedes Schiff kann der Augenblick kommen - etwa bei einem Ruderbruch in Küstennähe -, wo allein der Anker es vor der sicheren Zerstörung bewahren kann.

Anker

Die Haltekraft eines Ankers basiert auf zwei Eigenschaften:

- Gewicht,
- Eingraben oder Verhaken.

Anker, deren Haltekraft vor allem durch ihr Gewicht erzielt wird, nennt man **Gewichtsanker**. Anker, die ihre Zugfestigkeit vor allem ihrem Vermögen, sich einzugraben, verdanken, heißen **Patentanker**. Für beide Typen gilt:

- Schwere Anker halten besser als leichte.
- Anker halten am besten an einer Kette, schlechter an einer Trosse (Leine).
- Je länger die Kette oder Trosse, um so höher ist die Haltekraft.
- Der Ankergrund muß geeignet sein.

Der klassische Gewichtsanker ist der **Stock-** oder **Admiralitätsanker**. Auf stark verkrautetem oder steinigem Grund gibt es keine Alternative zum Stockanker. Er hat sich als Allroundanker bewährt, wird aber wegen seines hohen Gewichts und seiner unhandlichen Konstruktion auf modernen Yachten kaum noch eingesetzt. Auch der **Pilzanker** und der **Klappdraggen** sind Gewichtsanker.

Moderne Anker sind Patentanker. Ihre Konstruktion zielt darauf ab, daß sich der flach über den Grund gezogene Anker eingräbt.

Zahlreiche Patentanker wurden entwickelt; die folgenden sind vom Germanischen Lloyd als **Anker mit hoher Haltekraft** anerkannt:

- Bruce-Anker,
- Suncor-Anker,
- CQR-Anker,
- Danforth-Anker,
- D'Hone-Anker,
- Heuss-Spezial-Anker,
- Pool-Anker.

Auszug aus den Klassifikations- und Bauvorschriften „Schiffstechnik" des Germanischen Lloyd Teil 3 Wassersportfahrzeuge, Ausgabe 1993

Deplacement D [t]	Gewicht des 1. Ankers [kg]	Gewicht des 2. Ankers [kg]	Ankerkette Länge [m]	Ankerkette Nenndicke [mm]
bei 3,00	12,0	10,0	24,0	6,0
bei 4,00	13,0	10,5	25,0	6,0
bei 5,00	13,5	11,0	26,0	7,0
bei 6,00	15,0	13,0	27,0	7,0
bei 8,00	17,0	15,0	29,0	8,0
bei 12,00	21,0	18,0	32,5	8,0

Die angegebenen Ankergewichte gelten für „Anker hoher Haltekraft". Der erste Anker sollte ein herkömmlicher Stockanker sein. Sein Gewicht muß um 25% größer sein als in Spalte 2 angegeben.

Stockanker

Bruce-Anker

CQR-Anker

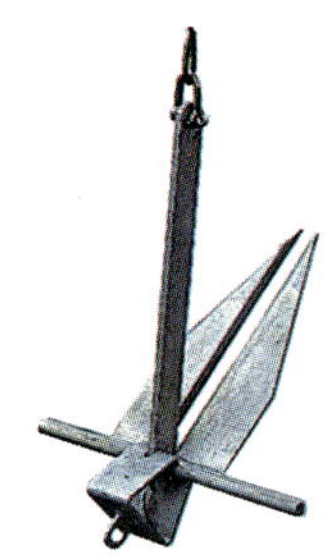
Danforth-Anker

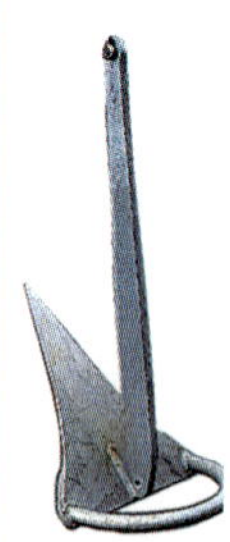
Bügelanker

Klappdraggen

D'Hone-Anker

Fortress-Anker

Ankern

Der **CQR-Anker** (Coastal **Q**uick **R**elease), häufig als **Pflugscharanker** bezeichnet, verfügt über eine Haltekraft vom mindestens Zwanzigfachen, höchstens Sechzigfachen seines Gewichts. Er wird auf vielen Yachten ständig am Bug gefahren, so daß er schnell fallbereit ist und nicht verstaut werden muß. Mit einer langen Kette und einer elektrischen Ankerwinsch (**Ankerspill**) stellt er ein hervorragendes Ankergeschirr dar.

Der **Danforth-Anker** weist eine Haltekraft bis zum Hundertfachen seines Gewichts aus. Seine großflächigen, scharfen Flunken können an den Schaft geklappt werden, so daß er sich flach stauen läßt. Der Danforth-Anker wird oft als Zweitanker (Heckanker) eingesetzt.

Ankerkette, Ankertrosse

Wenn es nur um das Ankern geht, ist eine Kette einer Trosse weit überlegen. Das Eigengewicht der Kette wirkt selbst beinahe wie ein kleiner Anker. Die Kette zieht den Ankerschaft auf den Grund, unterstützt damit das Eingraben und verkleinert den zum Schwojen benötigten Raum. Auch wirkt eine nahezu senkrecht hängende Kette ruckdämpfend. Schließlich kann sie nicht an einer scharfen Steinkante durchscheuern.

Durch ihr hohes Gewicht ist eine Kette (ohne Ankerwinsch) schlechter zu handhaben und beeinträchtigt die Segeleigenschaften - zumindest bei Regatten.

Eine Ankertrosse ist leichter und handlicher als eine Kette, schamfilt aber schnell auf hartem Grund. Auch läßt sie sich für andere Zwecke, etwa zum Schleppen oder Festmachen, verwenden. Die Bruchfestigkeit einer Trosse ist nicht schlechter als die einer Kette. Einen Kompromiß stellen Ankertrossen mit Kettenvorläufer oder Trossen mit einem bleibeschwerten Vorderteil dar.

Auch mit einem **Reitgewicht**, das an einer Fangleine an der Trosse herabgelassen wird, kann eine Leine niedergehalten werden. Das Reitgewicht erhöht die Haltekraft und wirkt ruckdämpfend.

Eine Ankertrosse sollte an den Anker geschäkelt sein. Ein Knoten setzt die Bruchlast erheblich herab und könnte in glattem Tauwerk slippen. Eine Ankerkette hingegen muß mit einem Taustropp am Schiff befestigt werden, um die Kette notfalls kappen zu können.

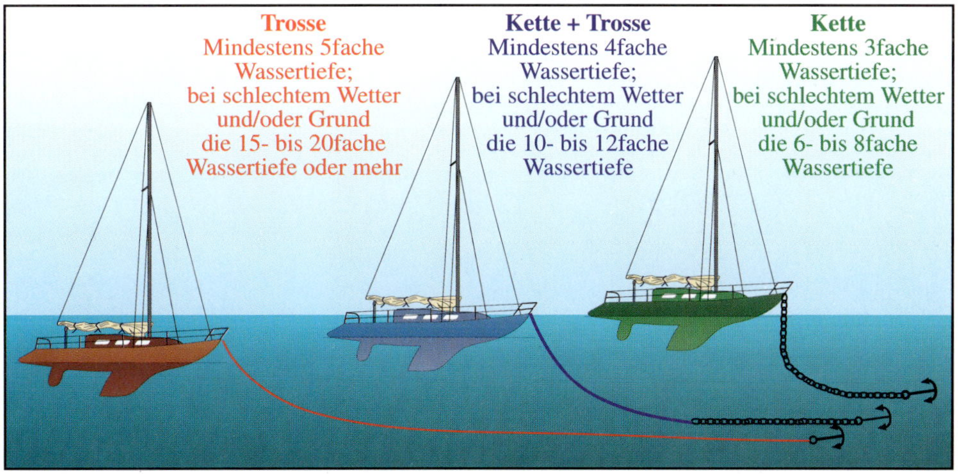

Empfehlenswerte Länge der Kette oder Trosse („Ausstich“).

Ankern

Ankerplatz, Ankergrund

Die entscheidenden Voraussetzungen für ein sicheres Ankern sind der Ankerplatz und der Ankergrund.

Ein **Ankerplatz** muß Schutz vor Wind und Wellen bieten und die richtige Wassertiefe haben.
Eine lauschige Ankerbucht kann sich bei anderen Wetterverhältnissen als Falle herausstellen, wenn etwa der Wind gedreht und zugelegt hat oder Fallwinde von umliegenden Bergen herabrauschen.

Bei auflandigem Wind darf vor einer Küste grundsätzlich nicht geankert werden. Aber auch die Leeküste einer Insel kann zum Ankern ungeeignet sein (Refraktion, s. Seite 103).

Der Ankerplatz muß schließlich groß genug sein, damit ausreichend Kette oder Trosse gesteckt werden kann und das Schiff genügend Raum zum Schwojen hat, nicht mit anderen Booten kollidiert oder auf einem Flach festkommt.

In Gezeitenrevieren muß geprüft werden, ob auch bei Niedrigwasser noch eine hinreichende Wassertiefe vorhanden ist.

In manchen Seekarten sind einige Ankerplätze ausgewiesen, wobei in Sportbootkarten die Bedürfnisse der Sportschiffahrt besser berücksichtigt werden.

Die Haltekraft eines Ankers hängt vom **Ankergrund** ab. **Sand** ist ein guter Ankergrund. Großflächige Anker (Danforth, Fortress) sind hier von Vorteil. Auch **Lehm** ist ein guter Ankergrund, auf dem am besten spitze, scharf angeschliffene Flunken halten (Bügelanker).

Ungeeignet ist **Felsen**, wo allenfalls schlanke Hakenformen Halt finden (CQR-Anker). **Seegras** ist für Patentanker ein schlechter Grund, da sie sich allenfalls im Gras verhaken können, sich bei dichtem Bewuchs aber nicht eingraben können. Auch im **Schlamm** sowie in **Kiesel** hält ein Patentanker nur, wenn er in darunter liegenden festen Grund gelangt und sich dort verankert. Vor allem in Seegras, Schlamm und Kiesel sind schwere Anker leichten überlegen.

Zeigt das Wasser am Ankerplatz unterschiedliche Färbungen, so lasse man den Anker nach Möglichkeit auf hellem Grund (Sand) fallen.

Auskunft über den Ankergrund kann ein Handlot mit **Lotspeise** (Fett am unteren Rand des Lotgewichtes) geben.

Ankermanöver

Ankermanöver werden im allg. auch auf Segelyachten unter Maschine gefahren, wenngleich sie bei entsprechender Manövrierfähigkeit auch unter Segeln möglich sind.

Vor Manöverbeginn müssen Anker und Trosse klargemacht werden. Die Trosse sollte in Buchten an Deck liegen; bei einer Ankerkette mit Ankerwinsch entfällt das, hier muß nur die Kupplung der Kettennuß gelöst werden. Auf fremden Schiffen ist die Befestigung der Trosse am Anker und Schiff zu prüfen.

Eine **Ankerboje** ist ein an den Anker gebundener Schwimmkörper (z. B. Fender). Die Leine, mit welcher die Ankerboje am Ankerkreuz festgemacht ist, heißt **Trippleine**. Die Boje markiert den Anker. Sollte der Anker mit

Ein Bügelanker gräbt sich in lehmigen Grund.

CQR-Anker in einer Ankerhalterung, dahinter Ankerspill .

Ankern

anderen Ankern, an einem Stein oder einem Kabel unklar gekommen sein, so erleichtert die Trippleine das Bergen.

Zum Ankern läuft man zunächst genau in Windrichtung. Das Schiff muß aufgestoppt sein, wenn der Anker fällt. Damit ausreichend Kette/Trosse gesteckt werden kann, muß der Anker weit in Luv vom beabsichtigten Liegeplatz fallen. Der Anker darf nicht geworfen werden, sondern soll langsam auf den Grund gleiten, um ein Vertörnen der Kette oder Trosse um den Anker zu vermeiden.

Bei langsamer Fahrt achteraus genau mit dem Wind wird die benötigte Trosse so schnell gesteckt, daß keine nennenswerte Last auf den Anker kommt. Wichtig ist, den Anker vor dem Eingraben möglichst tief einsinken zu lassen und auch das Eingraben gefühlvoll anzugehen (nicht „einrucken"). Anker und Boot brauchen - vor allem in strömenden Gewässern - etwas Zeit zum **Eintörnen** (Einschwingen).

Daß ein Anker nicht hält, erkennt man oft an Vibrationen der Kette/Trosse. Dennoch sind immer Lotungen der Wassertiefe sowie Ankerpeilungen (möglichst Deckpeilungen) notwendig, um zu prüfen, ob der Anker hält.

Zweck einer **Ankerwache** ist festzustellen, ob

- sich die Wetterlage ändert,
- der eigene Anker hält,
- Kollisionsgefahr mit schwojenden Ankerliegern besteht,
- ein in Luv ankerndes Schiff auf das eigene zutreibt.

Die Ankerwache wird nach der Wetterlage eingerichtet. Bei einer Wetterverschlechterung sollte mehr Kette gesteckt und/oder ein Reitgewicht aufgesetzt werden. In einer ruhigen Nacht reicht es aus, die Kontrollen alle drei bis vier Stunden durchzuführen.

Sollte der Anker nicht halten, muß der Anker aufgeholt und das Manöver wiederholt werden.

Um ankerauf zu gehen, läuft man unter Maschine langsam zum Anker, wobei die Trosse eingeholt wird. Ein elektrisches Ankerspill transportiert die Kette automatisch in den Kettenkasten. Wenn die Trosse senkrecht steht, bricht sie den Anker aus dem Grund.

Gelingt dies nicht, hat man vielleicht noch die Trippleine. Wenn sie stark genug ist, läßt sich damit der Anker vielleicht entgegen der Zugrichtung der Trosse aus der Verankerung lösen.

Wenn sich der Anker an einer Fremdkette verhakt hat, kann man versuchen, diese mit einem Draggen anzuheben. Eventuell muß der Anker von einem Taucher geborgen, sonst muß er aufgegeben werden.

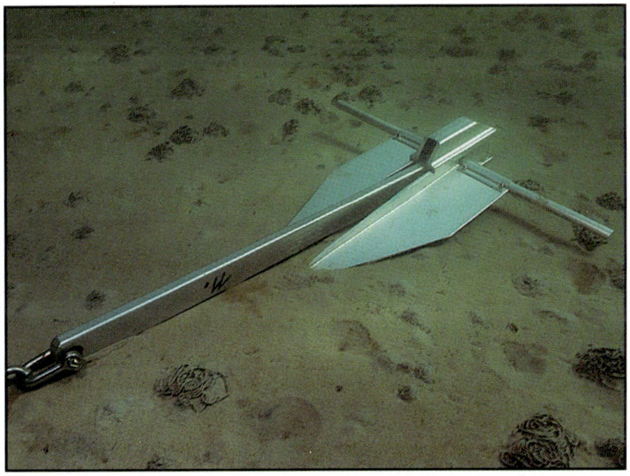

Ein Plattenanker ist auf Sand gefallen ...

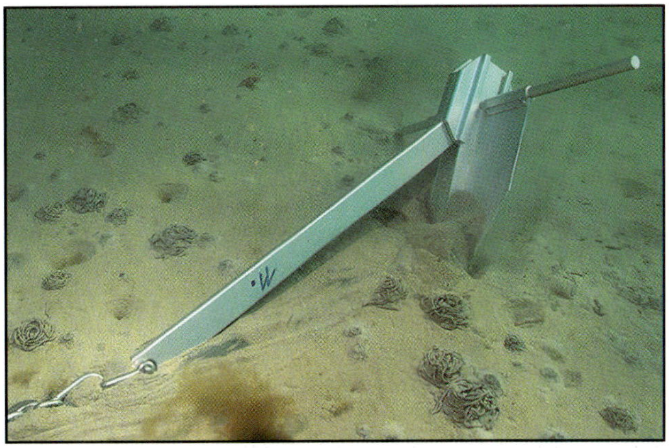

... und gräbt sich langsam ein.

Fragen 272, 273

Anlegen unter Segeln

Anlegen unter Segeln

- Manöver mit der Crew genau besprechen.
- Hafenplan, Fender, Bootshaken, Wurfleine und Heckanker bereitlegen.
- Segel klar zum Fallen.

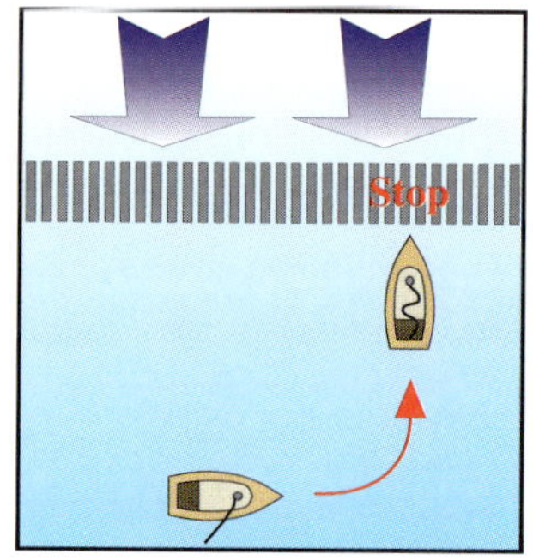

Aufschießer.

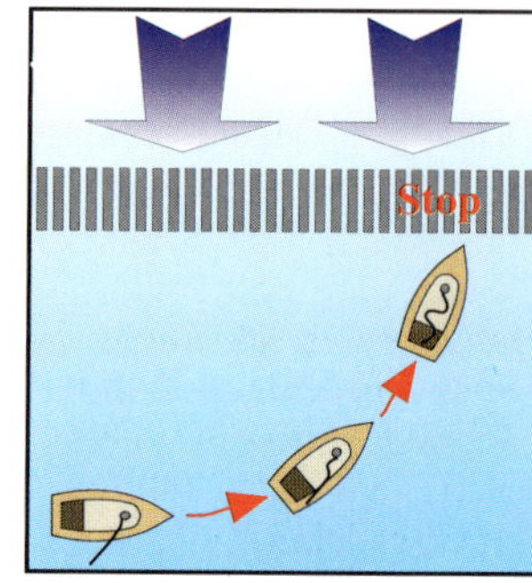

Nahezu-Aufschießer.

Wenn dic Maschine nicht funktioniert, warten die meisten Segler vor der Hafeneinfahrt lieber auf Schlepphilfe einer anderen Yacht, als unter Segeln in den Hafen einzlaufen. Nur auf kleineren Booten, wie etwa den Folkebooten oder H-Booten, ist das Anlegen unter Segeln genauso alltäglich wie unter Motor.

Zum Anlegen muß aufgestoppt werden - im allgemeinen gegen Wind und, sofern vorhanden, Strom. Wenn Wind und Strom nicht in gleicher Richtung wirken, legt man gegen den stärkeren von beiden an; aber dies verlangt Erfahrung im Anlegen unter Segeln und im Anlegen bei Strom. In diesem Buch wird nur das Anlegen ohne Strom angesprochen.

Das Aufstoppen gegen den Wind erfolgt durch einen **Aufschießer**. Dabei läuft ein Boot genau gegen den Wind; die Segel killen (flattern), und der Wind bremst das Schiff ab.

Einen Aufschießer mit einer tonnenschweren Yacht zu machen, verlangt sehr viel Erfahrung. Die Aufstoppstrecke ist von Windstärke, Wellengang, Bootsform und -gewicht, Strömung und Geschwindigkeit abhängig und muß auf etwa einen Meter genau passen. Stoppt das Schiff einen halben Meter zu früh, kann ein Crewmitglied vom Bug auf die Brücke springen (oder, falls an einem Pfahl angelegt wird, eine Leine darüber werfen). Ist der Aufschießer etwa einen halben Meter zu lang, kann ein Mann (erst auf den Steg springen) das Schiff am Bugkorb abhalten. Dies ist bei GFK-Booten von bis zu 10 m Länge möglich.

Eine gute Alternative ist in vielen Fällen ein **Nahezu-Aufschießer**. Hierzu läuft ein Boot mit killenden Segeln in spitzem Winkel gegen den Wind. Durch den fehlenden Antrieb wird es immer langsamer. Anders als beim Aufschießer kann aber das Segel ein wenig dichtgeholt und wieder Fahrt aufgenommen werden, wenn die Aufstoppstrecke zu kurz bemessen ist. Beim Nahezu-Aufschießer setzt man die Aufstoppstrecke daher zunächst ein wenig zu groß an und hilft dann mit den Segeln etwas nach. Auch bei Boje-über-Bord-Manövern werden Nahezu-Aufschießer gefahren.

Eine vernünftige Möglichkeit, ein Schiff aufzustoppen, ist der Einsatz eines Heckankers. Er muß frühzeitig geworfen werden, um greifen zu können, was auf Grund der räumlichen Verhältnisse jedoch nicht immer möglich ist.

Das grundlegende Problem beim Anlegen unter Segeln besteht also immer darin, die Fahrt aus dem Schiff zu kriegen. Daher empfiehlt es sich, nur mit Vor- oder nur mit Großsegel in den Hafen einzulaufen oder es spätestens im Vorhafen zu bergen.

In die engeren Hafenteile sollte man nur mit langsamster Fahrt einlaufen. Eventuell ist es erforderlich, zuvor noch einen Aufschießer zu machen und die Fahrt aus dem Schiff zu nehmen.

In Boxenreihen, die so eng stehen, daß nur durch Vor- und Rückwärtsfahrt gewendet werden kann, darf man nur ohne Segel (mit wenig Schwung) einlaufen. Hier muß man sich gegebenenfalls an Pfählen weiterschieben.

Wenn man nicht ganz sicher ist, an dem gewünschten Liegeplatz ohne Schaden anlegen zu können, sollte man in jedem Fall zunächst einen sicher erreichbaren Zwischenstopp ansteuern oder einen Anker ausbringen. Von dort aus kann man das Schiff mit Hilfe langer Leinen, eines Beibootes oder Außenstehender verholen.

Festmachen

Festmacheleinen

Als Festmacher sollten nur abriebfeste, elastische Leinen verwendet werden. Damit eine Leine nicht längere Zeit am Boot oder Steg scheuert, kann die Scheuerstelle mit einem übergezogenen Schlauchstück geschützt werden. Elastische Leinen lassen das Boot nicht so stark rucken und schonen die Klampen. Je länger die Leine, um so höher die Elastizität; Festmacher sollten so geführt werden, daß sie möglichst lang sind. Ruckminderer aus Gummi oder Federn sind vor allem in kurzen Leinen gut. Sie ersetzen aber nicht eine gute elastische Leine. Alte Schoten sind als Festmacher ungeeignet.

Festmachen in Boxen

Eine Yacht wird stets mit mindestens vier Leinen festgemacht. In Boxen sind dies normalerweise zwei Vorleinen (Bugleinen), die schräg zum Steg geführt werden, und zwei Achterleinen (Heckleinen) zu den hinteren Pfählen. Achtern führt man die Festmacher am besten über Kreuz. In einer kurzen Box können die Vor- und Achterleinen die Bewegungen des Schiffes nicht kontrollieren, weil sie fast quer zum Schiff wirken. In diesem Fall überläßt man ihnen nur die Begrenzung der Bewegung zur Seite. Die Vor- und Rückwärtsbewegung wird durch lange Springs nach mittschiffs kontrolliert. So liegt das Schiff auch in einer kurzen Box sicher an langen Leinen.

In Häfen mit Schwell (Wellen vorbeifahrender Schiffe) können die Masten benachbarter Boote aneinanderschlagen. Hier müssen die Yachten so festgemacht werden, daß die Masten gegeneinander versetzt sind.

Änderungen des Wasserstandes

Weil auch in gezeitenfreien Revieren der Wasserstand schwanken kann, soll den Festmacheleinen grundsätzlich etwas Lose gegeben werden - bei Boxen an Schwimmpontons (hier macht die landseitige Verbindung die Wasserstandsänderung mit) weniger, an festen Brücken mehr.

An einer festen Brücke kann es bei anhaltendem Starkwind erforderlich werden, die Festmacher zu korrigieren.

Damit der Hafenmeister oder Nachbarn ohne umständliche Kletterpartie die Festmacher anpassen können, sollte auf der Brücke ausreichend Leine vorhanden sein (nur bei längerer Abwesenheit der Crew).

In diesem Fall sind auch alle Seeventile zu schließen, der/die Hauptschalter des Bordnetzes auszuschalten und der Elektro-Landanschluß abzuziehen. Bei Gewitter könnte ein Blitz hierüber Erde finden.

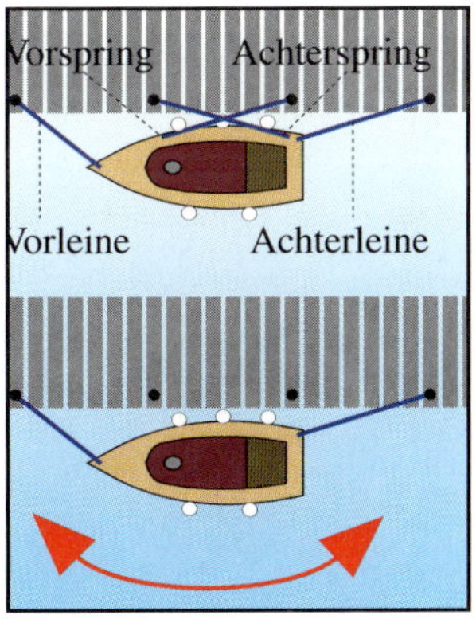

Auch längsseits benötigt man zum Festmachen mindestens vier Leinen: die Vor- und die Achterleine sowie die Vor- und die Achterspring. Durch die Springs werden Drehbewegungen des Schiffes verhindert.

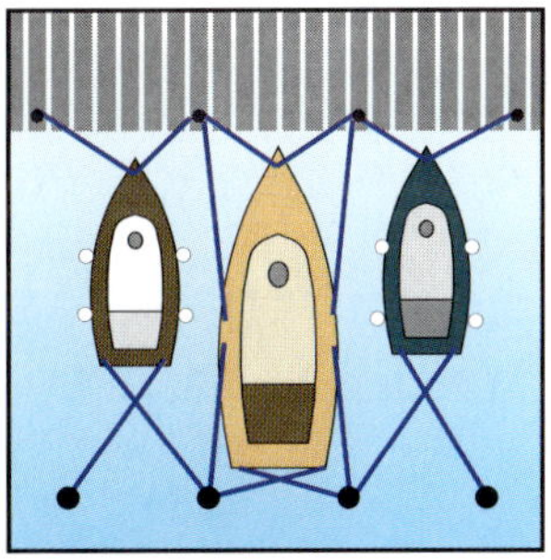

Richtiges Festmachen in Boxen: Die Heckleinen verlaufen über Kreuz. Die Masten sind versetzt und können nicht aneinanderschlagen.
Das Schiff in der Mitte liegt in einer zu kurzen Box. Durch lange Springs werden die Bewegungen nach vorne und achtern kontrolliert.

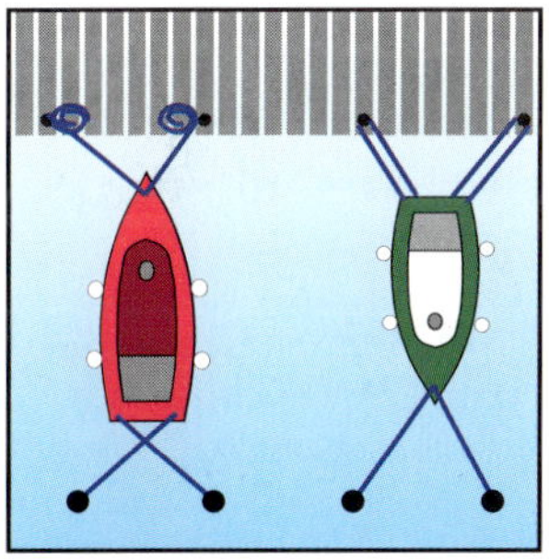

Links: Wenn das Boot für längere Zeit verlassen wird, sollte auf der Brücke genügend Leine liegen. Bei stärkeren Wasserstandsschwankungen können die Leinen vom Steg aus nachgeführt werden.
Rechts: Die Heckleinen sind auf Slip gelegt. Ablegen ist vom Boot aus möglich.

Fragen 270, 278, 279

Starten der Maschine

Starten einer Maschine

Das Starten eines Bootsmotors unterscheidet sich vom Anlassen eines Automotors im wesentlichen in zwei Punkten: die andere Motorkühlung und die seltenere Benutzung (welche einige Kontrollen vor dem Anlassen erforderlich macht). Gestartet wird so:

- Elektro-Hauptschalter einschalten,
- Kraftstoffmenge prüfen,
- Seeventil für Kühlwassereinlaß öffnen,
- Kraftstoffventile öffnen,
- Motorraum auf Wasser-, Kraftstoff- undÖlleckagen kontrollieren,
- Kühlflüssigkeitsstand prüfen,
- Ölstand prüfen,
- Stopp-Griff hineinschieben,
- 20 - 30 Sekunden vorglühen,
- Wendegetriebe auskuppeln, etwas Gas geben,
- Anlasserknopf drücken.

Achtung! Beim Start eines Benzinmotors besteht Explosionsgefahr durch Benzingase, die während des Stillstandes aus dem Motor getreten sein und sich im Motorraum gesammelt haben können. Nach dem Einschalten des Elektro-Hauptschalters muß das Motorraum-Gebläse etwa 5 Minuten lang laufen, um das Gas abzusaugen.

Wendegetriebe

Mit dem Wendegetriebe kann die Drehrichtung der Propellerwelle umgekehrt werden. Es wird zumeist mit einem Hebel bedient, mit dem gleichzeitig geschaltet und Gas gegeben wird (Einhebelschaltung). Beim Umschalten von Vorwärts- auf Rückwärtsfahrt (und umgekehrt) ist der Hebel 1 - 2 Sekunden lang in Neutralstellung zu halten. Der Kupplungsknopf wird dabei nicht gedrückt.

Vor dem Starten den Kupplungsknopf eindrücken (= auskuppeln) und Hebel etwas vorschieben. Nach dem Anlassen wird der Hebel zurück in die Neutralstellung geschoben; der Kupplungsknopf springt dann wieder heraus, die Maschine ist eingekuppelt.

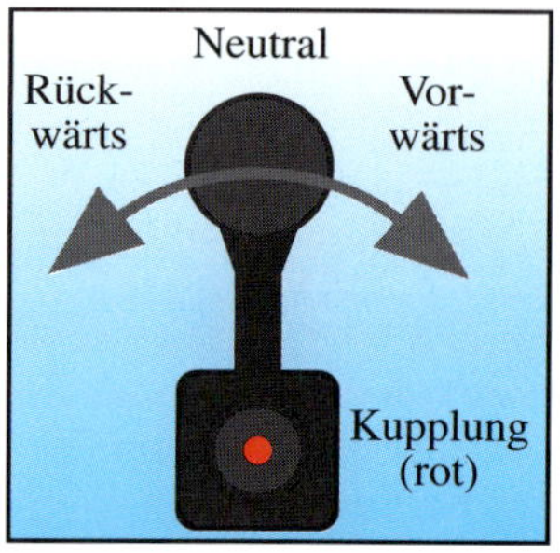

Einhebelschaltung: Gas und Schaltung in einem Hebel.

Einfache Instrumententafel: Links Drehzahlmesser mit Betriebsstundenzähler, darunter Warnanzeige mit 4 Fenstern für Kühlwassertemperatur, Schmieröldruck, Generator und Vorglühen. Rechts die Abdeckkappe der Alarmsirene (oben), Kippschalter für Vorglühen und Alarmtest, Druckschalter zum Einschalten der Instrumententafel, Druckschalter Anlasser. Neben der Instrumententafel der Stoppgriff zum Abschalten des Motors (rausziehen).

Technische Hinweise

Motorkühlung

Die Kühlung des Motors erfolgt i. allg. indirekt als **Zweikreiskühlung**.
Sie besteht aus einem geschlossenen und einem offenen Kühlkreislauf.
Der **geschlossene Kreislauf** kühlt den Motor. Sein Kühlwasser fließt danach durch einen Wärmetauscher, wo es die Wärme an das Seewasser in dem offenen Kühlkreis abgibt. Dieses wird im **offenen Kühlkreislauf** durch den Wärmetauscher gepumpt und durch den Auspuff, der damit ebenfalls gekühlt wird, wieder abgegeben.

Nach dem Anlassen ist zu prüfen, ob Kühlwasser aus dem Auspuff gepumpt wird; falls nein, ist der offene Kühlwasserkreislauf unterbrochen. Möglicherweise ist das Seeventil für den Kühlwassereinlaß verschlossen, oder der Kühlwassereinlaß ist verstopft.

Betrieb

Der Motor muß bei niedriger Drehzahl und unter geringer Last warmgefahren werden. In kaltem Zustand sollte er nie mit hoher Drehzahl arbeiten.

Der Anlasser darf nicht bei laufendem Motor betätigt werden. Dadurch könnten der Startermotor und der Zahnkranz des Schwungrades beschädigt werden. Auch darf der Anlasserknopf nicht gedrückt gehalten werden, wenn der Motor bereits angelaufen ist.

Während des Betriebes sind die Instrumente und Warnanzeigen zu beobachten. Bei anormalen Anzeigen oder Geräuschen sollte deren Ursache festgestellt werden, um einen Schaden zu vermeiden (s. Folgeseite).

Ein Dieselmotor wird mit einem **Stoppgriff** ausgeschaltet (Griff herausziehen). Bei defekter Abstellvorrichtung kann der Motor abgeschaltet werden, indem das Luftansaugrohr verschlossen wird.

Beim Segeln sollte der Bedienungshebel für das Wendegetriebe auf Neutralstellung stehen, wenn ein feststehender Propeller vorhanden ist. Bei einem Faltpropeller hingegen sollte der Rückwärtsgang eingelegt sein (Hebel nach hinten schieben, ohne den Kupplungsknopf zu drücken), damit der Propeller nicht gedreht wird und sich zusammenfaltet.

Bei längeren Reisen unter Segeln soll der Motor täglich 15 - 30 Minuten laufen. Dadurch werden nicht nur die Batterien geladen, sondern auch Probleme beim Starten vermieden. Bei laufendem Motor darf das Boot nur wenig krängen, da sonst die Schmierölversorgung behindert oder sogar die Kühlung unterbrochen werden könnte (wenn der Kühlwassereinlaß über Wasser liegt).

Das **Bunkern** von Diesel erfordert keine über das Betanken von Kraftfahrzeugen hinausgehenden Vorsichtsmaßnahmen.
Bei der Bemessung des Dieselvorrates ist zu berücksichtigen, daß

- der Tank nicht völlig leergefahren werden darf (sonst Motorentlüftung erforderlich),

- bei längerem Stillstand oder seltener Benutzung der Tank möglichst immer voll sein sollte. Sonst kann sich Kondenswasser im Tank bilden und Startschwierigkeiten verursachen (Wasserabscheider entleeren).

Beim Bunkern von **Benzin** hingegen ist - selbst bei geerdeter Tankanlage - wegen der bestehenden Explosionsgefahr vor dem Tanken ein Potentialausgleich herzustellen (Hand gleichzeitig auf die Zapfpistole und den noch verschlossenen Tankdeckel legen). Auch ist dafür zu sorgen, daß die beim Tanken auftretenden Benzingase nicht in das Bootsinnere gelangen können (Explosionsgefahr).

Der Elektro-Hauptschalter (Motor) wird ausgeschaltet, wenn der Motor längere Zeit außer Betrieb bleibt. Auch das Seeventil (Kühlwasser) und die Kraftstoffventile müssen dann geschlossen werden. Der Elektro-Hauptschalter darf nie bei laufendem Motor ausgeschaltet werden, weil der Generator und der Spannungsregler dabei beschädigt werden können.

Fahrtstufe	Drehzahl	Kraftstoffverbrauch
Wirtschaftliche Marschfahrt	50 %	25%
Höchste Marschfahrt	80 %	60%
Volle Fahrt	90 %	80%
Vollgasfahrt	100%	100%

Frage 312

Inspektionen

Inspektionen

Kleinere Inspektionen müssen mit Hilfe der Betriebsanleitung selbst durchgeführt werden.

Bei der **täglichen Inspektion** vor dem Start werden der Stand der Kühlflüssigkeit und des Schmieröls sowie Motor und Wanne auf Kraftstoff-, Wasser- undÖlleckagen überprüft.

Bei der **Kontrolle der Kühlflüssigkeit** besteht Verbrennungsgefahr, wenn der Deckel bei heißem Motor mit einer Drehung abgenommen wird. Dampf oder heiße Flüssigkeit könnten herausspritzen. Der Deckel ist zunächst bis zum ersten Anschlag zu drehen; bevor er abgenommen wird, soll ein Moment gewartet werden. Der Füllstand sollte bis unter den Einfüllstutzen reichen bzw. bei einem separaten Ausgleichsbehälter zwischen den Min- und Max-Marken liegen. Zum Nachfüllen der Kühlflüssigkeit sollte nach Möglichkeit das gleiche Gemisch verwendet werden, das sich bereits in der Anlage befindet. Die Kühlanlage ist langsam zu füllen.

Der **Motorölschmierstand** wird mit dem Meßstab überprüft. Der Füllstand muß in dem markierten Bereich liegen; er darf niemals unter die untere Marke absinken. Angaben zur Qualität und Viskosität des nachzufüllenden Öls findet man in der Betriebsanleitung.

Nach jeweils 14 Tagen sind folgende Inspektionsarbeiten durchzuführen:

- **Kontrolle des Ölstandes im Wendegetriebe** oder S-Antrieb.
- **Wasserabscheider überprüfen.**
  Der Wasserabscheider trennt Wasser, das sich durch Kondensation im Tank gebildet hat oder durch einen undichten Tankdeckel eingedrungen ist, vom Kraftstoff. Bei vollem Wasserabscheider sind Wasser und Verunreinigungen über ein Ventil oder einen Stopfen abzulassen. Der Abscheider sollte erst einige Stunden nach Abstellen des Motors entwässert werden.
- **Keilriemenspannung kontrollieren.** Der Keilriemen darf sich nur etwa einen halben Zentimeter weit eindrücken lassen. Eine übermäßig hohe Spannung führt zu Lagerschäden, bei zu geringer Spannung kann der Keilriemen rutschen (quietscht manchmal).
  Das Spannen eines Keilriemens ist nicht schwer; der Generator wird gelöst und so weit verschoben, bis der Keilriemen die richtige Spannung hat. Ein verschlissener oder gerissener Keilriemen ist auszuwechseln. Etwa eine Betriebsstunde nach dem Auswechseln oder Nachspannen des Keilriemens ist die Spannung nochmals zu überprüfen.
- **Säurestand in den Batterien** prüfen. Warnung: Die Batterien enthalten Knallgas und extrem aggressive Schwefelsäure. Funken oder offene Flammen in der Nähe der Batterie können zu einer Explosion führen. Es ist eine Schutzbrille zu tragen. Wenn die Bleiplatten nicht mehr vollständig bedeckt sind, ist destilliertes Wasser nachzufüllen.
- **Seewasserfilter kontrollieren.** Seeventil schließen, Filter öffnen und ggf. reinigen.

Um **Korrosion** zu vermeiden, muß der Motor wenigstens alle 14 Tage einmal gestartet und warmgefahren werden. Wird das Boot voraussichtlich für mehr als 90 Tage nicht betrieben, sollten Maschine, Antrieb und Propeller eine Langzeitkonservierung erhalten.

Sichtkontrollen

Dicker Schmutz auf der Maschine zieht Feuchtigkeit an und kann Kriechströme und Probleme an der Elektrik auslösen. Nur an einer gepflegten und sauberen Maschine können Sichtkontrollen durchgeführt werden. Öl-, Wasser- oder Kraftstoffleckagen dürfen nicht auftreten und sind Anzeichen undichter Verschraubungen oder Dichtungen. Schwarzer Staub entsteht durch einen rutschenden Keilriemen oder nicht fluchtende Keilriemenscheiben.

Niemals in eine laufende Maschine greifen!

Hörkontrollen

Ungewöhnliche Geräusche der Maschine oder des Antriebs (Rasseln, Klappern, Klopfen, Schleifen) weisen immer auf Störungen hin. Eine frühzeitige Reparatur begrenzt den Schaden und vermeidet Ausfälle. Klappern unter dem Rumpf kann durch eine angefressene Zinkanode, die zum Schutz des Propellers vor Elektrolyse an der Propellerwelle (auch bei GFK-Yachten) angebracht ist, hervorgerufen werden.

Störungen

Alarm Kühlflüssigkeit (Temperatur zu hoch)

Wenn die Temperatur der Kühlflüssigkeit zu hoch ist, muß auf Leerlauf gegangen und ausgekuppelt werden. Nun ist abzuwarten, ob die Temperatur sinkt. Falls nicht, ist der Motor stillzusetzen. Als Ursachen für eine Überhitzung kommen in Frage:

- Seewassereinlaß verstopft,
- rutschender Keilriemen,
- gerissener Keilriemen,
- zu wenig Kühlflüssigkeit,
- Seewasserfilter verstopft,
- defektes Pumpenlaufrad,
- defekter Thermostat,
- defekter Temperaturgeber,
- defektes Anzeige-instrument;
- Luft im Kühlsystem.

Die mit Abstand häufigste Ursache ist ein durch „eingefangene" Plastiktüten oder Folienstücke verstopfter Seewassereinlaß. Oftmals kann man sie durch mehrmaliges Rückwärts- und Vorwärtsfahren wieder loswerden; die Fetzen treiben dann im Kielwasser.

Alarm Öldruck zu niedrig

Den Motor unmittelbar stillsetzen; ohne intakten Ölkreislauf ist die Maschine binnen Sekunden unbrauchbar. Ursachen, die sich mit Bordmitteln beheben lassen, sind:

- zu wenig oder kein Öl;
- Öldruckschalter defekt;
- Masseschluß an Geberleitung.

Auch wenn die Öldruckwarnanzeige bei Vollgas verlöscht, muß der Motor sofort abgeschaltet werden. Die Störung ist dann in der Regel nicht mit Bordmitteln zu beheben.

Alarm Ladekontrolle (Generator)

Der Generator dient zur Stromerzeugung. Der Motor kann zunächst weiter betrieben werden, aber die Batterien werden nicht mehr geladen. Strom sparen! Ursachen, die ohne fremde Hilfe behebbar sind, können sein:

- Keilriemen gerissen oder zu locker;
- Masseschluß an Geberleitung.

Abgasfarbe

Weiß	Wasser im Abgas; Kühlsystem intakt?
Schwarz	Luftfilter verstopft?
Blau	Schmieröl im Kraftstoff; Ölstand zu hoch?

Startschwierigkeiten

Wenn der Anlasser nicht oder nur langsam dreht:
- Hauptschalter ein?
- Batterie leer?

Wenn der Anlasser normal läuft:
- Stoppgriff reingeschoben?
- Sicherung defekt?
- Lange genug vorgeglüht?
- Kraftstoffventil zu?
- Tank leer?
- Luft im Kraftstoffsystem?
- Wasserabscheider voll?

Motor würgt beim Einkuppeln ab:
- Propeller blockiert?
- Getriebe blockiert? (ausreichend Getriebeöl)
- Propellerwelle verbogen?

Motor bleibt nach dem Start stehen:
- Vakuum im Tank? (Die Tankbelüftung ist verstopft, wenn der Motor bei offenem Tankdeckel nicht stehenbleibt.)
- Luft im Kraftstoffsystem?
- Kraftstoff- oder Luftfilter verdreckt?

Warnung
Man verwende bei Startschwierigkeiten eines Dieselmotors niemals ein Start-Spray oder ähnliche Produkte! Die Glühkerzen könnten eine Explosion im Einlaßrohr verursachen. Es besteht Verletzungsgefahr.

Entlüften des Kraftstoffsystems

Das Entlüften des Kraftstoffsystems kann erforderlich werden, wenn

- der Tank völlig leergefahren wurde;
- der Kraftstoffilter ausgewechselt worden ist;
- Kraftstoffleitungen geöffnet wurden;
- der Motor längere Zeit nicht benutzt wurde.

Entlüftet wird mit Hilfe einer kleinen, am Motor befindlichen Handpumpe (s. Betriebsanleitung). Im Kraftstoffsystem befinden sich eine oder mehrere Entlüftungsschrauben (s. Betriebsanleitung), die nacheinander 1 - 2 Umdrehungen weit gelöst werden müssen.

Die Förderpumpe ist dann jeweils so lange zu betätigen, bis blasenfreier Kraftstoff austritt. Er muß mit einem saugfähigen Lappen aufgefangen werden.

Die Entlüftungsschrauben müssen - noch während der Kraftstoff austritt - wieder gut verschlossen werden. Sie sollten nach kurzem Betrieb des Motors nochmals auf Leckage überprüft werden.
Tip: Bei schwacher Handpumpenleistung den Motor kurzzeitig drehen lassen.

Hafenmanöver

Maschinenmanöver in engen Hafenbecken verlangen praktische Erfahrung und eine genaue Kenntnis des Manövrier- und Drehverhaltens. Dieses hängt vor allem ab von

- Kiel- und Ruderform,
- Antrieb,
- Winddruck (bei Segelbooten auf den Mast).

Wellen- bzw. V-Antrieb einerseits und S-Antrieb andererseits erzeugen unterschiedliche Manövriereigenschaften.

Beim S-Antrieb strömt der Propeller (wegen seines oft großen Abstandes zum Ruder, s. Abbildung auf Seite 111) das Ruder nicht direkt an. Das Schiff reagiert nur bei ausreichender Fahrt auf das Ruder. Drehungen aus dem Stand, wie sie ein vor dem Ruder arbeitender, das Ruder direkt anströmender Propeller erlaubt, sind nicht möglich. Sonst hat der S-Antrieb unkomplizierte Fahreigenschaften.

Ein Wellen- oder V-Antrieb kann, besonders wenn der Propeller auf einer schrägen Welle nahe am Heck sitzt, einen teilweise erheblichen Radeffekt verursachen. **Radeffekt** heißt der seitliche Propellerschub. Er beeinflußt die Manöver vor allem bei Rückwärtsfahrt.

Ein **rechtsgängiger Propeller** dreht sich bei Vorwärtsfahrt von hinten gesehen rechts herum. Dadurch tendiert das Heck nach Steuerbord (Bug nach Backbord). Bei Fahrt achteraus dagegen dreht ein rechtsgängiger Propeller nach links und versetzt beim Anfahren das Heck zum Teil erheblich nach Backbord. Bei **linksgängigen Propellern** sind die Verhältnisse umgekehrt.

Die Schiffsseite, zu welcher bei Rückwärtsfahrt das Heck versetzt wird, bezeichnet man auch als "Schokoladenseite". An dieser Seite ist das Längsseits-Anlegen einfacher, weil beim Aufstoppen das Heck zugleich zur Brücke gezogen wird.

Auch beim Wenden auf engem Raum sollte ein Radeffekt nicht außer acht gelassen werden. Entscheidend ist dabei immer das Verhalten bei Rückwärtsfahrt. Ein rechtsgängiger Propeller z. B. versetzt bei Rückwärtsfahrt das Heck nach Backbord und unterstützt damit das Wenden über Steuerbord (s. nebenstehende Abbildung).

Bei stärkerem Wind ist auch der Winddruck - bei Segelbooten auf den Mast - zu berücksichtigen, der den Bug nach Lee drückt.

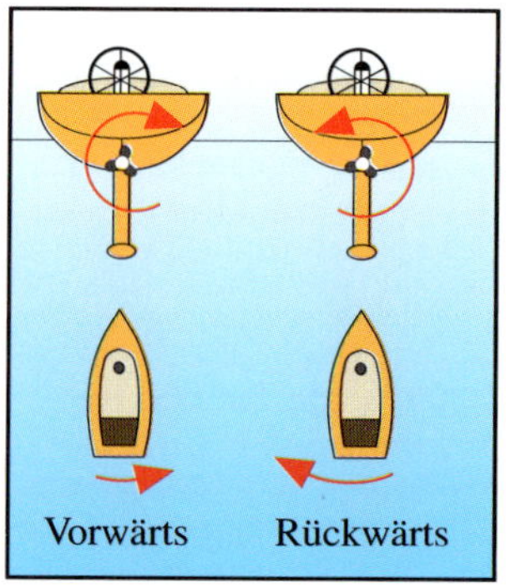

Radeffekt bei rechtsgängigem Propeller, bei Fahrt achteraus stärker als bei Fahrt voraus.

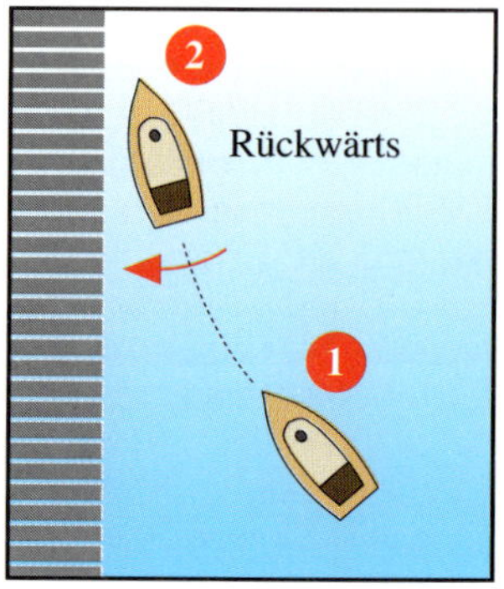

Anlegen mit der „Schokoladenseite" (rechtsgängiger Propeller). Aufstoppen zieht das Heck zur Brücke.

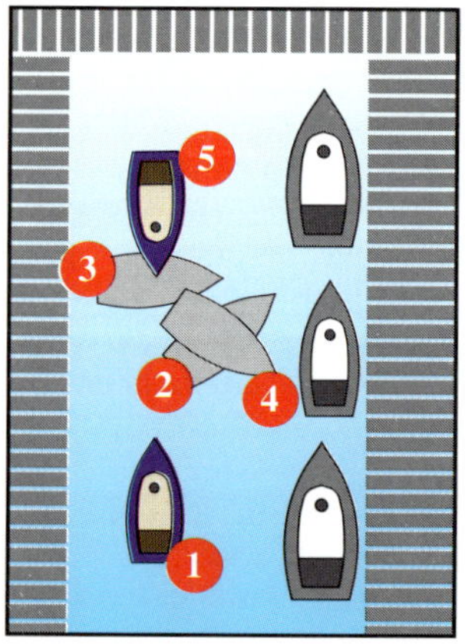

Wenden auf engem Raum mit Unterstützung durch den Radeffekt. Ein rechtsgängiger Propeller zieht bei Fahrt achteraus das Heck nach Backbord und unterstützt das Wenden über Steuerbord. Auf engem Raum kann bei starkem Radeffekt über Backbord nicht gewendet werden (rechtsgängiger Propeller).

Ein Außenborder darf nur mit leerem Vergaser hochgekippt werden, sonst läuft Kraftstoff aus. Wird im Leerlauf die Benzinzufuhr unterbrochen, so brennt der Vergaser leer, und der Motor geht aus. Auch zum Transport oder Verstauen muß der Vergaser leer sein (Explosionsgefahr).

Fragen 274, 276, 277

Berufsschiffahrt

Größere Frachtschiffe verdrängen zwischen 20000 t und 500000 t. Auf einer Yacht mit 5 bis 10 t kann man diese gewaltige Masse sowie

- die Geschwindigkeit,
- die Sichtverhältnisse auf der Brücke,
- die Aufstoppstrecke,
- das Drehverhalten

eines großen Schiffes nicht immer richtig einschätzen.

Viele gefährliche Situationen entstehen dadurch, daß auf Yachten die **Geschwindigkeit** eines Fracht- oder Fahrgastschiffes unterschätzt wird.

Aufbauten und Ladung können die Sicht behindern. Nach den IMO-Richtlinien müssen die **Sichtverhältnisse** von der Brücke freie Sicht nur auf den Horizont ermöglichen. Die Wasserfläche muß lediglich in einem vorausliegenden Sektor von 20° sichtbar sein. Dabei darf ein Bereich („toter Winkel") von zwei Schiffslängen - höchstens jedoch 500 m - vor dem Bug verdeckt bleiben. Wenn ein kleines Boot vor dem Bug eines solchen Schiffes herläuft, bleibt dem Brückenpersonal oft nichts anderes übrig, als zu hoffen, daß das Boot auf der anderen Seite wieder auftaucht.

Ausweichmanöver müssen auf großen Schiffen frühzeitig geplant werden; unter Umständen muß bereits bei einem Abstand von 2 - 3 sm ein Manöver des letzten Augenblicks eingeleitet werden.

Der **Notstoppweg** eines größeren Handelsschiffes beträgt je nach Schiffstyp, -größe und Beladung das 8- bis 12fache der Schiffslänge und dauert etwa 10 Minuten. Bei einem Notstopp riskiert der Rudergänger nicht nur Schäden an Maschine, Antrieb und Propeller, sondern auch ein unkontrollierbares Ausbrechen des Hecks (Radeffekt).

Wenn auf einem großen Handelsschiff bei 12 - 27 kn (Marschfahrt) durch **Hartruderlage** eine Kursänderung eingeleitet wird, verläßt das Fahrzeug erst nach mehreren Schiffslängen seine bisherige Kurslinie, wobei zuerst das Heck in Gegenrichtung ausschwenkt. Diese Bewegung des Hecks heißt **Anschwenkverhalten**.

Man berücksichtige auch, daß meistens heute nur noch 1 Person auf der Brücke sitzt, von der man nie genau weiß, was sie gerade macht. Mit einem **Manöver des vorletzten Augenblicks** (s. Seite 63) vermeidet man Gefahren.

Gefahren bei Überholmanövern

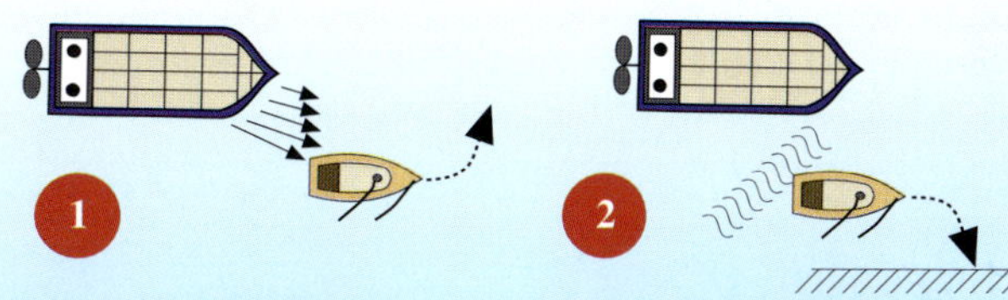

1: Bugstau des Überholers: Das überholte Fahrzeug kann dabei vor den Bug des Überholers geraten.

2: Bugwelle des Überholers: Das überholte Fahrzeug kann aus dem Ruder laufen und auf die Uferböschung geraten.

3: Sog des Überholers: Das überholte Fahrzeug kann an die Bordwand gesaugt werden.

4: Heckwelle des Überholers: Das überholte Fahrzeug kann aus dem Ruder laufen und auf die Uferböschung geraten.

Wasser mit einer Tiefe von 10 m gilt bereits für manche Schiffe als flach. Auf flachem Wasser kann das Heck nach unten gesaugt werden. Dieser Effekt wird **Squat** genannt. Durch Squat kann die Steuerfähigkeit eingeschränkt werden oder sogar ganz verlorengehen.

Läuft ein Schiff nahe an einer Untiefe oder Uferböschung vorbei, so kann der Ansaugeffekt seitlich wirken und das Schiff aus dem Ruder laufen (**Bankeffekt**).

Um Squat oder Bankeffekt zu vermeiden, können für ein größeres Schiff **Kursänderungen** nötig sein, die dann durch Schallsignale angekündigt werden (s. Seite 75). Insbesondere in einem engen Fahrwasser ist dann mit einem Ausschwenken des Hecks (Anschwenkverhalten) zu rechnen und ein entsprechender Sicherheitsabstand einzuhalten.

Bei **Fischern** sollte man immer auf plötzliche Kurs- und Geschwindigkeitsänderungen vorbereitet sein.

Zehn Sicherheitsregeln für Wassersportler

Nach den Grundregeln für das Verhalten im Verkehr (s. Seite 51) hat auch ein Wassersportler die Vorsichtsmaßregeln zu beachten, die Seemannsbrauch oder besondere Umstände des Falls erfordern. Zur Erfüllung der seemännischen Sorgfaltspflicht gehört zudem die Anwendung der folgenden vom Bundesamt für Seeschiffahrt und Hydrographie (BSH) aufgestellten Sicherheitsregeln.

Fahrzeugführer

1. **Schätzen Sie Ihre Kenntnisse und Fähigkeiten richtig ein!**

   Auch wenn Sie die Befähigung zum Führen eines Sportbootes in einer Prüfung nachgewiesen haben, sammeln Sie zunächst am Tage praktische Erfahrung in geschützten Gewässern, die nur wenig von Fahrzeugen der Berufsschiffahrt befahren werden.

Fahrzeug

2. **Machen Sie sich mit den Eigenschaften und der Einrichtung Ihres Fahrzeugs vertraut!**
   Ihr Fahrzeug muß für das vorgesehene Fahrtgebiet geeignet sein. Stellen Sie fest, ob Ihr Fahrzeug den Anforderungen für Fahrten in Küstennähe oder auf der hohen See genügt. Fahrzeug und Einrichtung müssen sich in einem fahr- und funktionstüchtigen Zustand befinden.

Sicherheitsausrüstung

3. **Rüsten Sie Ihr Fahrzeug mit geeigneten Rettungsmitteln aus!**
   Zur Mindestsicherheitsausrüstung gehören eine Rettungsweste für jede Person an Bord, geeignete Mittel, um ein Feuer an Bord zu bekämpfen, und Signalmittel, um einen Notfall anzuzeigen, sowie Lenzvorrichtung (Pumpe, Eimer, Ösfaß) und Erste-Hilfe-Ausrüstung. Zur Orientierung empfehlen sich die Sicherheitsrichtlinien der Kreuzer-Abteilung des DSV. Die Sicherheitsausrüstung muß regelmäßig überprüft und gewartet werden.

Reiseplanung

4. **Informieren Sie sich über das vorgesehene Fahrtgebiet!**
   Machen Sie sich mit den Schifffahrtsvorschriften und den Hilfen für die Navigation Ihres Fahrtgebietes vertraut. Für die Reiseplanung und -durchführung unerläßliche Hilfsmittel sind auf den neuesten Stand berichtigte Seekarten und Seebücher sowie Gezeitenkalender, Erfahrungsberichte und die von der Kreuzer-Abteilung des DSV empfohlenen Hafenhandbücher.

Wetter

5. **Unterrichten Sie sich über die herrschenden und vorhergesagten Wetter- und Seegangsverhältnisse!**

   Treten Sie im Küsten- und Seebereich nie eine Fahrt an, ohne vorher den Wetterbericht gehört zu haben, und beobachten Sie stets die Wetterentwicklung im Vergleich mit den an Bord aufgenommenen Berichten. Der Seewetterbericht ist den allgemeinen Wettervorhersagen der Rundfunksender vorzuziehen. Der Deutsche Wetterdienst, Geschäftsfeld Seeschiffahrt in Hamburg erstellt gegen geringe Gebühren spezielle Törnberatungen für Wassersportler über Telefon, Telefax oder Telex mit Wettervorhersagen für bis zu fünf Tagen. Informieren Sie sich, ob im zu befahrenden Gewässer zur Zeit meteorologische Gefahren auftreten

Fragen 8, 310

Zehn Sicherheitsregeln für Wassersportler

können (z. B. Mistral, Bora, tropischer Wirbelsturm).

Einweisung

6. Unterrichten Sie ihre Besatzungsmitglieder und Gäste über die Sicherheitsvorkehrungen an Bord!

Zeigen Sie den Aufbewahrungsort der Rettungsmittel, und üben Sie das Anlegen von Rettungsweste und Sicherheitsgurt („Lifebelt"). Erklären Sie den Umgang mit Seenotsignalmitteln. Erläutern Sie die für die Sicherheit wichtigen Einrichtungen des Fahrzeugs, wie Lenzeinrichtungen, Seeventile - vor allem am Pump-WC -, Feuerlösch-, Heiz- und Kocheinrichtungen.
Achten Sie darauf, daß Ihre Besatzungsmitglieder und Gäste sich an Bord sicher bewegen, Arme und Beine nicht außenbords hängen lassen und auf Segelbooten den Gefahrenbereich des Großbaums meiden. Bestimmen und unterweisen Sie ein geeignetes Besatzungsmitglied als Vertreter, falls Sie als Fahrzeugführer ausfallen sollten.

Mann-über-Bord

7. Treffen Sie Maßnahmen gegen das Überbordfallen, und prüfen Sie die Möglichkeit, Überbordgefallene zu bergen!

Lassen Sie rechtzeitig Rettungswesten und Sicherheitsgurte anlegen. Weisen Sie auf geeignete Befestigungspunkte für Sicherheitsgurte hin. Üben Sie regelmäßig Mann-über-Bord-Manöver. Prüfen Sie Möglichkeiten, und üben Sie das Anbordholen insbesondere von geschwächten Personen.

Nebel

8. Verlassen Sie keinen sicheren Ankerplatz bei Nebel!

Werden Sie von Nebel oder schlechter Sicht überrascht, möglichst umgehend Fahrwasser und Schifffahrtswege verlassen. Zum eigenen Schutz einen sicheren Ort aufsuchen und Fahrt unterbrechen. In jedem Fall sind bei verminderter Sicht die vorgeschriebenen Schallsignale zu geben. Sportfahrzeuge, insbesondere solche aus Holz oder Kunststoff, können ihre Radarauffaßbarkeit durch einen Radarreflektor verbessern. Fahrzeuge mit Metallmast können ihre Radarauffaßbarkeit durch eine aufrechte Bootslage erhöhen.

Berufsschiffahrt

9. Halten Sie sich von der Berufsschiffahrt nach Möglichkeit fern!

Meiden Sie Schiffahrtswege, und halten Sie sich im Fahrwasser soweit wie möglich rechts oder außerhalb des Fahrwassers, sofern dies ohne Gefahr möglich ist. Segelfahrzeuge dürfen beim Kreuzen im Fahrwasser die durchgehende Schiffahrt nicht behindern.

Ausguck

10. Halten Sie stets gehörigen Ausguck!

Hiermit stellen Sie sicher, daß Sie frühzeitig Kollisionssituationen, treibende Gegenstände oder andere Gefahren für Ihr Fahrzeug erkennen können. Durch Ihre Aufmerksamkeit können Sie Notlagen anderer Sportfahrzeuge entdecken und Hilfe leisten.

Fragen 8, 310

Charter, Kojencharter

Charter, Kojencharter

Wer nicht über ein eigenes Boot verfügt und keine Mitfahr- oder Mitsegelgelegenheit in einem Verein oder im Freundeskreis hat, kann ein Boot oder auch nur eine Koje chartern.

Kojencharter heißt, den Preis für eine Koje und die anteiligen Gemeinkosten (Hafengebühr, Kraftstoff, Bordverpflegung) zu bezahlen und als Crewmitglied entsprechend den persönlichen Kenntnissen und Erfahrungen eingesetzt zu werden. Neben der Bereitschaft, sich in die Mannschaft einzuordnen und die nach Absprache festgelegten Aufgaben zu übernehmen, geht der Kojencharterer keine weitere Verpflichtung ein. Die Verantwortung für die Sicherheit der Besatzung und des Schiffes liegen beim Schiffsführer, den der Veranstalter stellt.

Eine andere Rechtslage ergibt sich, wenn eine Yacht (ohne Skipper) gechartert wird. Die Verantwortung des Schiffsführers ist in den Sicherheitsrichtlinien der Kreuzer-Abteilung (s. nebenstehender Auszug) festgelegt und gilt gleichermaßen für Charterskipper wie für Eigner, die als Schiffsführer eine Reise durchführen.

Eignung zum Schiffsführer

Der Schiffsführer übernimmt eine große Verantwortung. Auch wer die Befähigung zum Führen eines Sportbootes in einer Prüfung nachgewiesen hat, sollte zunächst am Tage in geschützten Gewässern praktische Erfahrungen sammeln. Um größere Seegebiete zu überqueren oder entfernte Häfen anzusteuern, sind nicht nur fachliche und charakterliche Eignung, sondern vor allem umfangreiche praktische Erfahrungen erforderlich.

> Vor Fahrtantritt muß der Schiffsführer bestimmt werden.
>
> Eine gemeinschaftliche Schiffsführung von mehreren Personen ist nicht zulässig.

Der Skipper einer Segelyacht muß über eine **leistungsfähige Crew** verfügen, die erfahren und körperlich in der Lage ist, schweres Wetter durchzustehen, und ihn als Schiffsführer akzeptiert. Mindestens ein Crewmitglied muß imstande sein, ein Mann-über-Bord-Manöver ohne Mithilfe des Skippers durchzuführen. Ein Stellvertreter des Schiffsführers sollte bestimmt werden.

> Aus den Sicherheitsrichtlinien der Kreuzer-Abteilung des Deutschen Segler-Verbandes e. V.:
>
> **Verantwortung des Eigners bzw. des Schiffsführers**
> *„Für die Sicherheit einer Yacht und ihrer Besatzung ist ausschließlich und zwingend der Eigner bzw. der Schiffsführer verantwortlich. Sie müssen alles tun, um sicherzustellen, daß die Yacht gut ausgerüstet, seetüchtig und mit einer erfahrenen Besatzung bemannt ist, die körperlich in der Lage ist, schlechtes Wetter durchzustehen.*
> *Er muß von der Solidität des Rumpfes, der Spieren, der Takelung, der Segel und des gesamten stehenden und laufenden Gutes überzeugt sein. Er muß sicherstellen, daß alle Sicherheitseinrichtungen ordentlich in Stand gehalten und verstaut sind und daß die Besatzung weiß, wo sie verstaut sind und wie sie zu bedienen sind.*
> *a) Der Schiffsführer muß den Nachweis über die Befähigung zur Führung von Yachten für das entsprechende befahrene Gebiet erbracht haben (s. Führerscheinvorschrift des DSV bzw. amtliche Führerscheinvorschriften). Die zum Ausweis für Schiff und Besatzung erforderlichen Papiere müssen an Bord sein.*
> *b) Das Seh-, Farbunterscheidungs- und Hörvermögen der Besatzung soll den Anforderungen an Sportbootführerscheinbewerber genügen. Alle Besatzungsmitglieder sollen Freischwimmer sein. Der Führer der Yacht soll über das Sehvermögen und den Farbenunterscheidungssinn jedes Besatzungsmitglieds unterrichtet sein ... “*

Versicherung

Da es in der Sportschifffahrt (anders als im Kfz-Verkehr) keinen gesetzlichen Zwang zum Abschluß einer **Versicherung** gibt, sollte der Schiffsführer

- den Versicherungsumfang (Haftpflicht-, Kasko-, Insassenschutz) kennen,
- einen Nachweis über die Zahlung der Versicherungsbeiträge fordern,
- eine Skipper-Haftpflichtversicherung abschließen,
- den Schiffseigner oder Vercharterer im Chartervertrag nicht von Ansprüchen Dritter freistellen (sonst zahlt die Skipper-Haftpflichtversicherung nicht),
- die Mitsegler Haftungsverzichtserklärungen unterschreiben lassen,
- prüfen, ob er eine Rechtsberatung benötigt.

Eine unbekannte Yacht kennenlernen

Das Kennenlernen einer unbekannten Yacht beginnt mit einer in der Regel zu kurzen **Einweisung** in die Besonderheiten von Schiff und Ausrüstung durch den Vercharterer oder Eigner.

Dieser fertigt ein Übergabeprotokoll an, in dem der Zustand von Schiff und Ausrüstung festgehalten wird. Für den Charterer ist es also nicht nur wichtig, bei dieser Einweisung viel mitzubekommen, sondern auch eventuelle **Mängel** und **Schäden** rechtzeitig zu erkennen und diese in das Übergabeprotokoll aufnehmen zu lassen. Denn für Schäden, die später auftreten, kann der Charterer haftbar gemacht und die Kaution ganz oder teilweise einbehalten werden.

Der Skipper ist daher gut beraten, für die Einweisung wie für die Mängelsuche die verschiedenen Funktionsbereiche des Schiffes vorher auf die Crew aufzuteilen (Rollenplan):

- Deck, Rumpf, Steuerung,
- Dichtigkeit der Yacht (Bord-WC, Seeventile, Lenzpumpen, Luken),
- Navigation, Funk,
- Maschine, Elektrik,
- Ankergeschirr, Leinen,
- Gasanlage, Heizung, Pantry,
- Sicherheitseinrichtung,
- ggf. Rigg, Segel.

Bilge kontrollieren

1. Wasser im Schiff?
2. Bilge von Schmutz gereinigt? (Grober Schmutz und Etiketten könnten im Falle eines Wassereinbruchs die Lenzpumpen funktionsunfähig machen.)

(Bilge = Raum unter den Bodenbrettern.)

Der Schiffsführer muß vor Beginn einer Reise die **Seetüchtigkeit** der Yacht **überprüfen**. Dazu hat er sich von der Solidität des Schiffs zu überzeugen und zu untersuchen, ob die Ausrüstung ordentlich in Stand gehalten und funktionstüchtig ist. Es sollte auch kontrolliert werden, ob die im Bootszeugnis aufgeführte Ausrüstung vollzählig vorhanden ist.

Ergänzend zu der Einweisung durch den Eigner oder Vercharterer hat der Schiffsführer eine Sicherheitsbelehrung sowie eine technische Einweisung der Crew durchzuführen, deren Umfang von den Kenntnissen und Erfahrungen der Crew abhängt. Zur **Sicherheitsbelehrung** gehören u. a.

- Maßnahmen gegen das Überbordfallen,
- Verhalten bei ...
  ... Mann über Bord,
  ... Seekrankheit,
  ... Feuer, Leckage.
- Hinweise zum Gefahrenbereich Großbaum

sowie der Gebrauch von

- Rettungswesten,
- Sicherheitsgurten,
- Rettungsinsel,
- Notsignalmitteln,
- Lenzpumpen,
- Feuerlöschmitteln,
- Seefunkgerät,
- Notsteuereinrichtung,
- Erste-Hilfe-Ausrüstung,
- Seeventilen.

Die **technische Einweisung** erfolgt z. B. in

- Navigationsgeräte,
- Positionslichter,
- Windinstrumente,
- Motor, Elektroanlage,
- Werkzeug,
- Ankergeschirr,
- Leinen, Fender,
- Wasser- und Dieseltanks,
- Lenzeinrichtungen,
- Seeventile,
- Bord-WC, Bordapotheke,
- Kocher mit Gasanlage,
- Rigg, Segel, Winschen.

Vor Reiseantritt

1. Seetüchtigkeit;
2. Sicherheitsbelehrung;
3. Sicherheitsrolle;
4. Mannschaftstraining;
5. Wetterbericht;
6. Kraftstoff, Wasser, Lebensmittel;
7. Seekarten und Seebücher studieren.

Erst wenn Skipper und Crew die **Manövriereigenschaften** und das Verhalten des Schiffes (ggf. auch unter Segeln) kennengelernt haben, kann die Reise beginnen. Mit den Manövriereigenschaften unter Maschine macht man sich am besten zuerst vertraut, indem noch im Ausgangshafen einige Hafenmanöver geübt werden:

- An- und Ablegen (längsseits und in Boxen, mit Fendern und Leinen),
- Aufstoppen,
- Rückwärtsfahren,
- Wenden auf engem Raum.

Nachdem der Hafen unter Maschine verlassen worden ist, sollte ein Ankermanöver gefahren und dabei der Gebrauch des Ankergeschirrs kennengelernt werden.
Auf Segelyachten werden auch die Standardmanöver unter Segeln trainiert:

- Segel setzen und bergen,
- Wenden,
- Halsen,
- Boje-über-Bord-Manöver,
- Beidrehen,
- Segelwechsel sowie
- Reffen.

Einweisung, Übergabe, Überprüfen der Seetüchtigkeit und Mannschaftstraining müssen im Logbuch vermerkt, Personen- und Fahrzeugpapiere vor Fahrtantritt überprüft werden.

Fragen 9, 310

Beidrehen, Beiliegen, Mann über Bord

Beidrehen ist ein Manöver, um ein Segelboot bei langsamster Fahrt in relativ ruhiger Lage zu halten. Beidrehen kann man z. B., um

- in schwerer See zu reffen,
- etwas zu reparieren,
- einen Überbordgefallenen zu bergen,
- ein anderes Boot längsseits kommen zu lassen.

Zum Beidrehen fährt man eine Wende, jedoch ohne dabei Fock- oder Großschot loszuwerfen, und legt auf dem neuen Bug das Ruder nach Luv (sonst würde das Schiff durch die backstehende Fock abfallen und wieder Fahrt aufnehmen). Das Schiff macht beigedreht nur noch geringe Fahrt und treibt nur wenig ab.

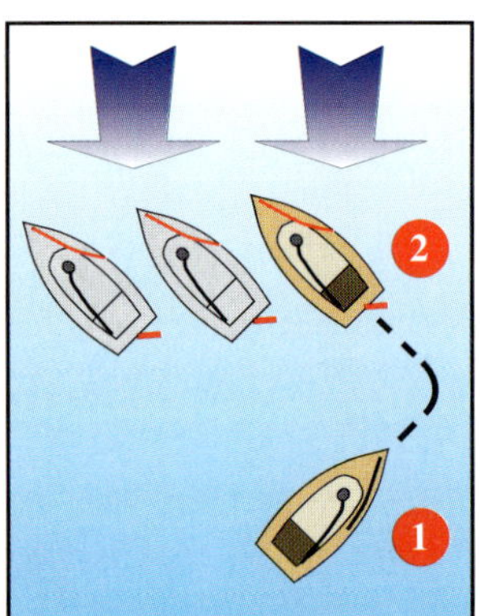

Zum Beidrehen wende man mit belegter Fockschot und lege das Ruder nach Luv.

Beiliegen nennt man ein langandauerndes Beidrehen. Beiliegen ist eine Möglichkeit, einen Sturm abzuwettern. Je stärker der Wind, um so kleiner müssen die Segel sein, bei Sturm wird mit Trysegel und Sturmfock beigedreht.

Wenn der Sturm so heftig wird, daß ein Schiff überhaupt keine Segel mehr tragen kann, ist auch ein Beiliegen unmöglich.

Beiliegen galt früher als die klassische Möglichkeit zum Abwettern von schwerer See. War in Lee genügend Seeraum, wurde unter Deck Wetterberuhigung abgewartet.
Es hat sich jedoch gezeigt, daß breite, steife Boote nicht so gut beiliegen wie ranke (schmale) Schiffe.

Beiliegen im Sturm; die Wirbelschleppe in Luv soll Wellen dämpfen.

Mann über Bord

Ein Überbordgefallener befindet sich in Lebensgefahr. Der Ruf „Mann über Bord!" alarmiert die gesamte Crew und ruft sie an Deck. Damit der Ernstfall sofort erkannt wird, wird bei Übungen „Boje über Bord!" gerufen.

Zwischen einem Mann-über-Bord- und einem Boje-über-Bord-Manöver gibt es zwei wesentliche Unterschiede:

- Eine Boje ist wesentlich leichter an Bord zu nehmen als ein Mensch.
- Ein Mann-über-Bord-Manöver muß mit einem Crewmitglied weniger (vielleicht ohne Skipper) durchgeführt werden.

Fällt ein Mensch über Bord, so steht die Crew vor drei Schwierigkeiten:

- die Unfallstelle nicht aus den Augen zu verlieren (ein Mann nur Ausguck),
- das Schiff zur Unfallstelle zurück zu manövrieren,
- den Überbordgefallenen unverletzt an Bord zu bergen.

Das Manöver (s. nächste Seite) sollte umgehend eingeleitet werden, damit sich die Yacht nicht weit von der Unfallstelle entfernt. Das Quick-Stop-Manöver hat sich bei verschiedenen Versuchen als einfachstes Manöver für kleine Crews herausgestellt.

Sofortmaßnahmen
- Rettungsmittel nachwerfen (Schwimmkörper, Boje).
- MOB-Taste drücken (GPS-Navigator).
- Mann-über-Bord-Manöver fahren.
- Mit ausgestrecktem Arm zur Unfallstelle zeigen.

Ein Überbordgefallener kann geborgen werden

- über die Badeplattform,
- über die Badeleiter,
- im Bergegurt am Spi-Fall oder (besser) mit Rettungstalje am Want,
- am ausgefahrenen Großbaum (mit Bullenstander stabilisiert) mit Hilfe der Großschot,
- mit einem kleinen Vorsegel, das über Bord gelassen wird.

Keinesfalls darf ein Überbordgefallener an der Bordwand festgebunden in den nächsten Hafen transportiert werden. Er würde es nicht überleben. Eine Crew, die das Boje-über-Bord-Manöver nicht in den verschiedensten Situationen bis zur Perfektion übt, läuft Gefahr, im Ernstfall den Überbordgefallenen nicht lebend bergen zu können.

Fragen 326, 327

Mann-über-Bord-Manöver

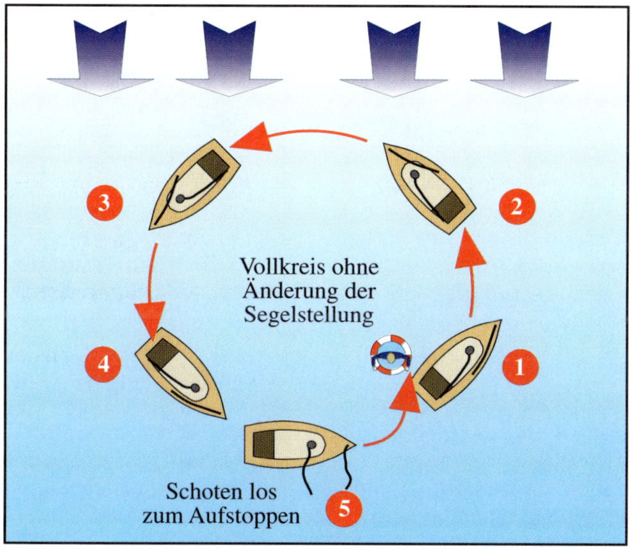

Das Quick-Stop-Manöver ist für kleine Crews besonders geeignet. Der Mann ist schnell wieder erreicht.

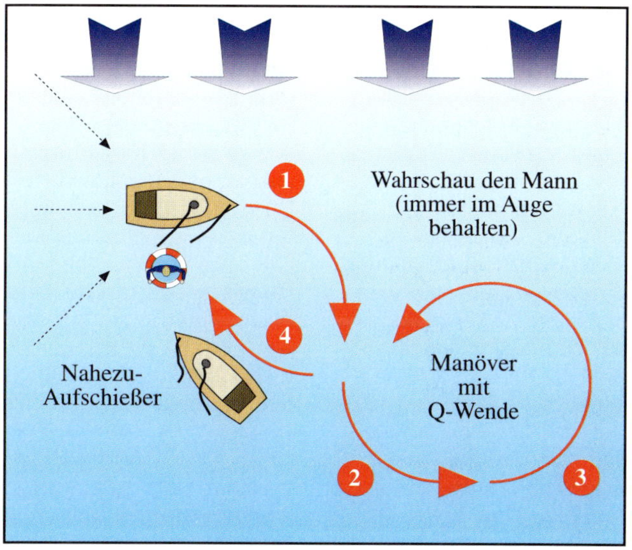

Dies ist das Prüfungsmanöver. Es verlangt Übersicht und Bootsbeherrschung. Das Schiff muß am Mann aufstoppen.

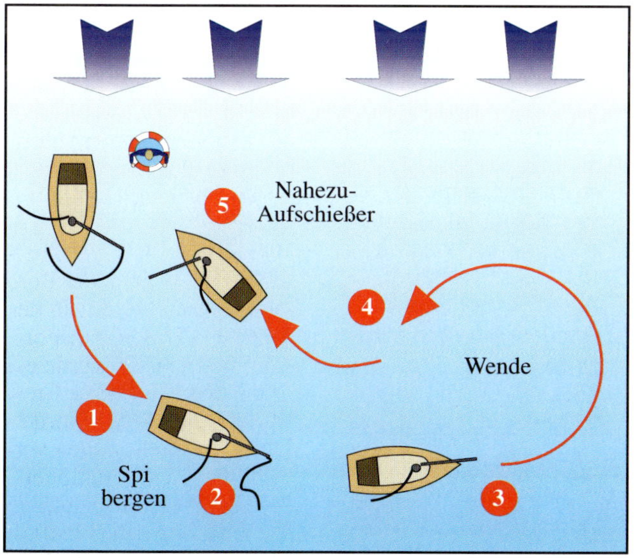

Mann-über-Bord-Manöver unter Spi. Spinnaker bergen; notfalls Spi-Schoten fliegen lassen und mit Maschine zurück.

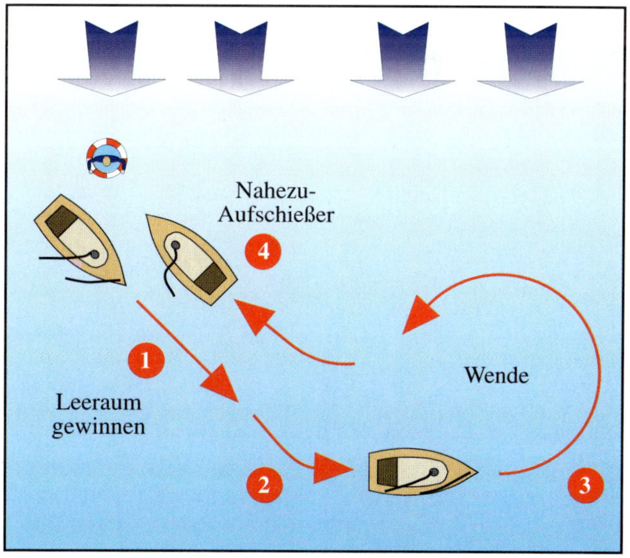

Wird nicht genügend Leeraum gewonnen, so kann kein Aufschießer gefahren und das Boot nicht aufgestoppt werden.

Frage 326

Sturm

Wind ab Stärke 9 Bft, dessen Geschwindigkeit also dauerhaft über 40 kn liegt, heißt **Sturm**. Ein kleineres Schiff ist dann nicht nur durch Wind, sondern vor allem durch **Seeschlag** gefährdet. See, die tonnenschwere Container vom Deck eines Frachters spült und sich mehr als 10 Meter hoch auftürmen kann, stellt für jede Yacht eine lebensgefährliche Bedrohung dar.

Das Sturmrisiko kann weitgehend ausgeschlossen werden, wenn man sich (s. Sicherheitsregeln für Wassersportler, Seite 134) über die herrschenden und vorhergesagten **Wetter- und Seegangsverhältnisse informiert** und insbesondere vor der Überquerung eines größeren Seegebiets eine meteorologische **Törnberatung** einholt. Selbst Ozeanpassagen können - wie zahlreiche Weltumsegelungen zeigen - so geplant werden, daß die Sturmgefahr sehr gering ist.

Reiseplanung

Der entfernteste Ort soll nach einem Drittel der Reisezeit erreicht werden, damit nicht die Rückreise unter Zeitdruck durchgeführt und bei unsicherer Wetterlage ein Hafen verlassen werden muß.

Wenn es nicht gelingt, rechtzeitig einen Schutzhafen anzulaufen, ist es für eine Yacht sicherer, einen **Sturm auf offener See abzuwettern** als in Landnähe. Vor einer Luvküste besteht für ein Schiff nicht nur die Gefahr, im Falle einer Havarie zu stranden (Legerwall), sondern auch in eine Grundsee zu geraten. Auch in Lee einer kleinen Insel können sich gewaltige Seen aufbauen.

Vorbereitungen auf einen Sturm

An Deck müssen zunächst alle losen Teile gesichert werden. Leinen und Fallen festzurren, Luken, Oberlichter, Fenster gegen überkommendes grünes Wasser wasserdicht verschließen (Seeschlagblenden). Deckslüfter abnehmen, zumindest beziehen. Ein Beiboot sollte nicht nachgeschleppt, sondern an Deck geholt und sorgfältig verzurrt werden; es könnte im Sturm verlorengehen. Dies gilt auch für die Rettungsinsel, die durch Seeschlag aus ihrer Verankerung gerissen und über Bord gespült werden kann. Sie wird ggf. unter Deck, nahe beim Niedergang, verstaut. Auch die Positionslichter sollten nochmals überprüft werden. Die Sturmbesegelung (Sturmfock, Trysegel) ist anzuschlagen.

Im **Cockpit** müssen die Backskisten verschlossen (Wassereinbruch) und die Abflüsse ggf. gereinigt werden. Alle Winschkurbeln bis auf eine sollten unter Deck verstaut werden. Um Stürze in grober See zu vermeiden, wird das Cockpit mit Leinen überspannt.

Die **Crew** sollte Thermoskannen mit warmen Getränken oder Suppe füllen, Brote schmieren und geeignete Kleidung anziehen. Alkohol sollte nicht getrunken werden. Rettungswesten und Lifebelts sind anzulegen. Mit der Crew werden die im Sturm erforderlichen Maßnahmen besprochen, Freiwachen sollten ruhen oder schlafen. Für **Seekrankheit** anfällige Crewmitglieder sollten

- Medikamente gegen Seekrankheit einnehmen,
- sich - soweit möglich - im Cockpit aufhalten,
- mit einer ablenkenden Tätigkeit beschäftigt werden,
- vor Auskühlung geschützt werden,
- sich möglichst nicht unter Deck begeben.

Seekranke Personen sollten versuchen zu schlafen. An Deck müssen sie angeleint werden und dürfen nicht unbeaufsichtigt bleiben. Bei stärkerem Erbrechen soll der Nahrungs- und Flüssigkeitsverlust ergänzt werden.

Auch **unter Deck** sind alle losen Teile, die im Falle starker Schiffsbewegungen oder einer Kenterung durch die Kajüte fliegen können, zu sichern. Seeventile und Bilge werden kontrolliert, letztere ggf. gelenzt. Zur Verbesserung der Stabilität muß schweres Staugut möglichst tief - und kenterfest - gelagert werden. Taschenlampen sollten bereitliegen.

Für die **Navigation** ist die Position festzustellen, in die Seekarte einzutragen und regelmäßig zu aktualisieren. Wichtig ist auch, alle benötigten Karten und Bücher vorher sorgfältig zu studieren (Schutzküsten, Leeküsten, freier Seeraum, Gebiete mit Gefahr von Grundseen, Ströme, Arbeitskanäle von Küstenfunkstellen) und neben der geplanten Route mögliche Alternativen zu bedenken. Wegen der Gefahr von Grundseen meide man alle Flachwassergebiete, in denen die Wassertiefe die halbe Wellenlänge unterschreiten kann. Kaps sollte man großräumig umsegeln. Wichtig sind Luftdruckmessungen und Wetterbeobachtungen. Kein Wetterbericht darf verpaßt werden.

Sturm

Verhalten bei Sturm

Wie sich eine Yacht bei Sturm verhält, hängt vor allem von ihrer Größe ab. Auf einem 7-m-Boot wird bei Windstärke 8 Bft um das Überleben gekämpft, während auf einer 14-m-Yacht durchaus noch gesegelt werden kann. Aber auch Schiffe gleicher Länge können völlig unterschiedliche Segeleigenschaften besitzen. Die zum Teil sehr gegensätzlichen Berichte befahrener Blauwassersegler zeigen, daß es keine universale Sturmtaktik gibt. Die heute praktizierten Sturmtaktiken sind:

- Beiliegen, eventuell mit Unterstützung der Maschine;
- Lenzen vor Topp und Takel, ggf. mit nachgeschleppten Leinen;
- Liegen vor Treibanker;
- aktives Segeln unter Sturmbesegelung.

Für eine Yacht mit langem Kiel bietet sich das **Beiliegen** als erste Möglichkeit an. Mit einem in Luv festgelaschten Ruder überläßt man das Schiff sich selbst und wartet unter Deck ab. Dies ist jedoch nur so lange möglich, wie

- das Boot noch Segel tragen kann,
- keine Gefahr besteht, auf eine Leeküste (Legerwall) zu treiben,
- nicht mit Kollisonsgefahr gerechnet werden muß (die Radarsichtigkeit wird durch Seegang und Regen herabgesetzt).

Wenn der Sturm eine Stärke erreicht hat, bei der eine Yacht keinerlei Segel mehr tragen kann, so ist auch Beiliegen unmöglich. Unter **Lenzen vor Topp und Takel** versteht man, ohne Segel abzulaufen. Da der Winddruck auf den Mast sehr groß ist, erreicht das Schiff hierbei eine hohe Geschwindigkeit, die durch **nachgeschleppte Leinen** verringert werden kann. Wird von Hand gesteuert, so sollten die Wellen schräg von achtern genommen werden. In schwerer See hängt es besonders vom **Vermögen des Rudergängers** ab, ob er brechende Seen aussteuern kann oder ob die Yacht unterschneidet, querschlägt und kentert. Kurze, steile, brechende Wellen sind typisch für die flachen Teile der Nordsee und weitaus gefährlicher als die langen Wellen, die sich in tiefen Ozeanen bilden.

Überläßt man das Schiff sich selbst, so sollen nachgeschleppte Leinen das Heck im Wind halten und verhindern, daß eine steile, brechende See das Schiff umwirft.

Der 29jährige Franzose Thierry Dubois auf dem Rumpf seiner Yacht „Amnistie International“, die am 6.1.1997 kieloben im südlichen Pazifik treibt. Er hatte an dem französischen Vendée-Globe-Rennen für Einhandsegler rund um die Welt teilgenommen. Nicht nur extrem gebaute Regattaschiffe, auch Serienyachten können von brechenden Wellen (in der Nordsee) umgeworfen werden und eine stabile Kieloben-Schwimmlage einnehmen.

Eine Alternative ist das **Liegen vor Treibanker**. Damit soll den Wellen nicht das eher ungeschützte Heck zugewendet werden, sondern der Bug. Viele Treibanker haben jedoch nur wenig Wirkung, so daß das Schiff sich quer legt.

Die obigen Sturmtaktiken haben sich vor allem auf schweren Yachten bewährt. Auf leichten Schiffen ist man besser beraten, so lange es eben möglich ist, **aktiv zu segeln**. Empfohlen wird, quer zu den Wellen zu laufen und eine etwas weniger hohe Welle mit dem Bug voran zu überqueren (was bei Nacht und wegen der durch wehende Gischt beeinträchtigten Sicht auch bei Tage nicht immer möglich ist). Dies ist nicht ungefährlich, denn sollte das Boot nicht über die Welle kommen oder achteraus treiben, so drohen Kenterung oder Ruderbruch. Bei Überschreitung der vorgesehenen Reisedauer sollten Angehörige informiert werden, damit sie das Schiff nicht als **überfällig** melden und eine **Suche** veranlassen.

Fragen 282, 283, 311

Brandverhütung, Brandbekämpfung

Feuer an Bord bedeutet höchste Gefahr. Wenn es nicht gelingt, einen Brand während der Entstehung zu löschen, ist das Fahrzeug ohne fremde Hilfe meist nicht mehr zu retten. Folgende Empfehlungen und Hinweise zur Brandverhütung und -bekämpfung sollten beachtet werden.

Alle Personen an Bord

- mit der Lage und Funktion vorhandener Notausstiege vertraut machen,
- über die Anordnung der Feuerlöscher unterrichten.

Koch- und Heizeinrichtungen

- nur nach den Anweisungen des Herstellers bedienen.
- Die Leitungen mit flexiblen Stücken und Verschraubungen regelmäßig auf Leckage überprüfen, jedoch nicht mit offener Flamme, sondern mit Schaum, Seifenwasser oder Leckagespray.
- Auffangwannen für flüssigen Brennstoff kontrollieren und ggf. vorhandenen Brennstoff sofort beseitigen.
- Überlaufmengen beim Befüllen von Vorratsbehältern sofort beseitigen; soweit möglich, Vorratsbehälter nicht im Bootsinneren befüllen.

Elektrische Einrichtungen

- Befestigungen und Kabelklemmen regelmäßig überprüfen.
- Festgestellte Mängel, auch bei Steckern und Schaltern, Steckdosen und Maschinen, unverzüglich beseitigen.
- Beim Laden von Akkumulatoren Ladespannung kontrollieren und ggf. (s. Seite 112) gut lüften.

Bereiche mit erhöhtem Brandrisiko

Pantry	Maschine	Elektroanlage
Brand mit Feuerlöschdecke ersticken, Fettbrände nicht mit Wasser löschen.	Bei Maschinenbrand: CO_2-Löscher in den Maschinenraum entleeren, Kraftstoffhahn absperren, Vollgas bei Leerlauf.	Brennende elektrische Einrichtungen nicht mit Wasser löschen.
Offene Flamme nie ohne Aufsicht lassen.	Keine brennbaren Stoffe im Maschinenraum lagern.	Bei Schmorgeruch: Hauptschalter aus, Schmorstelle suchen.

Amtliche Brandklasseneinteilung

Brandklasse	Art des brennenden Stoffes	Löschmittel
A	Brennbare feste Stoffe (außer Metall)	Wasser, Schaum Trockenlöschmittel
B	Brennbare flüssige Stoffe	Schaum, CO_2-Löscher Trockenlöschmittel
C	Brennbare Gase und Dämpfe	Trockenlöschmittel
D	Brennbare Leichtmetalle	Gesteinsstaub trockener Sand
E	Brennbare elektrische Einrichtungen	Trockenlöschmittel Schaum

Rauchen

- Am besten Rauchverbot unter Deck; sonst:
- nicht in der Koje rauchen,
- brennende Zigaretten und Streichhölzer stets in Aschenbechern ablegen,
- Kippen und Streichhölzer nicht achtlos wegwerfen.

Feuerlöscheinrichtungen

- gemäß den Herstellerempfehlungen warten.
- Feuerlöscher gut sichtbar aufhängen oder ein entsprechendes Hinweisschild anbringen.
- Benutzte Feuerlöscher unverzüglich nachfüllen lassen.

- Gelegentlich eine Brandbekämpfungsübung an Land durchführen.

Im Brandfall

- Ruhe bewahren!
- Nach Möglichkeit Luftzug unterbinden.
- Feuerlöscher erst am Brandherd betätigen.
- Brand von unten bekämpfen!
- Falls möglich, Löschmittelrest für eventuelle Rückzündung behalten!
- Die Funktionsdauer (Spritzzeit) tragbarer Feuerlöscher beträgt je nach Größe 6 - 15 Sekunden.

Sollten die Feuerlöschmittel verbraucht, der Brand aber noch nicht gelöscht sein, so sind im Rahmen der Möglichkeiten alle Öffnungen zu verschließen, um den Brand zu ersticken.
Das Deck ist mit Wasser zu kühlen.

Fragen 319 - 322

Leckbekämpfung

Ein Leck erfordert eine umgehende **Inbetriebnahme der Lenzpumpen**, eine zielstrebige **Lecksuche** und eine wirksame **Leckbekämpfung**. Lecks können auftreten

- an Rumpfdurchbrüchen,
- nach Havarien,
- bei Kollisionen,
- durch Seeschlag.

Wasser, das plötzlich „wie aus heiterem Himmel" im Schiff steht, dringt meistens durch einen **Rumpfdurchbruch** ein, z. B. durch:

- Geber für Log und Lot,
- WC-Leitungen,
- Kühlwasserleitungen,
- Schmutzwasserleitungen (Spül-, Waschbecken),
- Stevenrohr,
- Dichtungsmanschette des Saildrive-Antriebs,
- Rohrleitungen der Cockpitentwässerung.

Nur wenn die Lecksuche mehrfach geübt worden ist, können alle Rumpfdurchbrüche und Leitungen schnell abgesucht werden.

Durch ein Leck kann Wasser rieseln, quillen oder auch mit hohem Druck spritzen. Um ein Leck nicht erst an überspülten Bodenbrettern zu erkennen, muß regelmäßig, zumindest bei jedem Wachwechsel, die Bilge kontrolliert werden.

Elektrische Lenzpumpen mit Schwimmschalter laufen automatisch an, sobald Wasser eindringt.

Jede größere **Havarie** kann ein Leck zur Folge haben. Eine Grundberührung, ein Mast- oder Ruderbruch kann einen Spannungsriß im Rumpf verursachen, durch den das Wasser eindringt. Zu den Regeln der Seemannschaft gehört es daher, nach derartigen Havarien den Rumpf - zumindest die Bilge - mehrmals zu kontrollieren.

Seeschlag entsteht z. B. durch brechende Wellen oder bei einer Kenterung. Seeschlag kann Aufbauten zerstören und Fenster oder Luken eindrücken.
Ein Leck, das bei einer **Kollision** (Treibgut, Tonne, anderes Fahrzeug) entsteht, wird zwar sofort bemerkt; die Leckstelle und Leckgröße müssen jedoch genau lokalisiert werden.

Zur Beurteilung des Lecks ist nicht nur seine Größe, sondern ebenso seine Tiefe wichtig. Je tiefer das Leck, um so höher ist der Wasserdruck und um so schneller dringt das Wasser ein (s. Tabelle oben). Damit das Leck hochkommt, muß das Schiff ggf. auf die Seite gelegt werden. Die Fahrt muß aus dem Schiff genommen werden.

Tiefe (cm)	Wassermenge (l/min)
20	230
40	330
60	410
80	480
100	520

Eindringende Wassermenge bei einem Leck von 50 mm Durchmesser

Leckbekämpfung
1. Alarmruf „Wasser im Schiff!".
2. Alle Lenzpumpen in Betrieb setzen.
3. Fahrt aus dem Schiff.
4. Alle Seeventile zu.
5. Leckstelle suchen.
6. Schiff so trimmen, daß das Leck möglichst hoch liegt.
7. Leck sichern (provisorisch abdichten).

Bei Wassereintritt müssen sofort alle **Lenzpumpen** (s. Seite 116) in Betrieb genommen und das Wasser mit aller Kraft außenbords gebracht werden - selbst wenn man gegen das Leck nicht ankommt. Wenn der Anstieg des Wassers verlangsamt wird, kommt auch das Leck langsamer auf Tiefe. So dringt nicht nur weniger Wasser ein, sondern das Leck kann auch besser zugestopft werden. Die „beste Lenzpumpe" ist ein Mann mit Angst im Nacken und einem Eimer in der Hand. Lenzpumpen arbeiten nur zuverlässig, wenn
- die Bilge sauber ist; sonst setzen sich Siebe („Lenzkorb") oder Pumpen zu;
- Etiketten von Dosen und Flaschen, die sich bei einem Wassereinbruch ablösen könnten (und ebenfalls die Pumpen verstopfen), entfernt werden;
- Lenzpumpen regelmäßig benutzt werden.

Mittel zur Lecksicherung
1. Konische (angespitzte) Weichholzpfropfen; sie können z. B. in ein defektes Seeventil geschlagen werden.
2. Eingefettete Lappen und Dichtungsmaterial (Fett, Werg) zum Stopfen von Löchern und Rissen.
3. Unterwasserkleber zum Abdichten kleiner Risse.
4. Leckschirm; wird von innen durch ein Loch gesteckt und aufgefaltet; für Löcher von 0,6 bis etwa 20 cm.
5. Leckscheibe oder Leckschirm aus Weich-PVC.
6. Lecksegel (z. B. kleine Fock) wird von außen über das Leck gelegt (zusätzlich zum Leckschirm - üben!).
7. Holzplatten zum Verschalken (Verkleiden) z. B. eines Fensters oder Luks.
8. Eingefettetes Segeltuch, Polster, Kissen, Matratzen.

Grundberührung, Hilfeleistung, Bergung

Grundberührung

Eine Grundberührung - sofern sie nicht bei langsamer Fahrt, etwa in einem Hafen, einer Ankerbucht oder einem Tidengewässer auf Sandgrund passiert - ist zumeist das Ergebnis eines schwerwiegenden Navigationsfehlers.

Während ein Langkieler auf das Unterwasserhindernis aufgleitet, wird ein moderner Kurzkieler mit einem Schlag aufgestoppt.

Harter Grund kann hier erheblichen Schaden verursachen:

- Die Kielbolzen werden locker; Wasser dringt ein.
- Der Kiel wird am hinteren Ende oder sogar auf ganzer Länge in den Rumpf gedrückt.
- Die Motorbefestigung wird locker.
- Der Kiel deformiert.
- Das Ruder kann beschädigt werden.
- Propeller und -welle nehmen Schaden.
- Leck in der Bordwand.

Nach einer Grundberührung muß so schnell wie möglich der Schadensumfang festgestellt werden, um Folgeschäden und gefährliche Seelagen zu vermeiden. Es reicht nicht aus, das Boot von innen zu untersuchen, es muß an Land.

Kommt das Fahrzeug nicht aus eigener Kraft kurzfristig wieder frei, liegt eine **Strandung** vor. Bei starkem Seegang besteht die Gefahr, daß die Wellen das schutzlose Schiff mehrfach hart aufsetzen lassen und schließlich zerschlagen. In dem Fall sollte nicht gezögert und sofort Hilfe zur Rettung des Schiffes gerufen werden.

Freikommen

Eine z. B. am Luvrand eines Fahrwassers aufgelaufene Segelyacht mag unter Zuhilfenahme der Segel zunächst gedreht und dann stark gekrängt werden können, so daß sie schnell wieder freikommt. Solange aber die Tiefenverhältnisse um das aufgelaufene Schiff nicht genau bekannt sind, heißt die vernünftigste Empfehlung: mit Maschine rückwärts auf demselben Weg wieder von der Untiefe herunterfahren. Ist dies nicht möglich, so kann versucht werden,

- den Anker mit einem Beiboot auszubringen und zusätzlich an der Ankerleine zu ziehen,
- das Schiff zu leichtern (Ausrüstung in ein Beiboot, Wassertank leeren),
- die Yacht zu krängen (eventuell ebenfalls mit Hilfe eines Ankers).

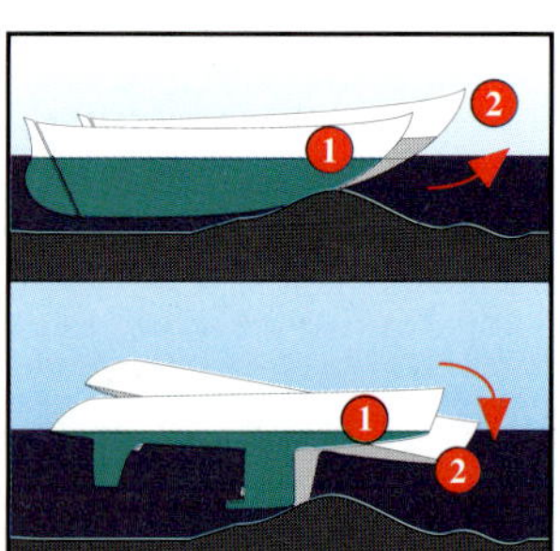

Grundberührungen von Lang- und Kurzkielern.

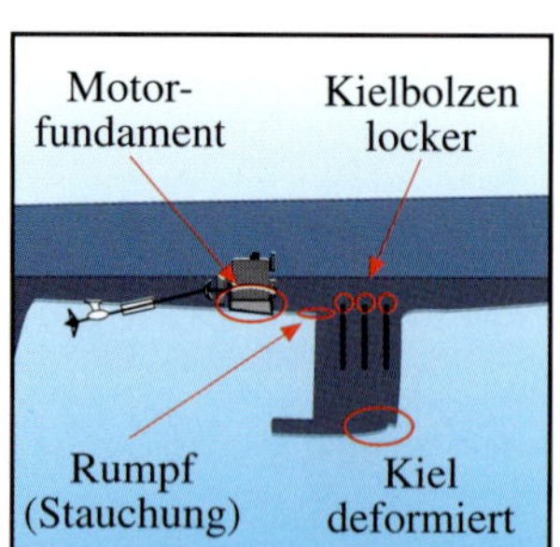

Typische Schäden nach hartem Auflaufen (Kurzkiel).

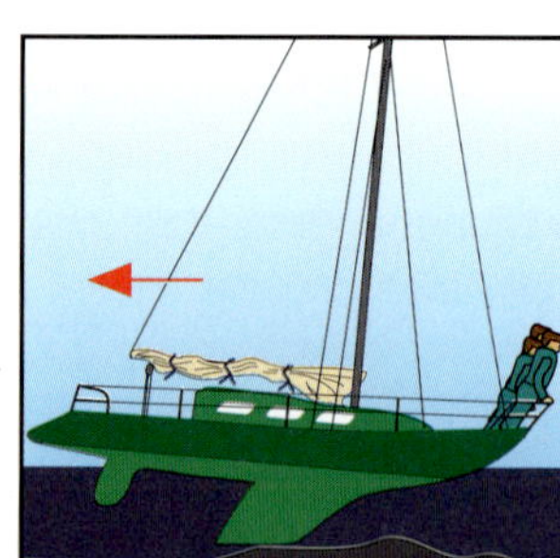

Freikommen durch buglastigen Trimm.

Bergung, Hilfeleistung

§ 740 HGB besagt:

Wenn in Seenot ein Schiff oder die an Bord befindlichen Sachen von dritten Personen in Besitz genommen und in Sicherheit gebracht werden, nachdem die Schiffsbesatzung die Verfügung darüber verloren hatte (Bergung), oder wenn außer dem bezeichneten Falle ein Schiff oder die an Bord befindlichen Sachen aus einer Seenot durch Hilfe dritter Personen gerettet werden (Hilfeleistung), so ist ein Anspruch auf Berge- oder Hilfslohn nach Maßgabe der Vorschriften dieses Titels begründet.

Während für die Rettung von Menschenleben nach deutschem Recht kein Anspruch auf Lohn (wohl aber auf Erstattung der dabei entstandenen Kosten) besteht, müssen für die Rettung oder Bergung von Sachen Bergungskosten und Bergelohn bezahlt werden. Die Höhe des Bergelohns ist abhängig vom Risiko und Schwierigkeitsgrad der Bergung. Vor Annahme fremder Hilfe sollten nach Möglichkeit die Gesamthöhe der Kosten sowie „Lloyd's Open Form" (kein Erfolg - kein Geld; no cure - no pay) vereinbart werden. Fremde Helfer sollten grundsätzlich nicht an Bord gelassen werden.

Abbergen eines Fahrzeugs

Bei jedem **Schleppmanöver** trägt die Kommunikation zwischen dem schleppenden und dem geschleppten Fahrzeug entscheidend zum Gelingen der gesamten Aktion bei. Sind beide Fahrzeuge mit Funk ausgerüstet, so sollten während des Schleppmanövers ununterbrochen Sprechkontakt gehalten und sämtliche Manöver miteinander abgesprochen werden. Ohne Funk kann die Verständigung über Handzeichen, die zuvor festgelegt sein sollten, erfolgen.

Das Verhalten des Havaristen hängt entscheidend von dessen Rumpfform ab. Ein Verdrängerboot darf nicht schneller als seine Rumpfgeschwindigkeit (s. Seite 109) geschleppt werden. Sollte diese - etwa beim Schleppen durch einen Fischer oder ein Berufsschiff - überschritten werden, so kann das geschleppte Fahrzeug mit dem Bug unterschneiden, woraufhin die Schleppleine oder -kette brechen und das geschleppte Fahrzeug sofort sinken wird.

Falls möglich, sollte das geschleppte Fahrzeug achterlich getrimmt, d. h. so viel Gewicht wie möglich nach achtern verlagert werden. Ein vom geschleppten Fahrzeug nachgeschleppter Treibanker o. ä. verbessert ebenfalls die Manövrierbarkeit des Schleppzuges.

Die **Schleppleine** muß an Scheuerstellen geschützt werden (Umwickeln, übergezogener Schlauch). Sie muß in kurzen Abständen kontrolliert werden. Sollten Scheuerstellen festgestellt werden, ist die Leine ein Stück lose zu geben, damit ein unbeschädigter Teil der Leine (ebenfalls schützen) der besonderen Beanspruchung ausgesetzt ist.

Die Schleppleine muß stark genug sein, um auch ruckartigen Belastungen zu widerstehen. Steht keine Schleppleine zur Verfügung, so muß eine Anker- oder Festmacheleine aushelfen. Eine lange Leine gleicht ruckartige Belastungen besser aus.

Man vermeide es, die Schleppleine zu knoten, weil dadurch die Bruchlast deutlich gesenkt wird.

Eine auf Zug stehende Perlonleine kann beim Brechen durch hohe Elastizität zurückschnellen und einen Menschen tödlich verletzen oder großen Schaden anrichten. Daher muß bei allen Schleppmanövern das Vordeck frei von Besatzungsmitgliedern sein.

Befestigung der Schleppleine

Sportfahrzeuge sind häufig mit zu schwachen Pollern oder Klampen ausgerüstet. Zweckmäßig wäre ein kräftiger Mittelpoller, der dem Gewicht des Schiffes angemessen ist. Die Befestigung der Schleppleine am Mast hat sich nicht immer als ratsam erwiesen. Wenn der Mast auf Deck steht, hält er größeren Zugbelastungen nicht stand. Ist er durch das Deck bis auf den Kiel geführt, so entstehen beim Schleppen leicht Schäden an der Decksdurchführung.
Eine über das Vordeck laufende Schleppleine muß stets am Steven beigelascht werden, um beim Ausscheren des Havaristen die Relingstützen, den Bugkorb oder das Vorstag nicht zu beschädigen.

Steht ein Ankerspill mit einer Bugrolle zur Verfügung, so kann die Schleppleine an das Kettenende geschäkelt werden.

Die Vorbereitungen für die Befestigung der Schleppleine sollten auf dem Havaristen unbedingt vor dem Eintreffen des Hilfsfahrzeugs getroffen werden, da der Zeitfaktor, besonders bei aufgelaufenen Booten, von großer Bedeutung sein kann.

Beim schleppenden Fahrzeug sollte die Schleppleine möglichst in der Bootsmitte (Drehpunkt) befestigt werden, um die Steuerung des Schleppers nicht zu beeinträchtigen. Ist keine entsprechende Vorrichtung vorhanden, so ist die Schleppleine auf Klampen, Pollern oder Winschen des Achterschiffes zu befestigen. Auch hier ist wieder darauf zu achten, daß die Belastung auf mehrere Punkte verteilt wird und die Leine nicht scheuert.

Ein längsseits geschlepptes Schiff ist mit Vor- und Achterleine sowie Vor- und Achtersprings zu vertäuen. Das Heck des geschleppten Fahrzeugs muß dabei vor dem Heck des Schleppers liegen, um die Steuerfähigkeit nicht einzuschränken.

Die Schleppleine ist mit einer „Hahnepot“ (Hahnenpfote) an zwei Klampen belegt (Verteilung der Kräfte) und zur Entlastung der Klampen nach achtern auf die Winschen geführt.

Alarmierung über Sprechfunk

Mit Hilfe eines Sprechfunkgerätes können

- Notmeldungen,
- Dringlichkeitsmeldungen,
- Sicherheitsmeldungen

verbreitet und empfangen werden.

Notmeldungen können am Sprechfunk-Notzeichen **Mayday** erkannt werden. Es zeigt an, daß ein Fahrzeug von ernster und unmittelbar bevorstehender Gefahr bedroht ist und sofortige Hilfe erbittet.

Einer Notmeldung soll, soweit möglich, ein Notanruf vorangestellt werden. Der Notanruf hat unbedingten Vorrang vor jedem anderen Verkehr. Alle Funkstellen, die ihn hören,

- müssen jede Aussendung, die den Notanruf, die anschließende Notmeldung und den nachfolgenden Notverkehr stören könnte, sofort abbrechen, auf der Frequenz des Notanrufs hören und
- müssen den Notanruf und die Notmeldung, woher sie auch kommen mögen, aufnehmen, beantworten und das hiernach Erforderliche sofort veranlassen.

Der **Notanruf** im Sprechfunk besteht aus:

- dem dreimal zu sprechenden Notzeichen Mayday (gesprochen Mähdeh),
- den Wörtern „hier ist“,
- dem dreimal zu sprechenden Rufzeichen oder einer dreimal zu sprechenden anderen Kennzeichnung der Funkstelle in Not (zweckmäßigerweise der Name, dem einmal das Rufzeichen folgt).

Die **Notmeldung** setzt sich zusammen aus:

- dem Notzeichen Mayday,
- dem Namen oder einer anderen Kennzeichnung der Funkstelle in Not,
- den Angaben über ihren Standort,
- den Angaben über die Art des Notfalls und die Art der erbetenen Hilfe,
- jeder anderen Angabe, die die Hilfestellung erleichtern könnte.

Die Notmeldung wird mit dem Wort „Over“ oder mit „Bitte kommen“ abgeschlossen.

Der Notanruf und die Notmeldung werden auf UKW im allgemeinen auf Kanal 16 gesendet; es kann aber auch jeder andere, zweckmäßig erscheinende Kanal gewählt werden.

Das **Dringlichkeitszeichen** besteht im Sprechfunk aus der Gruppe der Wörter **Pan Pan** (ausgesprochen pann pann wie das französische „panne“). Es ist vor dem Anruf dreimal zu senden. Das Dringlichkeitszeichen kündigt an, daß die rufende Funkstelle eine sehr dringende Meldung zu senden hat, welche die Sicherheit eines See- oder Luftfahrzeugs oder einer Person betrifft.

Das Dringlichkeitszeichen und die nachfolgende Sendung haben Vorrang vor allen anderen Sendungen, mit Ausnahme der Notsendungen.

Das Dringlichkeitszeichen, der Anruf und die Dringlichkeitsmeldung werden auf UKW im allgemeinen auf Kanal 16 gesendet. Die Dringlichkeitsmeldung muß jedoch auf einem anderen Kanal übermittelt werden, wenn es sich

- um eine lange Meldung oder einen ärztlichen Ratschlag handelt,
- in Gebieten mit starkem Funkverkehr um die Wiederholung einer Meldung handelt.

Das **Sicherheitszeichen** besteht im Sprechfunk aus dem französischen Wort **Sécurité** (ausgesprochen: ßehküriteh). Es kündigt an, daß die rufende Funkstelle eine Meldung zu senden hat, die eine wichtige nautische Warnung oder eine wichtige Wetterwarnung enthält. Das Sicherheitszeichen ist vor dem Anruf dreimal zu sprechen.

Das Sicherheitszeichen und der Sicherheitsanruf werden auf UKW im allgemeinen auf Kanal 16 ausgestrahlt. Die nachfolgende Meldung soll auf einem Arbeitskanal übermittelt werden, der am Ende des Anrufs angegeben wird.

Meldungen über neue, die Seeschiffahrt unmittelbar bedrohende Gefahren (gefährliches Eis, gefährliche Wracks oder Wirbelstürme) müssen unverzüglich an alle Funkstellen verbreitet werden. Solche Meldungen müssen außerdem an die nächsterreichbare Küstenfunkstelle übermittelt werden; diese unterrichtet die zuständigen Behörden.

Nutzer von **Mobilfunktelefonen** können in einem Notfall in allen deutschen Mobilfunknetzen unter der **Kurzwahl 124 124** eine Direktverbindung mit der deutschen Seenotleitung herstellen. Dort sind der Schiffsname, die Position, die Art der Havarie, die Zahl der Personen an Bord, die Mobilfunktelefonnummer sowie eine Situationsbeschreibung anzugeben. Ein Mobilfunktelefon kann jedoch nicht ein Seefunkgerät ersetzen.

Frage 331

Verhalten in Seenotfällen

Den Seenotfall darf nur der Skipper ausrufen! Eigenmächtige Aktionen müssen notfalls gewaltsam unterbunden werden, da z. B. unsachgemäß oder zum falschen Zeitpunkt eingesetzte Rettungsmittel unwiederbringlich verlorengehen und katastrophale Folgen für Schiff und Besatzung haben können.

Ist die Besatzung gezwungen, das Fahrzeug zu verlassen, drohen ihr Unterkühlung, Ertrinken, Verdursten, Seekrankheit und Erschöpfung.

Nicht rauchen! Auslaufender Brennstoff kann sich leicht entzünden.

Kein Alkohol! Alkohol vermindert die Reaktionsfähigkeit, fördert die Unterkühlungsgefahr, entzieht dem Körper Wasser und erhöht den Durst.

Mit den vorgeschriebenen Notzeichen (s. Seite 72) auf die Notlage und die Notwendigkeit der Hilfe hinweisen!
Steht eine **Funkanlage** zur Verfügung und konnte nach Auslösung des Alarms Kontakt mit Seenotkreuzern, SAR-Luftfahrzeugen oder anderen Schiffen aufgenommen werden, sollten so genau wie möglich übermittelt werden:

- derzeitiger Standort (falls vorhanden, am GPS-Navigator ablesen),
- Art der benötigten Hilfe,
- Zustand des Fahrzeugs und der Besatzung,
- Kurs und Geschwindigkeit zu einem eventuell vereinbarten Treffpunkt,
- Wetter in dem betreffenden Seegebiet.

Kann das Verlassen des Fahrzeugs nicht mehr länger hinausgeschoben werden, so ist vor dem Vonbordgehen reichlich wärmende Kleidung anzuziehen, um der Unterkühlung vorzubeugen.
Je kälter das Wasser, um so geringer die Überlebenschancen.
Besonders geschützt werden müssen Kopf und Nacken, weil hier die wärmeabgebenden Blutgefäße dicht unter der Haut verlaufen.

Eng anliegende Kleidungsstücke, die an Händen und Füßen zugebunden werden, sind zu bevorzugen und Hände und Füße möglichst durch Handschuhe und Schuhe zusätzlich zu schützen.

Die Tragfähigkeit der Rettungswesten wird durch Kleidung nicht beeinträchtigt. Vielmehr erhöht die in der Kleidung befindliche Luft den Auftrieb.

Vor dem Verlassen des Fahrzeugs sollte reichlich möglichst warme, gesüßte Flüssigkeit getrunken werden, um eine Flüssigkeitsreserve aufzubauen. Treibende Gegenstände - möglichst rot-weiße oder orangefarbige - sind aus der Luft gut auszumachen und sollten über Bord geworfen werden.

Im Wasser

- Am Fahrzeug oder an schwimmenden Teilen festhalten!
- Unbedingt Kleidung und Schuhe als Schutz gegen Wärmeverlust anbehalten.
- Nicht schwimmen, es sei denn, ein Boot ist in unmittelbarer Nähe.
- Den Wärmeabstrom von der Körperoberfläche im Wasser möglichst gering halten.
- Mit anderen Schiffbrüchigen zusammenbleiben, sich möglichst in Gruppen zu dreien in Tuchfühlung im Wasser umarmen. Hierdurch wird der Wärmeabstrom der Körperoberfläche wesentlich verringert.
- Untereinander mit einer Leine verbinden.
- Wenn allein im Wasser, Beine anziehen, Arme verschränken, Wirbelsäule krümmen, um die Gesamtoberfläche und damit den Wärmeabstrom zu vermindern.

Ausrüsten eines Beibootes oder einer Rettungsinsel

Wenn es die Zeit gestattet, sollten - soweit erforderlich und möglich - Wasser und folgende Zusatzausrüstung in das Überlebensfahrzeug (Boot oder Rettungsfloß) gegeben werden, um die Überlebenschancen zu erhöhen:

- Decken und/oder Kälteschutzsäcke,
- wärmende Kleidung,
- Getränke und Lebensmittel,
- tragbares Sprechfunkgerät,
- Seenotsender,
- Rundfunkempfänger,
- Taschenlampen,
- Taschenmesser,
- Tauwerk,
- Fernglas,
- Erste-Hilfe-Verbandskasten,
- Seekarte, Logbuch.

Am wichtigsten ist Trinkwasser, das in nicht ganz vollgefüllten (= schwimmfähigen) Kanistern mitgenommen wird. Die Kanister sollten mit einer Leine zusammengebunden und später an der Insel befestigt werden. Die übrige Zusatzausrüstung sollte sich in schwimmfähigen, wasserdichten Behältern oder Taschen befinden und ebenfalls mit einer Leine gesichert sein.

Frage 328

Maßnahmen beim Verlassen des Bootes

Bei der Entscheidung, das Schiff zu verlassen, beachte man, daß Einstieg und Aufenthalt in jedem Beiboot und auch in einer Rettungsinsel mit Lebensgefahr verbunden sein können.

Rettungsinsel Einstieg und Aufenthalt

Die Rettungsinsel an Deck holen und die Reißleine an Bord des Schiffes belegen (festbinden).

Die Rettungsinsel sollte nach Möglichkeit in Luv über Bord geworfen werden, so daß kein Winddruck auf die Insel entsteht. Andernfalls könnte die Reißleine, die für den Fall eines plötzlichen Untergangs des Schiffes mit einer Sollbruchstelle versehen ist, brechen und die Insel verlorengehen.

Die Reißleine langsam bis zum Anschlag aus dem verschlossenen Container ziehen. Am Anschlag die Reißleine mit einem kräftigen Ruck ziehen, damit das Druckgasflaschenventil vollständig geöffnet wird. Die Insel wird nun aufgeblasen.

Sollte die Insel auf dem Dach im Wasser liegen, versucht man zunächst von Bord des Schiffes aus, die Insel aufzurichten. Ist dies nicht möglich, muß ein kräftiges, an einer Leine gesichertes Besatzungsmitglied vom Wasser aus die Insel aufrichten.

Wichtig ist es, trocken in die Insel zu gelangen. Dazu kann auf das Dach der Insel, das nur durch Luftschläuche gehalten wird, gestiegen und von dort durch die Einstiegsöffnung geklettert werden. Es ist nicht nur schwierig - insbesondere bei angelegter Rettungsweste -, sondern auch gefährlich (Kenter- und Ertrinkungsgefahr), aus dem Wasser in eine Rettungsinsel einzusteigen.

Die Rettungsinsel zunächst mit einer weiteren Leine sichern; die Leinenverbindung zum Mutterschiff so spät wie möglich aufgeben!

Die Zusatzausrüstung für den Aufenthalt in der Insel (s. Seite 147) ist lebenswichtig; die der Insel beigepackte Ausrüstung reicht auch für eine kleine Crew nicht aus.

Falls ein Beiboot vorhanden ist, sollte es unbedingt mitgenommen werden, um Regen auffangen, Kleidung oder Ausrüstung trocknen oder der drangvollen Enge entfliehen zu können.

Der Wille zum Überleben ist ausschlaggebend für die Überlebenschancen. Mit Aufgaben, die den Lebenswillen stärken, und „moralischen" Maßnahmen (Erzählen, Singen, Kartenspiel) kann einer Gleichgültigkeit oder Selbstaufgabe entgegengewirkt werden.

Falls Mittel gegen Seekrankheit vorhanden sind, sollten diese sofort nach dem Besteigen genommen werden. Auch sehr seefeste Personen müssen in der Rettungsinsel mit Seekrankheit rechnen, die sich äußerst ungünstig auf den Gesundheitszustand auswirken kann.

Durchnäßte Kleidung sollte - wenn es die Umstände gestatten - sofort gewechselt, zumindest aber ausgewrungen werden. Wenn vorhanden, sollten Decken, Kälteschutzsäcke oder -folien verwendet werden. Sich gegenseitig wärmen.

Bei Trinkwasserknappheit erst am 2. Tag zu trinken beginnen; dabei Lippen benetzen und Mund und Rachen durchspülen. Niemals Urin oder Seewasser trinken; gefangenen Fisch nur zusammen mit Trinkwasser verzehren.

Vorsicht vor Sonnenbrand!

Notsignale nur sparsam auf Anweisung des Schiffsführers einsetzen. Notsignale erst abgeben, wenn die Schiffsaufbauten ganz zu sehen oder die Seitenlichter klar zu erkennen sind. Jedes Notsignal nach einer kurzen Pause wiederholen, damit ein Beobachter Sicherheit über das Notsignal erlangt.

Eine nicht voll besetzte Insel bietet zwar mehr Platz, aber sie kentert in schwerer See eher. Bei Kentergefahr die Insel verschließen; gekenterte Insel zunächst von innen aufzurichten versuchen.

Eine Rettungsinsel kann nicht nur kentern, sondern im Sturm auseinanderreißen, undicht werden, von Fischen beschädigt werden und technische Mängel aufweisen.

Der Skipper entscheidet, ob, wie und wann das Schiff verlassen wird.

Ein wrackes Schiff ist besser als ein heiles Boot.

Verlasse im Notfall nie ein Schiff - es sei denn, es verläßt dich!

In regendicht verschlossenen Rettungsinseln besteht Erstickungsgefahr!

Hilfeleistung durch Luftfahrzeuge

Bei Annäherung eines Luftfahrzeugs müssen Schiffbrüchige weiter Ruhe und klaren Kopf bewahren; sie dürfen das havarierte Fahrzeug bzw. die Rettungsinsel nicht verlassen, auch wenn sie glauben, entdeckt worden zu sein. Im Wasser treibende Gruppen müssen zusammenbleiben. Nicht wassernde Flugzeuge werden sich darauf beschränken müssen, Rauchmarkierungsbojen und Ausrüstung abzuwerfen. Schiffe in Seenot können durch SAR-Luftfahrzeuge mit speziellem Hilfsgerät versorgt werden, das abgeworfen werden kann. Dazu können auch Behälter mit Hilfsmitteln gehören, die mit einer schwimmfähigen Leine verbunden sind. Folgende Geräte können fallweise abgeworfen werden:

- Rettungsflöße,
- schwimmfähige Funkbaken und/oder -geräte,
- Seewasserfärber, Rauchsignale,
- Fallschirmleuchtkugeln zur Beleuchtung,
- Lenzpumpen.

Zum Rettungseinsatz kommende Hubschrauber setzen bei Bedarf eines ihrer Besatzungsmitglieder auf den Havaristen oder die Rettungsinsel ab, oder sie seilen es ab zu den im Wasser treibenden Schiffbrüchigen. Dieses Besatzungsmitglied ist dann behilflich beim Gebrauch der Rettungsgeräte.

Zum Abbergen bzw. zum Aufheißen von Personen aus dem Wasser können verschiedene Rettungsgeräte eingesetzt werden. Das für das Abbergen bzw. aus dem Wasser Aufheißen von Personen am häufigsten verwendete Hilfsmittel ist die Rettungsschlinge. Sie eignet sich zum raschen Abbergen gesunder Personen, jedoch nicht von Kranken oder Schwerverletzten.
Es sollte darauf geachtet werden, daß der Abzubergende nur festanliegende Kleidung und möglichst auch eine Kopfbedeckung trägt.

Rettung aus der Luft.

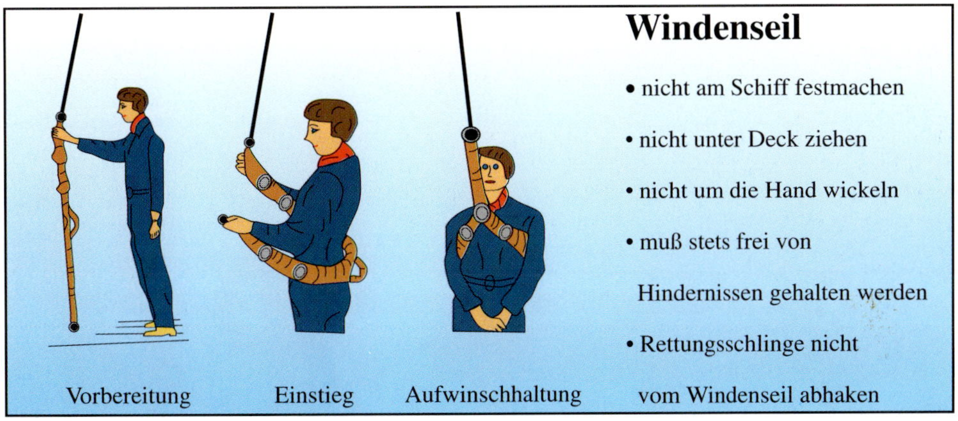

Anlegen einer Rettungsschlinge.

Knoten

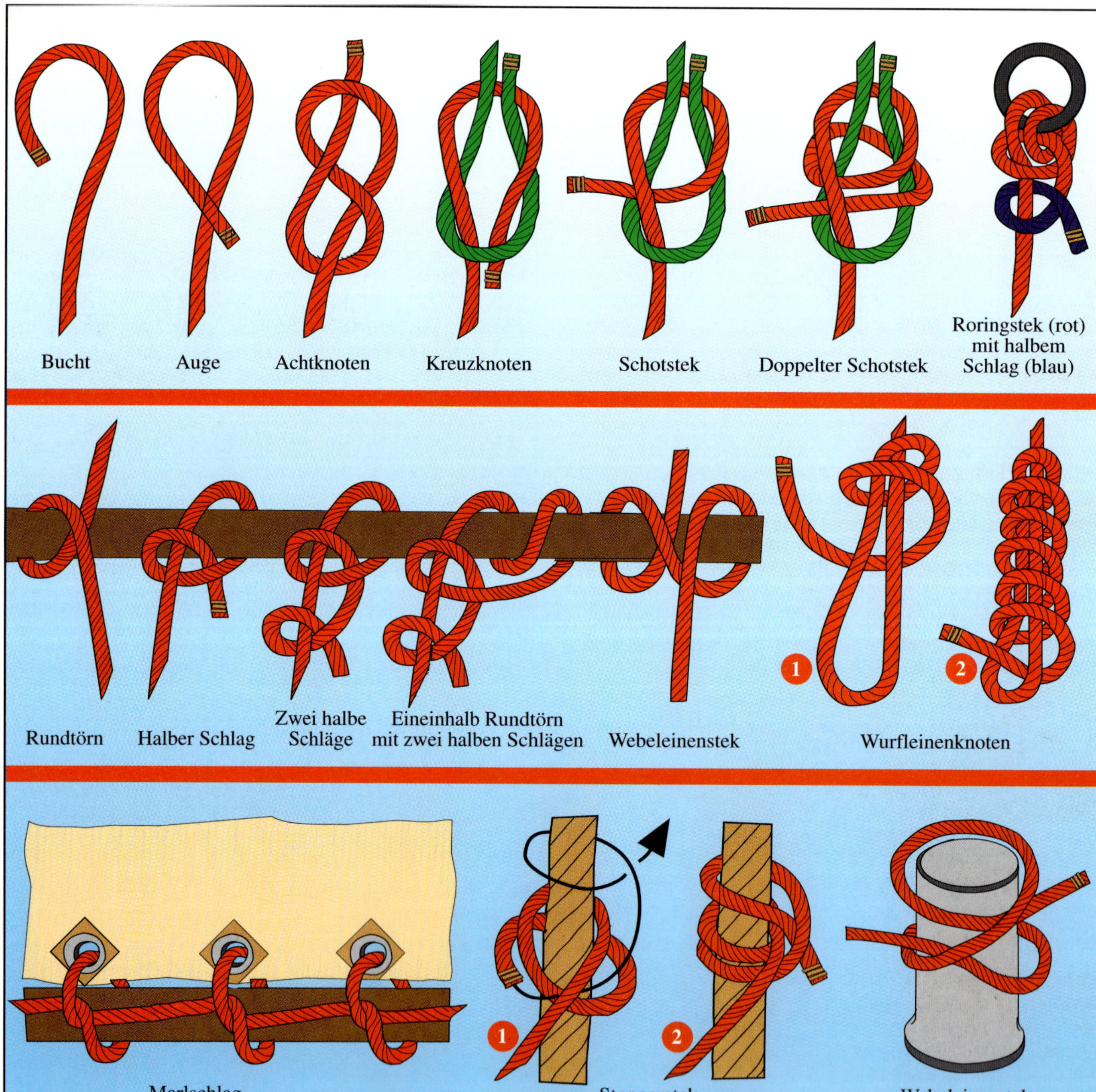
Bucht
Auge
Achtknoten
Kreuzknoten
Schotstek
Doppelter Schotstek
Roringstek (rot) mit halbem Schlag (blau)
Rundtörn
Halber Schlag
Zwei halbe Schläge
Eineinhalb Rundtörn mit zwei halben Schlägen
Webeleinenstek
1
2
Wurfleinenknoten
Marlschlag
1
2
Stopperstek
Webeleinenstek

Knoten, Kurzspleiß, Takeln

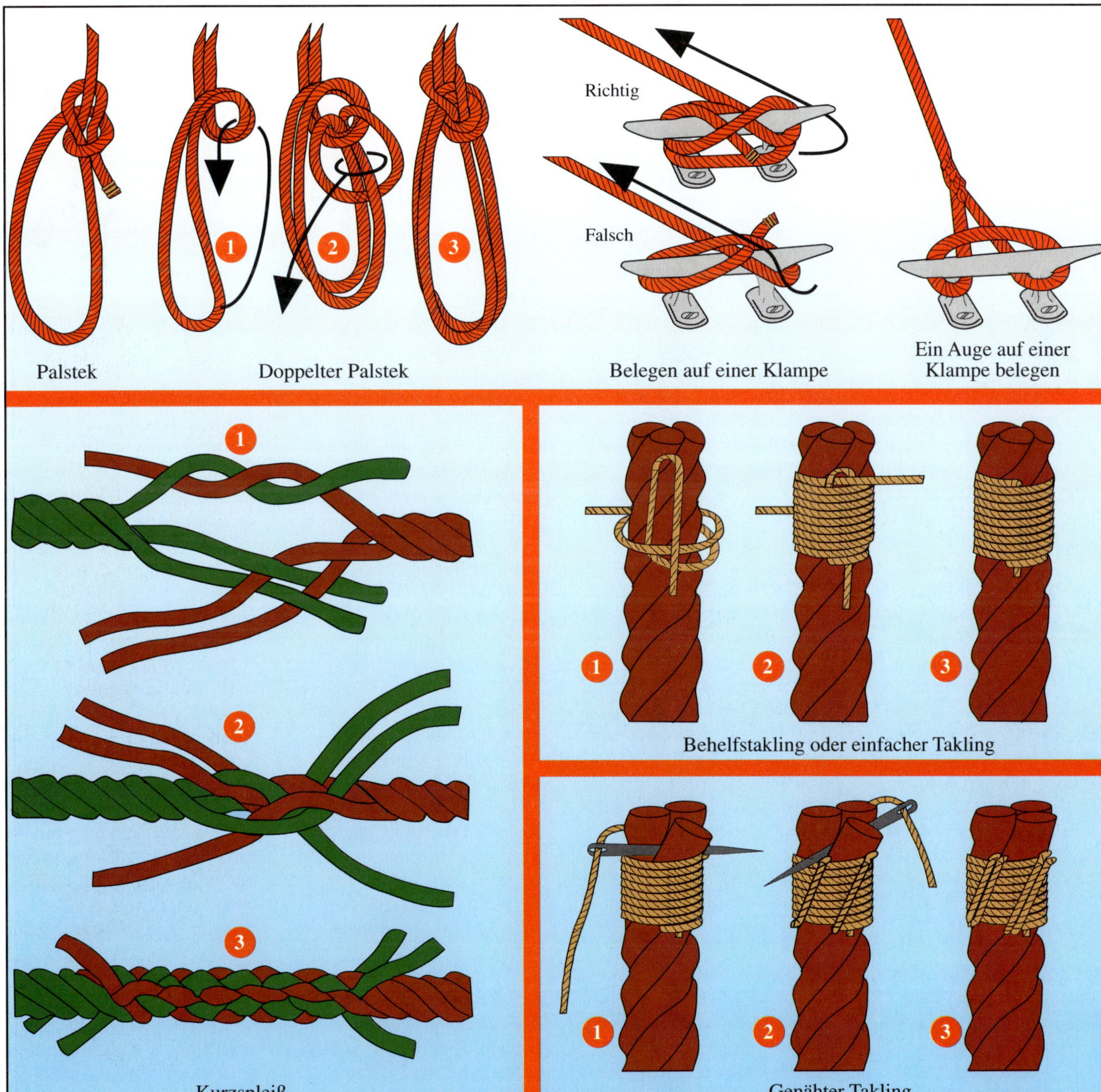

Tauwerk

Tauwerk ist die Sammelbezeichnung für alle an Bord benutzten Leinen. Es wird nach dem Material in Kunst- oder Chemiefaser-, in Naturfaser- und in Draht-Tauwerk unterschieden. In den Augen vieler Segler stellt das Tauwerk an Bord eine Visitenkarte des Schiffes dar. Vergammelte, angerauhte oder ausgefranste Leinen sowie falsche Knoten lassen Skipper und Crew in keinem guten Licht erscheinen.

Ein Tau nennt der Seemann **Leine** oder **Ende**. Anfang und Ende einer Leine sowie kurze Stücke heißen **Tampen**. Dickes Tauwerk wird als **Trosse**, dünnes als **Bändsel** oder **Garn** bezeichnet. Man unterscheidet **geschlagenes** und **geflochtenes** Tauwerk. Geschlagenes Tauwerk besteht meist aus drei Kardeelen; es wird von geflochtenem Tauwerk zunehmend verdrängt. Das äußere Geflecht wird als **Mantel**, der innere Strang als Kern oder **Seele** bezeichnet. Aufgabe des Mantels ist es, die Leine griffig zu machen und vor Abrieb zu schützen, während die Seele für geringe Dehnung und hohe Festigkeit sorgt. Tauwerk ist heute eine „Wissenschaft für sich" geworden; wer ein Schiff mit Tauwerk ausrüsten will, sollte sich zunächst Informationsmaterial eines Herstellers beschaffen.

Nach seinen Eigenschaften kann Tauwerk grob in zwei Gruppen eingeteilt werden: in Festmacher, Anker- und Schleppleinen sowie in Schoten und Fallen. Erstere müssen elastisch sein, um auch extremen Ruckbelastungen gewachsen zu sein, und dürfen nicht durchscheuern. Letztere müssen dehnungsarm sein; Schoten benötigen einen griffig-weichen Mantel, während Fallen in Curry- oder Hebelklemmen nicht verschleißen dürfen.

Auf Schiffen von etwa 10 m Länge haben Festmacher eine Stärke von 16 mm. Vor- und Achterleinen sollten die doppelte Schiffslänge haben, damit die Konstruktionsdehnung zum Tragen kommen kann, während Springs etwa eineinhalbfache Schiffslänge besitzen sollten.

Als Reserve sollte man zumindest noch eine etwa 40 m lange, 16 mm starke Leine haben, die auch zum Sichern eines Päckchens, als Schleppleine oder zur Verlängerung der Ankerleine dienen kann.

Eine **Bucht** (s. Seite 150) ist Ausgangsbasis vieler Knoten; sie ist offen. Ein **Auge** (s. Seite 150) ist eine Tauwerkschlinge, die lose gelegt oder dauerhaft, z. B. gespleißt, sein kann. Mit einem **Achtknoten** werden Tampen gesichert, die nicht aus einem Block ausrauschen sollen. Der **Kreuzknoten** dient zum Verbinden gleich starker Enden aus gleichem Material, wohingegen ungleiche Enden mit einem **Schotstek** verbunden werden. In der Bordpraxis wird er immer als **doppelter Schotstek** gesteckt. Da er in glattem Kunstfasertauwerk häufig besser als ein Kreuzknoten hält, knotet man mit dem doppelten Schotstek oft auch zwei gleiche Enden zusammen.

Der **Palstek** dient zum Festmachen an Pfählen, Ringen usw., wenn ein Auge, das sich nicht zusammenziehen soll, benötigt wird. Der **doppelte Palstek** wird in ein doppelt gelegtes Ende gesteckt. Auch mit einem **Roringstek** kann an einem Ring festgemacht werden. Ein **Rundtörn** erhöht den Reibungswiderstand einer Leine; er ermöglicht, schwere Lasten aus der Hand zu fahren. **Halbe Schläge** sind vielfältig einsetzbare Knoten, die auch zur Sicherung auf andere Knoten gesetzt werden können. Zwei halbe Schläge bezeichnet man auch als **Webeleinenstek**. Er kann gesteckt (etwa um eine Griffleiste oder einen Relingsdraht) und geworfen werden (um einen Pfahl). Mit dem **Marlschlag** wurden früher Segel an einem Baum angeschlagen; heute wird er z. B. zum Auftuchen des Großsegels um den Großbaum benutzt, wenn dies mit einer langen Leine erfolgt (anstelle mehrerer kurzer **Zeisinge**). Der **Stopperstek** erlaubt, eine Leine an ein laufendes Ende anzustecken, etwa wenn mehrere Boote an einer Schlepptrosse geschleppt werden. Hinsichtlich der Festigkeit von Leinen ist zu beachten, daß Knoten die Bruchlast um bis zu 50% verringern können.

Kunstfasertauwerk läßt sich nicht so gut spleißen wie solches aus Naturfasern. Neben dem umseitig dargestellten **Kurzspleiß** gibt es noch den Aug-, den Rück- und den Langspleiß. Letzerer wird - auch wegen seiner geringen Haltbarkeit - nicht mehr verwendet. Auch einen **Takling** macht man auf Kunstfasertauwerk nur selten, etwa wenn verhindert werden soll, daß die Seele einer Leine in den Mantel rutscht. Um das Ausfransen von Kunstfaserleinen zu verhindern, werden die Kardeele verschweißt (mit einem Schneidegerät oder über einer Flamme).

Arbeiten während der Saison

Viele Yachten sind keinem gleichförmigen Betrieb ausgesetzt. Lange Stillstandszeiten und extreme Belastungen können einander abwechseln. Die Betriebsumgebung ist geprägt durch Feuchtigkeit und starke Witterungseinflüsse: Rost, Schimmel und Verrottung sind die Folge. Um Wert und Funktion zu erhalten, sind

- Kontrolle,
- Wartung,
- Pflege und
- Reparaturen

notwendig. Umfang und Häufigkeit der durchzuführenden **Kontrollen** hängen vom Alter und der technischen Ausrüstung des Schiffes ab. Manche Bootseigner haben eine Checkliste erstellt. Kontrolliert beziehungsweise gewartet werden müssen:

- Sicherheitseinrichtungen wie Lenzpumpen, Automatikwesten, Feuerlöscher, Rettungsinsel,
- nautische Ausrüstung wie Positionslichter, Kompaß, Navigations-, Funkgeräte,
- Verankerungen von Relingsstützen, Klampen, Decksausrüstung u. a.,
- Elektrik (Korrosion, schlechte Kontakte),
- Bordakkus,
- Maschine,
- Bilge mit allen Rumpfdurchbrüchen,
- Gasanlage,
- Ankergeschirr,
- Ruderanlage

sowie auf Segelyachten

- Segel, Schoten,
- stehendes Gut (insbesondere Wantenspanner, Toggles, Splinte und Schäkel),
- laufendes Gut (insbesondere Fleischhaken - einzeln herausstehende Drähte -, die Zeichen von Materialermüdung sind oder bei einem Fall durch zu kleine Durchmesser der Umlenkscheiben entstehen).

Diese Kontrollen gewährleisten die Seetüchtigkeit eines Bootes und gehören zu den Pflichten des Eigners oder Skippers.

Sicher im Mast arbeiten - in einem Bootsmannsstuhl.

Der Schiffsführer muß nach einem Seeunfall ggf. auch einen Nachweis über die Durchführung derartiger Kontrollen erbringen (Versicherung, Seeamt).

Daher sollten sie in einem **Reparaturbuch** oder im Logbuch dokumentiert werden. Dies gilt auch für Arbeiten und Kontrollen, die im Winterlager oder von anderen Personen, etwa einer Werft, am Boot durchgeführt werden (Rechnungen aufbewahren).

Jedes Baumaterial verlangt regelmäßige **Pflege**. Holz wird schwarz, wenn Lackschäden nicht ausgebessert werden. Typisch für Stahlschiffe ist der Kampf gegen den Rost.

Aber auch Kunststoff bedarf regelmäßiger Pflege. Hier muß das **Gelcoat**, die äußere Schutzschicht, gereinigt und gewachst werden - in stark verschmutzten Gewässern mehrmals pro Saison. Alle Schäden sollten sofort beseitigt werden; oberflächliche Beschädigungen werden mit Polierwachs geglättet, tiefere Kratzer und Haarrisse müssen geschliffen, gereinigt und mit Gelcoat derselben Farbe gespachtelt werden.

Teakdecks benötigen nach klassischer Ansicht keine Pflege. Sie verlieren dann jedoch schnell ihre Farbe und werden unansehnlich. Decks, die einer verstärkten Luftverschmutzung ausgesetzt sind, können mit Teakreiniger gesäubert und mit Pflegemitteln geschützt werden.

Werkzeug und Ersatzteile für die Bereiche

- Rumpf, Deck,
- Motor,
- Elektro,
- Rigg und Segel

sollten sich immer an Bord befinden. Auf Segelyachten wird auch ein Bootsmannsstuhl zum Arbeiten in der Takelage benötigt. Kleinmaterial wie Bändsel, Tape, Ersatzschäkel, Splinte sowie Kombizange, Bordmesser, Schäkelöffner und Reservetauwerk wird oft gebraucht.

Winschen bleiben auch ohne Pflege mehrere Jahre lang leichtgängig. Sollten hier Probleme auftreten, so ist sehr oft verharztes Fett, das eine der Sperrklinken arretiert, die Ursache. Die Reinigung aller drehenden und gleitenden Teile kann mit Kaltreiniger, Petroleum oder Dieselkraftstoff vorgenommen werden. Die Teile müssen anschließend getrocknet und mit speziellem (seewasserfestem) Winschenfett geschützt werden.

Flaggen

Flaggen, Fahnen, Stander, Wimpel

Auf Yachten werden Flaggen, Stander und Wimpel geführt, jedoch keine Fahnen. **Flaggen** sind aus Stoff gefertigte Zeichen, welche die Zugehörigkeit zu einer Körperschaft (Nation, Verein, Reederei) anzeigen oder der Abgabe von Signalen (s. Flaggenalphabet, Seite 73) dienen.

Stander sind Flaggen in dreieckiger Form mit einem Höhen-Breiten-Verhältnis von 3:5.
Die Mitgliedschaft in der Kreuzer-Abteilung oder in einem Club wird durch Stander (**Clubstander**) angezeigt.

Einzelne Flaggen des Flaggenalphabetes (z. B. Flagge B) sind **Doppelstander**, die Einschnitte am freien Liek haben.

Wimpel sind wesentlich flacher geschnittene Dreiecksflaggen (Höhen-Breiten-Verhältnis 10:3), die als **Zahlenwimpel** oder **Antwortwimpel** benutzt werden.

Fahnen sind Einzelstücke mit symbolischer Bedeutung, die nicht ohne weiteres durch ein gleichartiges Stück ersetzt werden dürfen. Sie werden an Bord nicht eingesetzt.

Nationalflagge, Gastlandflagge

Jedes seegehende Schiff, dessen Eigner Deutscher ist und seinen Wohnsitz im Geltungsbereich des Grundgesetzes hat, muß die Bundesflagge, kurz **Nationale** genannt, führen.

Das Führen einer anderen Flagge - z. B. der Europaflagge - ist nicht gestattet und kann mit einem Bußgeld geahndet werden.

Die Nationale soll das Seitenverhältnis 6:10 haben und an einem Flaggenstock gesetzt werden. Dieser soll etwa 40° geneigt sein, damit die Flagge auch bei Windstille erkennbar ist und am Heck - möglichst mittig oder etwas nach Steuerbord versetzt - angebracht sein. Unter Segeln wird die Nationale auch am Großsegel-Achterliek oder an der Gaffel, bei mehrmastigen Schiffen im Topp des hinteren Mastes geführt.

Auf hoher See, außerhalb des Hoheitsgebietes eines Landes, braucht die Nationale nicht geführt zu werden, sie sollte gesetzt werden, wenn sich Kriegsschiffe oder Behördenfahrzeuge nähern. Yachten, die an einer Regatta teilnehmen, führen keine Nationale; sie ist das Zeichen, daß die Wettfahrt aufgegeben wurde.

In ausländischen Hoheitsgewässern muß zusätzlich zur Nationalflagge die **Gastlandflagge**, eine Nationalflagge des besuchten Landes, geführt werden. Sie wird unter der Steuerbordsaling gesetzt.

Werden mehrere Länder bereist, so wird jeweils nur die Flagge des Landes geführt, in dem man sich gerade befindet. Mit der Gastlandflagge wird angezeigt, daß sich das Schiff der Rechtsordnung des betreffenden Landes unterwirft. Kriegsschiffe führen keine Gastlandflaggen.

Ein von einer Auslandsfahrt heimkehrendes Schiff darf im deutschen Hoheitsgebiet am Tage der Heimkehr (sowie beim herbstlichen Absegeln) die Gastlandflaggen der besuchten Länder in der Reihenfolge des deutschen Alphabetes und in gleicher Größe untereinander an der Steuerbordsaling führen.

Als eine ausgesprochene Unhöflichkeit kann das Führen mehrerer Gastlandflaggen in ausländischen Gewässern oder Häfen angesehen werden (früher auf Kriegsschiffen Zeichen der unterworfenen Länder). Selbst das Führen einer Gastlandflagge an der als weniger ehrenvoll angesehenen Backbordseite oder tiefer als die Nationalflagge kann in einzelnen Ländern Schwierigkeiten bereiten.

Ein Fahrzeug, das einen ausländischen Hafen angelaufen, aber noch nicht die Paß- und Zollformalitäten abgewickelt (**einklariert**) hat, führt **Flagge Q** an Backbord („An Bord ist alles gesund, und ich bitte um freie Verkehrserlaubnis").

Mit dem **3. Hilfsstander** (s. Seite 73) wird angezeigt, daß Zollgut an Bord ist. Er wird vor der zollamtlichen Abfertigung gesetzt, und zwar beim und nach dem Einlaufen und beim Auslaufen.

Der 3. Hilfsstander oder Flagge Q wird an Backbord - unter dem Clubstander - gefahren (sofern dieser nicht im Masttopp geführt wird).

Yachtgebräuche

Auch seemännische Traditionen sind dem Zeitgeist unterworfen. Welche Gebräuche an Bord eines Schiffes weitergeführt werden, legt der Eigner fest. Allgemein anerkannte Regeln betreffen die

- Flaggenführung,
- Höflichkeit und gegenseitige Rücksichtnahme.

Verhalten in Häfen

Flaggenführung heißt zunächst, daß alle Flaggen in ordentlichem Zustand sind.

Flaggen werden bis dicht unter die Saling vorgeheißt. Auf See sollten nicht mehrere Flaggen untereinander gezeigt werden, um Verwechselungen mit Flaggensignalen - insbesondere mit dem Notsignal - auszuschließen.

Während auf See die Nationale oft auch bei Nacht gefahren wird, führt man in Häfen die Flaggen nur zur **Flaggenzeit**. Dies ist vom 1. Mai bis zum 30. September von 08.00 bis 21.00 Uhr, in den übrigen Monaten von 09.00 Uhr bis Sonnenuntergang, spätestens bis 21.00 Uhr. Ist zum Ende der Flaggenzeit kein Besatzungsmitglied an Bord, werden die Flaggen beim Verlassen des Schiffes niedergeholt. Nur der Clubstander weht auch bei Nacht.

Eine **Flaggenparade**, bei der alle in einem Hafen liegenden Schiffe gleichzeitig ihre Flaggen setzen oder niederholen, wird nur noch selten durchgeführt. Die Zeiten des Vorheißens und Niederholens werden dabei von einem im Hafen liegenden Kriegsschiff oder dem Flaggenmast des gastgebenden Vereins angegeben.

Bei festlichen Anlässen wird eine **Flaggengala** veranstaltet. Dazu werden die Signalflaggen (keine Nationalflaggen!) in gleichen Abständen vom Bug über die Masten bis zum Heck so gesetzt, daß jeweils zwei Flaggen ein Stander oder Wimpel folgt.

Im Päckchen liegende Yachten (Helgoland).

Zu den Regeln der Höflichkeit gehört es, einlaufenden Yachten - vor allem denen mit kleiner Crew - **Hilfe bei Leinenmanövern** anzubieten. Nicht nur älteren Personen fällt der Sprung vom Bugkorb auf den Steg oder die Brücke schwer. Sie sind dankbar, wenn eine hilfreiche Hand die Festmacher an Land belegt oder diese auf Slip legt. Auch beim Ablegen wird fremde Hilfe gerne angenommen.

Während der Sommerferien sind manche Häfen so voll, daß es für eine einlaufende Yacht nicht leicht ist, einen Liegeplatz zu finden. Dann kann es erforderlich sein, eine Yacht, die bereits einen Liegeplatz gefunden hat, um Erlaubnis zu bitten, längsseits an ihr festmachen zu dürfen („im **Päckchen** liegen").

Es sollte selbstverständlich sein, diese Erlaubnis normalerweise nicht zu verweigern. Eine nette Geste ist es, Fender an die freie Bordwand zu hängen und damit ein Längsseitsgehen anzubieten (während ein seitlich festgemachtes Beiboot zeigt, daß ein Anlegen nicht erwünscht ist, was als wenig kameradschaftlich empfunden wird).

Um an Land zu kommen, muß über die benachbarten Boote gestiegen werden. Dabei wählt man den Weg über das Vordeck, um die an Bord befindlichen Personen möglichst wenig zu belästigen.

Muß eine im Päckchen liegende Yacht frühmorgens auslaufen, so sollte dies bereits am Vorabend mit den Crews der Nachbarschiffe besprochen werden.

Das Liegen auf engem Raum verlangt wie üblich Rücksichtnahme. Jede Lärmbelästigung sollte unterbleiben; laute Kommandos sind ebenso überflüssig wie Musik. Das Warmlaufenlassen der Maschine sollte auf das unabänderliche Mindestmaß beschränkt bleiben, wenn Nachbarn durch Abgase oder Maschinengeräusche belästigt werden können.

Die Nachtruhe kann erheblich gestört werden, wenn bei stärkerem Wind Fallen gegen den Mast schlagen und dabei laut klappern. Auf der betreffenden Yacht ist oftmals niemand an Bord; als die Crew das Schiff verließ, war es vermutlich so schwachwindig, daß die Fallen nicht klapperten. Außenlaufende Fallen und Leinen sollten im Hafen und vor Anker vom Mast weggebunden werden.

Sportbootführerschein See

Allgemeines

1 Seite 50

Welche drei gesetzlichen Bestimmungen regeln den Verkehr auf den Seeschiffahrtsstraßen?

1. Die Kollisionsverhütungsregeln (KVR).
2. Die Seeschiffahrtsstraßen-Ordnung (SeeSchStrO).
3. Die Schiffahrtsordnung Emsmündung.

2 Seite 50

Wo gelten die nachfolgend aufgeführten Verkehrsvorschriften:
1. Kollisionsverhütungsregeln (KVR),
2. Seeschiffahrtsstraßen-Ordnung (SeeSchStrO),
3. Schiffahrtsordnung Emsmündung?

1. Auf der hohen See und auf den mit dieser zusammenhängenden, von Seeschiffen befahrbaren Gewässern.
2. Auf den deutschen Seeschiffahrtsstraßen.
3. Im Mündungsgebiet der Ems und auf der Leda.

3 Seite 50

Welche Vorschrift gilt, wenn eine Bestimmung der Seeschiffahrtsstraßen-Ordnung bzw. der Schiffahrtsordnung Emsmündung mit den Kollisionsverhütungsregeln im Widerspruch steht?

Die Vorschrift der Seeschiffahrtsstraßen-Ordnung bzw. der Schiffahrtsordnung Emsmündung.

4 Seite 5

Auf welchen Gewässern der Bundesrepublik Deutschland ist der Besitz des Sportbootführerscheins-See als Erlaubnis für das Führen eines Sportbootes vorgeschrieben; welche Sportboote sind davon ausgenommen?

1. Auf den deutschen Seeschiffahrtsstraßen.
2. Sportboote ohne Motorantrieb oder solche mit einer größten nichtüberschreitbaren Nutzleistung von 3,68 Kilowatt (5 PS) oder weniger an der Propellerwelle.

5 Seite 156

1. Wer ist für die Befolgung der Verkehrsvorschriften verantwortlich?
2. Was ist zu tun, wenn vor Antritt der Fahrt nicht feststeht, wer Fahrzeugführer ist?

1. Der Fahrzeugführer oder sein Stellvertreter.
2. Der verantwortliche Fahrzeugführer muß bestimmt werden. Er muß zur Führung des Fahrzeugs berechtigt sein.

6 Seite 51

1. Wie hat sich ein Fahrzeugführer zu verhalten, der infolge des Genusses alkoholischer Getränke oder anderer berauschender Mittel in der sicheren Führung des Fahrzeugs behindert ist?
2. Was ist in einem solchen Fall zu veranlassen?

1. Er darf das Fahrzeug nicht führen.
2. Es ist eine andere berechtigte Person zum Fahrzeugführer zu bestimmen.

7 Seite 51

Wie lautet die Grundregel der Verordnung zu den Kollisionsverhütungsregeln (KVR), der Seeschiffahrtsstraßen-Ordnung (SeeSchStrO) und der Verordnung zur Einführung der Schiffahrtsordnung Emsmündung über das Verhalten im Verkehr?

1. Sicherheit und Leichtigkeit des Verkehrs müssen gewährleistet sein.
2. Kein anderer darf geschädigt, gefährdet oder unnötig behindert oder belästigt werden.
3. Vorsichtsmaßnahmen beachten, die Seemannsbrauch oder besondere Umstände erfordern.

8 Seiten 51, 134 ff.

Was verstehen Sie unter dem Begriff „seemännische Sorgfaltspflicht“, und wie wird sie erfüllt?

1. Die Verpflichtung zur Beachtung von Vorsichtsmaßregeln über die Verkehrsvorschriften hinaus, die Seemannsbrauch oder besondere Umstände des Falles erfordern.
2. Zur Erfüllung der seemännischen Sorgfaltspflicht gehört auch die Anwendung der Sicherheitsregeln, die u. a. in der nautischen Veröffentlichung des Bundesamtes für Seeschiffahrt und Hydrographie „Sicherheit im See- und Küstenbereich“ enthalten sind.

9 Seite 137

Welche Sicherheitsmaßnahmen sollte der Fahrzeugführer im Rahmen seiner seemännischen Sorgfaltspflicht vor Fahrtantritt zum Schutze und für die Sicherheit

Der Fahrzeugführer hat die Besatzungsmitglieder und Gäste
1. über die Sicherheitsvorkehrungen an Bord zu unterrichten,
2. in die Handhabung der Rettungs- und Feuerlösch-

Sportbootführerschein See

der Personen an Bord treffen?

mittel einzuweisen,
3. auf geeignete Maßnahmen gegen das Überbordfallen hinzuweisen.

10 Seite 64
Was verstehen Sie unter dem Begriff „in Fahrt“?

Wenn ein Fahrzeug
- weder vor Anker liegt,
- noch an Land festgemacht hat,
- noch auf Grund sitzt.

11 Seite 75
1. Wie lang ist die Dauer eines kurzen Tons (●)?
2. Wie lang ist die Dauer eines langen Tons (▬)?

1. Etwa 1 Sekunde.
2. Etwa 4 - 6 Sekunden.

12 Seite 63
Was verstehen Sie unter dem Begriff „Manöver des letzten Augenblicks“?

1. Ausweichmanöver des Kurshalters.
2. Es muß durchgeführt werden, wenn ein Zusammenstoß durch Manöver des Ausweichpflichtigen allein nicht mehr vermieden werden kann.

13 Seiten 60, 61
Wann gelten Sie als überholendes Fahrzeug?

Wenn ich mich einem anderen Fahrzeug aus einer Richtung von mehr als 22,5° achterlicher als querab (Bereich des Hecklichtes) nähere. Im Zweifelsfalle habe ich mich als überholendes Fahrzeug zu betrachten.

14 Seite 64
Was verstehen Sie unter dem Begriff „manövrierunfähiges Fahrzeug“?

Ein Fahrzeug, das wegen außergewöhnlicher Umstände nicht so wie vorgeschrieben manövrieren und daher einem anderen Fahrzeug nicht ausweichen kann (z. B. Ausfall der Ruder- oder Maschinenanlage).

15 Seite 64
Was verstehen Sie unter dem Begriff „manövrierbehindertes Fahrzeug“?

Ein Fahrzeug, das durch die Art seines Einsatzes behindert ist, so wie vorgeschrieben zu manövrieren, und daher einem anderen Fahrzeug nicht ausweichen kann (z. B. Tonnenleger, Kabelleger, Bagger).

16 Seite 67
Was verstehen Sie unter dem Begriff „verminderte Sicht“?

Sichteinschränkung durch Nebel, dickes Wetter, Schneefall, heftige Regengüsse oder ähnliche Umstände.

17 Seite 67
Welche Maßnahmen müssen Sie bei verminderter Sicht treffen?

1. Es muß mit sicherer, den verminderten Sichtverhältnissen angepaßter Geschwindigkeit gefahren werden.
2. Es müssen Nebelschallsignale gegeben werden.
3. Es müssen Positionslichter eingeschaltet werden.
4. Es muß Ausguck gegangen werden.

18 Seiten 69, 74
1. Wann gilt ein Fahrzeug unter Segel als Maschinenfahrzeug?
2. Welches zusätzliche Signal führt es am Tage?

1. Wenn es gleichzeitig mit Maschinenkraft fährt.
2. Einen schwarzen Kegel, Spitze unten.

19 Seite 61
Welche Seite wird als Luv-, welche als Leeseite bezeichnet?

Die dem Wind zugekehrte Seite wird als Luvseite, die dem Wind abgekehrte Seite als Leeseite bezeichnet.

20 Seite 69
Wann und in welchem Zustand müssen Positionslaternen an Bord sein?

Sie müssen ständig und gebrauchsfertig mitgeführt werden.

21 Seite 68
Wann müssen die Lichter von Fahrzeugen geführt oder gezeigt werden?

Von Sonnenuntergang bis Sonnenaufgang und bei verminderter Sicht.

22
1. Welcher Zeitraum gilt als „am Tage“?
2. Welcher Zeitraum gilt als „bei Nacht“?

1. Von Sonnenaufgang bis Sonnenuntergang.
2. Von Sonnenuntergang bis Sonnenaufgang.

Sportbootführerschein See

23 Seite 69
Wozu dient die Lichterführung?

Sie zeigt die Fahrtrichtung und Lage eines Fahrzeugs an.

24 Seiten 68
Welche Vorschriften regeln die Ausrüstung, Anordnung und Anbringung der Positionslaternen auf Fahrzeugen?

1. Die KVR.
2. Die SeeSchStrO.
3. Die Schiffahrtsordnung Emsmündung.

25 Seite 68
Welche Laternen dürfen Sie nur als Positionslaternen verwenden?

Laternen, deren Baumuster vom Bundesamt für Seeschiffahrt und Hydrographie (BSH) zur Verwendung zugelassen sind.

26 Seite 53
Was verstehen Sie unter dem Begriff „Verkehrstrennungsgebiet“?

1. Es sind bekanntgemachte Schiffahrtswege, die durch Trennlinien oder Trennzonen in Einbahnwege geteilt sind.
2. Sie dürfen jeweils nur in Fahrtrichtung rechts befahren werden.

27 Seite 60
Was verstehen Sie unter dem Begriff „in Sicht befindlich“?

Wenn jedes Fahrzeug vom anderen optisch wahrgenommen werden kann.

28 Seiten 52, 67
Wie haben Sie allgemein Ihre Geschwindigkeit einzurichten?

Jedes Fahrzeug muß mit einer „sicheren Geschwindigkeit“ fahren, d. h. es muß sich der Verkehrslage, den Sicht- und Witterungsverhältnissen anpassen und jederzeit aufgestoppt werden können.

29 Seite 69
Was ist bei der Benutzung von Laternen, Leuchten und Scheinwerfern zu beachten?

1. Sie dürfen nicht blenden und dadurch die Schiffahrt gefährden oder behindern.
2. Sie dürfen nicht mit anderen Lichtsignalen zu verwechseln sein.

Kollisionsverhütungsregeln (KVR)

30 Seite 70
Sie sehen folgendes Fahrzeug:

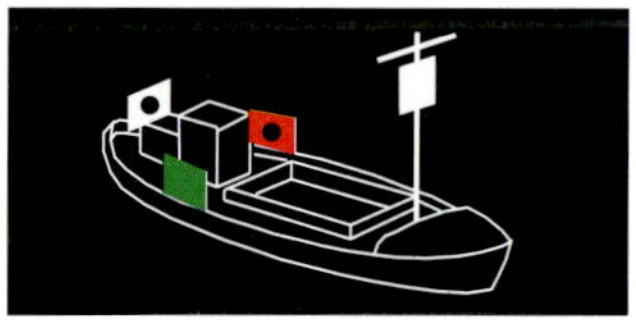

Was ist das für ein Fahrzeug?

Maschinenfahrzeug in Fahrt von weniger als 50 Meter Länge.

31 Seiten 69, 70
Sie sehen folgendes Fahrzeug:

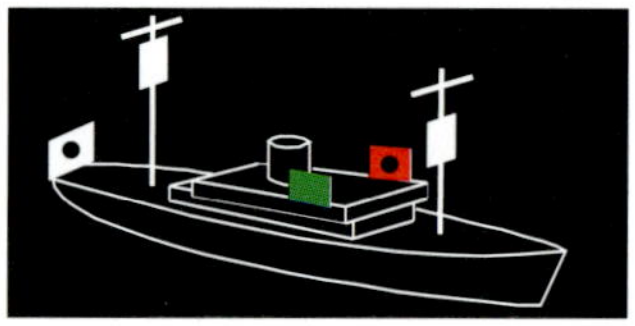

Welches Fahrzeug muß diese Lichter führen?

Maschinenfahrzeug in Fahrt von 50 und mehr Meter Länge.

32 Seite 70
Sie sehen folgenden Schleppverband:

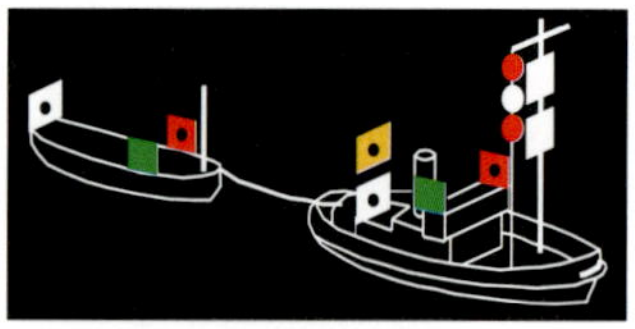

1. Was ist das für ein Schleppverband?
2. Was bedeutet es, wenn das schleppende Fahrzeug zusätzlich drei Rundumlichter senkrecht übereinander - das obere und untere rot, das mittlere weiß - führt?

1. Schleppverband in Fahrt von 200 Meter Länge oder weniger.
2. Der Schleppverband ist manövrierbehindert.

Sportbootführerschein See

33 Seite 70

Sie sehen folgenden Schleppverband:

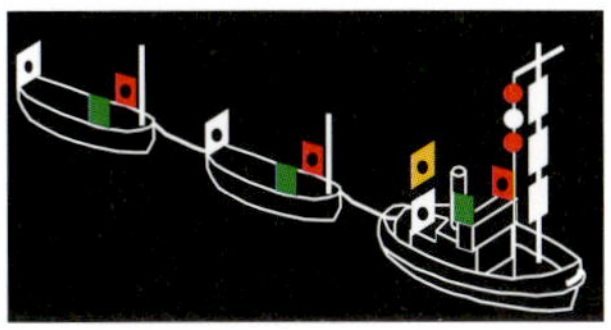

1. Was ist das für ein Schleppverband?
2. Was bedeutet es, wenn das schleppende Fahrzeug zusätzlich drei Rundumlichter senkrecht übereinander - das obere und untere rot, das mittlere weiß - führt?

1. Schleppverband in Fahrt von mehr als 200 Meter Länge.
2. Der Schleppverband ist manövrierbehindert.

34 Seite 68

Welche Lichter führen geschleppte Fahrzeuge?

Seitenlichter rot und grün und ein weißes Hecklicht.

35 Seite 74

Was bedeutet es, wenn jedes Fahrzeug eines Schleppverbandes einen schwarzen Rhombus führt?

Schleppverband von mehr als 200 Meter Länge.

36 Seite 70

Sie sehen folgendes Fahrzeug:

Was ist das für ein Fahrzeug?

Ein manövrierunfähiges Fahrzeug
- in Fahrt,
- ohne Fahrt durchs Wasser.

37 Seite 70

Sie sehen folgendes Fahrzeug:

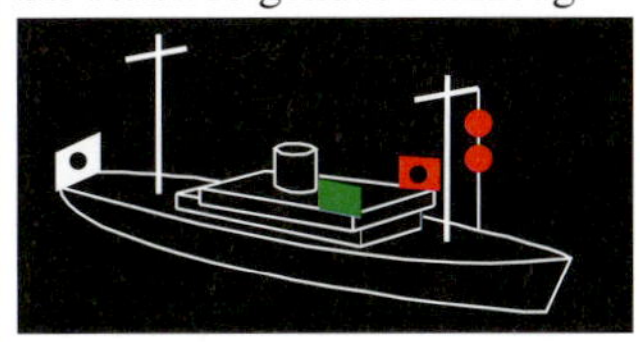

Was ist das für ein Fahrzeug?

Ein manövrierunfähiges Fahrzeug
- in Fahrt,
- mit Fahrt durchs Wasser.

38 Seite 74

Sie sehen folgendes Fahrzeug:

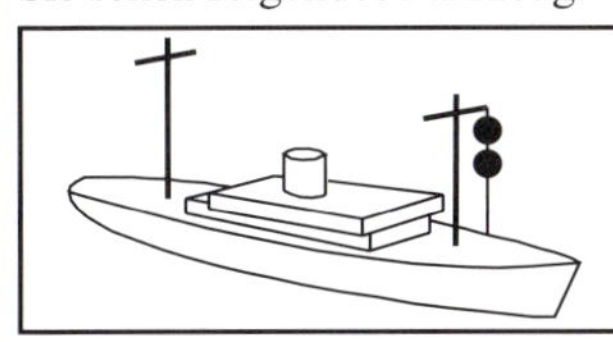

Was ist das für ein Fahrzeug?

Ein manövrierunfähiges Fahrzeug.

39 Seite 74

Welche Signalkörper haben Sie zu führen, wenn Ihr Fahrzeug von 12 und mehr Meter Länge manövrierunfähig ist?

Zwei schwarze Bälle senkrecht übereinander.

40 Seite 70

Welche Lichter haben Sie zu führen, wenn Ihr Fahrzeug von 12 und mehr Meter Länge manövrierunfähig ist, und zwar
1. in Fahrt ohne Fahrt durchs Wasser,
2. mit Fahrt durchs Wasser?

1. Zwei rote Rundumlichter senkrecht übereinander.
2. Zwei rote Rundumlichter senkrecht übereinander und zusätzlich die Seitenlichter und das Hecklicht.

41 Seite 70

Sie sehen folgendes Fahrzeug:

Was ist das für ein Fahrzeug?

Ein manövrierbehindertes Fahrzeug
- in Fahrt,
- ohne Fahrt durchs Wasser.

Sportbootführerschein See

42 Seite 70

Sie sehen folgendes Fahrzeug:

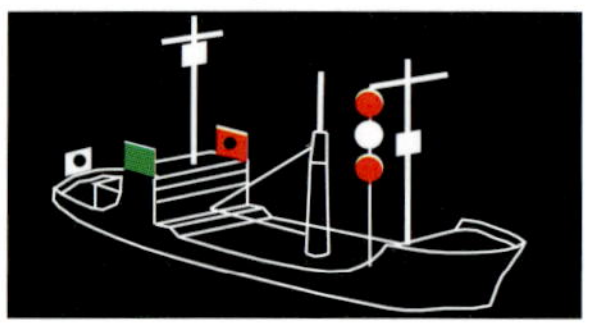

Welches Fahrzeug muß diese Lichter führen?

Ein manövrierbehindertes Fahrzeug
- in Fahrt,
- mit Fahrt durchs Wasser
- von 50 und mehr Meter Länge.

43 Seite 74

Sie sehen folgendes Fahrzeug:

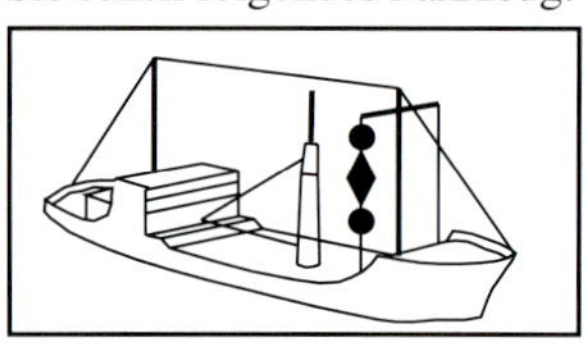

Was ist das für ein Fahrzeug?

Ein manövrierbehindertes Fahrzeug.

44 Seite 70

Sie sehen folgendes Fahrzeug:

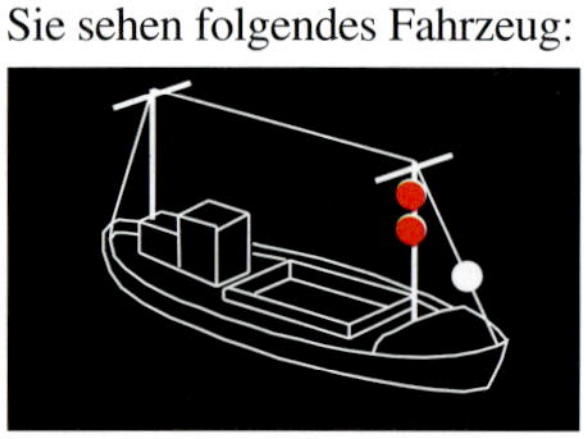

Was ist das für ein Fahrzeug?

Ein Grundsitzer von weniger als 50 Meter Länge.

45 Seite 74

Sie sehen folgendes Fahrzeug:

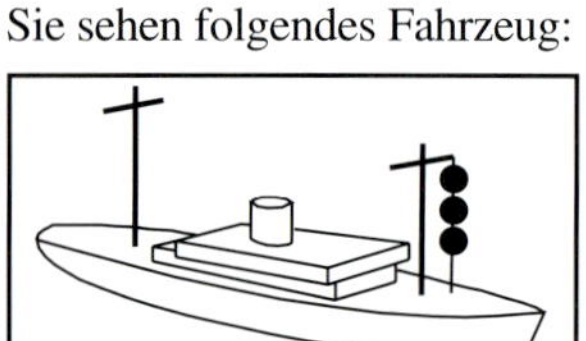

Was ist das für ein Fahrzeug?

Ein Grundsitzer.

46 Seite 70

Sie sehen folgendes Fahrzeug:

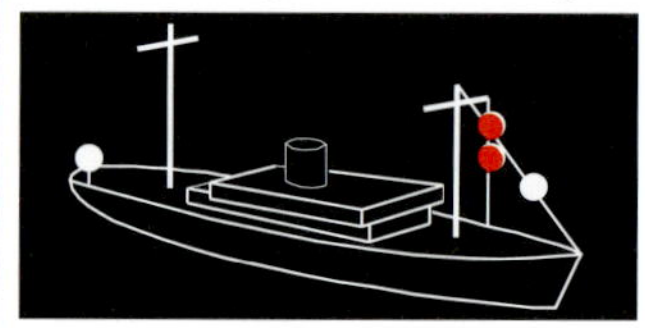

Welches Fahrzeug muß diese Lichter führen?

Ein Grundsitzer von 50 und mehr Meter Länge.

47 Seite 70

Sie sehen folgendes Fahrzeug:

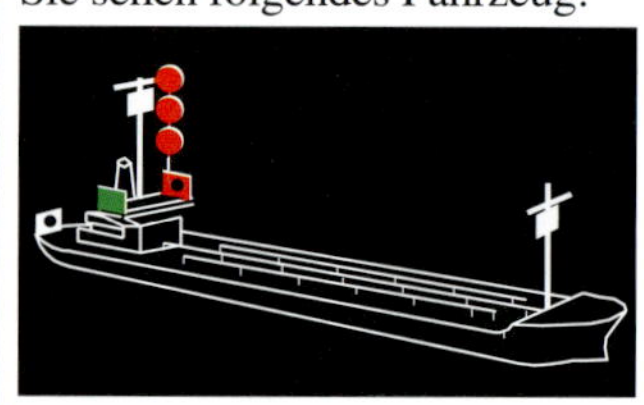

Welches Fahrzeug muß diese Lichter führen?

Ein tiefgangbehindertes Fahrzeug
- von 50 und mehr Meter Länge
- in Fahrt.

48 Seite 74

Sie sehen folgendes Fahrzeug:

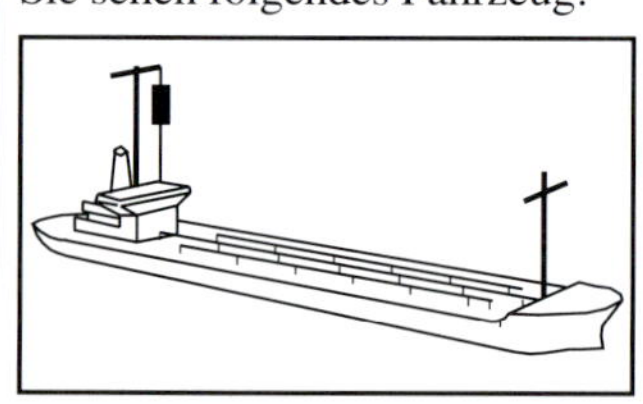

Was ist das für ein Fahrzeug?

Ein tiefgangbehindertes Fahrzeug in Fahrt.

49 Seite 70

Sie sehen folgendes Fahrzeug:

Welches Fahrzeug muß diese Lichter führen?

Ein fischender Trawler (Fischereifahrzeug)
- mit Fahrt durchs Wasser
- von 50 und mehr Meter Länge.

Sportbootführerschein See

50 Seite 70

Sie sehen folgendes Fahrzeug:

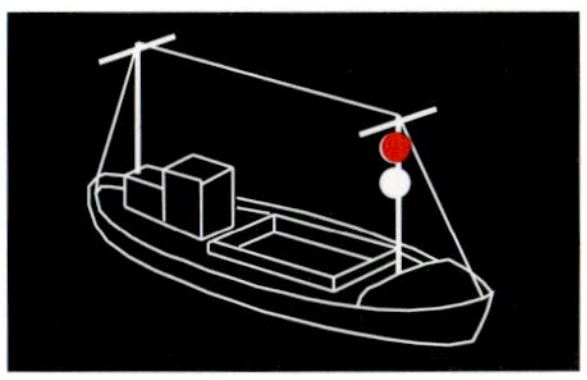

Was ist das für ein Fahrzeug?

Ein fischendes Fahrzeug, das nicht trawlt, z. B. ein Treibnetzfischer.

51 Seite 74

Sie sehen folgendes Fahrzeug:

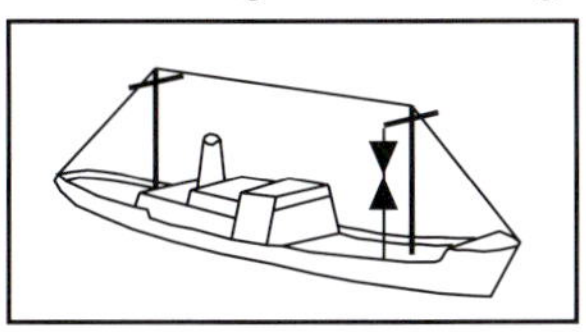

Was ist das für ein Fahrzeug?

Ein fischendes Fahrzeug.

52 Seite 64

Was verstehen Sie unter dem Begriff „fischendes Fahrzeug"?

Ein Fahrzeug, das mit Netzen, Leinen, Schleppnetzen oder anderen Fanggeräten fischt, welche seine Manövrierfähigkeit einschränken.

53 Seite 68

Welche Fahrzeuge führen nur Seitenlichter rot und grün und ein weißes Hecklicht?

Segler, Ruderboote und geschleppte Fahrzeuge.

54 Seite 68

Was für eine Laterne kann ein Segelfahrzeug von weniger als 20 Meter Länge anstelle der Seitenlichter und des Hecklichtes führen?

Eine Dreifarbenlaterne an oder nahe der Mastspitze.

55 Seite 68

Welche Lichter darf ein Fahrzeug unter Ruder führen oder zeigen?

Es darf die Seitenlichter und das Hecklicht führen. Andernfalls ist ein weißes Licht gebrauchsfertig zur Hand zu haben, das rechtzeitig gezeigt werden muß, um einen Zusammenstoß zu verhüten.

56 Seite 69

Welche Lichter muß ein Fahrzeug unter Segel, das gleichzeitig mit Maschinenkraft fährt, führen?

Die für ein Maschinenfahrzeug vorgeschriebenen Lichter.

57 Seite 69

Welche Lichter kann bzw. muß ein Maschinenfahrzeug in Fahrt von weniger als 7 Meter Länge, dessen Höchstgeschwindigkeit 7 Knoten nicht übersteigt, führen?

Tragen Sie die Lichter unter Angabe der Farben und Sichtwinkel ein, geben Sie an, in welcher Mindesthöhe das Topp- oder Rundumlicht über den Seitenlaternen geführt werden muß, und geben Sie ferner an, welche Erleichterung anstelle der beiden Seitenlaternen zulässig ist.

1. kann:

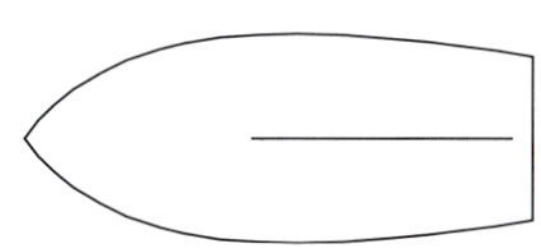

2. muß, soweit möglich:

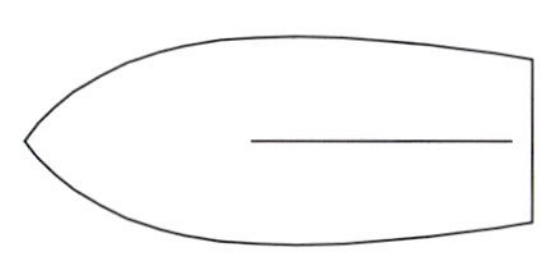

3. muß mindestens:

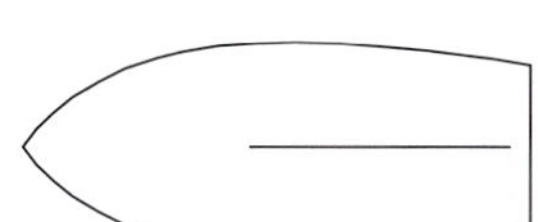

1. kann:

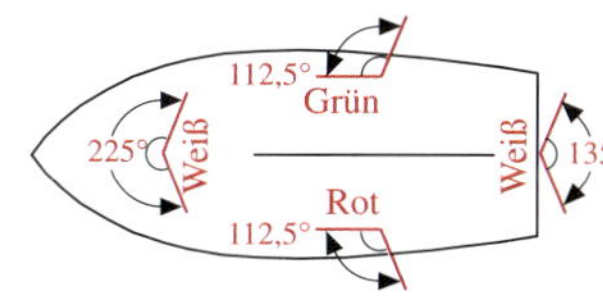

2. muß, soweit möglich:

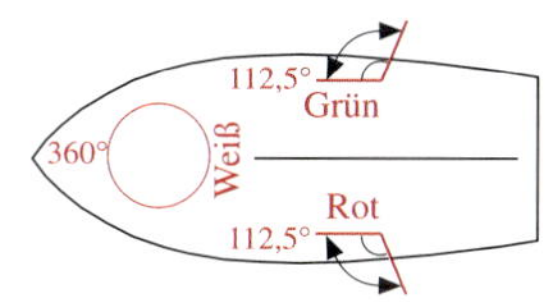

3. muß mindestens:

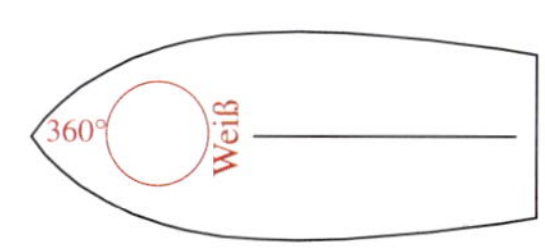

Das Topp- oder Rundumlicht muß mindestens 1 Meter höher als die Seitenlaternen geführt werden.

Anstelle der beiden Seitenlaternen kann eine Zweifarbenlaterne geführt werden.

Sportbootführerschein See

58 Seite 69

Welche Lichter kann bzw. muß ein Maschinenfahrzeug in Fahrt von weniger als 12 Meter Länge führen?

Tragen Sie die Lichter unter Angabe der Farben und Sichtwinkel ein, geben Sie an, in welcher Mindesthöhe das Topp- oder Rundumlicht über den Seitenlaternen geführt werden muß, und geben Sie ferner an, welche Erleichterung anstelle der beiden Seitenlaternen zulässig ist.

1. kann:

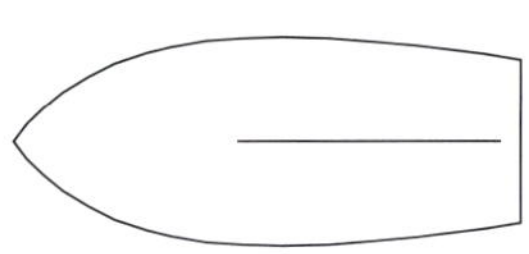

2. muß mindestens:

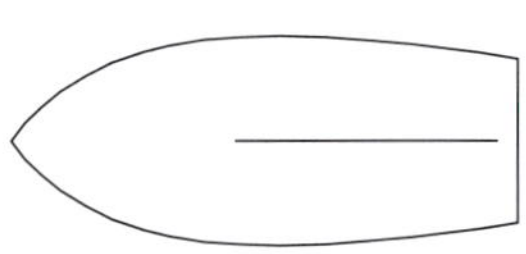

1. kann:

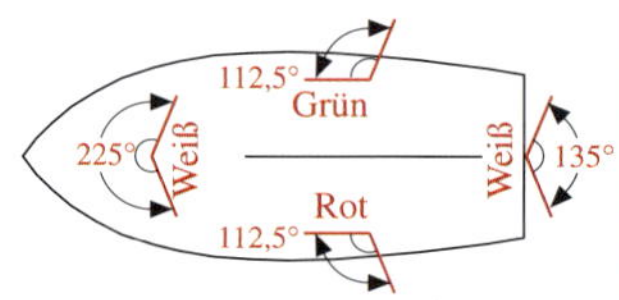

2. muß mindestens:

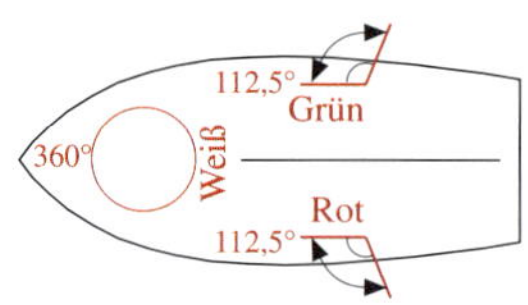

Das Topp- oder Rundumlicht muß mindestens 1 Meter höher als die Seitenlaternen geführt werden.

Anstelle der beiden Seitenlaternen kann eine Zweifarbenlaterne geführt werden.

59 Seite 69

Welche Lichter muß ein Maschinenfahrzeug in Fahrt von 12 und mehr, jedoch weniger als 20 Meter Länge führen?

Tragen Sie die Lichter unter Angabe der Farben und Sichtwinkel ein, geben Sie an, in welcher Mindesthöhe das Topplicht über dem Schandeckel geführt werden muß, und geben Sie ferner an, welche Erleichterung anstelle der beiden Seitenlaternen zulässig ist.

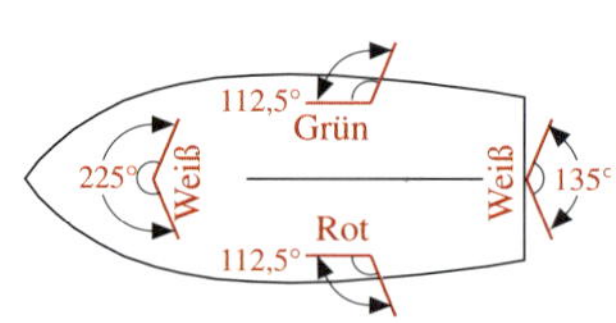

Höhe des Topplichtes über dem Schandeckel: Mindestens 2,50 Meter.

Anstelle der beiden Seitenlaternen kann eine Zweifarbenlaterne geführt werden.

60 Seite 69

Welche Lichter muß ein Maschinenfahrzeug in Fahrt von 20 und mehr, jedoch weniger als 50 Meter Länge führen?

Tragen Sie die Lichter unter Angabe der Farben und Sichtwinkel ein, und geben Sie ferner die Mindesthöhe des Topplichtes über dem Schiffskörper an.

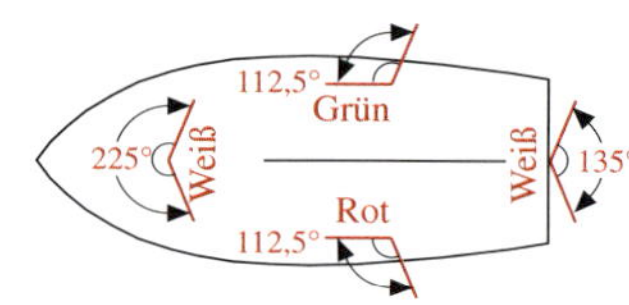

Höhe des Topplichtes über dem Schiffskörper: Mindestens 6 Meter oder in einer der Breite des Fahrzeugs mindestens gleichkommenden Höhe; es braucht jedoch nicht höher als 12 Meter angebracht zu sein.

61 Seite 70

Was für ein Licht muß ein Ankerlieger von weniger als 50 Meter Länge führen?

Ein weißes Rundumlicht an gut sichtbarer Stelle.

62 Seite 70

Sie sehen folgendes Fahrzeug:

Welches Fahrzeug muß diese Lichter führen?

Ein vor Anker liegendes Fahrzeug von 100 und mehr Meter Länge.

63 Seite 74

Was für einen Signalkörper muß ein Ankerlieger führen?

Einen schwarzen Ball an gut sichtbarer Stelle.

64 Seite 75

Sie hören bei verminderter Sicht mindestens alle zwei Minuten einen langen Ton mit der Pfeife (▬).
Welches Fahrzeug gibt dieses Signal?

Ein Maschinenfahrzeug, das Fahrt durchs Wasser macht.

Sportbootführerschein See

65 Seite 75

Sie hören bei verminderter Sicht mindestens alle zwei Minuten zwei aufeinanderfolgende lange Töne mit der Pfeife (▬ ▬). Welches Fahrzeug gibt dieses Signal?

Ein Maschinenfahrzeug in Fahrt, das seine Maschine gestoppt hat und keine Fahrt durchs Wasser macht.

66 Seite 75

Sie hören bei verminderter Sicht mindestens alle zwei Minuten drei aufeinanderfolgende Töne mit der Pfeife, und zwar lang, kurz, kurz (▬ ●●). Welche Fahrzeuge geben dieses Signal?

1. Ein manövrierunfähiges Fahrzeug in Fahrt.
2. Ein manövrierbehindertes Fahrzeug in Fahrt oder vor Anker.
3. Ein tiefgangbehindertes Fahrzeug in Fahrt.
4. Ein Segelfahrzeug in Fahrt.
5. Ein schleppendes oder schiebendes Fahrzeug in Fahrt.
6. Ein fischendes Fahrzeug in Fahrt oder vor Anker.

67 Seite 75

Sie hören bei verminderter Sicht mindestens alle zwei Minuten drei aufeinanderfolgende Töne mit der Pfeife, und zwar lang, kurz, kurz (▬ ●●), und im Anschluß daran vier aufeinanderfolgende Töne mit der Pfeife, und zwar lang, kurz, kurz, kurz (▬ ●●●) . Welches Fahrzeug gibt das letztgenannte Signal?

Ein geschlepptes Fahrzeug oder das letzte bemannte Fahrzeug eines Schleppverbandes in Fahrt.

68 Seite 75

Was für ein Schallsignal muß ein Segelfahrzeug in Fahrt von 12 und mehr Meter Länge bei verminderter Sicht geben?

Mindestens alle zwei Minuten drei aufeinanderfolgende Töne mit der Pfeife, und zwar lang, kurz, kurz (▬ ●●).

69 Seite 75

Welches Schallsignal muß ein Fahrzeug in Fahrt von weniger als 12 Meter Länge bei verminderter Sicht geben, wenn es die sonst vorgeschriebenen Schallsignale nicht geben kann?

Mindestens alle zwei Minuten ein kräftiges Schallsignal, das mit den vorgeschriebenen nicht verwechselt werden kann.

70 Seite 75

Sie hören bei verminderter Sicht mindestens jede Minute etwa 5 Sekunden lang rasches Läuten der Glocke.

Welches Fahrzeug gibt dieses Signal?

Ein Fahrzeug vor Anker von weniger als 100 Meter Länge.

71 Seite 75

Sie hören bei verminderter Sicht mindestens jede Minute etwa 5 Sekunden lang rasches Läuten der Glocke und unmittelbar danach ungefähr 5 Sekunden lang rasch den Gong schlagen.

Welches Fahrzeug gibt dieses Signal?

Ein Fahrzeug vor Anker von 100 und mehr Meter Länge.

72 Seite 75

Welches zusätzliche Signal darf jeder Ankerlieger bei verminderter Sicht geben, um einem sich nähernden Fahrzeug seinen Standort anzuzeigen?

Mit der Pfeife kurz, lang, kurz (● ▬ ●).

73 Seite 60

Wie stellen Sie fest, ob die Möglichkeit der Gefahr eines Zusammenstoßes besteht?

Wenn sich der Abstand zum anderen Fahrzeug verringert und sich die Kompaßpeilung nicht oder nicht merklich ändert. Im Zweifelsfall ist die Gefahr als bestehend anzunehmen.

Sportbootführerschein See

74 Seiten 60, 61
Zwei in Sicht befindliche Segelfahrzeuge nähern sich im freien Seeraum oder außerhalb des Fahrwassers so, daß die Möglichkeit der Gefahr eines Zusammenstoßes besteht.
Welches Fahrzeug muß dem anderen ausweichen, wenn sie den Wind **nicht** von derselben Seite haben?

Es muß dasjenige ausweichen, das den Wind von Backbord hat.

75 Seiten 60, 61
Zwei in Sicht befindliche Segelfahrzeuge nähern sich im freien Seeraum oder außerhalb des Fahrwassers so, daß die Möglichkeit der Gefahr eines Zusammenstoßes besteht.
Welches Fahrzeug muß dem anderen ausweichen, wenn sie den Wind von derselben Seite haben?

Es muß das luvwärtige Fahrzeug dem leewärtigen Fahrzeug ausweichen.

76 Seite 61
Wie hat sich ein Segelfahrzeug im freien Seeraum oder außerhalb des Fahrwassers zu verhalten, wenn es mit dem Wind von Backbord ein Segelfahrzeug in Luv sichtet und nicht mit Sicherheit feststellen kann, ob das andere Fahrzeug den Wind von Backbord oder von Steuerbord hat und die Möglichkeit der Gefahr eines Zusammenstoßes besteht?

Es muß ausweichen.

77 Seite 62
Wie müssen sich zwei in Sicht befindliche Maschinenfahrzeuge verhalten, die sich einander auf entgegengesetzten oder fast entgegengesetzten Kursen nähern, um die Möglichkeit der Gefahr eines Zusammenstoßes zu vermeiden?

Jedes Fahrzeug muß seinen Kurs nach Steuerbord ändern.

78 Seite 62
Welches von zwei in Sicht befindlichen Maschinenfahrzeugen, deren Kurse einander so kreuzen, daß die Möglichkeit der Gefahr eines Zusammenstoßes besteht, ist ausweichpflichtig?

Dasjenige Fahrzeug muß ausweichen, welches das andere an seiner Steuerbordseite hat.

79 Seite 64
Wie hat sich ein Maschinenfahrzeug im freien Seeraum oder außerhalb des Fahrwassers gegenüber einem in Sicht befindlichen Segelfahrzeug zu verhalten, wenn die Möglichkeit der Gefahr eines Zusammenstoßes besteht?

Das Maschinenfahrzeug muß ausweichen.

80 Seite 64
Wie hat sich ein Maschinenfahrzeug im freien Seeraum oder außerhalb des Fahrwassers gegenüber einem in Sicht befindlichen manövrierunfähigen Fahrzeug zu verhalten, wenn die Möglichkeit der Gefahr eines Zusammenstoßes besteht?

Das Maschinenfahrzeug muß ausweichen.

81 Seite 64
Wie hat sich ein Maschinenfahrzeug im freien Seeraum oder außerhalb des Fahrwassers gegenüber einem in Sicht befindlichen manövrierbehinderten Fahrzeug zu verhalten, wenn die Möglichkeit der Gefahr eines Zusammenstoßes besteht?

Das Maschinenfahrzeug muß ausweichen.

Sportbootführerschein See

82 Seite 64
Wie hat sich ein Maschinenfahrzeug im freien Seeraum oder außerhalb des Fahrwassers gegenüber einem in Sicht befindlichen fischenden Fahrzeug zu verhalten, wenn die Möglichkeit der Gefahr eines Zusammenstoßes besteht?

Das Maschinenfahrzeug muß ausweichen.

83 Seite 64
Wie hat sich ein Segelfahrzeug im freien Seeraum oder außerhalb des Fahrwassers gegenüber einem in Sicht befindlichen manövrierunfähigen Fahrzeug zu verhalten, wenn die Möglichkeit der Gefahr eines Zusammenstoßes besteht?

Das Segelfahrzeug muß ausweichen.

84 Seite 64
Wie hat sich ein Segelfahrzeug im freien Seeraum oder außerhalb des Fahrwassers gegenüber einem in Sicht befindlichen manövrierbehinderten Fahrzeug zu verhalten, wenn die Möglichkeit der Gefahr eines Zusammenstoßes besteht?

Das Segelfahrzeug muß ausweichen.

85 Seite 64
Wie hat sich ein Segelfahrzeug im freien Seeraum oder außerhalb des Fahrwassers gegenüber einem in Sicht befindlichen fischenden Fahrzeug zu verhalten, wenn die Möglichkeit der Gefahr eines Zusammenstoßes besteht?

Das Segelfahrzeug muß ausweichen.

86 Seite 74
Sie sehen folgendes Fahrzeug:

Wie verhalten Sie sich gegenüber diesem Fahrzeug?

Ich darf die sichere Durchfahrt des Fahrzeugs nicht behindern.

87 Seite 70
Sie sehen folgendes Fahrzeug:

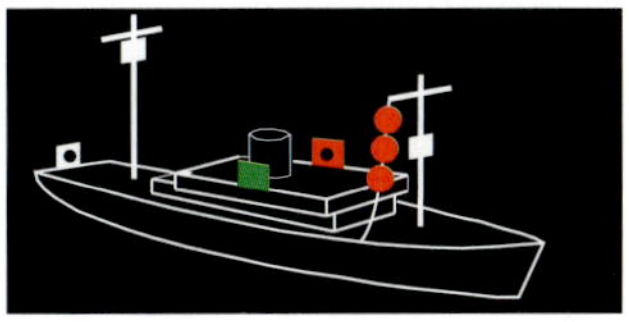

Wie verhalten Sie sich gegenüber diesem Fahrzeug?

Ich darf die sichere Durchfahrt des Fahrzeugs nicht behindern.

88 Seite 63
Wie verhalten Sie sich als Kurshalter vor Einleitung des Manövers des letzten Augenblicks gegenüber einem ausweichpflichtigen Fahrzeug?

Kurs und Geschwindigkeit sind zunächst beizubehalten und dem Ausweichpflichtigen ist besondere Aufmerksamkeit zu widmen.

89 Seite 63
Wie verhalten Sie sich als Ausweichpflichtiger gegenüber einem Kurshalter?

Ich muß das Ausweichmanöver frühzeitig, durchgreifend und klar erkennbar durchführen.

90 Seite 61
Wie hat sich ein überholendes Fahrzeug zu verhalten?

Es hat dem zu überholenden Fahrzeug auszuweichen.

91 Seite 67
Wie haben Sie sich zu verhalten, wenn Sie bei verminderter Sicht anscheinend vorlicher als querab das Schallsignal eines anderen Fahrzeugs hören?

1. Ebenfalls Schallsignale geben.
2. Fahrt so weit verlangsamen, daß Steuerfähigkeit noch erhalten bleibt.
3. Erforderlichenfalls muß jegliche Fahrt weggenommen werden.
4. s. Folgeseite

Sportbootführerschein See

92 Seite 63
Wie verhalten Sie sich als Kurshalter, wenn Sie feststellen, daß ein anderes Fahrzeug seiner Ausweichpflicht nicht nachkommt und die Gefahr einer unmittelbar bevorstehenden Kollision besteht?

1. Ich gebe mindestens 5 kurze Töne mit der Pfeife.
2. Ich führe das Manöver des letzten Augenblicks durch.
3. Es ist so zu manövrieren, wie es zur Vermeidung eines Zusammenstoßes am dienlichsten ist.
4. Vorsichtig manövrieren, bis die Gefahr eines Zusammenstoßes vorüber ist.

93 Seite 75
Welche Bedeutung haben die folgenden von Maschinenfahrzeugen gegebenen Schallsignale:
1. ein kurzer Ton (●),
2. zwei kurze Töne (●●)?

1. Kursänderung nach Steuerbord.
2. Kursänderung nach Backbord.

94 Seite 75
Welche Bedeutung hat folgendes von Maschinenfahrzeugen gegebene Schallsignal:
drei kurze Töne (●●●)?

Antrieb läuft rückwärts.

95 Seite 75
Welche Bedeutung hat folgendes Schallsignal: mindestens fünf kurze, rasch aufeinanderfolgende Töne (●●●●●)?

Ein Ausweichpflichtiger wird auf seine Ausweichpflicht aufmerksam gemacht.

96 Seite 75
Welche Bedeutung hat folgendes Schallsignal bei verminderter Sicht: ein kurzer Ton, ein langer Ton, ein kurzer Ton (● ▬ ●)?

Ein Ankerlieger macht ein sich näherndes Fahrzeug auf eine gefährliche Annäherung aufmerksam.

97 Seite 53
Was ist bei der Benutzung eines Verkehrstrennungsgebietes zu beachten?

1. Auf dem entsprechenden Einbahnweg in der allgemeinen Verkehrsrichtung fahren.
2. Soweit wie möglich von der Trennlinie oder der Trennzone klarhalten.
3. In der Regel an den Enden des Einbahnweges ein- oder auslaufen; bei seitlichem Ein- oder Auslaufen hat dies in einem möglichst kleinen Winkel zur allgemeinen Verkehrsrichtung zu erfolgen.

98 Seite 53
Was ist hinsichtlich des Querens der Einbahnwege von Verkehrstrennungsgebieten zu beachten?

1. Das Queren ist möglichst zu vermeiden.
2. Falls gequert werden muß, hat dies möglichst mit der Kielrichtung im rechten Winkel zur allgemeinen Verkehrsrichtung zu erfolgen.
3. Die Kielrichtung des querenden Fahrzeugs muß auch dann einen rechten Winkel zur allgemeinen Verkehrsrichtung bilden, wenn das Fahrzeug durch Wind oder Strom versetzt wird.

99 Seite 53
Sie fahren in einem Verkehrstrennungsgebiet auf dem Einbahnweg in der allgemeinen Verkehrsrichtung:
1. Nach welchen Regeln müssen Sie in diesem Bereich fahren und ausweichen?
2. Wie haben Sie sich als Maschinenfahrzeug in einem Einbahnweg gegenüber einem Maschinenfahrzeug zu verhalten, das den Einbahnweg von Steuerbord kommend quert, wenn die Möglichkeit der Gefahr eines Zusammenstoßes besteht?
3. Wie haben Sie sich als Segelfahrzeug beim Queren

1. Nach den Kollisionsverhütungsregeln (KVR).
2. Ich muß ausweichen.
3. Ich darf die sichere Durchfahrt des Maschinenfahrzeugs nicht behindern.

Sportbootführerschein See

eines Verkehrstrennungsgebietes gegenüber einem Maschinenfahrzeug zu verhalten, das auf einem Einbahnweg in der allgemeinen Verkehrsrichtung fährt?

100 Seite 53

Wie hat sich ein Fahrzeug von weniger als 20 Meter Länge oder ein Segelfahrzeug in Verkehrstrennungsgebieten zu verhalten?

Es darf die sichere Durchfahrt eines dem Einbahnwege folgenden Maschinenfahrzeugs nicht behindern.

101 Seite 74

Sie sehen folgendes Fahrzeug:

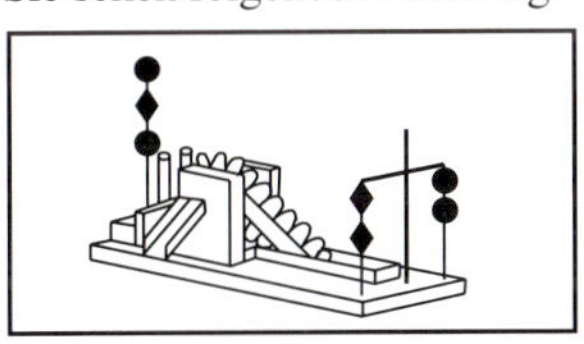

1. Was ist das für ein Fahrzeug?
2. Wie müssen Sie an diesem Fahrzeug vorbeifahren?

1. Ein manövrierbehindertes Fahrzeug, das baggert oder Unterwasserarbeiten ausführt und dabei die Schifffahrt behindert.
2. An der Seite, an der sich zwei schwarze Rhomben senkrecht übereinander angeordnet befinden.

102 Seite 74

Sie sehen folgendes Fahrzeug im Fahrwasser:

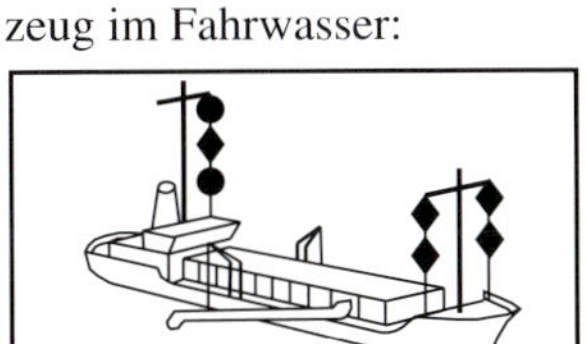

1. Was ist das für ein Fahrzeug?
2. Wie müssen Sie an diesem Fahrzeug vorbeifahren?

1. Ein manövrierbehindertes Fahrzeug, das baggert oder Unterwasserarbeiten ausführt und dabei die Schifffahrt behindert.
2. An der Seite, die in meiner Fahrtrichtung rechts liegt.

103 Seite 71

Sie sehen folgendes Fahrzeug:

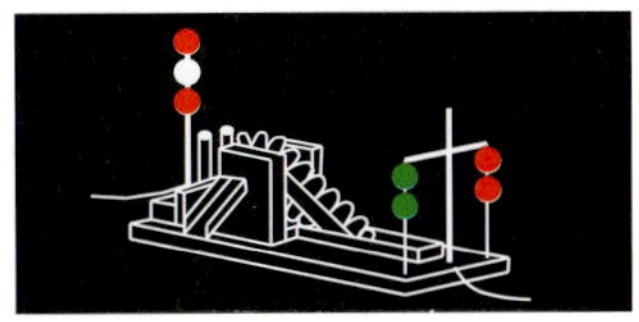

1. Was ist das für ein Fahrzeug?
2. Wie müssen Sie an diesem Fahrzeug vorbeifahren?

1. Ein manövrierbehindertes Fahrzeug, das baggert oder Unterwasserarbeiten ausführt und dabei die Schifffahrt behindert.
2. An der Seite, an der sich zwei grüne Rundumlichter senkrecht übereinander angeordnet befinden.

104 Seite 71

Sie sehen folgendes Fahrzeug im Fahrwasser:

1. Welches Fahrzeug muß diese Lichter führen?
2. Wie müssen Sie an diesem Fahrzeug vorbeifahren?

1. Ein manövrierbehindertes Fahrzeug in Fahrt mit Fahrt durchs Wasser von 50 und mehr Meter Länge, das baggert oder Unterwasserarbeiten ausführt und dabei die Schifffahrt behindert.
2. An der Seite, die in meiner Fahrtrichtung rechts liegt.

105 Seite 73

Sie sehen auf einem Fahrzeug folgende Flagge:

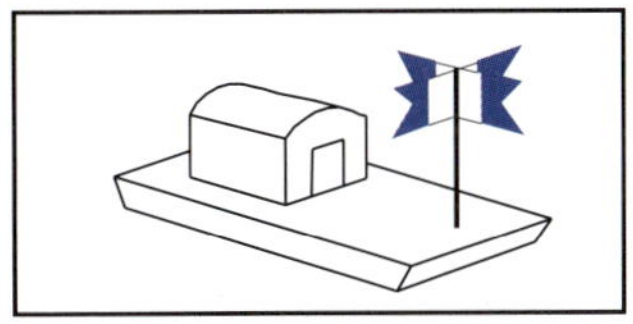

1. Was bedeutet dieses Signal?
2. Wie verhalten Sie sich beim Passieren dieses Fahrzeugs?

Taucherarbeiten.
1. Fahrzeug hat Taucher unten.
2. Ausreichenden Abstand halten, mit äußerster Vorsicht passieren.

Sportbootführerschein See

Seeschiffahrtsstraßen-Ordnung (SeeSchStrO)

106 Seite 50
Wo ist festgelegt, welche Wasserflächen Seeschiffahrtsstraßen sind?

In § 1 der Seeschiffahrtsstraßen-Ordnung (SeeSchStrO) und § 1 der Einführungsverordnung zur Schiffahrtsordnung Emsmündung (EmsSchEV).

107 Seite 50
Welche örtlichen Sondervorschriften zusätzlich zur Seeschiffahrtsstraßen-Ordnung (SeeSchStrO) und zur Schiffahrtsordnung Emsmündung gibt es, und was ist darin geregelt?

Die Bekanntmachungen der Wasser- und Schiffahrtsdirektionen (WSD) Nord und Nordwest zur Seeschiffahrtsstraßen-Ordnung und zur Schiffahrtsordnung Emsmündung, die örtliche Sondervorschriften enthalten und Hinweise für die einzelnen Seeschiffahrtsstraßen geben.

108 Seite 71
Sie sehen folgendes Fahrzeug:

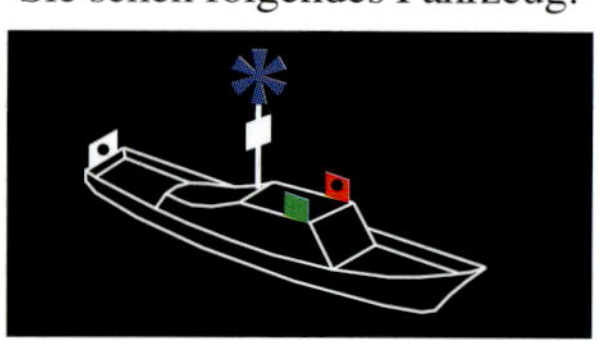

1. Was ist das für ein Fahrzeug?
2. Welche Sonderstellung hat es?

1. Fahrzeug des öffentlichen Dienstes im Einsatz.
2. Es darf von den Verkehrsvorschriften abweichen.

109 Seite 71
Sie sehen Leuchtkugeln mit weißen Sternen:
1. Wer gibt dieses Signal?
2. Wie verhalten Sie sich?

1. Fahrzeuge der Bundeswehr oder des Bundesgrenzschutzes bei militärischen Übungen.
2. Ausreichend Abstand halten.

110 Seite 65
Was sind Fahrwasser im Sinne der Seeschiffahrtsstraßen-Ordnung (SeeSchStrO) und der Schiffahrtsordnung Emsmündung?

1. Es sind Wasserflächen, die durchgehend durch Fahrwasserseitenbezeichnung begrenzt oder gekennzeichnet sind,
2. binnenwärts der Flußmündungen auch nicht gekennzeichnete Wasserflächen, die für die durchgehende Schiffahrt bestimmt sind.

111 Seite 23
Welches ist - außer in Wattgebieten - die Steuerbordseite eines Fahrwassers?

Es ist die Seite, die ein von See kommendes Schiff an seiner Steuerbordseite hat.

112 Seite 76
Was verstehen Sie unter dem Begriff „Wassermotorräder“?

Motorisierte Wassersportgeräte, z. B. Wasserbob, Wasserskooter, Jetbike oder Jetski sowie sonstige gleichartige Geräte.

113 Seite 51
Welche besondere Verpflichtung hat ein Fahrzeugführer, dessen Fahrzeug mit einer UKW-Sprechfunkanlage ausgerüstet ist?

Er ist verpflichtet, die von der Verkehrszentrale gegebenen Verkehrsinformationen und -unterstützungen abzuhören und zu berücksichtigen.

114 Seiten 71, 73
Sie sehen folgendes Fahrzeug (tags, nachts):

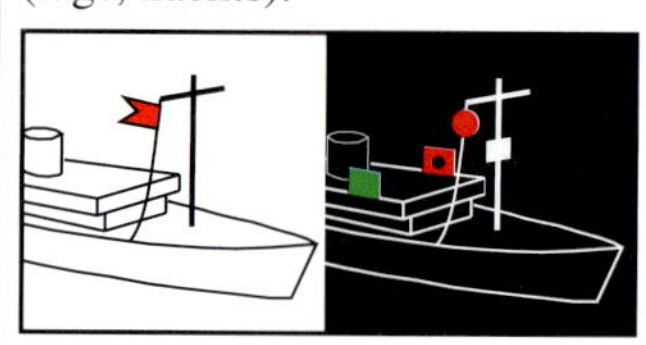

Was bedeutet die rote Flagge bzw. das rote Rundumlicht?

Ein Fahrzeug, das bestimmte gefährliche Güter befördert, oder ein nicht entgaster Tanker, von dem eine Gefahr ausgehen kann.

115 Seite 68
Welche Lichter muß ein Fahrzeug unter Segel von weniger als 12 Meter Länge oder ein Fahrzeug unter Ruder auf der Seeschiffahrtsstraße führen, wenn es die nach den Kollisionsverhütungsregeln (KVR) vorgeschriebenen Lichter nicht führen kann?

Ein weißes Rundumlicht.

116 Seite 68
Wann darf ein Maschinenfahrzeug von weniger als 7 Meter Länge auf Seeschiffahrtsstraßen nicht fahren, wenn es die nach den Kollisionsverhütungsregeln (KVR) vorgeschriebenen Lichter nicht führen kann?

Es darf in der Zeit, in der die Lichterführung vorgeschrieben ist, nicht fahren, es sei denn, daß ein Notstand vorliegt.

Sportbootführerschein See

117 Seite 68

Wann darf ein Fahrzeug unter Segel von weniger als 12 Meter Länge oder unter Ruder auf Seeschiffahrtsstraßen nicht fahren, wenn es nicht mindestens ein weißes Rundumlicht führen kann?

Es darf in der Zeit, in der die Lichterführung vorgeschrieben ist, nicht fahren, es sei denn, daß ein Notstand vorliegt.

118 Seite 68

Wie muß sich ein Fahrzeug auf Seeschiffahrtsstraßen bei einem Notstand verhalten, wenn es die vorgeschriebenen Lichter nicht führen kann?

1. Eine elektrische Leuchte oder Laterne mit einem weißen Licht ständig gebrauchsfertig bereithalten.
2. Zur Verhütung eines Zusammenstoßes das weiße Licht rechtzeitig zeigen.

119 Seite 71

Was für ein Licht müssen Sie auf einem Sportboot setzen, wenn Sie festgemacht haben und keine ausreichende Beleuchtung vom Ufer her vorhanden ist?

Ein festes weißes Rundumlicht mittschiffs an der Fahrwasserseite.

120 Seite 75

Welches Schallsignal müssen Sie, wenn es die Verkehrslage erfordert, beim Einlaufen in andere Fahrwasser und Häfen und beim Auslaufen aus ihnen geben?

Einen langen Ton als Achtungssignal.

121 Seite 75

Sie hören 2 Gruppen von je einem langen und vier kurzen Tönen:
(▬●●●● ▬●●●●)
Was bedeutet dieses Schallsignal?

Allgemeines Gefahren- und Warnsignal.

122 Seite 75

Wie lautet das „Allgemeine Gefahren- und Warnsignal"?

2 Gruppen von je einem langen und vier kurzen Tönen:
(▬ ●●●● ▬ ●●●●)

123 Seite 75

Wann ist das „Allgemeine Gefahren- und Warnsignal" zu geben?

Wenn ein Fahrzeug ein anderes gefährdet oder durch dieses selbst gefährdet wird.

124 Seite 75

Sie hören in jeder Minute mindestens fünfmal hintereinander mit jeweils 2 Sekunden Zwischenpause einen kurzen und einen langen Ton
(●▬●▬ ●▬ usw. 2 s ...):
1. Was bedeutet dieses Schallsignal?
2. Wie haben Sie sich zu verhalten?

1. Bleib-weg-Signal, Gefahr durch gefährliche Güter.
2. Sofort den Gefahrenbereich verlassen, Feuer und Zündfunken möglichst vermeiden (Explosionsgefahr).

125 Seite 66

Wie haben sich Fahrzeuge zu verhalten, die
1. in das Fahrwasser einlaufen,
2. das Fahrwasser queren,
3. im Fahrwasser drehen,
4. ihre Anker- und Liegeplätze verlassen?

Sie haben die Vorfahrt der im Fahrwasser fahrenden Fahrzeuge zu beachten.

126 Seite 66

Wie haben Sie sich beim Drehen im Fahrwasser oder beim Queren des Fahrwassers zu verhalten?

Die im Fahrwasser fahrenden Fahrzeuge haben Vorfahrt und dürfen nicht gefährdet oder behindert werden.

127 Seite 54

Wo muß im Fahrwasser grundsätzlich gefahren werden?

So weit wie möglich rechts.

128 Seite 54

Was muß ein Fahrzeug, das außerhalb des Fahrwassers fährt, durch seine Fahrweise klar erkennen lassen?

Es muß klar erkennbar sein, daß das Fahrwasser nicht benutzt wird.

129 Seite 66

Nach welchen Regeln muß außerhalb des Fahrwassers ausgewichen werden?

Nach den Kollisionsverhütungsregeln (KVR).

Sportbootführerschein See

130 Seite 55

Wo ist das Überholen verboten?

1. In der Nähe von in Fahrt befindlichen nicht freifahrenden Fähren.
2. An Engstellen.
3. In unübersichtlichen Krümmungen.
4. In Schleusenbereichen.
5. An Stellen und innerhalb von Strecken, die durch Überholverbotszeichen gekennzeichnet sind.

131 Seite 59

Sie sehen folgendes Sichtzeichen:

Was bedeutet dieses Sichtzeichen?

Überholverbot für alle Fahrzeuge.

132 Seite 59

Wo muß ein wartepflichtiges Fahrzeug vor einer Brücke, einem Sperrwerk oder einer Schleuse anhalten, solange die Durchfahrt nicht freigegeben ist?

In ausreichender Entfernung oder, wenn vorhanden, vor dem Halteschild halten.

133 Seite 55

Wo darf ein wartepflichtiges Fahrzeug vor einer Brücke, einem Sperrwerk oder einer Schleuse nicht festmachen?

An den Leitwerken oder Abweisedalben.

134 Seiten 59, 76

Wo darf Wasserski gelaufen werden?

1. Außerhalb des Fahrwassers, wenn es nicht von der Wasser- und Schiffahrtsdirektion durch Bekanntmachung verboten ist.
2. Im Fahrwasser auf Abschnitten, die durch die Wasser- und Schiffahrtsdirektion bekanntgemacht oder durch blaue Tafeln mit dem weißen Symbol eines Wasserskiläufers bezeichnet sind.

135 Seite 76

Wann darf kein Wasserski gelaufen und nicht mit Wassermotorrädern gefahren werden?

Bei Nacht und bei verminderter Sicht und während der bekanntgemachten Verbotszeiten.

136 Seite 76

Wie haben sich Wasserskiläufer und ihre Zugboote sowie Wassermotorräder bei Annäherung an andere Fahrzeuge zu verhalten?

1. Sie haben auszuweichen.
2. Der Wasserskiläufer hat sich im Kielwasser des Zugbootes zu halten.

137 Seite 76

Wo darf mit Wassermotorrädern gefahren werden?

1. Außerhalb des Fahrwassers, wenn es nicht von der Wasser- und Schiffahrtsdirektion durch Bekanntmachung verboten ist.
2. Im Fahrwasser auf Abschnitten, die durch die Wasser- und Schiffahrtsdirektion bekanntgemacht oder durch blaue Tafeln mit dem weißen Symbol eines Wassermotorrades bezeichnet sind.

138 Seite 55

Wo ist Ankern verboten? (Nennen Sie mindestens 4 Stellen oder Bereiche.)

1. Im Fahrwasser.
2. An engen Stellen und in unübersichtlichen Krümmungen.
3. Im Umkreis von 300 m von schwimmenden Geräten, Wracks und anderen Schiffahrtshindernissen, von Kabeltonnen sowie von Stellen für militärische und zivile Zwecke.
4. Vor Hafeneinfahrten, Anlegestellen, Schleusen und Sielen sowie in den Zufahrten des NOK.
5. Innerhalb von Fähr- und Brückenstrecken.
6. 300 m vor und hinter Ankerverbotszeichen.

Sportbootführerschein See

139 Seite 55

Wo dürfen Sie mit Ihrem Fahrzeug nicht anlegen bzw. nicht festmachen? (Nennen Sie mindestens 4 Stellen, Bauwerke oder Bereiche.)

1. An Sperrwerken, Strombauwerken, Leitwerken, Pegeln, festen und schwimmenden Schiffahrtszeichen.
2. An engen Stellen und in unübersichtlichen Krümmungen.
3. Vor Hafeneinfahrten und an Anlegestellen, die nicht für Sportboote bestimmt sind.
4. Innerhalb von Fähr- und Brückenstrecken.
5. An Stellen, die durch die Sichtzeichen „Festmache- und Liegeverbot“ gekennzeichnet sind.

140 Seite 58

Was unternehmen Sie, wenn für Ihr Fahrzeug die Gefahr des Sinkens im Fahrwasser besteht?

Es ist soweit wie möglich aus dem Fahrwasser zu bringen, um eine Beeinträchtigung der Schiffahrt zu vermeiden.

141 Seite 58

Was unternehmen Sie, um die Schiffahrt zu warnen, wenn Ihr Fahrzeug gesunken ist?

Stelle des gesunkenen Fahrzeugs behelfsmäßig kennzeichnen und die Schiffahrtspolizeibehörde benachrichtigen.

142 Seite 56

Während welcher Zeiträume dürfen Sportfahrzeuge ohne Lotsen den Nord-Ostsee-Kanal durchfahren?

Während der bekanntgemachten Tagfahrzeiten, ausgenommen bei verminderter Sicht.

143 Seite 56

Bei welchem Signal dürfen Sportfahrzeuge ohne Lotsen von den Kanalreeden in die Zufahrten und in die Schleusen des Nord-Ostsee-Kanals einfahren?

Wenn ein weißes unterbrochenes Licht gezeigt wird.

144 Seite 56

In welchen besonderen Vorschriften ist die Durchfahrt durch den Nord-Ostsee-Kanal geregelt?

1. Im Abschnitt „Ergänzende Vorschriften für den Nord-Ostsee-Kanal“ der SeeSchStrO.
2. In der Bekanntmachung der WSD Nord zur SeeSchStrO.

145 Seite 56

Sie sehen im Nord-Ostsee-Kanal an einem Weichensignalmast drei unterbrochene rote Lichter übereinander:

1. Was bedeutet dieses Signal?
2. Wie haben Sie sich dann in der Weiche zu verhalten?

1. Ausfahrt für alle Fahrzeuge verboten.
2. Aufhebung des Signals - ggf. hinter der rechten Dalbenreihe - abwarten.

146 Seite 59

Sie sehen an Land folgendes Sichtzeichen:

Was bedeutet dieses Sichtzeichen?

1. Begegnungsverbot an einer Engstelle.
2. Vorfahrtsregelung beachten.

147 Seite 59

Sie sehen an Land folgendes Sichtzeichen:

Was bedeutet dieses Sichtzeichen?

Die Geschwindigkeit durch das Wasser in km/h, auf dem Nord-Ostsee-Kanal über Grund in km/h, die nicht überschritten werden darf; hier 12 km/h

148 Seite 57

Sie sehen eines der folgenden Sichtzeichen (tags, nachts):

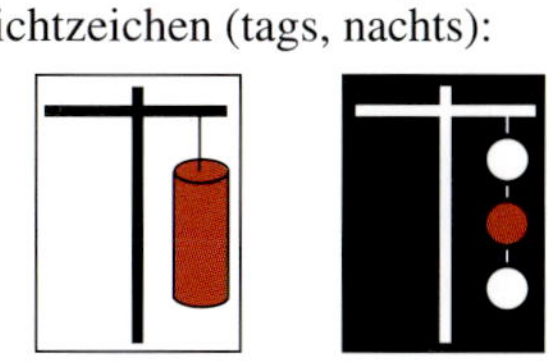

1. Was bedeutet dieses Sichtzeichen?
2. Wie haben Sie sich zu verhalten?

1. Schutzbedürftige Anlage.
2. Sog und Wellenschlag vermeiden.

Sportbootführerschein See

149 Seite 75

Sie hören folgendes Schallsignal - 4 kurze Töne (●●●●):
1. Was bedeutet dieses Signal?
2. Wie verhalten Sie sich?

1. Brücke, Sperrwerk, Schleuse kann vorübergehend nicht geöffnet werden.
2. Fahrt unterbrechen, Freigabe abwarten.

150 Seite 59

Sie sehen an Land folgendes Sichtzeichen:

Was bedeutet dieses Sichtzeichen?

Geschwindigkeitsbeschränkung, Sog und Wellenschlag vermeiden.

151 Seite 59

Sie sehen folgendes Sichtzeichen:

Was bedeutet dieses Sichtzeichen?

Geschwindigkeit von 8 km/h (4,3 sm/h) Fahrt durch das Wasser, die innerhalb eines Mindestabstandes von 500 m von der jeweiligen Uferlinie wegen Badebetriebes nicht überschritten werden darf.

152 Seite 23

Sie sehen folgende Tonne:

Was bedeutet diese Tonne?

Gesperrt für Maschinenfahrzeuge wegen Badebetriebes.

153 Seite 54

Welche Höchstgeschwindigkeit dürfen Sie vor Stellen mit erkennbarem Badebetrieb - außerhalb des Fahrwassers - in einem Abstand von 500 Meter und weniger vom Ufer nicht überschreiten?

8 km/h (4,3 sm/h) Fahrt durch das Wasser.

154 Seite 59

Sie sehen folgendes Sichtzeichen:

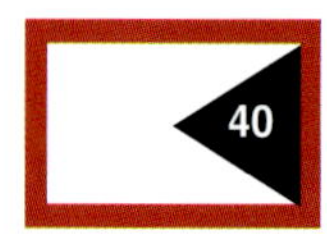

Was bedeutet dieses Sichtzeichen?

Mindestabstand in Metern, der vom Aufstellungsort der Tafel (hier 40 m von der in Fahrtrichtung rechten Seite) an eingehalten werden muß.

155 Seite 59

Sie sehen folgendes Sichtzeichen:

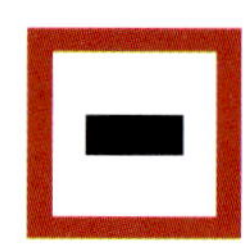

1. Was bedeutet dieses Sichtzeichen?
2. Wie haben Sie sich zu verhalten?

1. Anhalten vor beweglichen Brücken, Sperrwerken und Schleusen.
2. Vor dem Sichtzeichen anhalten, warten, bis die Durchfahrt freigegeben wird.

156 Seite 59

Sie sehen folgendes Sichtzeichen:

1. Was bedeutet dieses Sichtzeichen?
2. Wie haben Sie sich zu verhalten?

1. Ankerverbot.
2. In einem Abstand von weniger als 300 m beiderseits des Sichtzeichens nicht ankern.

Sportbootführerschein See

157 Seite 23

Sie sehen eines der folgenden Schiffahrtszeichen (hier ohne Beschriftung):

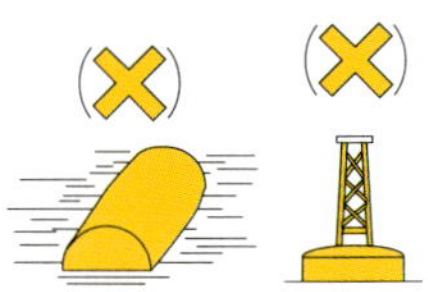

1. Was kennzeichnet dieses Schiffahrtszeichen?
2. Wo entnehmen Sie die Bedeutung dieses Schiffahrtszeichens?

1. Kennzeichnung besonderer Gebiete und Stellen, z. B. Warngebiete, Fischereigründe.
2. Die Bedeutung kann der Seekarte entnommen und aus der Beschriftung des Schiffahrtszeichens erkannt werden.

158 Seite 59

Sie sehen folgende Sichtzeichen:

1. 
2. 

Was bedeuten diese Sichtzeichen?

1. Festmacheverbot.
2. Liegeverbot.

159 Seite 59

Sie sehen folgendes Sichtzeichen:

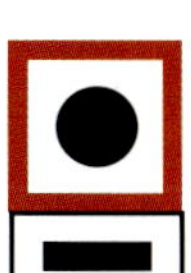

1. Was bedeutet dieses Sichtzeichen?
2. Wie haben Sie sich zu verhalten?

1. Abgabe eines Schallsignals.
2. Das in der Zusatztafel angegebene Schallsignal - hier ein langer Ton - ist zu geben.

160 Seite 59

Sie sehen folgendes Sichtzeichen:

Was bedeutet dieses Sichtzeichen?

Wasserflächen im Fahrwasser, auf denen das Wasserskilaufen erlaubt ist.

161 Seite 59

Sie sehen folgendes Sichtzeichen:

Was bedeutet dieses Sichtzeichen?

Wasserflächen im Fahrwasser, auf denen das Fahren mit Wassermotorrädern erlaubt ist.

162 Seite 59

Sie sehen folgendes Sichtzeichen:

Was bedeutet dieses Sichtzeichen?

Ende einer Gebots- oder Verbotsstrecke

163 Seite 14

Woran können Sie erkennen, daß ein militärisches Warngebiet wegen Schießübungen für die Schiffahrt gesperrt ist?

An bestimmten Tag- und Nachtsignalen, die nach der Schiffahrtspolizeiverordnung der WSD Nord für militärische Sperr- und Warngebiete an entsprechenden Signalstellen und auf Sicherungsfahrzeugen gezeigt werden.

Sportbootführerschein See

164
Seite 23

Sie sehen eines der folgenden Schiffahrtszeichen:

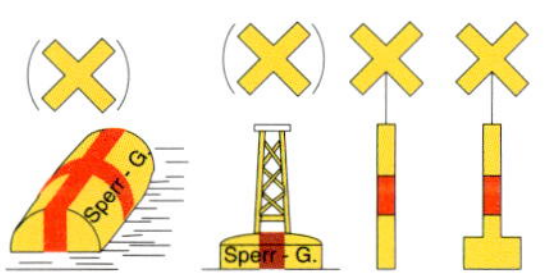

1. Was bezeichnet dieses Schiffahrtszeichen?
2. Wie haben Sie sich zu verhalten?

1. Sperrgebiet.
2. Befahren für alle Fahrzeuge verboten.

165
Seite 73

Sie sehen folgende Flagge:

1. Was bedeutet dieses Flaggensignal?
2. Wer zeigt dieses Signal?

1. Anhalten.
2. Fahrzeuge des öffentlichen Dienstes.

166
Seite 75

Sie sehen oder hören folgendes Licht- bzw. Schallsignal: einmal kurz, einmal lang, zweimal kurz: (● ▬ ● ●).

1. Was bedeutet dieses Signal?
2. Wer gibt dieses Signal?

1. Anhalten.
2. Fahrzeuge des öffentlichen Dienstes.

167
Seite 57

Sie sehen eines der folgenden Sichtzeichen (tags, nachts):

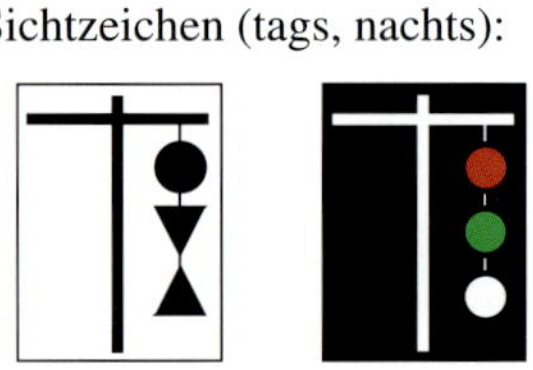

1. Was bedeutet dieses Sichtzeichen?
2. Wie haben Sie sich zu verhalten?

1. Dauernde Sperrung einer Seeschiffahrtsstraße.
2. Weiterfahrt verboten.

168
Seite 57

Beschreiben Sie das Tag- und Nachtsignal für die dauernde Sperrung einer Seeschiffahrtsstraße.

1. Tagsignal: Drei Körperzeichen übereinander, oben ein schwarzer Ball, in der Mitte ein schwarzer Kegel - Spitze unten -, unten ein schwarzer Kegel - Spitze oben.
2. Nachtsignal: Drei feste Lichter übereinander, das obere rot, das mittlere grün, das untere weiß.

169
Seite 59

Sie sehen folgendes Sichtzeichen:

1. Was bedeutet dieses Sichtzeichen?
2. Wie haben Sie sich zu verhalten?

1. Dauernde Sperrung einer Teilstrecke einer Seeschiffahrtsstraße.
2. Weiterfahrt in der Teilstrecke verboten.

170
Seite 75

Sie hören auf der Seeschifffahrtsstraße 2 Gruppen von je drei langen Tönen: (▬ ▬ ▬ ▬ ▬ ▬)

1. Was bedeutet dieses Signal?
2. Wie haben Sie sich zu verhalten?

1. Sperrung der Seeschifffahrtsstraße.
2. Weiterfahrt verboten.

171
Seite 57

Sie sehen an Brücken, Sperrwerken oder Schleusen folgende feste Lichter:

1. Was bedeutet dieses Sichtzeichen?
2. Wie haben Sie sich zu verhalten?

1. Brücke, Sperrwerk oder Schleuse geschlossen.
2. Durchfahren oder Einfahren verboten.

Sportbootführerschein See

172 Seite 57

Sie sehen an Brücken, Sperrwerken oder Schleusen folgende feste Lichter:

1. Was bedeutet dieses Sichtzeichen?
2. Wie haben Sie sich zu verhalten?

1. Diese Anlage ist dauernd gesperrt.
2. Durchfahren oder Einfahren verboten.

173 Seite 59

Sie sehen an einer Brücke folgende Tafeln:

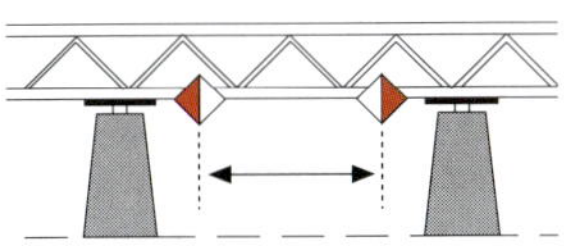

Was bedeuten diese Sichtzeichen?

Die Brückenöffnung darf nur innerhalb des durch die beiden Tafeln begrenzten Raumes durchfahren werden. Dies gilt nicht für kleine Fahrzeuge (Fahrzeuge von weniger als 12 m Länge).

174 Seite 59

Sie sehen folgende Sichtzeichen:

1.

oder

2.

Was bedeuten diese Sichtzeichen?

1. Fährstelle, freifahrende Fähre.
2. Fährstelle, nicht freifahrende Fähre.

175 Seite 57

Sie sehen eines der folgenden Sichtzeichen (tags, nachts):

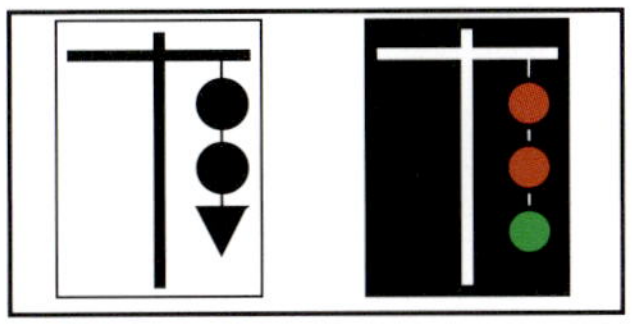

Was bedeutet dieses Sichtzeichen?

Außergewöhnliche Schifffahrtsbehinderung.

Bezeichnung der Fahrwasser

176 Seite 23

Sie sehen folgende Tonne:

Was bezeichnet diese Tonne?

1. Ansteuerung eines Fahrwassers.
2. Auf Seeschiffahrtsstraßen die Bezeichnung der Mitte eines Fahrwassers, außerhalb der Seeschiffahrtsstraßen die Bezeichnung der Mitte eines Schiffahrtsweges.

177 Seite 23

Sie sehen folgende Tonne:

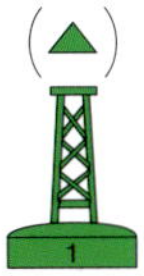

Was bezeichnet diese Tonne?

Von See beginnend die erste Tonne der Steuerbordseite eines Fahrwassers.

178 Seite 23

Sie sehen folgende Tonne:

Was bezeichnet diese Tonne?

Von See beginnend die erste Tonne der Backbordseite eines Fahrwassers.

Sportbootführerschein See

179 Seite 23

Sie sehen eines der folgenden Schiffahrtszeichen:

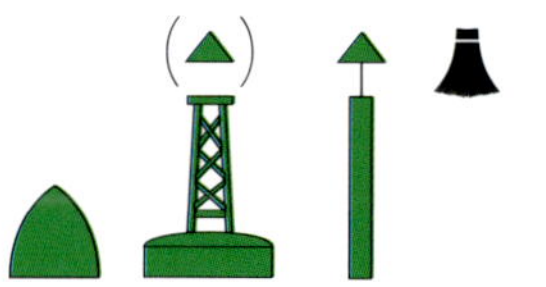

Welche Seite des Fahrwassers bezeichnet dieses Schiffahrtszeichen?

Die Steuerbordseite des Fahrwassers.

180 Seite 23

Sie sehen eines der folgenden Schiffahrtszeichen:

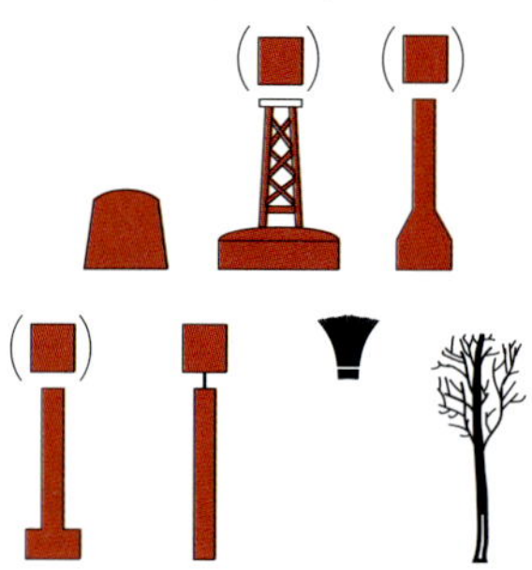

Welche Seite des Fahrwassers bezeichnet dieses Schiffahrtszeichen?

Die Backbordseite des Fahrwassers.

181 Seite 23

Welche Beschriftung tragen die Fahrwassertonnen
1. an der Backbordseite,
2. an der Steuerbordseite?

1. Fortlaufende gerade Nummern.
2. Fortlaufende ungerade Nummern.

182 Seite 23

Welchen Anstrich und welche Toppzeichen haben die Fahrwassertonnen
1. an der Backbordseite,
2. an der Steuerbordseite?

1. Rot, stumpfe Toppzeichen.
2. Grün, spitze Toppzeichen.

183 Seite 39

Sie sehen folgendes feste Schiffahrtszeichen:

1. Welche Seite des Fahrwassers bezeichnet dieses Schiffahrtszeichen?
2. Wo findet es überwiegend Verwendung?

1. Die Steuerbordseite des Fahrwassers.
2. In den Wattgebieten.

184 Seite 39

Sie sehen folgendes feste Schiffahrtszeichen:

1. Welche Seite des Fahrwassers bezeichnet dieses Schiffahrtszeichen?
2. Wo findet es überwiegend Verwendung?

1. Die Backbordseite des Fahrwassers.
2. In den Wattgebieten.

185 Seite 39

Sie sehen folgendes feste Schiffahrtszeichen:

1. Welche Seite des Fahrwassers bezeichnet dieses Schiffahrtszeichen?
2. Wo findet es überwiegend Verwendung?

1. Die Backbordseite des Fahrwassers.
2. In den Wattgebieten.

186 Seite 23

Sie sehen folgende Tonne:

Was bezeichnet diese Tonne?

Steuerbordseite des durchgehenden Fahrwassers, Backbordseite des abzweigenden Fahrwassers.

Sportbootführerschein See

187 Seite 23

Sie sehen folgende Tonne:

Was bezeichnet diese Tonne?

Backbordseite des durchgehenden Fahrwassers, Steuerbordseite des einmündenden Fahrwassers.

188 Seite 21

Was bedeuten folgende Abkürzungen?

1. Oc (2) R. Whis / Hl-Tn. Ubr. (2) r.?
2. Fl (2) G / Blz. (2) gn.?
3. Oc. WRG. 12 M / Ubr. w/r/gn. 12 sm?
4. LFl / Blk.
5. Bell / Gl-Tn.?
6. Dir / Lt-F.?

1. Heultonne mit unterbrochenem Feuer, Gruppe 2, rot.
2. Blitzfeuer Gruppe 2, grün.
3. Unterbrochenes Feuer mit weißem und rotem und grünem Sektor, Nenntragweite 12 sm.
4. Blinkfeuer.
5. Glockentonne.
6. Leitfeuer.

189 Seite 23

Welche Kennung und Farbe haben die Feuer der Leuchttonnen an der Backbordseite des Fahrwassers?

Rotes Blitzfeuer, rotes Funkelfeuer oder rotes unterbrochenes Feuer.

190 Seite 23

Welche Kennung und Farbe haben die Feuer der Leuchttonnen an der Steuerbordseite des Fahrwassers?

Grünes Blitzfeuer, grünes Funkelfeuer oder grünes unterbrochenes Feuer.

191 Seite 23

Welche Kennung und Farbe hat das Feuer der Leuchttonnen in der Mitte des Fahrwassers?

Weißes Gleichtaktfeuer oder weißes unterbrochenes Feuer.

Bezeichnung der Gefahrenstellen

192 Seite 22

Sie sehen eines der folgenden Schiffahrtszeichen:

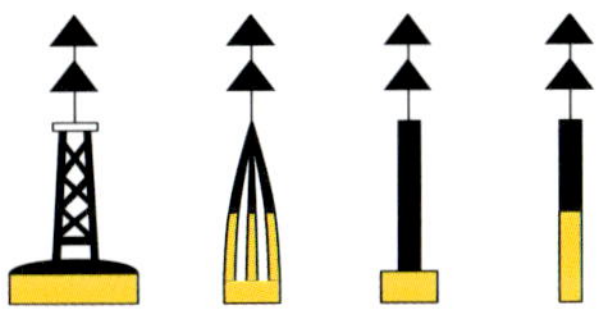

1. Was bedeutet dieses Schiffahrtszeichen?
2. Wie verhalten Sie sich beim Passieren?

1. Es zeigt eine allgemeine Gefahrenstelle an und liegt, erkennbar an seiner Farbgebung und seinem Toppzeichen, nördlich von ihr.
2. Ich passiere nördlich.

193 Seite 22

Sie sehen eines der folgenden Schiffahrtszeichen:

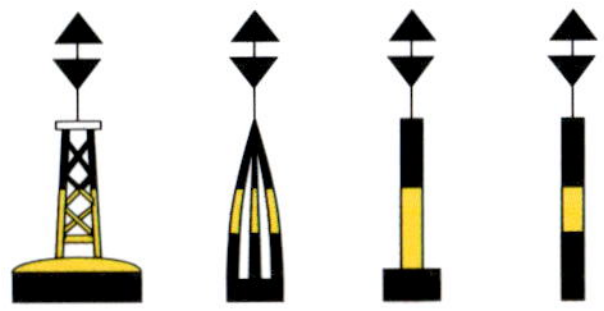

1. Was bedeutet dieses Schiffahrtszeichen?
2. Wie verhalten Sie sich beim Passieren?

1. Es zeigt eine allgemeine Gefahrenstelle an und liegt, erkennbar an seiner Farbgebung und seinem Toppzeichen, östlich von ihr.
2. Ich passiere östlich.

194 Seite 22

Sie sehen eines der folgenden Schiffahrtszeichen:

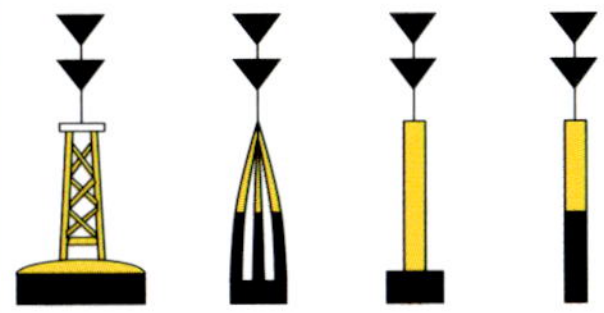

1. Was bedeutet dieses Schiffahrtszeichen?
2. Wie verhalten Sie sich beim Passieren?

1. Es zeigt eine allgemeine Gefahrenstelle an und liegt, erkennbar an seiner Farbgebung und seinem Toppzeichen, südlich von ihr.
2. Ich passiere südlich.

Sportbootführerschein See

195 Seite 22

Sie sehen eines der folgenden Schiffahrtszeichen:

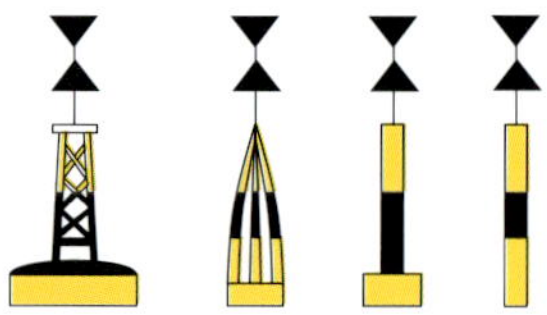

1. Was bedeutet dieses Schiffahrtszeichen?
2. Wie verhalten Sie sich beim Passieren?

1. Es zeigt eine allgemeine Gefahrenstelle an und liegt, erkennbar an seiner Farbgebung und seinem Toppzeichen, westlich von ihr.
2. Ich passiere westlich.

196 Seite 22

Sie sehen das weiße Feuer einer Leuchttonne mit folgender Kennung:

oder

1. Was bedeutet diese Kennung?
2. Wie verhalten Sie sich beim Passieren?

1. Es zeigt eine allgemeine Gefahrenstelle an und liegt, erkennbar an der Kennung, nördlich von ihr.
2. Ich passiere nördlich.

197 Seite 22

Sie sehen das weiße Feuer einer Leuchttonne mit folgender Kennung:

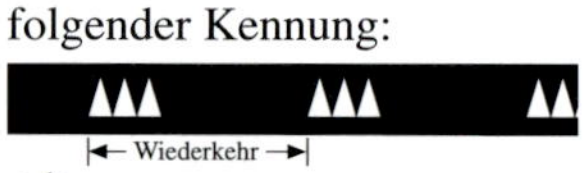

oder

1. Was bedeutet diese Kennung?
2. Wie verhalten Sie sich beim Passieren?

1. Es zeigt eine allgemeine Gefahrenstelle an und liegt, erkennbar an der Kennung, östlich von ihr.
2. Ich passiere östlich.

198 Seite 22

Sie sehen das weiße Feuer einer Leuchttonne mit folgender Kennung:

oder

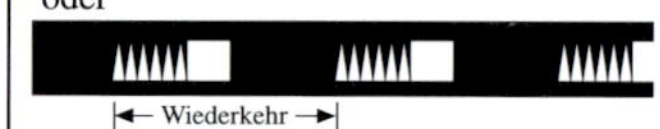

1. Was bedeutet diese Kennung?
2. Wie verhalten Sie sich beim Passieren?

1. Es zeigt eine allgemeine Gefahrenstelle an und liegt, erkennbar an der Kennung, südlich von ihr.
2. Ich passiere südlich.

199 Seite 22

Sie sehen das weiße Feuer einer Leuchttonne mit folgender Kennung:

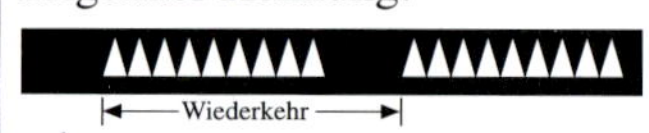

oder

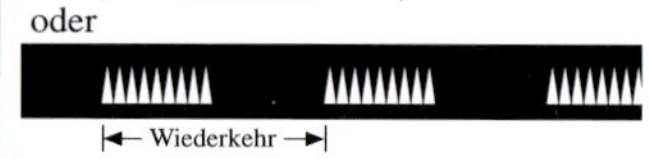

1. Was bedeutet diese Kennung?
2. Wie verhalten Sie sich beim Passieren?

1. Es zeigt eine allgemeine Gefahrenstelle an und liegt, erkennbar an der Kennung, westlich von ihr.
2. Ich passiere westlich.

200 Seite 22

Sie sehen eines der folgenden Schiffahrtszeichen:

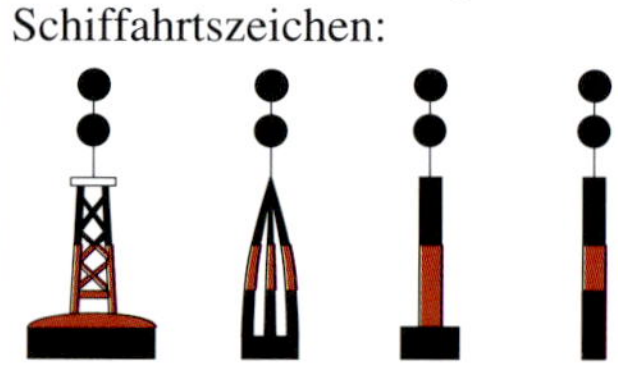

1. Was bezeichnet dieses Schiffahrtszeichen?
2. Wie verhalten Sie sich beim Passieren?

1. Es zeigt eine Einzelgefahrenstelle an, erkennbar an seiner Farbgebung und seinem Toppzeichen.
2. Ich kann an allen Seiten passieren.

201 Seite 22

Sie sehen das weiße Feuer einer Leuchttonne mit der Kennung Blz. (2):

1. Was bedeutet dieses Feuer?
2. Wie verhalten Sie sich beim Passieren?

1. Es zeigt eine Einzelgefahrenstelle an, erkennbar an der Kennung.
2. Ich kann an allen Seiten passieren.

Sportbootführerschein See

202 Seite 22

Sie sehen folgende doppelt ausgelegte Schiffahrtszeichen:

1. Was bedeuten diese Schiffahrtszeichen?
2. Wie verhalten Sie sich beim Passieren?

1. Sie zeigen eine neue Gefahrenstelle an, erkennbar an ihrer Farbgebung und ihrem Toppzeichen, und liegen südlich von ihr.
2. Ich passiere südlich.

203 Seite 20

Welche Farbe eines Festfeuers treffen Sie einlaufend in der Regel bei Hafeneinfahrten
1. an der Backbordseite,
2. an der Steuerbordseite an?

1. Rot.
2. Grün.

204 Seite 20

Was verstehen Sie unter einem Leitfeuer, und wozu dient es?

Es ist ein Sektorenfeuer verschiedener Kennungen und Farben (ein weißer Leitsektor und zwei farbige Warnsektoren), das ein Fahrwasser bezeichnet.

205 Seite 20

Wie navigieren Sie mit Hilfe eines Leitfeuers?

Ich muß mit meinem Fahrzeug in Fahrtrichtung rechts des durch den weißen Leitsektor gekennzeichneten Fahrwassers fahren.

206 Seite 20

Wenn Sie von See kommend auf ein Leitfeuer zufahren und aus dem weißen Leitsektor in den roten Warnsektor kommen, nach welcher Seite müssen Sie den Kurs ändern?

Nach Steuerbord.

207 Seite 20

Wenn Sie von See kommend auf ein Leitfeuer zufahren und aus dem weißen Leitsektor in den grünen Warnsektor kommen, nach welcher Seite müssen Sie den Kurs ändern?

Nach Backbord.

208 Seite 20

1. Was verstehen Sie unter einem Richtfeuer?
2. Wie navigieren Sie danach?

1. Es besteht aus einem Ober- und Unterfeuer.
2. Ich halte zunächst Ober- und Unterfeuer in Deckpeilung und fahre dann in Fahrtrichtung rechts der Richtfeuerlinie.

209 Seite 20

Was verstehen Sie unter einem Quermarkenfeuer, und wozu dient es?

Ein Sektorenfeuer verschiedener Kennungen und Farben (zwei weiße Ankündigungssektoren und ein farbiger Kursänderungssektor), das auf eine erforderliche Kursänderung im Fahrwasser hinweist.

210 Seite 20

Wie navigieren Sie mit Hilfe eines Quermarkenfeuers?

Ich muß mit meinem Fahrzeug beim Übergang von dem weißen Ankündigungssektor in den folgenden farbigen Kursänderungssektor meinen Kurs ändern.

211 Seite 20

Was verstehen Sie unter einem unterbrochenen Feuer?

Die Lichterscheinungen sind stets länger als die Verdunkelungen.

212 Seite 20

Was verstehen Sie unter einem Blinkfeuer?

Die Lichterscheinungen sind stets kürzer als die Verdunkelungen. Ein Blink ist mindestens zwei Sekunden lang.

213 Seite 20

Was verstehen Sie unter einem Blitzfeuer?

Die Lichterscheinungen sind stets kürzer als die Verdunkelungen. Ein Blitz ist weniger als zwei Sekunden lang.

214 Seite 20

Was verstehen Sie unter einem Funkelfeuer bzw. einem schnellen Funkelfeuer?

Schnell aufeinanderfolgende Lichterscheinungen (50 oder 60 bzw. 100 oder 120 Lichterscheinungen / Minute).

Sportbootführerschein See

215 Seite 20
Was verstehen Sie unter einem Gleichtaktfeuer?

Die Lichterscheinungen und Verdunkelungen sind von gleicher Dauer.

216 Seite 20
Welche verschiedenen Kennungen von Leuchtfeuern gibt es?

Festfeuer, unterbrochenes Feuer, Gleichtaktfeuer, Blinkfeuer, Blitzfeuer, Funkelfeuer, schnelles Funkelfeuer.

217 Seite 20
Was verstehen Sie unter der Wiederkehr eines Leuchtfeuers?

Das ist der Zeitraum vom Einsetzen einer Taktkennung bis zum Einsetzen der nächsten gleichen Taktkennung.

Umweltschutz, Befahrensregelungen

218 Seite 77
Wie haben Sie sich beim Befahren von Naturschutzgebieten und Nationalparken zu verhalten?

Befahrensregelungen (örtliche Befahrensverbote, zeitliche Befahrensbeschränkungen, festgesetzte Höchstgeschwindigkeiten und dergleichen) beachten.

219 Seite 77
Wie können Sie mithelfen, die Lebensmöglichkeiten der Pflanzen- und Tierwelt in Gewässern und Feuchtgebieten zu bewahren und zu fördern?

Indem ich mich umweltbewußt verhalte und hierbei insbesondere die „Zehn goldenen Regeln für das Verhalten von Wassersportlern in der Natur“ beachte, die von den Wassersportverbänden und dem Deutschen Naturschutzring erarbeitet wurden.

220 Seite 77
Warum sollen Sie sich von Schilf- und Röhrichtzonen sowie von dicht bewachsenen Uferzonen möglichst weit fernhalten?

Weil diese Zonen vielfach Rast- und Brutplätze besonders schutzwürdiger Vögel oder Fischlaichplätze sind.

221 Seite 77
Sie stellen während einer Fahrt mit Ihrem Motorboot fest, daß sich Öl in der Bilge angesammelt hat. Was tun Sie mit dem ausgelaufenen Öl?

In einem geeigneten Behälter sammeln und im nächsten Hafen bei einer Altölsammelstelle entsorgen.

222 Seite 77
Was können Sie als Führer eines Sportbootes tun, um einen Beitrag zur Reinhaltung der Gewässer zu leisten?

Sämtliche Abfälle einschließlich Öle und Betriebsstoffe an Bord in geeigneten Behältern sammeln und an Land vorschriftsmäßig entsorgen.

Navigation

223 Seite 42 ff.
Welche amtlichen nautischen Veröffentlichungen geben Aufschluß über die für das Fahrtgebiet benötigten Angaben?

Seekarten, Leuchtfeuerverzeichnisse, Seehandbücher, Gezeitentafeln, Atlas der Gezeitenströme, Nautischer Funkdienst, Nachrichten für Seefahrer, Bekanntmachungen für Seefahrer.

224 Seiten 14, 46
Welche Angaben enthalten die Nachrichten für Seefahrer (NfS) und die Bekanntmachungen für Seefahrer (BfS)?

Sie enthalten alle Veränderungen hinsichtlich Betonnung, Befeuerung, Wracks und Untiefen sowie andere die Schiffahrt betreffende Maßnahmen und Ereignisse.

225 Seite 14
Wo können Sie von den Bekanntmachungen für Seefahrer Kenntnis erlangen?

An den dafür eingerichteten Aushangstellen (z. B. in Häfen und Schleusen).

226 Seiten 44, 45
Wo finden Sie Angaben über Schiffahrtsangelegenheiten, insbesondere Hinweise auf Schiffahrtsvorschriften der Länder, deren Küsten, Häfen und Naturverhältnisse?

In den See- und Hafenhandbüchern.

227 Seiten 14, 46
Wovon sollten Sie sich vor Gebrauch einer Seekarte überzeugen?

Daß die Karte auf den neuesten Stand berichtigt ist.

228 Seite 14
Woran erkennen Sie, ob die Seekarte auf den neuesten Stand berichtigt ist?

An dem letzten amtlichen Berichtigungsdatum, das sich in der Regel an der linken Seite des unteren Kartenrandes befindet.

Sportbootführerschein See

229 Seite 44
In welcher Maßeinheit werden in deutschen Seekarten die Tiefen angegeben?

In Meter und Dezimeter.

230 Seiten 18, 19, 42
Wo finden Sie Angaben über die Zeichen und Abkürzungen in den deutschen Seekarten?

In der Karte 1/INT 1 des Bundesamtes für Seeschiffahrt und Hydrographie (BSH).

231 Seiten 21, 45
Wo finden Sie die für die Navigation wichtigen Beschreibungen der Seezeichen, Angaben über deren Befeuerung und Angaben über Signalstellen?

Im Leuchtfeuerverzeichnis und in den Seekarten.

232 Seiten 17, 43
Wo entnehmen Sie in der Seekarte die Seemeilen?

Am rechten oder linken Kartenrand in Höhe des Standortes.

233 Seite 15
1. Was verstehen Sie unter einer Seemeile?
2. Wie lang ist eine Seemeile (in Metern)?

1. Sie ist die Länge einer Bogenminute des mittleren Erdumfangs.
2. 1852 m.

234 Seite 13
Was verstehen Sie unter dem Geschwindigkeitsbegriff „Knoten"?

Das sind die in einer Stunde zurückgelegten Seemeilen.

235
Wie errechnen Sie die Zeit in Minuten, die ein Fahrzeug benötigt, um eine bestimmte Distanz bei bekannter Geschwindigkeit abzulaufen?

$$\text{Zeit in min} = \frac{\text{Distanz in sm} \times 60 \text{ min/h}}{\text{Geschwindigkeit in sm/h}}$$

236
Wie errechnen Sie die Geschwindigkeit (in Knoten) eines Fahrzeugs bei bekannter Distanz (in Seemeilen) und Zeit (in Minuten)?

$$\text{Geschwindigkeit} = \frac{\text{Distanz} \times 60}{\text{Zeit}}$$

237 Seite 24
Was verstehen Sie unter dem rechtweisenden Kurs (Winkelangabe)?

Es ist der Winkel zwischen rechtweisend Nord und der Rechtvorausrichtung des Fahrzeugs.

238 Seite 17
Wie entnehmen Sie aus der Seekarte den Kartenkurs?

Durch Messen des Winkels zwischen rechtweisend Nord und der beabsichtigten Richtung des Weges über Grund.

239 Seite 24
Was verstehen Sie unter dem mißweisenden Kurs (Winkelangabe)?

Es ist der Winkel zwischen mißweisend Nord und der Rechtvorausrichtung des Fahrzeugs.

240 Seite 25
Was verstehen Sie unter dem Magnetkompaßkurs (Winkelangabe)?

Es ist der Winkel zwischen Magnetkompaß-Nord und der Rechtvorausrichtung des Fahrzeugs.

241 Seite 25
Was verstehen Sie unter Mißweisung (Winkelangabe)?

Es ist der Winkel zwischen rechtweisend Nord und mißweisend Nord.

242 Seite 25
Was verstehen Sie unter Magnetkompaßablenkung (Winkelangabe)?

Es ist der Winkel zwischen mißweisend Nord und Magnetkompaß-Nord.

243 Seite 25
Woraus setzt sich die Magnetkompaßfehlweisung zusammen?

Es ist die Summe aus Magnetkompaßablenkung und Mißweisung.

244 Seite 25
Wo entnehmen Sie die Mißweisung und ihre jährliche Änderung?

Aus der dem Standort nächstgelegenen Kompaßrose oder den entsprechenden Angaben in der Seekarte.

245 Seite 25
Woraus entnehmen Sie die Ablenkung (Deviation)?

Aus der für das betreffende Schiff aufgestellten Ablenkungstabelle (Deviationstabelle).

246 Seite 24
Wie verwandeln Sie den rechtweisenden Kurs in den zu steuernden Magnetkompaßkurs?

Durch Anbringung der Mißweisung und der Ablenkung oder der Fehlweisung mit entgegengesetztem Vorzeichen.

Sportbootführerschein See

247 Seite 24
Wie verwandeln Sie den Magnetkompaßkurs in den rechtweisenden Kurs?

Durch Anbringung der Ablenkung und der Mißweisung oder der Fehlweisung mit richtigem Vorzeichen.

248 Seite 28
Was ist eine Peilung?

Das Feststellen der Richtung eines bekannten feststehenden Objektes durch Winkelmessung, um eine Standlinie zu erhalten, auf der sich das Schiff befindet.

249 Seiten 27, 28
Wie erhalten Sie eine Standlinie?

Durch die Peilung eines bekannten feststehenden Objektes und Eintragung der rechtweisenden Peilung in die Seekarte.

250 Seite 28
Was ist eine Kreuzpeilung?

Die Peilung zweier feststehender und bekannter Objekte in dichter Zeitfolge, die in einem möglichst rechten Winkel (90°) zueinander stehen.

251 Seite 28
Wie erhalten Sie mit Hilfe einer Kreuzpeilung Ihren Standort?

Durch Eintragung der rechtweisenden Peilungen zweier feststehender und bekannter Objekte als Standlinien in die Seekarte; ihr Schnittpunkt ist der Standort.

252 Seite 16
Was verstehen Sie unter
1. Stromversetzung?
2. Windversetzung?

1. Die Versetzung des Schiffes über Grund in Richtung und Distanz, die durch Gezeiten- oder Meeresströmungen verursacht wird.
2. Die Versetzung des Schiffes über Grund in Richtung und Distanz, die durch Wind verursacht wird.

253 Seite 16
Was verstehen Sie unter dem Koppelort?

Das ist der Schiffsort, der unter Berücksichtigung der gesteuerten Kurse und zurückgelegten Distanzen und aller vorhersehbaren Einflüsse rechnerisch und zeichnerisch ermittelt wird.

254 Seite 10
Was müssen Sie bei der Aufstellung eines Magnetkompasses an Bord beachten?

1. Sein Steuerstrich muß mit der Kiellinie zusammenfallen oder parallel dazu verlaufen.
2. Der Kompaß muß gut ablesbar sein.
3. Die Nähe von Eisenteilen und elektrischen Geräten soll vermieden werden.

255 Seite 40
Was verstehen Sie unter
1. Ebbe,
2. Flut?

1. Fallen des Wassers vom Hochwasser zum folgenden Niedrigwasser.
2. Steigen des Wassers vom Niedrigwasser zum folgenden Hochwasser.

256 Seite 40
Was verstehen Sie unter einer Tide?

Das ist der Zeitraum zwischen einem Niedrigwasser und dem nächstfolgenden Niedrigwasser.

257 Seite 40
Was ist
1. Niedrigwasser?
2. Hochwasser?

1. Der Eintritt des niedrigsten Wasserstandes beim Übergang vom Fallen zum Steigen.
2. Der Eintritt des höchsten Wasserstandes beim Übergang vom Steigen zum Fallen.

258 Seite 41
Was verstehen Sie unter dem Begriff „Tidenhub"?

Das ist der Unterschied zwischen den Höhen des Hoch- und des Niedrigwassers.

259 Seite 38
Wo finden Sie für einen bestimmten Ort die Angaben über Hoch- und Niedrigwasserzeiten und den Tidenhub?

In den Gezeitentafeln oder dem Gezeitenkalender des Bundesamtes für Seeschiffahrt und Hydrographie (BSH).

260 Seite 28
Wie lange sind Gezeitentafeln und Gezeitenkalender gültig?

Nur für das Jahr, für das sie herausgegeben sind.

261 Seiten 42 ff., 10 ff.
Was gehört zur Mindestausrüstung für die sichere Navigation?

1. Seekarten für die Sportschifffahrt, Seehandbücher, Leuchtfeuerverzeichnisse, Jachtfunkdienst, Gezeitentafeln oder Gezeitenkalender, Bleistift, Zirkel und Kursdreiecke.

Sportbootführerschein See

2. Kompaß.
3. Lot.
4. Log.
5. Peileinrichtung.
6. Fernglas.

Manövrieren

262 Seiten 52, 54
Wie müssen Sie in engen Gewässern Ihre Fahrt einrichten?

Vorsichtig und langsam fahren; Sog und Wellenschlag vermeiden.

263 Seite 133
Warum soll ein kleines Fahrzeug nicht dicht an ein großes in Fahrt befindliches Fahrzeug heranfahren?

Es kann durch dessen Bug- oder Heckwelle kentern oder durch den Sog mit dem Fahrzeug kollidieren.

264 Seite 126
Warum soll man möglichst gegen Strom und Wind anlegen?

Weil sich das Fahrzeug dabei besser manövrieren läßt.

265 Seiten 52, 54
Wie verhalten Sie sich beim Begegnen mit anderen Fahrzeugen in einem engen Fahrwasser?

Geschwindigkeit herabsetzen und ausreichenden Passierabstand halten.

266 Seite 133
Welche Gefahren können entstehen, wenn ein größeres Fahrzeug Sie überholt?

Mein Fahrzeug kann durch Stau, Sog oder Schwell aus dem Kurs laufen und kollidieren oder querschlagen, in flachen Gewässern auf Grund laufen; Gefahr des Überbordfallens.

267 Seite 54
Wie ist ein Überholmanöver durchzuführen?

Zügig und im ausreichenden Abstand und nur dann, wenn die Verkehrslage es erlaubt.

268 Seite 145
Wie lang sollte eine Schleppleine bei starkem Seegang sein?

Mindestens die 2- oder 3fache Wellenlänge.

269 Seite 145
Was ist zu beachten, wenn ein Sportboot geschleppt werden soll?

1. Die Schleppleine ist den Seegangsverhältnissen anzupassen, ein ruckartiges Steifkommen der Schleppleine ist zu vermeiden.
2. Die Schleppgeschwindigkeit darf nicht größer sein als die Geschwindigkeit, die der Anhang freifahrend bei Verdrängerfahrt erreichen kann.

270 Seiten 127, 145
Wie vertäuen Sie Ihr Boot, wenn Sie längsseits geschleppt werden?

Durch 2 Querleinen (vorn und achtern je eine) sowie durch eine Vor- und eine Achterspring. Das Heck des schleppenden Fahrzeugs soll über das Heck des geschleppten Fahrzeugs hinausragen.

271 Seite 123
Wieviel Ankerkette bzw. -leine soll man normalerweise beim Ankern ausstecken?

Mindestens die dreifache Wassertiefe bei Kette oder die fünffache bei Leine.

272 Seite 125
Woran können Sie erkennen, ob der Anker hält?

1. Wenn beim Handauflegen auf die Ankerkette oder -leine kein Rucken zu verspüren ist.
2. Wenn sich die Ankerpeilung nicht ändert.

273 Seite 125
Warum sollen Sie sich die Ankerpeilungen aufschreiben?

Um mit späteren Kontrollpeilungen festzustellen, ob der Anker hält.

274 Seite 132
Welches ist der günstigste Anlaufwinkel beim Anlegen in stromfreien Gewässern?

Ein möglichst spitzer Winkel.

275 Seiten 103, 133
Welche äußeren Einflüsse können sich auf die Manövrierfähigkeit Ihres Bootes auswirken?

Wind, Seegang, Strom, Sog, Wassertiefe.

Sportbootführerschein See

276 Seite 132

Was verstehen Sie unter einer rechts- bzw. linksgängigen Schraube?

Bei Vorwärtsgang dreht sich, von hinten gesehen, eine rechtsgängige Schraube nach rechts, eine linksgängige nach links.

277 Seite 132

Nach welcher Seite dreht sich im allgemeinen das Heck im Rückwärtsgang bei einer rechts- bzw. linksgängigen Schraube?

Bei einer rechtsgängigen Schraube nach Backbord, bei einer linksgängigen nach Steuerbord.

278 Seite 127

Was müssen Sie beim Festmachen Ihres Fahrzeugs beachten?

Es ist so festzumachen, daß das Fahrzeug sicher liegt und sich nicht losreißen kann. Wind, Strom und Wasserstandsänderungen sind zu berücksichtigen.

279 Seite 127

Welche Vorkehrungen sollten Sie neben dem sicheren Festmachen treffen, wenn Sie Ihr festgemachtes Fahrzeug für längere Zeit verlassen?

1. Alle Seeventile schließen.
2. Hauptschalter des Bordnetzes ausschalten.

280 Seite 133

Warum müssen Sie bei geringer Wassertiefe mit der Geschwindigkeit heruntergehen?

1. Zur Verbesserung der Steuerfähigkeit.
2. Zur Vermeidung einer Grundberührung durch das Absenken des Hecks.

281 Seiten 51, 54

Welche Geschwindigkeit müssen Sie in engen Gewässern wählen, in denen am Ufer festgemachte Fahrzeuge liegen?

Eine Geschwindigkeit, bei der gefährlicher Sog oder Wellenschlag vermieden wird.

282 Seite 143

Womit kann ein steuerunfähiges Boot mit dem Bug in den Wind gehalten werden?

Mit dem Treibanker oder anderen geeigneten schwimmfähigen Gegenständen.

283 Seiten 141, 143

Warum ist es wichtig, bei starkem Seegang die Fahrt des Sportbootes zu vermindern?

Um Schäden durch Seeschlag möglichst zu vermeiden.

Wetterkunde

284 Seite 85

Was bedeutet folgendes Zeichen in der Wetterkarte?

Windrichtung: NW;
Windstärke: Bft 3;
Bewölkung: wolkenlos.

285 Seiten 84, 86

Welche Angaben liefert Ihnen die Beaufort-Skala?

1. Einheiten der Windstärke von 0 bis 12.
2. Die Auswirkungen des Windes auf die See.

286 Seiten 82, 85

Wie wird der Luftdruck in der Wetterkarte dargestellt, und in welcher Maßeinheit wird er angegeben?

Durch Isobaren und Zahlenangaben in Hektopascal (hPa).

287 Seiten 84, 85

Welche Schlüsse können Sie aus raschen Luftdruckänderungen ziehen?

Schnelle Wetteränderung; bei fallender Tendenz Wetterverschlechterung, bei steigender Tendenz Wetterverbesserung.

288 Seiten 84, 85

Was bedeutet rasches Fallen des Luftdrucks?

In der Mehrzahl der Fälle Starkwind- oder Sturmgefahr.

289 Seite 84

Was können Sie für eine Wetterentwicklung erwarten, wenn in unseren Breiten der Luftdruck um mehr als 1 Hektopascal in der Stunde fällt?

Es gibt Starkwind oder Sturm.

290 Seiten 83, 85

Was bedeuten die um einen Hoch- oder Tiefdruckkern in der Wetterkarte abgebildeten Linien, und wie werden sie bezeichnet?

Linien, die Orte gleichen Luftdruckes miteinander verbinden. Es sind Isobaren.

Sportbootführerschein See

291 Seite 85

Erklären Sie folgende Abbildung:

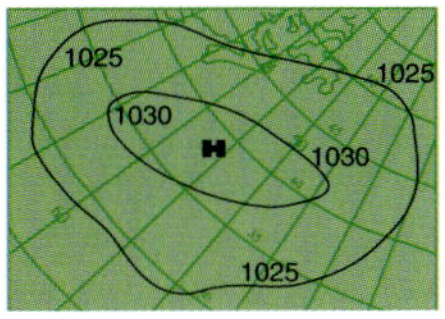

1. Hochdruckgebiet.
2. Isobaren mit Zahlenangaben des Luftdrucks in Hektopascal.

292 Seiten 85, 94, 95

Erklären Sie folgende Abbildung:

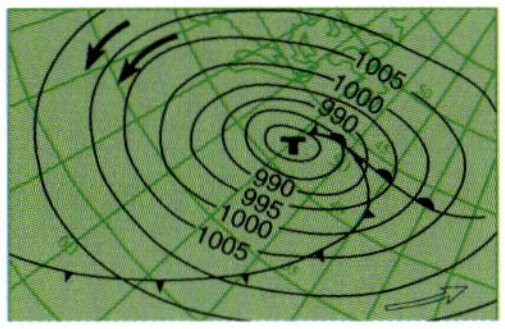

1. Tiefdruckgebiet auf Nordbreite mit Warm- und Kaltfront.
2. Isobaren mit Zahlenangaben des Luftdrucks in Hektopascal.
3. Warme und kalte Luftströmungen.

293 Seite 104

Nennen Sie mindestens 4 Möglichkeiten, einen Wetterbericht zu erhalten.

1. Rundfunk.
2. Deutscher Wetterdienst, Geschäftsfeld Seeschiffahrt in Hamburg.
3. Küstenfunkstellen.
4. Privater Informationsdienst (PID) der Deutschen Telekom.
5. Zeitung.
6. Fernsehen.
7. NAVTEX.

294 Seite 86

Für welche Windstärken wird eine Starkwindwarnung herausgegeben?

Für Windstärken 6 und 7 der Beaufortskala.

295 Seite 86

Für welche Windstärken wird eine Sturmwarnung herausgegeben?

Für Windstärken 8 und mehr der Beaufortskala.

296 Seite 84

Was verstehen Sie unter Landwind, und wann tritt er in der Regel auf?

1. Ablandiger Wind von geringer Stärke.
2. Meistens nachts.

297 Seite 87

Was verstehen Sie unter Seewind, und wann tritt er in der Regel auf?

1. Auflandiger Wind von schwacher bis mäßiger Stärke.
2. Meistens nachmittags.

298 Seiten 91, 95

Welche Zuggeschwindigkeit und -richtung haben Tiefdruckgebiete in der Regel in unseren Breiten?

1. Fünf bis vierzig Knoten.
2. Von West nach Ost.

299 Seite 86

Was verstehen Sie in amtlichen Wetterberichten unter „schwachem Wind“?

Wind bis zur Stärke 3 der Beaufortskala.

300 Seite 86

Was verstehen Sie in amtlichen Wetterberichten unter „mäßigem Wind“?

Wind der Stärke 4 der Beaufortskala.

301 Seite 86

Was verstehen Sie in amtlichen Wetterberichten unter „frischem Wind“?

Wind der Stärke 5 der Beaufortskala.

302 Seite 86

Was verstehen Sie in amtlichen Wetterberichten unter „schwerem Sturm“, „orkanartigem Sturm“, „Orkan“?

Wind der Stärke 10, 11 bzw. 12 der Beaufortskala.

303 Seite 86

Sie hören im Wetterbericht die Meldung: Sturm aus Südwest, rechtdrehend. Was bedeutet das?

Der Sturm dreht in Richtung West (im Uhrzeigersinn).

304 Seite 86

Sie hören im Wetterbericht die Meldung: Sturm aus Südost, rückdrehend. Was bedeutet das?

Der Sturm dreht in Richtung Ost (entgegen dem Uhrzeigersinn).

Sportbootführerschein See

305 Seiten 89, 96

Woran erkennt man ein aufziehendes Gewitter?

1. Turmartige, mächtige Haufenwolken.
2. Ein eventuell vorhandener Wind schläft zunächst ein, frischt danach wieder auf und kommt aus einer anderen Richtung.
3. Aus einem auf Mittelwelle geschalteten Rundfunkgerät ertönen lange vor Gewitterausbruch starke Störgeräusche.

306 Seite 96

Welche Gefahren kann ein Gewitter mit sich bringen?

1. Böen bis Orkanstärke mit Winddrehungen.
2. Blitzschlag.
3. Starke Regenfälle oder Hagelschlag mit verminderter Sicht.

Sicherheit

307 Seite 67

Wie haben Sie Ihre Fahrweise bei verminderter Sicht aufgrund seemännischer Sorgfaltspflicht einzurichten?

1. Das Fahrwasser verlassen.
2. Wenn dies nicht möglich ist, im Fahrwasser äußerst rechts halten.
3. Möglichst Flachwassergebiet aufsuchen und ankern.

308 Seite 67

Welche Sicherheitsmaßnahmen treffen Sie an Bord aufgrund der seemännischen Sorgfaltspflicht neben den in den Kollisionsverhütungsregeln vorgeschriebenen Verhaltensmaßregeln bei verminderter Sicht?

1. Radarreflektor aufheißen, falls nicht fest angebracht. Ist kein Radarreflektor an Bord, Fahrzeug möglichst in waagerechte Schwimmlage bringen.
2. Alle Navigationsanlagen, z. B. Radar, Echolot, sorgfältig gebrauchen.
3. In einem Revier mit Landradarberatung die Radarberatung über UKW-Sprechfunk mithören.

309 Seite 97

Wie verhalten Sie sich bei Gewittergefahr? (Nennen Sie mindestens 4 Maßnahmen.)

1. Hafen oder zumindest Landschutz aufsuchen.
2. Ggf. Segel stark reffen, besser ganz wegnehmen.
3. Sonstige Maßnahmen wie in schwerem Sturm ergreifen (z. B. alle Gegenstände seefest laschen, Rettungsweste und Sicherheitsgurt anlegen).
4. Funkanlagen abschalten.
5. Möglichst keine Metallteile berühren.
6. Position ermitteln und in die Seekarte eintragen.

310 Seiten 134, 135, 137

Welche Sicherheitsmaßnahmen treffen Sie vor dem Auslaufen?

Insbesondere:

1. Überprüfung der Rettungs- und Sicherheitsmittel.
2. Belehrung der Besatzung über Rettungs- und Sicherheitsmaßnahmen.
3. Wetterbericht und nautische Warnnachrichten abhören.
4. Namen der an Bord befindlichen Personen und geplante Reiseroute an Land hinterlassen.

311 Seite 141

Was soll ein Bootsführer unternehmen, wenn er Grund zur Annahme haben muß, daß er vermißt wird und dadurch eine Suchaktion ausgelöst worden ist?

Die Seenotleitung Bremen der Deutschen Gesellschaft zur Rettung Schiffbrüchiger und Angehörige benachrichtigen.

312 Seite 129

Welche Sicherheitsmaßnahmen sind für das Tanken zu treffen? (Nennen Sie mindestens 4 Maßnahmen.)

Insbesondere:

1. Motor abstellen.
2. Alle offenen Feuer aus, nicht rauchen.
3. Keine elektrischen Schalter betätigen.
4. Alle Räume verschließen und nach dem Tanken wieder gut lüften.
5. Zur Vermeidung elektrostatischer Ladung ist die Zapfanlage zu erden.

Sportbootführerschein See

313 Seite 140
Welche Sicherheitsmaßnahmen treffen Sie auf See vor Eintritt von schwerem Wetter (Starkwind, Sturm)?

1. Alle Öffnungen vor Wassereinbruch sichern.
2. Lose Gegenstände festzurren.
3. Rettungsweste und Sicherheitsgurt mit Sorgleine anlegen, diese in Augbolzen, Strecktau oder Laufleine einhaken und andere Rettungsmittel bereithalten.
4. Unter Umständen Schutzhafen anlaufen.

314 Seite 114
Warum ist Flüssiggas gefährlich?

1. Es bildet mit Luft ein explosionsfähiges Gemisch.
2. Es ist schwerer als Luft und kann sich daher unbemerkt im Bootsinneren sammeln.

315 Seite 114
Wo sollen die Gasbehälter einer Flüssiggasanlage gelagert werden?

1. Möglichst an Deck, geschützt vor Sonneneinstrahlung.
2. Sonst in einem besonders abgeschlossenen Raum für Gasbehälter, der in Bodenhöhe eine Öffnung nach außenbords hat.

316 Seite 114
1. Was ist vor Inbetriebnahme einer Flüssiggasanlage zu prüfen und
2. zu beachten, wenn die Flüssiggasanlage außer Betrieb gesetzt wird?

1. Die Leitungen und Anschlüsse müssen dicht sein, Kocher und Heizgeräte müssen einwandfrei arbeiten.
2. Haupthahn und andere Absperrventile sind zu schließen.

317 Seite 116 ff.
Was gehört zur Mindestausrüstung für die Sicherheit des Fahrzeugs und der an Bord befindlichen Personen? (Nennen Sie mindestens 8 Gegenstände.)

1. Ohnmachtssichere Rettungsweste mit Signalpfeife für jede Person.
2. Sicherheitsgurte (Lifebelts) in ausreichender Anzahl.
3. Rettungsring mit Wurfleine und Leuchte.
4. Notsignale.
5. Erste-Hilfe-Kasten.
6. Feuerlöscher.
7. Lenzpumpe, Eimer und Ösfaß.
8. Riemen oder Paddel, Bootshaken.
9. Taschenlampe.
10. Anker mit Kettenvorläufer und Leine sowie Treibanker.
11. Radarreflektor.
12. Schleppleine.

318 Seite 118
Wie oft müssen Sie Ihr aufblasbares Rettungsfloß und Ihre aufblasbare Rettungsweste warten lassen?

Mindestens alle 2 Jahre oder die Herstellerangabe beachten.

319 Seiten 117, 142
Welche Löschmittel dürfen Sie keinesfalls bei einem Brand in der elektrischen Anlage einsetzen?

Schaum und Wasser.

320 Seiten 117, 142
1. Welcher Feuerlöscher ist für Sportboote zweckmäßig?
2. Wie oft müssen Sie einen Feuerlöscher überprüfen lassen?

1. ABC-Pulverlöscher.
2. Mindestens alle 2 Jahre.

321 Seiten 142, 170
Was ist zu tun, wenn es am Motor brennt?

1. Kraftstoffzufuhr abstellen, Motor mit möglichst hoher Drehzahl weiterlaufen lassen.
2. Brand mit nasser Decke abdecken oder mit ABC-Pulverlöscher löschen.
3. Luftzufuhr verhindern.

322 Seiten 142, 170
Welche Maßnahmen ergreifen Sie, um einen Brand mit dem Feuerlöscher wirksam zu bekämpfen?

1. Luftzufuhr verhindern.
2. Feuerlöscher erst am Brandherd in Tätigkeit setzen.
3. Das Feuer möglichst von unten bekämpfen.

323 Seiten 112, 113
Was ist beim Aufladen von Batterien an Bord generell zu beachten?

Es ist erforderlich, daß der Batterieraum wegen der beim Aufladen entstehenden Gase ausreichend belüftet ist (Explosionsgefahr).

Sportbootführerschein See

324 Seite 79
Wie verhalten Sie sich nach einem Zusammenstoß?

1. Erste Hile leisten und so lange am Unfallort bleiben, bis ein weiterer Beistand nicht mehr erforderlich ist.
2. Vor der Weiterfahrt alle erforderlichen Schiffs- und Personendaten einschließlich Versicherung austauschen.

325 Seite 79
Welches Gesetz und welche Verordnung enthalten neben der Seeschiffahrtsstraßen-Ordnung und der Schiffahrtsordnung Emsmündung Vorschriften über das Verhalten nach einem Zusammenstoß?

1. Das Seeunfalluntersuchungsgesetz.
2. Die Verordnung über die Sicherung der Seefahrt.

326 Seiten 135, 138
Was ist sofort zu tun, wenn jemand über Bord gefallen ist?

1. Ausruf: „Mann über Bord" und Rettungsring zuwerfen.
2. Gut Ausguck halten und sofort Maschine stoppen.
3. Mann-über-Bord-Manöver ausführen.

327 Seiten 135, 138
Wie können Sie nach einem Mann-über-Bord-Manöver eine erschöpft im Wasser treibende Person möglichst schnell und sicher an Bord bekommen?

1. Leinenverbindung zwischen Boot und Person im Wasser herstellen.
2. Leinenbuchten über die Bordwand hängen, wenn vorhanden Badeleiter herunterklappen bzw. ausbringen.
3. Mit dem Großbaum und der Großschot oder über eine Badeleiter oder mit Hilfe von Rettungsmitteln Person an Bord holen.

328 Seite 147
Was ist zu tun, wenn Ihr Fahrzeug gekentert ist?

1. Möglichst am Fahrzeug bleiben.
2. Besatzung zusammenhalten.
3. Unnötigen Kräfteverschleiß vermeiden (Unterkühlungsgefahr).
4. Aufmerksamkeit zur Hilfeleistung erregen.

329 Seite 118
Wie verhindern Sie das Überbordfallen von Personen bei starkem Seegang?

1. Sicherheitsleinen spannen.
2. Sicherheitsgurt anlegen und einpicken.

Notsignale

330 Seite 17
In welcher Situation dürfen Notsignale gegeben werden?

Wenn Gefahr für Leib und Leben der Besatzung und daher die Notwendigkeit zur Hilfe besteht.

331 Seiten 72, 119, 146
Welche Notsignale können gegeben werden? (Nennen Sie mindestens 8 Signale.)

1. Knallsignale in Zwischenräumen von ungefähr 1 Minute.
2. Dauerton eines Nebelsignalgerätes.
3. Leuchtraketen mit rotem Leuchtstern oder rote Handfackel.
4. SOS durch Licht- oder Schallsignale.
5. Mayday durch Sprechfunk.
6. Flaggensignal NC.
7. Ball über oder unter Flagge.
8. Flammensignal.
9. Orangefarbenes Rauchsignal.
10. Langsames Heben und Senken der seitlich ausgestreckten Arme.
11. Signale einer Seenotfunkbake.
12. Seewasserfärber.
13. Radartransponder.

332 Seiten 73, 79
Sie sehen auf See einen roten Leuchtstern oder eine rot brennende Handfackel.
1. Was bedeuten diese Signale?
2. Wie verhalten Sie sich?

1. Seenotfall.
2. Hilfe leisten, ggf. weitere Hilfe anfordern.

333 Seiten 72, 79
Sie hören von einem Schiff anhaltendes Ertönen eines Nebelsignalgerätes.
1. Was bedeutet dieses Signal?
2. Wie verhalten Sie sich?

1. Seenotfall.
2. Hilfe leisten, ggf. weitere Hilfe anfordern.

Sportbootführerschein See

334 Seiten 72, 79

Sie hören oder sehen folgendes Morsesignal: Dreimal kurz, dreimal lang, dreimal kurz (●●● ▬ ▬ ▬ ●●●).
1. Was bedeutet dieses Signal?
2. Wie verhalten Sie sich?

1. Seenotfall.
2. Hilfe leisten, ggf. weitere Hilfe anfordern.

335 Seiten 72, 79, 144

Sie hören über Sprechfunkgerät: Mayday, Mayday, Mayday.
1. Was bedeutet dieses Signal?
2. Wie verhalten Sie sich?

1. Seenotfall.
2. Hilfe leisten, ggf. weitere Hilfe anfordern.

336 Seiten 72, 79

Sie sehen ein Schiff, das folgendes Flaggensignal gesetzt hat:

1. Was bedeutet dieses Signal?
2. Wie verhalten Sie sich?

1. Seenotfall.
2. Hilfe leisten, ggf. weitere Hilfe anfordern.

337 Seiten 72, 79

Sie sehen auf einem Schiff eines der folgenden Signale:

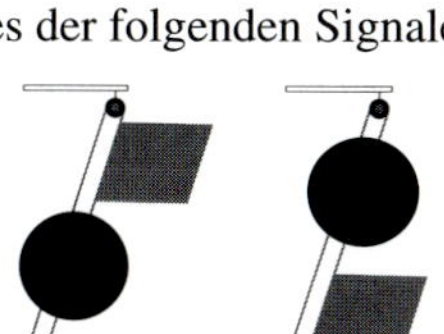

1. Was bedeutet dieses Signal?
2. Wie verhalten Sie sich?

1. Seenotfall.
2. Hilfe leisten, ggf. weitere Hilfe anfordern.

338 Seiten 72, 79

Sie sehen auf einem Schiff ein orangefarbenes Rauchsignal:
1. Was bedeutet dieses Signal?
2. Wie verhalten Sie sich?

1. Seenotfall.
2. Hilfe leisten, ggf. weitere Hilfe anfordern.

339 Seiten 72, 79

Sie sehen auf einem Schiff eine Person stehen, die ihre seitlich ausgestreckten Arme wiederholt langsam auf und ab bewegt:
1. Was bedeutet dieses Signal?
2. Wie verhalten Sie sich?

1. Seenotfall.
2. Hilfe leisten, ggf. weitere Hilfe anfordern.

340 Seite 79

Warum dürfen Seenotsignale nur bei einem Seenotfall verwendet werden?

Weil bei Ihrer Anwendung der gesamte Seenotrettungsdienst an der Küste alarmiert wird.

341 Seite 72

Welches Seenotsignal können Sie mit einer Leuchte geben?

Das Morsesignal dreimal kurz, dreimal lang, dreimal kurz (SOS) (●●● ▬ ▬ ▬ ●●●).

342 Seite 149

Wie verhalten Sie sich bei Hilfeleistung durch einen Hubschrauber?

1. Fahrzeug in den Wind legen.
2. Soweit möglich, Antennen, Stagen usw. entfernen.
3. Rettungsschlinge mit dem Zugpunkt nach vorn über den Kopf unter die Arme streifen und Arme abwärts winkeln.
4. Anweisungen der Hubschrauberbesatzung Folge leisten.

Kartenaufgaben

Fragen 343 bis 362: s. beigefügte Seekartenausschnitte.

Seenotsignalmittelprüfung

Sachkundenachweis nach dem Waffengesetz und Voraussetzung für die Befreiung nach dem Sprengstoffgesetz

Pyrotechnische Notsignale werden mit Hilfe explosionsgefährlicher Stoffe abgegeben. Pyrotechnische Signalmittel sind:

1. Signalpistole mit Munition,
2. Signalraketen,
3. Fallschirmraketen,
4. Handfackeln,
5. Rauchsignalmittel (orange),
6. Lichtrauchsignalmittel.

Pyrotechnische Signalmittel dürfen nur Personen überlassen werden, die im Sinne des Waffen- und des Sprengstoffgesetzes dazu berechtigt sind. Während Handfackeln und bestimmte Rauchsignale (Unterklasse T_1) von jedem, der das 18. Lebensjahr vollendet hat, frei erworben, aufbewahrt und verwendet werden dürfen, sind für Signal- und Fallschirmraketen sowie bestimmte Rauchsignale (Unterklasse T_2) eine „Befreiung nach dem Sprengstoffgesetz“ und für Signalpistolen eine Waffenbesitzkarte erforderlich. Voraussetzung für die Ausstellung einer Waffenbesitzkarte ist u. a. ein „Sachkundenachweis nach dem Waffengesetz“.

Der Sachkundenachweis und ein Befreiungsvermerk werden nach Ablegen einer theoretischen und einer praktischen Prüfung erteilt. In der theoretischen Teilprüfung werden dem Bewerber 12 der nachfolgenden 48 Fragen zur schriftlichen Beantwortung vorgelegt. Mindestens 10 richtige Antworten müssen gegeben werden. Im praktischen Teil wird der sachkundige Umgang mit der Signalpistole und den übrigen pyrotechnischen Signalmitteln geprüft.

Die bestandene Prüfung wird durch einen Stempel im Sportbootführerschein oder durch ein Zeugnis bestätigt.

A. Allgemeines

1
Was versteht man unter pyrotechnischen Seenotsignalen?

Notsignale, welche mit Hilfe explosionsgefährlicher Stoffe ausgelöst werden.

2
Welche pyrotechnischen Seenotsignale unterliegen dem Waffengesetz?

Die Signalpistole und die hierfür bestimmte Munition.

3
Welche pyrotechnischen Seenotsignale unterliegen dem Sprengstoffgesetz?

Alle pyrotechnischen Seenotsignale, die nicht aus einer Signalpistole abgeschossen werden, wie Signalraketen, Fallschirmsignalraketen, Handfackeln und Rauchsignale.

4
Welche pyrotechnischen Seenotsignale kennen Sie?

Signalraketen rot, Fallschirmsignalraketen rot, Handfackeln rot, Rauchsignale orange, Lichtrauchsignale.

5
Welche Farbe haben pyrotechnische Seenotsignale?

Rot mit Ausnahme des Rauchsignals, das orangefarbenen Rauch entwickelt.

6
Wann dürfen pyrotechnische Seenotsignale verwendet werden?

Nur im Seenotfall, d. h. wenn angezeigt werden soll, daß Gefahr für Leib oder Leben der Besatzung und daher die Notwendigkeit zur Hilfe besteht.

7
Was ist bei allen steigenden Seenotsignalen unbedingt zu beachten?

1. Auf freies Schußfeld achten.
2. Signal senkrecht in Schußrichtung nach oben halten.
3. Beim Handhaben und Abfeuern nicht auf Personen richten und selbst nicht mit Körperteilen vor die Mündung kommen.
4. Nicht an Versagern hantieren, sondern diese über Bord werfen.

8
Worin liegt die Gefährlichkeit pyrotechnischer Gegenstände?

Es besteht Explosions-, Feuer- u. Verletzungsgefahr (Toxigene).

9
Welche pyrotechnischen Seenotsignale dürfen Sie nur verwenden?

Die Signalpistole Kaliber 4 (26,5 mm) und die von der Physikalisch-Technischen Bundesanstalt (PTB) zugelassenen Signalwaffen einschließlich Munition bzw. die von der Bundesanstalt für Materialprüfung (BAM) zugelassenen sonstigen Notsignale.

Seenotsignalmittelprüfung

10
Was für Vorteile haben Signalraketen bzw. Signalpatronen, die mit Fallschirmen ausgerüstet sind, gegenüber Signalsternen?

Wegen geringerer Sinkgeschwindigkeit (5 m/s) ist eine längere Brenndauer möglich; dadurch haben sie einen höheren Aufmerksamkeitswert.

11
Worüber sollten Sie sich sofort nach dem Erwerb pyrotechnischer Seenotsignale informieren?

Gebrauchsanweisung sorgfältig bis zum Ende lesen, und nicht erst im Notfall.

12
Wie lang ist die Verbrauchsdauer pyrotechnischer Seenotsignale bei sachgemäßer Lagerung?

Soweit auf dem einzelnen Gegenstand nichts anderes vermerkt ist, 2 bzw. 3 Jahre.

13
Woraufhin sind pyrotechnische Seenotsignale ständig zu überwachen, damit die Funktionsfähigkeit gewährleistet ist?

1. Herstellungsdatum bzw. Verbrauchsdauer beachten.
2. Auf Korrosion oder Beschädigung achten.

14
Was verkürzt die Verbrauchsdauer pyrotechnischer Seenotsignale bzw. macht sie evtl. gefährlicher?

1. Feuchtigkeit,
2. Korrosion,
3. hohe Lagertemperaturen,
4. mechanische Beschädigung.

15
Wie sind pyrotechnische Seenotsignale während der Fahrt aufzubewahren?

1. Kühl und trocken,
2. leicht zugänglich in unverschlossenen Behältern.

16
Wie sind pyrotechnische Seenotsignale an Bord, im Hafen und an Land aufzubewahren?

1. Kühl und trocken,
2. dem Zugriff Unbefugter entzogen.

17
Was machen Sie mit überlagerten pyrotechnischen Seenotsignalen?

Über den Handel zurückgeben oder Delaborierbetrieben übergeben. Keinesfalls als Feuerwerkskörper verwenden.

18
Wem dürfen Seenotsignale überlassen werden?

Nur berechtigten Personen im Sinne des Waffen- und Sprengstoffrechts.

19
Was haben Sie nach dem Erwerb einer erlaubnispflichtigen Signalpistole zu tun?

Innerhalb von 2 Wochen nach dem Erwerb habe ich der zuständigen Behörde den Erwerb schriftlich anzuzeigen und die Waffenbesitzkarte zur Eintragung des Erwerbs vorzulegen.

20
Was müssen Sie tun, wenn Ihnen Signalmittel oder Waffen abhanden kommen?

Den Verlust der zuständigen Ordnungsbehörde unverzüglich anzeigen.

21
Dürfen Sie Seenotsignalmittel in öffentlichen Verkehrsmitteln befördern?

Nein.

B. Fragen zum Erwerb einer Waffenbesitzkarte nach dem Waffengesetz

22
Für welche Signalwaffe benötigen Sie eine Erlaubnis der zuständigen Behörde?

Für Signalwaffen mit einem Patronenlager von 12 mm und mehr Durchmesser.

23
Welche Signalwaffen können frei erworben und mitgeführt werden?

Signalwaffen mit dem Zulassungszeichen der Physikalisch-Technischen Bundesanstalt (PTB).

24
Wozu berechtigt eine Waffenbesitzkarte?

Zum Erwerb einer Signalpistole, zu ihrer bestimmungsgemäßen Verwendung in einer Notlage, zur Aufbewahrung in der Wohnung und zum Transport einer nicht schußbereiten und nicht zugriffsbereiten Signalpistole

Seenotsignalmittelprüfung

von einer Wohnung zu einem Sportboot und zurück. Zur Mitnahme und zur Aufbewahrung an Bord berechtigt die Waffenbesitzkarte nicht, wenn das Boot nicht über Einrichtungen verfügt, die ein Wohnen (z. B. einen Aufenthalt zur Freizeitbeschäftigung und ähnlichem) auf ihm gestatten. Verfügt das Boot nicht über solche Einrichtungen, so bedarf es zusätzlich eines Waffenscheines.

25
Worin liegt der wesentliche Unterschied zwischen einem Waffenschein und einer Waffenbesitzkarte?

Ein Waffenschein berechtigt abweichend von der Waffenbesitzkarte zum Führen einer Schußwaffe in der Öffentlichkeit.

26
Bei welcher Behörde ist eine Waffenbesitzkarte zu beantragen?

Bei der zuständigen Ordnungsbehörde.

27
Welche Voraussetzungen müssen gegeben sein, um eine Waffenbesitzkarte erwerben zu können?

Der Bewerber muß:
- das 18. Lebensjahr vollendet haben,
- zuverlässig, sachkundig und körperlich geeignet sein,
- und es muß ein Bedürfnis vorliegen.

28
Wie kann ein Wassersportler nachweisen, daß ein Bedürfnis für den Erwerb einer Signalpistole vorliegt?

Durch genaue Angabe des Verwendungszwecks und durch Vorlage von Unterlagen, aus denen der Besitz eines seegängigen Wasserfahrzeugs (Kaufvertrag, Chartervertrag, Versicherungspolice, Standerschein, Internationaler Bootsschein usw.) oder die Verwendung für Lehr- und Prüfungszwecke hervorgehen.

29
Welche behördlichen Papiere oder Erlaubnisse berechtigen zum Erwerb von erlaubnispflichtiger pyrotechnischer Munition?

Die Waffenbesitzkarte mit Munitionserwerbsberechtigung oder der Munitionserwerbsschein.

30
Mit welchen Zeichen ist die Signalmunition gekennzeichnet?

1. Bezeichnung der Munition und der Verbrauchsdauer.
2. Bei Seenotsignalen rot durchgehende Rändelung des Patronenbodens und roter Lackverschlußdeckel.

31
Welche Ausweispapiere sind beim Führen einer Signalpistole mitzuführen?

Der Personalausweis, Paß oder Dienstausweis, die Waffenbesitzkarte und erforderlichenfalls der Waffenschein.

32
Wie ist eine Signalpistole an Bord eines Wassersportfahrzeuges aufzubewahren?

Es sind Vorkehrungen zu treffen, um zu verhindern, daß die Signalpistole abhanden kommt oder Dritte sie unbefugt an sich nehmen.

33
Wie ist pyrotechnische Munition zu lagern?

Möglichst originalverpackt, kühl und trocken und dem Zugriff Unbefugter entzogen.

34
Welche Steighöhe und Leuchtdauer haben Fallschirmsignalpatronen?

Steighöhe mindestens 300 m, Leuchtdauer mindestens 30 s.

35
Wie verhalten Sie sich bei Versagern?

Waffe in Schußrichtung belassen, über Kopf erneut spannen und nochmals abschießen, bei erneutem Versagen die Waffe mit nach oben gerichtetem Lauf außenbords öffnen und den Versager herausgleiten lassen.

36
Erläutern Sie die Handhabung der Signalpistole im Notfall!

Bei abwärts gerichteter Mündung Waffe öffnen, Patrone einführen, Waffe schließen, Waffe über Augenhöhe heben, Hahn spannen – schießen.

Seenotsignalmittelprüfung

B. Fragen zum Erwerb, der Aufbewahrung und der Verwendung von pyrotechnischen Notsignalen nach dem Sprengstoffgesetz

37
Welche pyrotechnischen Seenotsignale können erlaubnisfrei erworben, aufbewahrt und verwendet werden?

Die der Unterklasse T_1, d. h. Handfackeln rot und bestimmte Rauchsignale von jedem, der das 18. Lebensjahr vollendet hat.

38
Welche erlaubnispflichtigen pyrotechnischen Seenotsignale dürfen Wassersportler mit einem im Führerschein eingedruckten Befreiungsvermerk erwerben?

Die der Unterklasse T_2, d. h. Signalraketen rot, Fallschirmsignalraketen rot und bestimmte Rauchsignale.

39
Woran erkennen Sie an einem pyrotechnischen Seenotsignal, um welche Unterklasse es sich handelt?

Am Zulassungszeichen: BAM-PT_1... oder BAM-PT_2...

40
Wer darf pyrotechnische Seenotsignale der Klasse T verwenden?

Jeder, der damit anzeigen will, daß ein Seenotfall vorliegt, d. h. daß Gefahr für Leib oder Leben der Besatzung und daher die Notwendigkeit zur Hilfe besteht.

41
Wie lang ist die Brenndauer einer Seenot-Handfackel?

Ihre Brenndauer beträgt 30 bis 60 s.

42
Welche Arten von Zündern werden bei Seenot-Handfackeln gewöhnlich verwendet und wie funktionieren sie?

1. Reibkopf-Zündung – funktioniert wie ein Streichholz, das eine Verzögerung oder direkt den Leuchtsatz zündet.
2. Reißzünder – ein Draht im Inneren wird durch einen reibempfindlichen Satz gezogen, Weiterzündung wie 1.

43
Was ist sicherheitstechnisch bei der Verwendung von Seenot-Handfackeln zu beachten?

1. Gebrauchsanweisung beachten.
2. In jedem Fall die brennenden Fackeln grundsätzlich nach Lee waagerecht so halten, daß versprühende Ascheteile keine Verletzungen (Hand, Augen) verursachen oder das Fahrzeug beschädigen.

44
Beschreiben Sie den allgemeinen Aufbau eines Rauchsignals!

In einem Behälter befindet sich ein Zünder (meist Reißzünder) mit Verzögerung, der mindestens 4 Minuten lang orangefarbenen Rauch abgibt.

45
Was ist bei der Verwendung von Rauchsignalen zu beachten?

Rauchsignale nur am Tage und bei geringen Windstärken gebrauchen. Die Zündung erfolgt durch Reißschnur, die unter einer abschraubbaren Schutzkappe liegt. Nach der Zündung ist das Rauchsignal zur Leeseite außenbords zu werfen.

46
Was wissen Sie über Steighöhe und Brenndauer von Signalraketen?

Steighöhe 100 bis 300 m, Brenndauer mindestens 30 s.

47
Fallschirmsignalraketen und Handfackeln sind bei klarem Wetter unterschiedlich weit zu sehen. Welche Signale verwenden Sie den Umständen entsprechend?

Fallschirmsignalraketen, um ein entferntes Fahrzeug auf eine Notlage aufmerksam zu machen und grob in die Richtung einzuweisen. Handfackeln, um die genaue Position bei größerer Annäherung kenntlich zu machen.

48
Dürfen Sie pyrotechnische Gegenstände selbst herstellen und bearbeiten?

Nein, nur als Inhaber einer Erlaubnis nach dem Sprengstoffgesetz.